V&R

Wolfgang Lehmann

Hans Asmussen

Ein Leben für die Kirche

Mit 21, teils farbigen Abbildungen

Vandenhoeck & Ruprecht
in Göttingen

CIP-Kurztitelaufnahme der Deutschen Bibliothek

Lehmann, Wolfgang:
Hans Asmussen : e. Leben für d. Kirche / Wolfgang Lehmann.
– Göttingen : Vandenhoeck u. Ruprecht, 1988
ISBN 3-525-55406-0

Abbildung auf dem Schutzumschlag: Hans Asmussen, gezeichnet vom Verfasser

Printed in Germany
Schrift: Palatino der Firma Berthold
Satz: Dörlemann-Satz, Lemförde
Druck und Einband: Hubert & Co., Göttingen

Meiner Frau gewidmet

Hans Asmussen
am Schreibtisch
März 1940 vom Verfasser gezeichnet

Kirche und Polis

Inhalt

Abkürzungen

BK	Bekennende Kirche
BTE	Barmer Theologische Erklärung
CA	Confessio Augustana, Augsburger Bekenntnis
CIC	codex iuris canonici = katholisches Kirchenrecht
DEK	Deutsche Evangelische Kirche
JB	Jungreformatorische Bewegung
KiHo	Kirchliche Hochschule Berlin
KO	Kirchenordnung
Kodlab	Konferenz der Landesbruderräte
KZ	Konzentrationslager
NS	Nationalsozialismus
OKH	Oberkommando des Heeres
VKL	Vorläufige Kirchenleitung
[ ]	Eckige Klammern = Erläuterungen des Verfassers

Abkürzungen

BK	Bekennende Kirche
BTE	Barmer Theologische Erklärung
CA	Confessio Augustana, Augsburger Bekenntnis
CIC	codex iuris canonici = katholisches Kirchenrecht
DEK	Deutsche Evangelische Kirche
JB	Jungreformatorische Bewegung
KiHo	Kirchliche Hochschule Berlin
KO	Kirchenordnung
Kodlab	Konferenz der Landesbruderräte
KZ	Konzentrationslager
NS	Nationalsozialismus
OKH	Oberkommando des Heeres
VKL	Vorläufige Kirchenleitung
[ ]	Eckige Klammern = Erläuterungen des Verfassers

Vorwort

„Was gebb ich uff mei schläächt Gebabbel von gestern!" So läßt hessischer Mutterwitz einen Mann sprechen, der sich nicht beim Wort nehmen lassen will. Klingt in diesem geflügelten Wort nicht etwas an, was das Schicksal des Protestantismus zu werden droht?

Viele fragen heute nach der Kirche. Sie erwarten verbindliche Antworten. Sie erleben jedoch, daß man ausweicht, wenn nach der Verbindlichkeit der beschlossenen Bekenntnisse der evangelischen Christenheit gefragt wird – nach der Verbindlichkeit der „Worte von gestern". Zwar werden die Befragten sich gewählter ausdrücken. Sie werden die „Bekennisse" kein „schläächt Gebabbel von gestern" nennen („schläächt" steht im Hessischen für „dumm"). Sie werden sich in der Sache jedoch so verhalten wie dieser Hesse und ihre ausweichenden Antworten damit begründen, daß „Worte von gestern" dem Weltbild des Menschen von heute angepaßt werden müßten, – was ja zu einem Teil stimmt, weil „dolmetschen" bis zum jüngsten Tage Aufgabe der Kirche bleibt.

Aber „Weltbild" darf nicht zum Vorwand dienen, wenn man den „Zeitgeist" meint und selbst an der Verbindlichkeit der „gestern" beschlossenen Formulierungen der Grundlagen zweifelt.

Als von 1933 an die Verbindlichkeit der Grundlagen der evangelischen Christenheit angegriffen wurde, begründete man es damit, daß die Aussagen der Bekenntnisse von gestern nicht mehr dem Geist von heute entsprächen. Das Bedenkliche daran war, daß die Nazis nur aufgreifen mußten, was die evangelische Christenheit seit über 200 Jahren von vielen Lehrstühlen und Kanzeln zu hören bekam: daß Bibel und Bekenntnis einst vom Zeitgeist von gestern geprägt worden seien und nun für den Zeitgeist von heute verständlich gemacht werden müßten.

Der Angriff wurde ab 1933 allerdings so vorgetragen, daß unter Berufung auf den Zeitgeist versucht wurde, in einer Gegenkirche ideologisch und mit Gewalt auszulöschen, was „gestern" – um im Bild zu bleiben – als verbindliche Grundlage formuliert und beschlossen worden war.

Und nun trat das Erstaunliche ein, daß nicht nur das, was in den Grundlagen gemeint war, sondern auch die Formulierungen der Bekenntnisse selbst sich als die Waffen gegen den mörderischen Zeitgeist bewährten und von Menschen des 20. Jahrhunderts verstanden wurden. Die einzelnen Artikel der Augsburger Konfession, – die einzelnen Hauptstücke in Luthers Katechismus, – die einzelnen Fragen des Heidelberger Katechismus erwiesen sich in ihren Formulierungen als Wasser des Lebens in der Wüste und erschlossen den Betern die Heilige Schrift.

Seitdem sind Jahrzehnte vergangen. Und schon wieder hören die, die nach der Verbindlichkeit der Grundlagen der evangelischen Christenheit fragen, daß die „Worte von gestern" dem Geist von heute angepaßt werden müßten. Die Wiederholung dieses Spieles ist jedoch schlimmer als das frühere Spiel. Denn nun wird der Vorgang der Reinigung vom gestrigen Zeitgeist durch eine Umdeutung seiner Tendenz mißbraucht als ein Argument, um zu fordern, daß man sich einer neuen Zeitgeist-Beschreibung anpassen müsse. So wird z.T. der Kirchenkampf „eingesponnen" als Argument für Probleme des Zeitgeistes nach 1945: etwa so, daß behauptet wird, daß der Kirchenkampf – fälschlich als Widerstand gegen die Nazis gedeutet – die Christen vom alten Zeitgeist des Faschismus – oder was auch immer eines „. . .ismus" – befreit habe – und daß nun angesichts der heutigen Zeitprobleme „Bindung" heiße, nicht mehr nach dem gnädigen Gott, sondern nach dem gnädigen Nächsten zu fragen.

In der deutschen evangelischen Pfarrerschaft *vor 1930* kannte so gut wie niemand die Lutherischen Bekenntnisschriften – außer dem kleinen Katechismus. Die Beschäftigung mit ihnen war im Studium weder vorgeschrieben noch üblich. Das gestanden nach Beginn des Kirchenkampfes freimütig auch leitende Brüder der „Bekennenden Kirche" (BK) für ihre eigene Person ein.

Erst zweieinhalb Jahre vor Hitlers Regierungsbeginn, im Sommer 1930, gab der Deutsche Evangelische Kirchenausschuß das zweibändige Werk „Die Bekenntnisschriften der Evangelisch-Lutherischen Kirche"[1] heraus: les- und verwertbar auch für den Gemeindepfarrer, aber eben doch mit einer Inhaltsfülle, die von den meisten evangelischen Christen und vor allem von den Pfarrern in der kurzen Zeit bis zum Beginn des Angriffs auf die Substanz der Kirche noch nicht als geistiges Eigentum angeeignet werden konnte, sofern das überhaupt in den Blick kam.

Das ergab als praktische Folge, daß sich die BK weithin auch nach 1934 nicht sicher war, in welchem Umfang sich die einzelnen Landeskirchen in ihrer niemals aufgegebenen Eigenschaft als Körperschaften öffentlichen Rechtes einklagbar auf die Verbindlichkeit ihrer in reformatorischer Zeit beschlossenen Rechtsgrundlage der jeweiligen Bekenntnisse berufen konnten: wichtig z. B., als das Reichsgericht in Leipzig noch nicht aufgelöst war und als das Reichsgericht verschiedentlich der Bekennenden Kirche mit ihrer Berufung auf das Recht der Bekenntnisbindung beistand.[2]

Auf Veranlassung von Pastor Hans Asmussen – des Mannes, um dessen Lebenswerk es in diesem Buch geht – wurde zu Beginn des Jahres 1937 auf einer der Sitzungen der „Konferenz der Landesbruderräte" (Kodlab) und danach in der „2. Bekenntnissynode der Altpreußischen Union (ApU)" am 13. Mai 1937 in Halle/Saale *die Klärung dieser Grundlagenfrage beschlossen.* Der Frankfurter BK-Pfarrer Dr. theol. Alfred Adam (nach dem Krieg Professor in Bethel) erhielt den Auftrag, den Bekenntnisstand aller deutschen Landeskirchen zu untersuchen und darzustellen. Veröffentlicht wurde diese, bis heute grundlegende Arbeit in der von Fritz Söhlmann verantworteten *Zeitschrift der BK „Junge Kirche"*, und zwar in den Heften 12 vom 19. 6. 37, – 14 vom 17. 6. 37, – 21 vom 6. 11. 37, – und 22 vom 20. 11. 37. Hans Asmussen hatte die Anregung gegeben, weil er durchschaute, daß damit der Bekennenden Kirche eine der stärksten Waffen in ihrem Kampf gegen die Zerstörungswut der Machthaber und *ein unverzichtbares Instrument für die geistliche Neuordnung der evangelischen Christenheit* gegeben war. Adam schreibt einleitend (a.a.O. S. 485):

„Die evangelische Kirche ist Bekenntniskirche und war niemals etwas anderes. Würde ihr das Bekenntnis genommen, so veränderte sich ihre Grundlage, ja ihr ganzes Wesen ... Der Anspruch der evangelischen Kirche auf Leben und geschichtliches Dasein hat sich in der Form eines Bekenntnisses, das feierlich vor Kaiser und Reich bekannt worden ist, kundgetan. Nach außen sind mit dem Augsburgischen Bekenntnis die evangelischen Landeskirchen begründet worden. In dieser Hinsicht ist das Bekenntnis von kirchengründender Bedeutung ... Nach innen ... war das Bekenntnis von kirchenerhaltender Bedeutung ... Unter dem Bekenntnisstand einer Kirche versteht man niemals den Bewußtseinsstand der Gemeinden ... Wäre das so, dann hätten Schleiermacher und noch andere Leute recht, die das Gefühl des gegenwärtigen Daseins für das Herz des Glaubens erklären; dann herrschte die Meinung in der Kirche, vielleicht eine fromme Meinung, aber eben die Meinung wandelbarer Menschen. Auf Gesinnung kann der Bekenntnisstand einer Gemeinde niemals begründet werden, sondern allein auf der Wahrheit des Wortes Gottes ... Damit dieser (kirchenerhaltende) Wille in den wechselnden Stunden der Geschichte festgehalten werden kann, muß er an das Bekenntnis der Väter anknüpfen; sonst trüge er nicht die Gewähr der Dauer in sich."

Drei Jahre vor der Hallenser Synode war es auf der „Ersten Bekenntnissynode der Deutschen Evangelischen Kirche" am 31. Mai 1934 in Barmen gelungen, eine Bindung der Kirche an einen wie auch immer auftretenden Zeitgeist zu verwerfen und die Verbindlichkeit der Grundlagen zu proklamieren.

In dieser „Ersten Bekenntnissynode der Deutschen Evangelischen Kirche" sind zwei „Erklärungen" und zwei „Beschlüsse" verabschiedet und einstimmig beschlossen worden: Zum einen: Die „Theologische Erklärung" mit dem „Beschluß", daß diese anerkannt und auf die Verantwortung der Synode genommen wird „im Zusammenhang mit dem Vortrag von Pastor Asmussen", – und zum anderen die „Erklärung zur praktischen Arbeit der Bekenntnissynode der Deutschen Evangelischen Kirche" mit dem „Beschluß": „Der Bruderrat bestellt einen Ausschuß zum Dienst an der geistlichen Erneuerung ...", was dann in der noch im gleichen Jahr 1934 im Oktober in Berlin-Dahlem stattgefundenen weiteren Tagung der Bekenntnissynode beschlußmäßig als „Ausführung" des in „Barmen" Beschlossenen fixiert wurde.

Die Aufgabe, die wir uns gestellt haben, ist es, zu zeigen, *woran* sich die evangelische Christenheit mit diesen Beschlüssen gebunden hat: es war die „Theologische Erklärung" und mit ihr die von keinem Zeitgeist angreifbare oder abzuändernde Gültigkeit der christlichen Bekenntnisse: von den drei, allen Kirchen gemeinsamen frühchristlichen Glaubensbekenntnissen an bis zu den Lutherischen und Reformierten Bekenntnisschriften; und es war – darauf basierend – *zugleich die Neuordnung des kirchlichen Lebens.* Das wird zu zeigen sein, daß es von „Barmen" an um *die Kirchwerdung des Protestantismus* ging – und geht. In diesem Sinn kann die Arbeit verstanden werden als eine Geschichte des Glaubens in diesem Jahrhundert, entsprechend einem Wort von Eduard Lohse: „In der Geschichte des Glaubens liegen Schätze bereit, die gehoben werden müssen, damit wir die Verlegenheiten der Gegenwart besser bestehen."

Das Barmer Jubiläum 1984 hat viele unterschiedliche Deutungen hervorgebracht, die erklären wollen, was wohl mit der „Theologischen Erklärung" gemeint und gewollt gewesen sei. Viele dieser Deutungen haben die sechs Sätze der „Theologischen Erklärung" verwendet in dem Sinn, wie ich oben vom „eingesponnenen Argument" gesprochen habe. Das war zu erwarten, da die sechs Sätze *als solche* nach vielen Seiten hin deutbar und anwendbar sind.

Die sechs Sätze sind jedoch beschlossen worden *„im Zusammenhang mit dem Vortrag von Pastor Asmussen"*. Damit entspricht der „Vortrag" dem, was in der Welt des Rechtes unter dem amtlichen Kommentar eines Gesetzes verstanden wird, welcher die Tendenz des Gesetzgebers profiliert. Asmussens „Vortrag" profiliert die Tendenz der „Erklärung". Als „Tendenz" legt der Kommentar einen Aufgabenkatalog vor: *ein Programm der Kirchwerdung des Protestantismus.* Zu den sechs Thesen selbst sagt Asmussen im „Vortrag", „daß diese Punkte nicht ein Programm zur Geltung bringen, sondern vielmehr Äußerungen eines von Gott geschenkten Glaubens sind, über den man eben darum nicht verhandeln kann, weil er von Gott geschenkt ist".[3]

Das Buch ist nur als Niederschrift von „Anmerkungen" zu verstehen, – Anmerkungen eines Zeitzeugen. Denn wer im Kampf steht, erlebt wohl das Ganze der Schlacht, jedoch nur in der Begrenztheit seines Standortes. Er weiß um das gemeinsame Ziel, um die gemeinsam beschlossene Taktik. Er weiß, daß die anderen an anderen Plätzen ebenfalls im Einsatz stehen. Aber er kann nur erleben, was sich an seinem Standort vollzieht und wo er sich bewährt oder wo er versagt. Das galt im Kirchenkampf vor allem dann, wenn Geheimhaltung geboten war – sogar gegenüber dem vertrauten Freund –, um andere nicht zu gefährden. Demgegenüber hat nach Beendigung des Krieges ein Chronist eine umfassendere Übersicht, als sie dem Zeitzeugen innerhalb der Vorgänge gegeben war.

Dabei wird der Chronist der Geschichte der Kirche sich von dem Chronisten der Profangeschichte darin unterscheiden, daß es für den ersteren noch unmöglicher als für den zweiten ist, voraussetzungslos die Geschehnisse zu untersuchen und darzustellen. Er muß die Auferstehung Jesu Christi voraussetzen, wenn er die Geschichte der Kirche sachgemäß darstellen will. Das bedeutet z.B., daß er die Märtyrer der Kirche unterscheidet von solchen, die sonst Opfer einer Unterdrückung sind. Denn in den Märtyrern vollzieht sich am wirkungsmächtigsten die Überwindung der Welt im Sieg des gekreuzigten und auferstandenen Herren.

Wer als Zeitzeuge das Ringen um die Kirchwerdung des Protestantismus seit 1933 miterlebt hat und noch miterlebt, wird dankbar vermerken, daß die Untersuchung und Darstellung jener Zeitgeschichte zunimmt und in bemerkenswerten Veröffentlichungen eine immer bessere Übersicht ermöglicht. Ich denke an die Arbeiten von Armin Boyens[4], Wilhelm Niemöller[5], Joachim Beckmann[6] oder an das große Werk von Kurt Meier[7].

Der im April 1985 im Alter von erst 55 Jahren leider verstorbene Kirchengeschichtler Klaus Scholder hat es in seinem ursprünglich auf drei Bände geplanten Werk „Die Kirchen und das Dritte Reich" unternommen, „als neue Perspektive erstmals die beiden großen Kirchen nebeneinander zu stellen" und dabei bewußt als „reformatorischer Theologe" zu schreiben.[8] Der zweite, posthum erschienene Band „Das Jahr der Ernüchterung 1934 – Barmen und Rom" erweist sich für das Verständnis meiner Darstellungen als bedeutsame Umfeldbeschreibung. Scholder zeigt, wie schwierig es ist, die Fülle des Materials zu sichten und zu verarbeiten, aber auch Raum für Ergänzungen zu lassen, wenn allein für eine den Anforderungen genügende Beschreibung nur eines einzigen, wenn auch den gesamten Kirchenkampf bestimmenden Jahres – des Jahres 1934 – ein Buch von fast 500 Seiten erforderlich ist. Klaus Scholder war sich der Schwierigkeit bewußt, das Material möglichst objektiv zu beschreiben und so vorzulegen, daß der Leser sich sein Urteil selbst bilden kann und das Geschehene als Ursache für den gegenwärtigen Zustand versteht. Er beschreibt seinen „Standort" als „eine gemäßigt relativistische Position, die von pluralen Deutungsmöglichkeiten vergangener Wirklichkeit ausgeht".[9] Von diesem Standort aus „scheute" Scholder „sich nicht, ... in historiographische Vernebelungen ... Licht zu bringen ... Es gibt zweifellos so etwas wie Forschungsmonopole ... Ein ähnliches Monopol im Sinn der „Dahlemer Richtung" besaß übrigens auf evangelischer Seite bis zum Beginn der siebziger Jahre die „Kommission der Evangelischen Kirche in Deutschland für die Geschichte des Kirchenkampfes" ... Solche Monopole ... tendieren naturgemäß zu einer gewissen Einseitigkeit. Gefördert und gedruckt werden in der Regel nur solche Arbeiten, die in den vorgegebenen Rahmen passen; Außenseiter mit konträren Meinungen haben kaum eine Chance ..."[10]

Im Sinne der Vertreibung des historiographischen Nebels kommt Klaus Scholder das Verdienst zu, das Schweigen über Hans Asmussen gebrochen zu haben, der in der bisherigen Kirchenkampfliteratur weithin als Außenseiter ohne Chance behandelt wurde.

Eine umfassende Übersicht über die Literatur zum Kirchenkampf ist aus dem jeweiligen Literaturverzeichnis der verschiedenen Werke zu ersehen.[11]

Nach freundlicher Beratung durch den Lektor des Verlages, Herrn Dr. Jörg Ohlemacher, und Asmussens Biographen, Herrn Pastor Dr. Enno Konukiewitz, habe ich folgende Literatur eingesehen: „Gerhard Besier, Gerhard Sauter, Wie Christen ihre Schuld bekennen. Die Stuttgarter Erklärung 1945", Göttingen 1985. „Carsten Nicolaisen, Der Weg nach Barmen. Die Entstehungsgeschichte der Theologischen Erklärung von 1934" –, Neukirchen Vluyn 1985. Martin Greschat, Die Schuld der

Kirche. Dokumente und Reflexionen zur Stuttgarter Schulderklärung ... München 1982. „W.-D. Hauschild, G. Kretschmar, C. Nicolaisen, Die lutherischen Kirchen und die Bekenntnissynode von Barmen, Göttingen 1984. – „Friedrich Wilhelm Marquard, Theologie und Sozialismus, Das Beispiel Karl Barths" –, München 1972. Vorgänge um und Zitate von Karl Barth sind wiedergegeben nach Eberhard Busch, Karl Barths Lebenslauf, München 1975. E. Konukiewitz, Hans Asmussen – ein lutherischer Theologe im Kirchenkampf, Gütersloh 1984.

Ich bin dankbar, meine „Anmerkungen" schreiben zu können, *nachdem* Enno Konukiewitz die Biographie „Hans Asmussen – ein lutherischer Theologe im Kirchenkampf" veröffentlicht hat. Diese verdienstvolle und für einen Theologen der jüngeren Generation zutreffende Darstellung ist Voraussetzung dafür geworden, daß ich dieses Buch schreiben konnte. Ich möchte ihm an dieser Stelle meinen Dank aussprechen, – auch dafür, daß ich mit seinem Einverständnis rechnen kann dafür, daß meine Arbeit keine Ergänzung ist, sondern eine Durchleuchtung vom Standort eines Zeitzeugen aus. Der Leser meines Buches wird das hier vorgelegte Material besser verstehen, wenn er auch die Arbeit von Enno Konukiewitz liest. Als Hans Asmussen 1968 heimgerufen wurde, bat mich Bischof Dr. Friedrich Hübner, Asmussens Werke herauszugeben. Ich mußte ihn damals – ich war 54 Jahre alt – um Verständnis für meine Absage bitten, da für eine solche Aufgabe meine Pensionierung als Freistellung für die Arbeit erforderlich gewesen wäre. Nachdem ich nun meine Offenbacher Friedenskirchengemeinde einem Nachfolger übergeben konnte, stellen das Buch von Konukiewitz und mein Buch in ihrer Bezogenheit aufeinander so etwas wie eine Entsprechung der von Bischof Dr. Hübner gegebenen Anregung dar.

Eine umfassende Bibliographie des Asmussen'schen Schrifttums hat Georg Zenk in seinem zweibändigen Werk über Asmussen „Evangelisch in Katholizität" – im Verlag Peter Lang Frankfurt/M. 1977 erschienen – vorgelegt.[12]

Wie das Buch von Enno Konukiewitz unverzichtbar die kirchengeschichtliche Entwicklung bis 1945 darstellt, so bietet Annemarie Smith-von Osten in ihrem Buch „Von Treysa 1945 bis Eisenach 1948"[13] die historiographische Fortsetzung an für einen Zeitabschnitt, in welchem sich Wesentliches von dem abspielt, was ich berichte. Die Verfasserin sichtet das umfangreiche Quellenmaterial über die sehr komplizierten Vorgänge in beeindruckender Weise. Es wäre der Übersichtlichkeit meines Buches abträglich, die dort vorgelegten Dokumente noch einmal zu zitieren, zumal Asmussen im Widerstreit der Beurteilungen stand und eine Beschreibung verschiedener Situationen aus meiner Kenntnis der Persönlichkeiten heraus einen zu breiten Raum einnehmen würde.

Die Chronisten der Zeitgeschichte geben Einblicke in objektive Sachverhalte, aber gesehen, gewertet und ausgewählt durch die Beurteilung des Verfassers. Z. B. ist aus dem genannten Buch von Greschat zu erkennen, wie für ihn wichtig ist, welche Auswirkung das Stuttgarter Schuldbekenntnis für die Deutschen und Deutschland hatte und hat, – im Sinne dessen, was für Barth und Niemöller Schwerpunkt des Bekenntnisses war. Besier und Sauter dagegen vermitteln dem Leser die geistliche Dimension des Bekenntnisses. Ist somit jede objektiv-historische Darstellung irgendwie auch immer „subjektiv", so bedürfen diese Darstellungen auch „subjektiver Ergänzungen". Solche unverzichtbaren subjektiven Ergänzungen sind die drei bekannten Lebensberichte: Eberhard Busch, Karl Barths Lebenslauf[14], Eberhard Bethge, Dietrich Bonhoeffer – Theologe – Christ – Zeitgenosse[15] und Dietmar Schmidt, Martin Niemöller.[16]

Aus den Lebensberichten erfahren wir, wie die Träger des Geschehens die Vorgänge erlebt oder nicht erlebt haben, – aus welchen Gründen und wie sie sich in den Vorgängen verhielten, – welche Theologie sie bestimmte und was sich daraus als Zielvorstellung ergab.

In den Lebensberichten begegnet uns aber auch der Verfasser. Denn wir begegnen Barth in Buschs, – Bonhoeffer in Bethges – und Niemöller in Schmidts Sicht. Und das ist gut. Denn die Verfasser sind Vertraute, Freunde und Zeitgenossen ihrer Titelträger und führen in ihren Büchern gewissermaßen die Gespräche mit ihnen fort, – nun aber vor einer breiten Öffentlichkeit, um diese für das Anliegen ihrer Freunde zu gewinnen.

Das ist unverzichtbare Verlebendigung der Geschichte für die, die als nächste Generation das Geschehen verstehen und sich in der Gegenwart und in der Zukunft zurechtfinden wollen.

Ich verstehe den Inhalt dieses Buches – wie oben schon gesagt – als „Anmerkungen", – als „erlebte" Anmerkungen. Für diese „Anmerkungen" bietet Hans Asmussens „Vortrag", mit dem er die „Theologische Erklärung" 1934 der Bekenntnissynode in Barmen vorlegte und kommentierte und der so als Bestandteil der „Theologischen Erklärung" beschlossen worden ist, eine systematisierende Gliederung, indem wir uns von den vier Schwerpunkten des Inhalts leiten lassen. Diese vier Schwerpunkte bestimmten Asmussens Leben für die Kirche bis zu seinem Tode. Der Inhalt jedes Schwerpunktes wird durch Hinweise auf Asmussens eigene Deutungen in seinem Schrifttum entfaltet werden. Aber wir werden uns nicht darauf beschränken können. Denn die „Theologische Erklärung" und Asmussens „Vortrag" sind mehr als theologische Literatur. Sie sind selbst Fundament – und Bauelemente des Prozesses der Neuordnung. Was damit gemeint ist, hat Gerhard Sauter in seiner Theologischen Besinnung auf das Stuttgarter Schuldbekenntnis ausgesprochen:

„Ein Schuldbekenntnis im Raum der christlichen Kirche kann nur als Teil des „Glaubensbekenntnisses" ausgesprochen werden, von ihm herkommen und darauf hinführen. Indem wir dies von Anfang an im Auge behalten, unterwerfen wir die Stuttgarter Erklärung nicht einem ihr fremden Maßstab. Nur als ein Bekenntnis kann sie (in welcher äußeren Form auch immer) „gepredigt" werden, wie es Hans Asmussen und Martin Niemöller in der ganzen ersten Nachkriegszeit gehalten haben ... Das Schuldbekenntnis ist eine Anrufung Gottes – und darum kann es allein zu dem aufsehen, der unsere Schuld trägt ... Waren sich ... alle wirklich einig, die an der Stuttgarter Erklärung beteiligt waren? ... Einig konnten sie also nicht nur darin sein, daß sie das gleiche meinten, *sondern sie wurden vielmehr erst eins, indem sie dasselbe taten* ... Ein Konsenstext kann über das, was seine Urheber mit ihm bewerkstelligen wollten, hinauswachsen. Denken wir an die Formulierungen der altkirchlichen Konzilien mit ihrem oft recht zwielichtigen kirchenpolitischen Hintergrund ... *Auch die Barmer Theologische Erklärung 1934* und ihre Rezeption wären hier zu nennen".[17]

Das bedeutet, daß Asmussens *Person* Teil dieses Prozesses der Neuordnung war auf Grund seiner vielfachen Beauftragungen mit Führungsaufgaben, – aber auch auf Grund dessen, was er an Zustimmung und Ablehnung erfuhr und was sich als das kirchliche und politische Umfeld seines Lebens begab. Vergleicht man die Kirche mit einem Bau, so war Asmussen ein beauftragter Architekt und Bauführer – und dies auch noch nach seiner Zurückstellung 1948. Klaus Scholder schreibt zu Asmussens Wirken: „... (1934). In diesen Tagen verlor Hans Asmussen, der Mitverfasser des „Altonaer Bekenntnisses", sein Amt – und wurde damit frei für seine führende Rolle in der Bekennenden Kirche".[18]

Von 1936 bis zu seinem Tode 1968 begleitete ich Hans Asmussen als Schüler, als Mitarbeiter und als Freund. Was er von 1933 bis 1936 erlebt hatte, – oder richtiger: wie er das Erlebte verarbeitet hatte – wobei besonders an die Formulierung der Theologischen Erklärung zusammen mit Barth und Breit am 16./17. 5. 34 zu denken ist – hat er mir erzählt. Wer ihm näher stand, wurde nicht in seinen Bann gezogen, wie es leicht geschehen kann dort, wo sich so etwas wie die Schule eines Meisters bildet. Im Gegenteil: Asmussen tat alles, um seine Freunde zur Eigenständigkeit und Unabhängigkeit ihm gegenüber zu ermuntern. Er wollte sie als Partner, nicht als Gefolgsleute haben, die mit ihm eine Sache klären sollten, – dies dann aber auch mit dem Mut, die Sache zu vertreten. Das bedeutete Mut zum Alleingang und damit Freude über die Gabe einer Freiheit, die der Hoffnung vertraut.

Wie Asmussen sich selbst – und wie er das Verhältnis zwischen uns beiden verstanden hat, ist aus dem Brief zu ersehen, den er mir am 30. 3. 66 geschrieben hat.[19] Asmussen paßte in kein Klischee. Sein Verhaltensmuster fand er in Matt. 1,18 f., wo Maria es ablehnt, sich zu rechtfertigen. Er verstand sich gern als „Leutpriester" und als „Laie" unter den theologischen Fachgenossen (s. S. 125), – und das bei seinem umfangreichen Œuvre! Otto Fricke, Mitglied der 2. Vorläufigen Kirchenleitung ab 1936, sagte mir 1947 einmal, Asmussens Bücher würden von den Laien gelesen, nicht aber von den Theologen.

> Asmussen hätte sich in dem Resumee wiedergefunden, das das Kirchenamt der EKD in seinem Mitarbeiterbrief Nr. 2/1986 vom 5. 8. 86 über die Rezeption der sogenannten „Lima-Texte" veröffentlicht: „Auffällig ist, daß in dem sogenannten Rezeptionsprozeß eine Reihe äußerst kritischer Stimmen aus dem Bereich der theologischen Wissenschaft in unserem Lande laut geworden sind, daß sie sich aber in den synodalen Stellungnahmen kaum ausgewirkt haben ... Es wirft die Frage auf, welche Rolle heute die theologische Wissenschaft in der Kirche spielt, – aber auch die andere Frage, ob eigentlich der Satz, daß Einheit nicht auf Kosten der Wahrheit angestrebt werden dürfe, in vollem Umfang richtig ist. Dahinter steht die Frage, ob möglicherweise in den Kirchen der Reformation der intellektuelle Aspekt des Wortes und das Vertrauen zum Geschriebenen doch höher bewertet wird, als die in Christus entstandene und in ihm wurzelnde Gemeinschaft der Kirche als Mysterium".

Asmussen bejaht in dem o.a. Brief an mich, daß er seinen Weg „ohne Hausmacht" gegangen und aus diesem Grunde einer der „freiesten Kirchenmänner mit Namen" gewesen wäre. Er wußte sich dem ihm jeweils übertragenen Auftrag, – etwa dem des Präsidenten der Kanzlei der EKD –, verpflichtet. Aber er füllte diesen Rahmen auch schöpferisch aus. Er sah Entwicklungen voraus, für die er rechtzeitig die Weichen stellen wollte. Dies ließ sich nach seiner Einschätzung im Alleingang effizienter durchführen, als wenn ein Gremium – das naturgemäß schwerfällig ist – erst beschließen mußte. Er erkannte, daß 1945 erstmals seit der Reformation ein fundiertes *Zwiegespräch zwischen Kirche und Politik* entstand. Diesen Vorgang versuchte er, ins Bewußtsein der Verantwortlichen zu erheben. Vorbereitet war er bereits seit 1936, als er seinen Kommentar zum Galaterbrief schrieb und seinem Freunde Karl Barth widmete, um ihn zu veranlassen, mit ihm zusammen an die Klärung des für das Gemeinwohl, für das Politische in seiner konkreten Erscheinung, so unverzichtbar wichtige Verhältnis von „Gesetz und Evangelium" zu gehen. Im letzten Kapitel dieses Buches lassen wir Asmussen darüber ausführlich zu Wort kommen. Es war für Asmussen wie für Barth einer der wichtigen Schwerpunkte der „Theologischen Erklärung" von Barmen, hier schon, ohne den weiteren Weg zu kennen, die Weichen für die spätere Entwicklung zu stellen. Als Karl Barth seit 1936 von der Umkehrung des Verhältnisses beider Grundlagenelemente in „Evangelium und Gesetz" aus seine Ethik und sein Verständnis des Zusammenhangs von „Leib Christi" und Politik begründete und entfaltete, gingen die Wege beider Freunde auseinander. Diese Entwicklung wird wie ein roter Faden den Text des vorliegenden Buches durchziehen, – unter Einbeziehung der Rolle, die Martin Niemöller dabei spielte.

Da jeder der drei in die Stunden, in denen Entscheidungen gefordert waren, eine, z. T. weit zurück reichende Erfahrung kirchlicher, theologischer, nationaler und gesellschaftlicher Art mit einbrachte und vertrat, reichte ihr Leben nicht aus, um zumindest ansatzweise zu einer Klärung der Differenzen zu kommen. Gemeinsam hatten sie erkannt, daß die politische Abstinenz im Protestantismus vor 1933 sich mit der Königsherrschaft Jesu Christi nicht vereinbaren ließ. Gemeinsam waren sie der Überzeugung, daß „Theologie nur als Funktion der Kirche verstanden werden könne".[20] Gemeinsam wußten sie, daß mit Pfingsten „die letzten Tage" (Apg 2,17) angebrochen waren, das „Eschaton" das Weltgeschehen verändert hat und alles „eschatologisch" gewertet werden müsse: sie konnten gemeinsam das Gebet aus der Didache sprechen, mit dem G. Sauter seine „theologische Besinnung" schließt: „Es komme die Gnade und es vergehe diese Welt."[21] Gemeinsam war ihnen, daß sie dem „Katholischen" begegneten. Und gemeinsam war ihnen die Erkenntnis, daß es in diesem Jahrhundert – das Otto Dibelius 1927 das „Jahrhundert der Kirche" genannt hatte – die Aufgabe der Christenheit ist, den „Leib Christi" sichtbare Gestalt gewinnen zu lassen.

Worin sich die drei unterschieden und mit welcher Begründung, ist nach ihrem Tode keine Sache der Vergangenheit geworden. Im Gegenteil: es verlangt dringender denn je nach einer Klärung.

„Anmerkungen" – das meint in diesem Buch auch ein methodisches Prinzip: einzelne Ereignisse und Verlautbarungen werden jeweils in den sich ändernden Zusammenhängen wieder erwähnt werden, damit sichtbar wird, wo Entwicklungen stattgefunden haben. Wirkungsgeschichte wird gezeigt. Die dabei notwendigen Wiederholungen sind bewußt in Kauf genommen worden. Zum Charakter der „Anmerkungen" gehören auch die verhältnismäßig häufigen Hervorhebungen im Text, auch in den Quellen: Anmerkungen zum Aufmerken.

So möge das Buch helfen, sich wieder der Erweckungszeit der Kirche in den Jahren von 1933 bis 1945 und danach zu erinnern und sich an den in dieser Zeit geschenkten Schätzen zu freuen. Damals haben wir einen neuen Zugang zu Luthers Lied „Von der Christlichen Kirchen" gefunden: „Sie ist mir lieb, die werte Magd". Die Sprache des Volkes Gottes, gerade beim Durchgang durch finstere Täler, ist immer Lobgesang gewesen, wie Martin Buber den 100. Psalm übersetzt: „Schmettert Ihm zu, alles Erdenreich! Dienet Ihm in der Freude! Kommt mit Jubelruf vor sein Antlitz!".

Bei der Niederschrift des Manuskripts haben mir geholfen Frau Gerda Monreal, Fräulein Helga Göbel und Frau Ursula Haumann, denen ich herzlich danke. Neben Herrn Bischof Dr. Friedrich Hübner ermutigten mich seit Jahren zu der Arbeit mein Freund Pfarrer Theo Hauf sowie Frau Dr. Christine Blumenberg-Lampe.

Das Lebenswerk des Kirchenmannes Hans Asmussen wurde nur ermöglicht und entfaltete sich in ständigem Austausch mit seinen Verlegern. Das gibt mir Gelegenheit, in Dankbarkeit an den Einsatz des Verlages Vandenhoeck & Ruprecht und seines verehrten Seniorchefs Herrn Günther Ruprecht im Kirchenkampf zu erinnern, – eines gefahrvollen, mutigen und klugen Einsatzes, bei welchem die Verantwortlichen ständig der Beargwöhnung durch die Gestapo ausgesetzt waren. Der Dank gilt ebenso anderen Verlagen wie dem Christian-Kaiser-Verlag, dem Furcheverlag, dem MBK-Verlag und dem Verlag des Burckhardthauses – mit den Verlegern Lempp, Rennebach, Renner, Anna Lawton, Anna Paulsen, die zur Bekennenden Kirche gehörten und ohne die die Bekennende Kirche nicht möglich gewesen wäre. Die Begegnung mit diesen Männern und Frauen hat mich bleibend beeindruckt und geprägt.

Die Herstellung des Buches wurde ermöglicht durch großzügige Druckkostenzuschüsse. So gilt mein Dank der Nordelbischen Evangelisch-Lutherischen Kirche – der Heimatkirche Hans Asmussens –, der Vereinigten Evangelisch-Lutherischen Kirche Deutschlands, der Evangelischen Kirche in Hessen und Nassau. Die Anfrage an einen leitenden Herrn in einem großen Konzern im Rhein-Main-Gebiet, ob dort ein Fonds zur Förderung wissenschaftlicher Publikationen bestehe, ergab zwar, daß es von da her keine Möglichkeit einer Beihilfe gäbe. Aber, ohne daß ich darum bitten mußte, haben auf Grund dieser Anfrage drei mir persönlich nahestehende Herren meiner Offenbacher Friedenskirchengemeinde – Herr Dipl. Kfm. Richard Mayer, Herr Dipl. Kfm. Richard Weigmann und Herr Dr. med. Eberhard Klaubert – einen namhaften Druckkostenzuschuß über den Unterstützungsverein des Rotaryclubs Offenbach e.V. ermöglicht. Und schließlich hat als Zeichen, daß der Autor dieses Buches Offenbacher ist und Asmussens Konzept für die Erneuerung der Kirche im Gemeindeleben hat in die Praxis umsetzen können, die Sparkasse Offenbach durch Befürwortung ihres Direktors Herrn Horst Klepzig mit einem beachtlichen Betrag die Herstellung des Buches gefördert. Mein ganz besonderer Dank gilt dem Lektor des Verlages, Herrn Dr. Jörg Ohlemacher, für die mühevolle redaktionelle Überarbeitung des Manuskripts.

Offenbach im August 1987 Wolfgang Lehmann

I. Nachspiel als Vorspiel

Die Konferenz der Evangelischen Kirchenführer in Treysa vom 27. bis 30. August 1945

Wenn sich bei Pfarrerzusammenkünften meines Erfahrungsbereiches ein Pfarrer positiv über die CDU äussert, so erhebt sich im allgemeinen gegen ihn wie eine Barriere eine ablehnende Stimmung. Ja, unter Umständen wird er wie ein kirchlicher Paria behandelt.

Dies Verhalten resultiert nicht daraus, daß die Pfarrer nichts mit Politik zu tun haben wollen. Ganz im Gegenteil! Sie wollen nur nichts mit „der CDU" zu tun haben. Dagegen wird jede aus dem „linken" Spektrum kommende Aktion sofort als Diskussionsgegenstand akzeptiert, – ja, im allgemeinen sogar jedem exegetischen oder dogmatischen Thema vorgezogen. Woher kommt ein solches Verhalten?

Die Stunde „Null"

In dem Verhalten gegenüber der CDU spielt sicher mit, daß die jüngere Generation an unterschwelliger Verdrossenheit leidet gegenüber allem, was Erfinder von politischen Schlagworten als „establishment" bezeichnet haben. Aber dahinter steckt mehr! Es hängt mit der Entwicklung der EKD zusammen, wie sie in der „Konferenz der Evangelischen Kirchenführer" in Treysa vom 27.–30. Aug. 1945 gegründet worden ist. Diese Gründung war ein *Kompromiß* und war als *Provisorium* gedacht. An dem Verständnis dieses Provisoriums schieden sich dann schon bald die Geister. Für diese Treysaer Konferenz – kurz „Treysa I" genannt im Unterschied zur 2. Treysaer Konvention 1947 – war bestimmend, daß dort auf Grund der Erfahrungen der Bekennenden Kirche im Kirchenkampf in einer für den Protestantismus neuen Weise *„Verantwortung für das öffentliche Leben"*, – für den Raum des Politischen übernommen wurde.

Wir wollen uns kurz vergegenwärtigen, unter welchen Beschwernissen und Umständen diese Konferenz stattfand: dreieinhalb Monate nach der deutschen Kapitulation – und zwei Monate, nachdem die Russen den Amerikanern die Länder Thüringen und die Provinz Sachsen abgenommen hatten.[1]

Über den zerstörten Städten lag noch Brandgeruch. Der Postverkehr war kaum wieder in Gang gekommen. Telefonieren war noch so gut wie unmöglich. Eisenbahnfahrten glichen noch abenteuerlichen Expeditionen mit langwierigen Beantragungen von Passierscheinen. Alle litten an Hunger. Papier war so knapp, daß wir Pfarrer der Kirchenprovinz Sachsen noch am 27. 4. 46 vom Konsistorium in Magdeburg um Papierspenden an das Konsistorium gebeten wurden. Motorisiert waren die wenigsten Teilnehmer an der Konferenz. Das Mitglied der „Vorläufigen Kirchenleitung" – „VKL", der Berliner Propst Dr. HANS BÖHM, schrieb mir in einem Brief, zwei Wochen nach der Konferenz am 15. 9. 45[2], daß er in Treysa auch seinen Freund HANS ASMUSSEN wieder getroffen habe, „der in zünftigem Lederanzug und Ledermütze den Neid aller noch nicht kraftfahrenden Leute „mit seinem alten Motorrad" erregte". Von sich selbst, der im 1. Weltkrieg ein Bein verloren hatte, schreibt Hans Böhm: „Ein Leiterwagen, auf dem man gezogen wird . . ., ist kein Ersatz für ein Auto." Wichtige Leute fehlten. Im Mai war der Praeses der BK im Rheinland, PAUL HUMBURG, gestorben. Noch am 4. 11. 45 wurde eine Suchanzeige nach Dr. REINHOLD VON THADDEN-TRIEGLAFF veröffentlicht. Auch die Teilnehmer an der Kirchenführerkonferenz waren gegenüber der anderen deutschen Bevölkerung nicht privilegiert! Eine Reihe von ihnen wie Dr. EUGEN GERSTENMAIER und Dr. WALTER BAUER waren erst im April aus Freislers Gestapogefängnissen befreit worden. Bei allen Differenzen, die aus den vergangenen Jahren mit in die Treysaer Verhandlungen eingebracht wurden, überwog die Freude, daß man noch lebte und nun in Freiheit an die Gestaltung des kirchlichen Lebens der evangelischen Christenheit gehen konnte. Im Blick auf die Tagesordnung und im Blick darauf, was aus dieser Liste in förmlichen „Beschlüssen" verabschiedet oder als „Vorlagen" ausgearbeitet wurde, die noch einmal überarbeitet werden sollten, bestand gegenseitiges *Vertrauen:* im Hören auf die Brüder. Zu einer Kampfabstimmung kann es nirgends gekommen sein. HANS BÖHM hätte mir das mit Sicherheit in dem erwähnten Brief angedeutet. Ebenso hätte HEINZ KLOPPENBURG – später Mitbegründer der Prager Friedenskonferenz – mir in seinem Brief an mich vom 3. 11. 45[3] etwas davon mitgeteilt. Und auch HERBERT MOCHALSKI – ebenfalls später führendes Mitglied der Prager

Friedenskonferenz, schreibt in seinem Brief an mich vom 31. 8. 46 – also ein Jahr nach Treysa – nichts von Differenzen nach Treysa. Das ist wichtig für die 15 Jahre nach Treysa entstandene Kontroverse über das sogenannte „Wort zur Verantwortung der Kirche für das öffentliche Leben“.

Nach der von Fritz Söhlmann verantworteten Dokumentation über die Kirchenführerkonferenz[4] sollte beraten, bzw. beschlossen werden über:

1. Ein Wort an die Gemeinden.
2. Ein Wort an die Pfarrer.
3. An die aus den östlichen Kirchengebieten Deutschlands verdrängten und geflüchteten kirchlichen Amtsträger und ihre Angehörigen.
4. Die vorläufige Ordnung der Evangelischen Kirche in Deutschland.
5. Beschluß der vertretenen Provinzialkirchen in der Altpreußischen Union.
6. Ein Wort zur Verantwortung der Kirche für das öffentliche Leben.
7. Beschluß zur Schulfrage.
8. Kirchenkanzlei, Außenamt und Ev. Hilfswerk.

Der in „Barmen“ erstmals laut gewordene Ruf, auf die Brüder zu hören, war eine oft ausgesprochene Mahnung im Kirchenkampf bis zur Stunde von „Treysa“ – und, soweit der Ruf ehrlich und ernst gemeint war, nun auch die Ermöglichung der Treysaer Konferenz. Pastor Fritz v. Bodelschwingh konnte in diesem Sinn in seiner Ansprache in der Konferenz rufen: „Wir sind uns untereinander die volle Wahrheit schuldig und wollen keiner unbequemen Wirklichkeit aus dem Wege gehen. Aber es darf nicht sein, daß die Schlußmelodie dieser Tagung ein Mißklang wird ... Ein ernster Freudenton soll die Botschaft von Treysa werden.“[5]

Lic. Dr. Jochen Beckmann schrieb in seinem, den Superintendenten der „Ev. Kirche in der Rheinprovinz“ am 11. Sept. 1945 übersandten Bericht über die Konferenz: „... In anstrengender Arbeit wurden alle großen Fragen der Evangelischen Kirche Deutschlands durchberaten ... Das Hauptstück der Konferenz war die Neuordnung der Evangelischen Kirche ...“.

Neu war gegenüber dem Selbstverständnis des deutschen Protestantismus vor 1933, daß diese Aufgabe in sachlich unlösbarem Zusammenhang mit der Verantwortung der Kirche für das gesamte Feld des öffentlichen Lebens aufgenommen wurde: Verantwortung in der Schulfrage, in der Jugendarbeit, Verantwortung für Hilfe in der allgemeinen Verelendung der Deutschen mit besonderer Berücksichtigung der Lage der Deutschen in den östlichen Gebieten und der damals noch in großen Scharen umherziehenden Vertriebenen und Heimatlosen, – aber auch Verantwortung für die sich zunächst auf kleine Bezirke begrenzt abzeichnende Neuordnung des politischen Lebens – Vorbereitung für die spätere Beteiligung der Kirchen an der Erstellung des Grundgesetzes. Die Erwartung, daß der erhoffte Staat eine Demokratie sein werde, bestimmte alle Überlegungen der damals Verantwortlichen. Trotz der bereits in den ersten Monaten sich abzeichnenden Richtlinien der russischen Besatzungsmacht in der Art eines Diktats zur Bildung der SED in der von ihr besetzten Zone ging man damals noch von der Notwendigkeit aus, eine Demokratie für die gesamte deutsche Nation ins Auge zu fassen.[6]

Die Verbindung von Neuordnung der Evangelischen Kirche und ihrer Verantwortung für das öffentliche Leben, für das Politische, drängte sich vordergründig wohl auch dadurch auf, daß die Kirchen im totalen Zusammenbruch die einzigen deutschen Institutionen waren, die sich durch ihre Kontinuität als Hilfe in der Neuordnung anbieten konnten. Aber viel bedeutsamer und als eigentlicher Hintergrund für die, unabhängig von der damaligen Notsituation, verpflichtende Zuordnung von Kirche und politischem Leben war das, was in den Kreisen des politischen Widerstands während der NS-Herrschaft, – so in besonderer Weise im Freiburger „Bonhoeffer-Kreis" – von Männern und Frauen der Bekennenden Kirche für den politischen Neuanfang erarbeitet worden war: eine Planung von Grundsätzen und praktischer Anwendung für Politik, Wirtschaft und Kultur, die einem so seit der Reformation noch nicht möglich gewesenen *Zwiegespräch zwischen Kirche und Politik* ihre Erkenntnisse verdankte. Helmut Thielicke und Philipp von Bismarck haben 1979 unter dem Titel „In der Stunde Null"[7] die Denkschrift des Freiburger „Bonhoeffer-Kreises" veröffentlicht. In Männern wie Gerhard Ritter, Theodor Steltzer, Eugen Gerstenmaier, Walter Bauer wurde diese Potenz in die Treysaer Verhandlungen mit eingebracht. Es erübrigt sich der Hinweis, daß in der damaligen Stunde davon noch nichts profiliert werden konnte. Aber die Weichen wurden gestellt.

So erstaunlich es ist, daß ohne die Möglichkeit, die Konferenz durch vorher tagende Ausschüsse vorbereiten zu lassen, wichtige Sachinhalte richtunggebend formuliert und beschlossen wurden, so war in der damaligen Stunde doch wesentlicher, daß in Treysa die, auch unterschiedliche Vorstellungen mitbringenden *Repräsentanten* der verschiedenen Gruppierungen *als bewährte Persönlichkeiten* im Geiste des Aufrufs von Pastor v. Bodelschwingh sich in der Liebe zu Christus und seiner Kirche begegneten und miteinander verbanden.

Eine nicht geringe Rolle spielte dabei der von allen als führende Persönlichkeit anerkannte württembergische Landesbischof D. Theophil Wurm. Seine Einführungsrede gab für die Konferenz den *bestimmenden Rahmen* ab.

In dieser Rede sagte er: „... Das ist die Größe dieser Stunde, daß wir Buße tun dürfen für alle Sünden der protestantischen Vergangenheit und erbitten dürfen eine evangelische Zukunft; daß wir frei werden dürfen von der falschen Innerlichkeit, die die Institution der Kirche verleugnet, vor der Welt sich versteckt und sich dem Kampf gegen sie entzieht, wie von der falschen Äußerlichkeit, die mit sektenhaftem „Hie ist Christus" geistliche Autorität für einen abgezirkelten Kreis von Menschen in Anspruch nimmt ... Die schärfste und wirksamste Kritik, die der zu Beginn des 19. Jahrhunderts erwachende Katholizismus an der Evangelischen Kirche von jeher geübt hat, hat immer bei ihrer Staatsgläubigkeit eingesetzt, in der das orthodoxeste Luthertum und der extremste Liberalismus übereinstimmten und aus dem der Säkularisationsprozeß hervorgegangen ist, der im dritten Reich seinen Höhepunkt erreichte."[8]

Die Konferenz beauftragte P. Hans Asmussen DD mit der Leitung der Kanzlei der Ev. Kirche in Deutschland, – P. D. Martin Niemöller DD mit der Leitung des Kirchlichen Außenamtes – und Konsistorialrat Dr. Eugen Gerstenmaier mit der Leitung des Evangelischen Hilfswerkes, nachdem sie die 12 Mitglieder des „Rates der Evangelischen Kirche in Deutschland" berufen hatte.

CDU und Treysa

Am 26. Juni 1945 war in *Berlin* die CDU gegründet worden. Die Gründung war von Anfang an auf Gesamtdeutschland ausgerichtet. In den westlichen Besatzungszonen erfolgte die Genehmigung zur Bildung demokratischer Parteien erst im November 1945.[9]

Diese Partei verstand sich als Ergebnis des erwähnten und seit etwa 1936 sich entwickelnden *„Zwiegesprächs zwischen Kirche und Politik"*. Der Protestantismus *als solcher* vor 1933 konnte ja ein „Zwiegespräch" nicht beginnen. Als aber *der Prozeß der Kirchwerdung* und der *Erneuerung der Lehre* einsetzte, entstand von selbst bei Christen in öffentlicher Verantwortung – sei es in der Politik, in der Wirtschaft, im Rechtswesen, in der Kultur – die Frage der Umsetzung des Glaubens als Inhalt wie als Haltung in die Realitäten des Alltags. Was beispielhaft im „Freiburger Bonhoeffer-Kreis" als die erwähnte „Denkschrift" noch während der NS-Diktatur erarbeitet wurde, war ein „Neues" gegenüber dem Staatsverständnis der Weimarer

Republik. Und wenn einer der Überlebenden dieses Kreises, Prof. Dr. Gerhard Ritter, in Treysa 1945 zusammen mit Theodor Steltzer, einem Mitbegründer der Berliner CDU (zwei Monate vor „Treysa") und dem ersten Ministerpräsidenten von Schleswig-Holstein in der Zeit der englischen Besatzungszone, – und Hans Lilje, dem späteren Landesbischof von Hannover, – von der Konferenz beauftragt wurde, eine *„Kundgebung zur Verantwortung der Kirche für das öffentliche Leben"* zu erarbeiten, – *mit der Zustimmung zur Bildung einer Partei mit christlichen Grundsätzen"*, dann ergibt sich, daß das „Neue" an der Parteigründung ist, daß sie ihre Existenz diesem „Zwiegespräch" zu verdanken hat. Es belastet bis heute die Arbeit der CDU, daß Karl Barth sie im Oktober 1945 im *Wipkinger Vortrag* (s. S. 202 ff.) als Wiederbelebung des „Zentrums" aus der Zeit der Weimarer Republik abgestempelt hat. *Barth* konnte – vom Ausland her – nicht verstehen, was Robert Tillmanns auch namens anderer evangelischer Mitbegründer der Berliner CDU wie O. H. v. d. Gablentz, Rudolf Pechel, Ferdinand Sauerbruch, Theodor Steltzer und Paul York von Wartenburg 1951 bezeugte: „(Die CDU) verdankt ihren Ursprung *echter politischer Neubesinnung*, geboren im *Schmelztiegel* der Katastrophe von 1945". Daß diese Entstehung nun nicht bedeutet, daß diese Partei die Sache der Kirche zu betreiben hat, sondern als Partei den anderen politischen Parteien der Bundesrepublik in parlamentarischer Gleichwertigkeit und Arbeitsweise, auch kämpferischer Arbeitsweise, zugeordnet ist, war Voraussetzung der Zustimmung von Treysa. Und die „Kundgebung" verlangt ausdrücklich, daß die EKD „in *allen* Parteien sich um Vertrauensmänner" bemühen soll. Die SPD hat sich 1945 wohl einer beeindruckenden Neubesinnung unterzogen, sich aber auch grundsätzlich zur Fortführung ihrer 100jährigen Geschichte bekannt, in welcher ein „Zwiegespräch zwischen Kirche und Politik" eben noch nicht möglich gewesen war.

Für das, was in den Widerstandskreisen evangelischer Christen als Entwurf von Richtlinien für einen neuen deutschen Staat erarbeitet worden war, boten die wieder erstandenen anderen Parteien in ihrem Selbstverständnis keine Möglichkeit zur Verwirklichung. Gerade die Denkschrift des Freiburger „Bonhoeffer-Kreises" verdeutlicht, was Bischof Wurm in der Eröffnungsrede den gefährlichen *Säkularisationsprozeß* genannt hat, und zu dessen Überwindung die evangelischen Widerständler das Verhältnis von Kirche und Politik neu konzipiert und als Programm vorgelegt hatten. In diesen Konzepten war – in ausgesprochener Ablehnung des Selbstverständnisses der früheren Zentrumspartei – festgehalten, daß bei der Gründung einer Partei wie der CDU sorgfältig darauf geachtet werden sollte, daß eine solche Partei *nicht Erfüllungsgehilfe der Kirchen* werden dürfe. Im letzten Kapitel dieses Buches „Kirche und Politik" versuchen wir zu zeigen, was das erwähnte „Zwiegespräch" inhaltlich erbracht hat.

Nun zum Problem dieser von Ritter, Steltzer und Lilje erarbeiteten Vorlage eines „Wortes zur Verantwortung der Kirche für das öffentliche Leben". Mit der Unterschrift „Treysa, im August 1945 – im Namen des Rates der EKD – gez. Wurm" wurde das Dokument am 4. 10. 1945 von der Kanzlei der EKD mit Unterschrift „gez. Asmussen DD" allen Landeskirchen übersandt mit der Bitte, es Pfarrern und Gemeinden in geeigneter Form zur Kenntnis zu geben. Ehe ich auf die 1961 entstandene Kontroverse über diese Veröffentlichung eingehe, gebe ich die wichtigsten Sätze des Dokuments wieder:

„1. Das furchtbare Erlebnis der vergangenen zwölf Jahre hat weiten Kreisen innerhalb und außerhalb der deutschen Kirchen die Augen dafür geöffnet, daß nur da, wo Grundsätze christlicher Lebensordnung sich im öffentlichen Leben auswirken, die politische Gemeinschaft von der Gefahr dämonischer Entartung bewahrt bleibt. Aus dieser Erkenntnis erwächst den Ev. Kirchen Deutschlands die große und schwere Aufgabe, weit stärker als bisher auf die Gestaltung des öffentlichen Lebens der politischen Gemeinschaft einzuwirken.

2. ... um so dringlicher wird die Frage nach dem rechten Verhältnis von Religion, Kirche und Politik. Sie ist bisher im evangelischen Kirchenraum nur sehr unzureichend bearbeitet worden ...

3. Es ist deshalb notwendig, bei dem neu zu schaffenden Rat der EKD einen ständigen Ausschuß zu schaffen, der unter enger Zusammenarbeit von erfahrenen und sachkundigen Laien und Theologen und Kirchenmännern diese Fragen grundsätzlich klärt ...

4. ... Allgemeines Ziel muß sein: die Sammlung und stete gegenseitige Befruchtung eines Kreises christlich gesinnter verantwortungsbewußter Laien, die nicht nur das besondere Interesse der Kirche in den Amtsstellen der Verwaltung und den politischen Körperschaften vertreten, sondern die zugleich entschlossen sind, die Wahrung christlicher Lebensordnung in allen Bereichen des öffentlichen Lebens durchzusetzen. Solche Vertrauensmänner sollte die EKD nach Möglichkeit in allen Parteien und Amtsstellen besitzen ...

5. ... (der Pfarrer) darf sich wohl in sachlicher Arbeit am öffentlichen Wesen betätigen, aber keinesfalls in den Tageskampf der Parteien und Gruppen hineinzerren lassen.

6. Die Kirche ist ihrem Wesen nach nie Partei, sondern tut ihren Dienst an allen politischen und sozialen Gruppen mit der gleichen Liebe. Sie darf sich weder mit den Zielen und dem taktischen Vorgehen einer einzelnen Partei gleichsetzen, noch vollends von den Interessen einer Partei in ihren öffentlichen Äußerungen und ihrem politischen Verhalten überhaupt bestimmen lassen.

Dies schließt nicht aus (alle folgenden Kursivsetzungen vom Verfasser), *daß sie die Bildung einer politischen Partei, die sich selbst auf christliche Grundsätze verpflichtet, mit Wohlwollen aufnimmt, soweit diese etwa durch konkrete politische Verhältnisse notwendig wird.*
Sie wird sich aber aufs strengste davor hüten müssen, durch solches Wohlwollen in den Verdacht der Parteilichkeit gegenüber den christlichen Persönlichkeiten anderer Parteien zu geraten ...

7. Die an vielen Orten bereits in Gang gekommenen Bestrebungen, politische Gegensätze zwischen Protestantismus und Katholizismus auszuräumen, *die Gemeinsamkeit des Kampfes gegen den Säkularismus zu betonen und so eine gegenseitige geistige und politische Annäherung beider Konfessionen vorzubereiten, verdient ebenso unsere Unterstützung,* wie die Bemühung katholischer Prälaten und Laienkreise, *ein Wiederaufleben der ehemaligen Zentrumspartei zu verhindern* und statt dessen ein politisches Zusammengehen beider Konfessionen auf dem Boden Christlicher Union zu ermöglichen. Selbstverständlich muß darauf geachtet werden, *daß die Zusammenarbeit beider Partner auf der Grundlage voller Gleichberechtigung erfolgt.*
8. Ganz besonderes Augenmerk muß auf das Eindringen christlichen Geistes in der Presse gerichtet werden ..."[10]

Gegen die Verbreitung dieser Kundgebung ist bis zum Jahre 1961 kein Widerspruch erfolgt. Sie fordert ja auch nicht auf, die CDU zu gründen, sondern nimmt Stellung zu dem Prozeß, der, wie gesagt, zwei Monate zuvor mit der Berliner Parteigründung seinen Anfang genommen hatte. Indem Theodor Steltzer in die Entwurfkommission mit gewählt wurde, beachtete die Konferenz, was sich in dieser Richtung bewegte, – für den Westen mit der Bemerkung: „soweit diese etwa durch konkrete politische Verhältnisse notwendig wird."

Für meine Beurteilung, daß die Verbreitung der Kundgebung durch Wurm und Asmussen legitim war, sprechen zunächst die beiden erwähnten Briefe (s.o. S. 30) von Heinz Kloppenburg und Herbert Mochalski: beide ehemaligen Freunde von mir waren entscheidend beteiligt an dem sogenannten „Darmstädter Wort" des Reichsbruderrates vom 8. August 1947.[11] Dieses Wort kann man als schärfsten Gegensatz zu der CDU bezeichnen, als es fordert, daß die Evangelische Kirche ein positives Verhältnis zum marxistischen Sozialismus suchen müsse. Aber es ist doch überraschend, daß beide Männer nicht gegen Wurms und Asmussens Veröffentlichung protestierten.

Die erwähnte Kontroverse entstand, als Lic. Dr. Jochen Beckmann in gleicher Weise wie Präsident D. Brunotte auf eine 1961 erfolgte Anfrage, weswegen die Kundgebung nicht im, von Beckmann herausgegebenen

„Kirchlichen Jahrbuch" abgedruckt sei, versicherten, diese Kundgebung sei als Entschließung von den genannten Verfassern vorgelegt, *aber* nicht als Kundgebung der Kirchenkonferenz beschlossen worden und erscheine in Brunottes Protokoll vom 6. 9. 45 auch nicht als Beschluß. Brunotte erklärte Beckmann gegenüber außerdem, daß „über die damaligen Ratssitzungen keine Protokolle vorliegen". Die Kontroverse ist dargestellt in der Zeitschrift „Kirche in der Zeit" April 1961, S. 131–133.[12]

Zu dieser Darstellung ist außer dem schon erfolgten Hinweis auf Kloppenburg und Mochalski folgendes zu bemerken:

1. Zur Feststellung, daß über die damaligen Ratssitzungen keine Protokolle vorliegen: die, auf Treysa I folgende nächste Ratssitzung fand bereits am 18. und 19. Okt. 1945 in Stuttgart statt, die ausschließlich von der Verkündigung des *„Stuttgarter Schuldbekenntnisses"* bestimmt war. Man vergegenwärtige sich, welchen Beschwernissen damals jeder einzelne unterworfen war!

2. D. Brunotte war bis 1945 Oberkonsistorialrat in der „Kanzlei der Deutschen Evangelischen Kirche" (DEK), einer Behörde, der bis zum Zusammenbruch der Widerstand der Bekennenden Kirche galt. Am 4. 11. 45 teilte Asmussen mit, daß D. Brunotte ihm die Geschäfte der Kanzlei übergeben habe (s. u.). Nach Asmussens Ausscheiden als Präsident der Kanzlei im Jahre 1948 wurde D. Brunotte im Jahre 1949 als sein Nachfolger zum Präsidenten der Kanzlei ernannt. An den Treysa I folgenden Sitzungen des Rates hat er nicht mehr teilgenommen. Es wäre ihm ein Leichtes gewesen, als der, der noch von Göttingen aus die Geschäfte der Kanzlei führte, der am 4. 10. 1945 erfolgten Veröffentlichung der „Kundgebung" zu widersprechen.

3. Prof. Dr. Eugen Gerstenmaier, Teilnehmer an der Konferenz von Treysa, versicherte mir in einem persönlichen Gespräch in Bonn am 20. 11. 84, daß die Kundgebung in Treysa *beschlossen* gewesen sei und daß OKR Dr. Merzyn sie mit Recht in dem von ihm herausgegebenen Band „Kundgebungen der Evangelischen Kirche in Deutschland 1945–1959" als *erste* Kundgebung[13] veröffentlicht habe.

4. Vor allem ist zu fragen, warum Bischof D. Wurm die Veröffentlichung *mit seiner Unterschrift* nicht verhindert hat. Ich kannte Bischof Wurm seit 1939 persönlich gut. Ich begegnete ihm bis 1948 zu wiederholten Malen. Er hat mich im Oktober 1948 namens des Rates in die Kanzlei der EKD mit persönlichem Anschreiben berufen, wozu Asmussen mir unter dem 10. Okt. 1946 schrieb: „. . . .Es ist das erste Mal, daß dies einer jüngeren in der Kanzlei beschäftigten Kraft geschieht. Die früheren alle

habe ich berufen ...". Aus dieser Kenntnis seiner lauteren, ehrwürdigen Persönlichkeit und seiner bekannten raschen Entschlußfreudigkeit heraus ist es mir unvorstellbar, daß er ein Dokument mit seinem Namen im Umlauf gelassen hätte, das bis zu seinem im Jahre 1953 erfolgten Heimgang nur von ferne seine Bedeutung durch Vorspiegelung falscher Tatsachen hätte erreichen wollen.

5. Schließlich kann niemand im Ernst glauben, daß eine so profilierte und von den anderen Parteien geachtete Persönlichkeit der CDU wie Hermann Ehlers es nicht als Pflicht der Wahrhaftigkeit verstanden hätte, von dieser Kundgebung abzurücken.

Genug davon! Mir geht es nicht um späte Rechtfertigung eines nun vierzig Jahre zurückliegenden Vorgangs. Aber die Einleitung dieses Kapitels weist darauf hin, daß in Entstehung und Grundverständnis der politischen Verantwortung von Christen in der CDU und deren Verhältnis zur, die EKD gründenden Kirchenversammlung von Treysa wir vor einen *Riß* gestellt werden, der *in unserer Zeit* im Protestantismus immer unüberbrückbarer erscheint, weil er im Tiefsten mit dem *Selbstverständnis der Kirche* zusammenhängt.

II. Die Grundlagensynoden von Barmen (31. Mai 1934) und Berlin-Dahlem (20. Oktober 1934)

Damit weist uns das *„Nachspiel"*, die Kirchenführerkonferenz in Treysa vom 27.–31. August 1945, auf das *„Vorspiel":* auf die „Bekenntnissynode der Deutschen Evangelischen Kirche" in Barmen vom 31. Mai 1934 mit den beiden von ihr verabschiedeten „Erklärungen" und auf die im Oktober 1934 folgende „Bekenntnissynode von Berlin Dahlem" hin.

Die Treysaer Konferenz verstand sich als auf dem Boden der „Barmer Bekenntnissynode" stehend. Aber Bischof Wurm beschränkte sich als der einladende Initiator der Versammlung darauf, in seiner Begrüßungsrede dies nur andeutend auszusprechen. Er wollte bei dieser ersten Versammlung nach dem Kriege verhindern, daß der Zustand, daß die evangelische Kirche „seit zwölf Jahren mehrfach gespalten und zerrissen" war, die Grundlegung des Neubeginns erschwerte oder gar verunmöglichte. Treysa war ein Kompromiß, aber kein fauler. Im Laufe der Berichte in diesem Buch werden wir auf einen wichtigen Brief hinweisen, den Martin Niemöller am 8. Juli 1946 an den Geschäftsführer des Reichsbruderrates P. Herbert Mochalski schrieb (s. S. 161), in welchem er sich abfällig über die Treysaer Konferenz äußert, – ein Zeichen, welcher brisante Sprengstoff in den differierenden Vorstellungen der Teilnehmer an der Treysaer Konferenz unterschwellig verborgen war!

Zu den Voraussetzungen des Umgangs mit dem Thema

Die Barmer Bekenntnissynode – elf Jahre vor „Treysa" – war zwar die einzige und erste Veranstaltung des deutschen Protestantismus seit der Reformation im Sinne eines evangelischen Konzils, die von Vertretern zerstörter wie intakter Landeskirchen, – konfessioneller wie pietistischer

Gruppierungen, Laien wie Theologen, Pfarrern wie Professoren gestaltet und einmütig bejaht worden war. Aber trotz der einstimmigen Annahme der „Theologischen Erklärung“, also eines *„Inhalts“*, galt die Zustimmung der Barmer Synodalen mehr der *„Tendenz“*. Sie war Ausdruck der Sehnsucht der Gläubigen; aber die Versammlung war mehr einem Trupp Pfadfinder vergleichbar, der am Fuße eines Berges im Verlangen, den Gipfel zu erreichen, für die Ersteigung einige Markierungen fixiert, ohne den Weg schon zu kennen. Bis zur Treysaer Konferenz war es dann leider nicht gelungen, diese Einmütigkeit durch sachbezogene Aufarbeitung der Markierungen zu fördern. Die divergierenden, – z.T. sogar einander ausschließenden Anmarschwege dieser verschiedenen Gruppen im Laufe ihrer Geschichte im Protestantismus bis zum Treffen in Barmen erwiesen sich als Institutionen und Systeme von weitaus zäherem Eigenleben, als daß ihre Vertreter die Kraft und den Willen aufbringen konnten, das jeweilige Erscheinungsbild bis in die Wurzeln seiner Entstehung hinein aufzuarbeiten und sich gleichzeitig in die geschichtlich gewordene Gestalt der anderen hinein zu „verlieren“. Der in Barmen erstmals laut gewordene Ruf, „auf die Brüder zu hören“, war wohl eine oft ausgesprochene Mahnung im Kirchenkampf bis zur Stunde von Treysa und, soweit der Ruf ehrlich und ernst gemeint war, auch die Ermöglichung der Treysaer Beschlüsse: Pastor F. v. Bodelschwingh konnte in diesem Sinn die Konferenz ermahnen (s. S. 31). Aber zur Verwirklichung dieses Wunsches fehlte die kirchlich-theologische Erarbeitung der in Barmen nur angedeuteten Marksteine.

Wenn wir uns als Ziel unserer Überlegungen in dieser Studie vorgenommen haben, die Bedeutung von „Barmen“ auch für das Wesen des Politischen zu durchleuchten und es der Sache zutreffend zu beschreiben versuchen, so müssen wir zunächst *das Ringen um die Kirchwerdung des Protestantismus* als den Rahmen zur Kenntnis nehmen, innerhalb dessen allein dann die Sache, nämlich das Verhältnis der Kirche zum Wesen des Politischen, in ihren vielschichtigen und uns heute verwirrenden Bezügen sichtbar gemacht werden kann.

Bischof D. Wurm gab in der schon erwähnten Einleitungsrede der Konferenz einen kurzen Überblick über dieses Ringen.[1] Er beschränkt sich dabei auf die Darstellung der notvollen Gespaltenheit und Zerrissenheit der Ev. Kirche in den 12 Jahren des NS-Regimes, – auch gerade im Gegeneinander derer, die noch in Barmen zusammenstanden. Dahinter bestanden noch – und Bischof Wurm war es bewußt, wie wir oben aus der Passage in seiner Rede über das frühere Verhältnis des Protestantismus zum Politischen und dem Staat erkennen konnten, – z. T. jahrhundertealte Differenzen, die nach Kierkegaard nicht zum Bruch führten (die Entstehung der Freikirchen einmal abgesehen), weil der Katholizismus das Gegenüber war.[2]

Der Einfluß marxistischer Theorien und Praktiken

Das Werk von KARL MARX erschien als „Theorie" zeitlich *vor* HITLER. Es hat aber auch Hitlers „Theorie" und „Praxis" überdauert. Gerade der Zusammenbruch von Hitlers „Praxis" nach 1945 hat bewirkt und gefördert, daß die marxistische „Theorie" sich als das bessere Leitbild anbieten konnte, – als – agitatorisch – anwendbare „Theorie". Und dies hat der marxistischen „Praxis" zu einer nie geahnten Macht verholfen. Die Einbettung von „Barmen" auch in diese Geschichte von Theorie und Praxis wird uns in unseren Überlegungen zu beschäftigen haben.

KARL BARTH hat auf der einen Seite der Staatsform der „Demokratie" absolute und christliche „Qualität" zugesprochen, – während Hans Asmussen, diese von ihm selbstverständlich bejahte und begrüßte Staatsform theologisch anders verankert. Karl Barth hat jedoch gleichzeitig von der Kirche eine „Öffnung für den marxistischen Sozialismus" gefordert. Aus diesem Grunde dürften zwei Zitate aus dem Werk Karl Marx's von Bedeutung sein: Zitate, die als Konsequenz der marxistischen Theorie die „Demokratie" als Objekt beschreiben, das auf Grund der notwendigen Revolution durch die Arbeiterklasse *mit den eigenen Mitteln der Demokratie* ausgehöhlt und zu Fall gebracht werden muß: Karl Marx sagt in der „Ansprache der Zentralbehörde an den Bund vom März 1850" und in der Abhandlung „Der achtzehnte Brumaire": „Das Verhältnis der revolutionären Arbeiterpartei zur kleinbürgerlichen Demokratie ist dies: sie geht mit ihr zusammen gegen die Fraktion, deren Sturz sie bezweckt; sie tritt ihnen gegenüber in allem, wodurch sie sich für sich selbst festsetzen wollen"[3], und: „Was die Bourgeoisie nicht begriff, war die Konsequenz, daß ihr *eigenes parlamentarisches Regime* (von Marx hervorgehoben), daß ihre *politische Herrschaft* überhaupt nun auch als *sozialistisch* dem allgemeinen Verdammungsurteil verfallen mußte."[4] Diese, die demokratische Ordnung auflösende „Theorie" ist bis in das feinst verästelte Kapillarsystem marxistischer Herrschaft und marxistischer Menschenformung eingedrungen und ist eine „Praxis" von die Welt bedrohender Macht geworden.

Auf diesen Hinweis auf Karl Marx werden wir noch einmal zurückgreifen müssen, wenn wir die Folgerungen bedenken, die gewisse theologisch-kirchliche Gruppen aus „Barmen" zu ziehen für richtig befunden haben.

Karl Barth und Sozialismus

Wenn im Raum von Kirche kritische Anfragen an Marx und an den Marxismus – als bösartiges „Anti-Verhalten" gedeutet werden: Was steht hinter diesem Phänomen? Seine Auswirkungen reichen bis in unsere Gegenwart. Um diese Erscheinung zu verstehen, müssen wir uns gründlich mit Karl Barth beschäftigen.

Am 13. Oktober 1950 hatte er in einem offenen Brief an Wolf-Dieter Zimmermann in Berlin geschrieben: „Das Christliche Wort muß heute dahin lauten, daß wir uns nicht fürchten sollen ... Wer den Kommunismus nicht will – und wir wollen ihn alle nicht, – der ... stehe für einen ernsthaften Sozialismus."[5] Karl Barth war seit 1949 für einen „Dritten Weg zwischen Ost und West" eingetreten. Dabei hatte er sich im Mai 1950 einer Zusammenarbeit mit dem Sowjetrussen Ilja Ehrenburg für eine Unterschrift des Stockholmer-Moskauer „Friedensaufrufes gegen die Atombombe" versagt als einem „ausgesprochenen Propagandaunternehmen".[6] Er verstand unter „Drittem Weg" das resolute Eintreten für den Frieden und gegen den „Kalten Krieg". *Pazifismus als „Prinzip" lehnte er ab* (im April 1940 hatte er sich aufnehmen lassen in den „bewaffneten Hilfsdienst" der Schweizer Armee und sich auch bewußt so fotografieren lassen. Erst 1947 schied er aus dieser Position in der Armee wieder aus).[7] *Aber aus Gründen der konkreten Situation* lehnte er die *deutsche* Remilitarisierung ab – dies in grundsätzlicher Übereinstimmung mit Martin Niemöller und Gustav Heinemann, als letzterer 1950 wegen dieser Frage als Minister zurückgetreten war. Sein Eintreten für den „Dritten Weg" schloß auch *das Nein zum Antikommunismus* ein: „Ich halte den prinzipiellen Antikommunismus für das noch größere Übel als den Kommunismus selber ... „Anti" heißt „gegen". Gott ist nicht gegen, sondern „für" die Menschen. Die Kommunisten sind auch Menschen. Gott ist auch für die Kommunisten. Also kann ein Christ nicht „gegen", sondern nur „für" die Kommunisten sein. Für die Kommunisten heißt nicht für den Kommunismus sein. Ich bin nicht für den Kommunismus. Man kann aber über das, was „gegen" den Kommunismus zu sagen ist, nur reden, wenn man „für" die Kommunisten ist."[8]

Damit war *das Stichwort „Antikommunismus"* in die Auseinandersetzungen eingeführt, – bei dem Einfluß Barths als eines epochalen Mannes und bei seiner großen Anhängerschaft eine schwere Hypothek für den weiteren Weg der Kirche und der Politik; denn nun war jeder Versuch derer, die nie „gegen" einzelne Kommunisten oder erst recht nicht gegen die Völker unter kommunistischer Herrschaft waren, – die aber eindeutig einer Machtübernahme durch die Sowjetunion widerstanden, mit dem Bannspruch, daß man damit gegen das Evangelium sei, belastet, – und so ist es bis heute geblieben.

Ich hatte das Kriegsende in Bad Kösen und in Schulpforta in der Provinz Sachsen erlebt, – mit dem notvollen Abzug der Amerikaner am 30. Juni 1945 und dem Einmarsch der Roten Armee am 1. Juli. Ich hatte die Liquidierung der SPD durch das Diktat der SED erlebt. 1946 wurde ich von Bischof MÜLLER – Magdeburg und Präses KREYSSIG nach Frankfurt am Main zum Dienst in der Kanzlei der EKD und zur Mitarbeit bei Hans Asmussen entsandt. Im Frühjahr 1947, nach meiner Übersiedlung, war Karl Barth in Frankfurt. Ich versuchte, ihm von den genannten Erlebnissen zu berichten. Er tat es ab mit dem Bemerken, er sei kürzlich in der sowjetisch besetzten Zone gewesen und von russischen Offizieren geführt worden, er wisse Bescheid. Ich war bedrückt. Denn ich spürte, daß hier mit zweierlei Maß gemessen wurde: daß die brutale Diktatur Hitlers anders beurteilt wurde als die kommunistische Diktatur, die nun bis zur Zonengrenze reichte. Entgegen seiner These, daß man damit „gegen" die Kommunisten sei, hätte ich ihm erzählt, in welch gutem Einvernehmen ich mit dem russischen Ortskommandanten in Schulpforta, wo ich das alte „Geistliche Inspektorat" wiederherstellen sollte, stand, der meine Frau vor dem Zugriff betrunkener Soldaten gerettet hatte. Und ich hätte ihm gern erzählt, wie eng das Verhältnis meines geistlichen Vaters, des BK-Pfarrers LORENZ BERTHEAU in Bad Kösen, zu den beiden aus dem KZ Buchenwald geretteten kommunistischen Funktionären war – die allerdings drei Tage nach der Machtübernahme durch die Rote Armee ihre roten Begrüßungsfahnen eingezogen hatten!

Wie kann man Karl Barths Stellungnahme verstehen und gerecht beurteilen? Die Beantwortung dieser Frage ist bis in unsere Tage, – ja gerade in unseren Tagen, – von fundamentaler Bedeutung.

In Heft 11/1984 der „Evangelische Verantwortung" versucht Ernst Zuther in dem Beitrag „Barmen – ein Bekenntnis?" m. E. richtig nachzuweisen, wie bestimmend für Barth – selbst in den Tagen der Verbundenheit mit Hans Asmussen – seine Verankerung in dem reformierten Grundverständnis, – also auch bezüglich des Verhältnisses von Kirche und dem Politischen – war.

Dies genügt aber nicht, um Karl Barth zu verstehen. Die Wurzeln liegen tiefer. Wir müssen die Untersuchung ansetzen bei den beiden württembergischen Pietisten Johann Christoph Blumhardt d. Ä. (1805–1880) und JOHANN CHRISTOPH BLUMHARDT d. J. (1842–1919) in Bad Boll. *Durch den Sohn erlebte Karl Barth im Dezember 1907, daß er „aus dem liberalen Teich [seiner Lehrer A. v. Harnack, W. Herrmann u. a.] herausgekommen ist"*[9]. Er hatte schon am 20. 1. 1906 Aufsehen erregt, als er in seiner Studentenverbindung Zofingia über das Thema „Zofingia und soziale Frage" einen Vortrag gehalten hatte. In der Begegnung mit den Blumhardts jedoch erlebte er die Wirklichkeit Christi und gleichzeitig ein Verständnis des „Reiches Gottes", welches Tabus durchbricht und in der Mitarbeit in der Sozialdemokratie dieses Reich Gottes sich verwirklichen sieht.

Im Raum des württembergischen Pietismus, von Oetinger her, hatte Blumhardt d. Ä. das Charisma der Krankenheilungen empfangen und zunächst in Möttlingen und dann in Bad Boll eine über die Grenzen Deutschlands hinaus reichende Erweckungsbewegung ausgelöst, – ähnlich dem, was man heute unter Spiritualität versteht: ohne sektiererische oder enthusiastische Exzesse, – auf dem Boden der Landeskirche, – verbunden mit dem württembergischen König, mit dem Maler Ludwig Richter, mit Friedrich von Bodelschwingh.

Sein Sohn, Johann Christoph Blumhardt d. J., gleichfalls begabt mit dem Charisma, setzte diese Arbeit fort. „Blumhardt (d. J.) hielt es für Pflicht der Frommen, sich nicht nur in Kirchen und Stundenhäuser zurückzuziehen, sondern in die Welt hineinzugehen und auf das in ihr scheinende Licht zu achten ... Angesichts dieser menschenmordenden „Kultur" wandte sich sein mit Heilandsliebe erfülltes Herz nun mehr und mehr den von dieser falschen Kultur Unterdrückten und Entrechteten zu ...: »Buße tun", sagte er in den Tagen, da er zum ersten Mal in eine Arbeiterversammlung ging, „heißt aufs Himmelreich aufpassen ... Wer einen Blick tut in die Grundlagen der Sozialdemokratie und die daraus notwendig folgenden Anschauungen, muß sofort erkennen, daß ein Nachfolger Christi sehr wohl sich mit der Sozialdemokratie verbünden kann, ja, wohl noch mehr als mit anderen Parteien" ...

Es war „der Drang nach einer neuen Gesellschaftsordnung", welcher Blumhardt als Wahrheit aus dem Kreise der Arbeiter entgegenkam, nach einer Gesellschaftsordnung, in welcher „nicht das Geld und der Besitz, sondern das Leben der Menschen die höchste Bedeutung bekommt". Er schätzte es an den Führern der Bewegung, „daß sie um der Wahrheit und Gerechtigkeit willen sich immer auf die Seite der Unrechtleidenden stellten ... Die sozialistische Bewegung aber ist wie ein Feuerzeichen am Himmel, welches Gericht ankündigt" ... In einer gegen die „Zuchthausvorlage" [sc. das Gesetz zum Schutz der Arbeitswilligen gegen den Streik] einberufenen Versammlung am 19. Juni 1899 gab er eine Sympathieerklärung für die kämpfenden Arbeiter ab und bezeichnete die Vorlage als ein „Verbrechen an der Gerechtigkeit" ... Nach einer weiteren Erklärung vom 24. Okt. 1899 wurde diese in den politischen Tageszeitungen „als förmlicher Übertritt zur Sozialdemokratie aufgefaßt". Blumhardt erschrak ... aber widerrufen konnte und wollte er nicht, was er gesagt hatte; er brachte das Opfer und trat auch äußerlich der Partei bei ... Auch folgte er willig, als das Konsistorium ihn aufforderte, auf den Pfarrertitel zu verzichten ... Er wollte den Sozialdemokraten Jesus bringen ... Eine große Zukunft, den großen Tag Jesu Christi, trug Blumhardt im Herzen, als er in die Öffentlichkeit des politischen Lebens hineinging ... Ohne hartes Urteil ertrug Blumhardt auch den in der Arbeiterwelt weitverbreiteten Atheismus ... Dazu Prof. Lütgert-Halle/S.: *„In Wirklichkeit ist die Unkirchlichkeit in den höheren Ständen nicht geringer als in der Arbeiterschaft.." Am 18. Dez. 1900 wurde er für den Wahlkreis Göppingen als sozialdemokratischer Abgeordneter in den Württembergischen Landtag gewählt* ... und behielt das Mandat bis 1906 ... „Im Sozialismus ist eine Erscheinung in die Geschichte der christlichen Völker gekommen, die mehr als andere Erscheinungen im Völkerleben Jesusgedanken befördern kann ... Aber so steht die Sache nicht, als ob der, der dem Reich Gottes seine Kräfte geben will, ein Sozialdemokrat werden müßte. Das Reich Gottes steht über allen Parteien und menschlichen Bewegungen und hat auch noch sein Wesen in den Kreisen, die vom Sozialismus nichts verstehen."[10]

Über seine Freunde wie EDUARD THURNEYSEN, HERMANN KUTTER, LEONHARD RAGAZ u. a. und mit ihnen war also Karl Barth seit 1907 zu Blumhardt gestoßen und von dessen Verständnis vom Reiche Gottes in der Welt vor dem Jüngsten Tage erfaßt worden. „Durch Kutter wiederum kam Barth sofort mit einer ganzen Gruppe von ähnlich Suchenden und Denkenden in Berührung. Es haben nämlich damals auch noch eine Reihe anderer Schweizer Theologen dem „Kampf um das Reich Gottes" dann damit eine überraschende Wendung gegeben, *daß sie in ausdrücklicher Bejahung auf die Eschatologie und Hoffnung der sozialdemokratischen Arbeiterbewegung hingewiesen und diese der Kirche, der Theologie und der Christenheit entgegengehalten haben, als die für unsere Zeit repräsentative Verwirklichung jenes Glaubens, den Jesus in Israel nicht gefunden"*[11].

Fritz Liebs Beurteilung der russischen Revolution

Außer an Christoph Blumhardt und seinem Einfluß auf Karl Barth – bei immer wieder vollzogener kritischer Distanz –, also einem Einfluß aus dem Raum des schwäbischen Pietismus –, muß zum Verständnis der Einwirkung Karl Barths in die Situation der deutschen Kirche und der deutschen Politik nach 1945 weiter noch an einen Mann gedacht werden, der zum Freundeskreis Barths gehörte und in Barths Biographie einen besonders wichtigen Platz einnimmt. Es ist der Professor für systematische Theologie Fritz Lieb (1892–1970, 6 Jahre jünger als Karl Barth).

Wenn ich mich recht erinnere, hörte ich seinen Namen zum ersten Mal 1936 in einer Vorlesung von Helmut Gollwitzer. Das zweite Mal begegnete mir der Name 1948 bei Otto Klepper. Klepper war der letzte preußische Finanzminister vor Hitler. Brüning erwähnt ihn in seinen Erinnerungen. Klepper hatte 1932 versucht, Hitler verhaften zu lassen. Er mußte fliehen und wurde Finanzberater von Tschiangkaischek und konnte mir später Interessantes über diesen sowie über Mao erzählen. Aus China mußte er auf Veranlassung Hitlers wieder fliehen, ging nach Frankreich, wurde nach 1940 dort von der Gestapo in ein KZ gesperrt, aus dem er fliehen und nach den USA emigrieren konnte. Nach Kriegsende nach Deutschland zurückgekehrt, gründete er 1947 mit Ulrich von Pufendorf und Staatsminister a.D. Müller die „Wirtschaftspolitische Gesellschaft von 1947", auf deren Bedeutung im letzten Kapitel dieses Buches eingegangen wird. Otto Klepper war ursprünglich Corpstudent im Kösener SC, löste sich aber *unter dem Einfluß* des *Sozialisten Fritz Lieb* von diesen Kreisen, da er durch ihn zu Marx und zum Sozialismus ein, wenn auch sehr kritisches, positives Verhältnis gefunden hatte.

Liebs Persönlichkeit und seine Ideen lassen sich nach der Barth-Biographie gut und in Kürze wie folgt beschreiben: 1917 hatte Barth zwei religiös-sozial interessierte Theologiestudenten in Basel kennengelernt und war mit ihnen in eine bleibende Verbindung getreten: Wilhelm Vischer (dem späteren Verfassser des 1935 erschienenen und für die Bekennende Kirche so wichtigen Buches „Das Christuszeugnis des Alten Testaments" s.u.) – und Fritz Lieb. Fritz Lieb wird charakterisiert als „geradezu wilder, funkensprühender Geist" ... Gerade er imponierte Barth als ein „Denker von erstaunlicher Ausbreitung, Frische und Beweglichkeit" ... „Ausgehend von orientalischen, speziell assyriologischen Studien ... beschäftigte ihn Karl Marx".[12] Bedeutungsvoll – bis zum heutigen Tage – ist der Bericht über einen Vorgang im Jahre 1920: „... in einem Artikel „Das, was nicht geschehen soll", warnte Barth die SP vor dem Beitritt zur (von Rußland abhängigen) 3. Internationale. Die Beitrittsfrage bewegte und erschütterte ... die Schweizer Sozialdemokratie für zwei Jahre aufs äußerste. Sie wurde dann erst am 20. Dezember 1920 in Bern endgültig (zu ungunsten der 3. Internationale) entschieden – um den Preis, daß sich eine Minderheit von der SP abspaltete und zur KP konstituierte. „Als Augen- und Ohrenzeuge war ich auch dabei, als es am Schweizerischen Sozialdemokratischen Parteitag *1920* zur scharfen Spaltung ... zwischen der zweiten und dritten – horribile dictu moskowitischen – Internationale kam und als dann die Anhänger dieser dritten, in die Minorität versetzt, unter dem Gesang ‚Völker, hört die Signale, auf zum letzten Gefecht...!' protestierend den Saal verließen – wer war da als einer der Entschlossendsten und Trotzigsten mitten unter ihnen?! – (ganz im Unterschied zu Karl Barth) Fritz Lieb!"[13]

Im März *1920* wüteten in meiner Heimat um Halle/S. und Leuna mordend kommunistische Hundertschaften unter Max Hölz, bis es nach dem 20. März der von der SPD-Regierung Friedrich Ebert eingesetzten Reichswehr gelang, die Bildung einer „Räte-Republik" zu verhindern. Ich war damals erst 5 Jahre alt. Aber die Schlacht über mein Geburtshaus hin ist in meiner Erinnerung haften geblieben. Bei den kommunistischen Hundertschaften soll der junge Walter Ulbricht mitgekämpft haben. In diesem März 1920 bestand auch Gefahr, daß von den Bolschewisten das rheinisch-westfälische Industriegebiet zur „Räte-Republik" umfunktioniert wurde. Die „Roten" überrannten eine Stadt nach der anderen. Als die Regierung die Studenten zur Hilfe aufrief, meldeten sich 750 Studenten der Universität Münster, darunter der Kapitänleutnant a. D. Martin Niemöller, der nun eins der 3 Bataillone kommandierte. Dieses Kommando konnte nach einem Monat aufgelöst werden, da es gelungen war, den Putsch zu zerschlagen.[14] – Es ist das Verdienst der Sozialdemokraten, in Kenntnis der Vorgänge in Rußland die Übernahme der Regierung durch die kommunistischen Kader verhindert zu haben, – auch zum Besten der Schweiz. – Mit an Sicherheit grenzender Wahrscheinlichkeit haben damals die Schweizer Zeitungen darüber berichtet, so daß Fritz Lieb, aber auch Karl Barth, im Dezember 1920 darüber unterrichtet gewesen sein müssen.

Noch einige Daten aus dem Leben von Fritz Lieb: 1921 ist er in Barths Gemeinde Safenwil Vikar; 1922 erlebt Karl Barth, nunmehr Professor in Göttingen, Fritz Lieb inmitten eines Streiks „in einer roten, feuerroten Halsbinde"; in der einflußreichen, von Barth, Rudolf Bultmann und Friedrich Gogarten, den großen „Drei" der dialektischen Theologie, edierten Zeitschrift „Zwischen den Zeiten", erscheinen auch Beiträge von Fritz Lieb;

inzwischen ebenfalls Hochschullehrer wie Barth in Bonn geworden, vertrat er diesen während einer Erkrankung in dessen Kolleg „Ethik". In seinem „brennenden Interesse an Rußland" gab er seit 1929 mit Paul Schütz und später mit Berdjajew die Zeitschrift „Orient und Okcident" heraus. 1931 ermöglichte ihm seine Beschäftigung mit diesen Fragen, aus Paris den orthodoxen Theologen Florovski als Referent in ein Seminar Barths zu bringen; 1934 wurde er von den Nazis zusammen mit den Professoren Karl Ludwig Schmidt und Ernst Fuchs entlassen; 1936 wurde er neben Barth in Basel Extraordinarius für systematische Theologie. Barth berichtet darüber: „Es ist nicht zuviel gesagt, wenn man ihn als eine der originellsten Figuren des Lehrkörpers unserer Universität bezeichnet ... Seine Größe besteht in der Einseitigkeit, in der er, so vielseitig, in der Geprägtheit, in der er so unabgeschlossen ist – in der Meisterschaft, die sich, dem Dichterwort zuwider, in seinem Fall nun gerade nicht in der Beschränkung zeigt. Er wußte über das Altorientalische wie über die russische Geistesgeschichte wie über die Kirchen – und speziell Ketzergeschichte kompetent Auskunft zu geben ..."[15] Schließlich beteiligte er sich an Barths Initiative 1957 gegen die Einführung von Nuklearwaffen in der Schweiz, – wobei er 1959 in einem internationalen Kongress gegen die Atomrüstung in London bei Übermittlung einer Grußadresse Barths die Meinung vertrat, „daß sich die Atomaufrüstung doch wohl nicht direkt bekämpfen lasse, sondern nur indirekt, nämlich durch die Überwindung des ideologischen Gegensatzes und der dadurch hervorgerufenen Ängste in der gegenwärtigen weltpolitischen Situation".[16]

Inhalt des 1945 erschienenen Buches „Rußland unterwegs" von Fritz Lieb

Daß Fritz Lieb als „Kenner Rußlands", wie Barth ihn einschätzte, neben Christoph Blumhardt entscheidenden Einfluß auf Barths politisch-kirchliche Einwirkung in die Geschehnisse nach 1945 mit Ausstrahlung bis zum heutigen Tage ausübte, kann mit einem Buch Liebs bewiesen werden, das so gut wie unbekannt ist und 7 Tage nach der deutschen Kapitulation, am 15. Mai 1945, unter dem Titel „Rußland unterwegs" (474 Seiten) im Francke-Verlag Bern erschien. Ich bin durch Zufall in den Besitz dieses Buches gekommen, welches mit Sicherheit auch bei „Barthianern" in der Zeit von 1945–1947 – in der sogenannten „Stunde Null" – nicht bekannt geworden ist. Daß es Barth das Material für seine unterschiedliche Beurteilung der Nazi-Diktatur gegenüber der kommunistischen Diktatur bot, ist daraus ersichtlich, daß Lieb in der Einleitung (S. 17) schreibt: „Der Haupttitel des Buches geht aus einer Anregung meines Freundes Karl Barth hervor. Dafür – neben vielem anderen – sei ihm hier herzlich gedankt."

„Überwindung des ideologischen Gegensatzes und der dadurch hervorgerufenen Ängste in der gegenwärtigen weltpolitischen Situation": dazu beizutragen dürfte der innerste Beweggrund für Fritz Lieb gewesen sein, dies Buch zu beginnen in einer Zeit, als „deutsche Truppen sich noch im Anmarsch auf den Kaukasus befanden" – also 1941 (a.a.O. S. 17). Freilich sei gleich gesagt, daß Fritz Lieb mit Verallgemeinerungen arbeitet, die ihn den eigentlichen ideologischen Gegensatz nicht nur nicht entdekken lassen, sondern ihn durch Einseitigkeit noch verschärfen. Und da Barth gerade diesem Buch ausdrücklich zustimmte, muß auch ihm entgegengehalten werden – und dies nicht nur im Blick auf Liebs Buch –, daß er sich nicht entsprechend dem „von ihm so überaus geliebten Wort" verhalten hat: „Latet periculum in generalibus" – gefährlich sind Verallgemeinerungen"[17].

Wir beginnen die Darstellung dieses Buches mit seinem Schluß. Lieb schreibt: „Wenn ich mit diesen Ausführungen etwas erreichen wollte, dann das: auf Grund der Erkenntnisse der christlichen Kirche und zugleich der, die wir – auch die Kirche – einem Karl Marx und Sowjetrußland zu verdanken haben, eine wirklich fruchtbare Begegnung von Christen und „Marxisten" anbahnen. Es ist die Aufgabe der Kirche und der Christenheit, auch den Widerspruch von Karl Marx und seinen Anhängern, nicht ohne auch zu danken und nicht ohne Buße zu tun, ernst zu nehmen und zu ertragen. Zugleich soll aber auch an die marxistischen Sozialisten und Kommunisten von der Kirche her die dringende Frage gestellt werden, ob es nicht an der Zeit wäre – auch in Sowjetrußland – und es ist „immer" Zeit-, um der eigenen Sache willen, sofern es ihnen wirklich Ernst ist mit der Befreiung des Menschen, den Ruf des lebendigen Gottes zu hören und ernster zu nehmen als bisher, nicht als einen Ruf der christlichen Gesellschaft, sondern als den Appell Christi an alle, die guten Willens sind: „Tut Buße, denn das Reich Gottes ist nahe herbeigekommen", und als seine frohe Botschaft: „Friede auf Erden und den Menschen ein Wohlgefallen!"[18]

Dem geht eine 28seitige Darstellung des christlichen Glaubens – als persönliches Zeugnis Liebs – voraus, die nicht rechtgläubiger sein kann als hier formuliert: „Doch wird man (in Rußland) schließlich auch noch dazu kommen, einzusehen, daß man den Menschen um seinen größten Reich-

direkte und geheime Wahlrecht aller Bürger der Sowjetunion ohne Ausnahme [!] einführte und auch das bisherige Übergewicht der Industriearbeiter gegenüber den Bauern beseitigte, der Abbruch des scharfen, gewaltsamen Klassenkampfes auf dem flachen Lande, die Umwandlung des Kommunistischen Jugendverbandes aus einem höchst klassenkämpferischen Parteiorden in eine Bildungsorganisation der ganzen Sowjetjugend, – die Versöhnung der bisher so angefeindeten alten Intelligenz im Mai 1938 . . ., *zeigen ganz eindeutig, wohin diese ganze Entwicklung der Sowjetunion mit unwiderstehlicher Gewalt hineinzielte.*"[24] Ich zähle nun allein 14mal bis zum Ende des Buches eine in diesem Sinn lobende und ihn sogar als fairen Partner der Kirche herausstreichende Erwähnung Stalins.

In meiner Mitarbeit in der „Wirtschaftspolitischen Gesellschaft von 1947" lernte ich Frau Buber-Neumann kennen und gewann sie auch für einen Vortrag in meiner Gemeinde. Frau Buber-Neumann war die Lebensgefährtin von Neumann und war mit führenden deutschen Kommunisten, darunter auch Herbert Wehner, 1936 nach Moskau emigriert. Sie berichtete mir, was sie auch veröffentlicht hat, wie ihr Lebensgefährte und andere deutsche Kommunisten – gerade in der Zeit, die Fritz Lieb so vergoldet – 1937 durch Stalin liquidiert worden sind. Sie selbst wurde 1938 in ein sowjetisches KZ gebracht, dann später 1940 der SS ausgeliefert und von dieser wieder ins KZ Ravenbrück eingewiesen. Davon mußte Fritz Lieb wissen; denn er schreibt: „abgesehen, von einem Rückfall, als es in den Jahren 1937 und 1938 im Zusammenhang mit den großen Prozessen und den unerbittlichen Unterdrückungsmaßnahmen gegen die Opposition unter der Armee und der alten kommunisten Garde der Revolutionsjahre zu einer letzten Verfolgungswelle gegen die orthodoxe Kirche kam."[25]

Weiter schreibt Lieb: „*Ganz abwegig ist jedenfalls jeder formalistische Vergleich der autoritären Arbeitsdemokratie der Sowjetunion mit den faschistischen Diktaturen, deren antihumanistische Grundlage im Gegensatz zur Sowjetunion klar zu Tage liegen* und *die alle offensichtlich ein Zersetzungsprodukt kapitalistischer Demokratien darstellen, die gerade im Unterschied zu Rußland sich den Weg zur Arbeitsdemokratie versperrt haben.*"[26]

Lieb beurteilt im Großen und Ganzen das seit 1936 in Sowjetrußland Gewordene euphorisch: „Was heute ohne Zweifel in Rußland als sicheres Ergebnis der großen bolschewistischen Revolution klar feststellbar ist, das sind drei entscheidende Faktoren: *Sozialisierung, Technisierung* und schließlich *Nationalisierung* (S. 150f.) . . . den Weg aus der Sackgasse der puren Negation herauszukommen *ins Freie, zu einem wahren, alle wahrhaft menschlichen Werte bejahenden und alle echten Leistungen des Menschengeschlechts früherer*

Generationen verwertenden sozialistischen Neuaufbau der Gesellschaft" (S. 162) ... gedacht als ein leuchtendes Vorbild für eben diese Außenwelt [sc. die Staaten des Kapitalismus] (S. 163). – Wie sehr Lieb sich hat täuschen lassen, muß bei den bekannten Fakten nicht nachgewiesen werden. Man denke nur an die Rede Nikita Chruschtews auf dem 20. Parteitag der KPdSU, in der er die Hintergründe über Kirows – des zweitmächtigsten Mannes neben Stalin – Ermordung am 1. Dez. 34 *als von Stalin veranlaßt* aufdeckte, wobei Chruschtew hinzufügte: „Die verantwortlichen NKWD-Offiziere wurden 1937 erschossen, um die Spuren zu verwischen."[27]

Für Fritz Lieb stehen die Errungenschaften, – die in irgend einer Weise mit seinem Verständnis der Realisierung des Reiches Gottes vor dem jüngsten Tag zusammenhängen, – zwar unter dem „noch nicht" der Christuserkenntnis [Marx ist *durch Schuld der Kirche* dafür „blind" (S. 394)], – aber sie sind der Anfang des Ideals der einmal kommenden Einordnung des marxistischen Sozialismus in das Werk Jesu Christi: So schreibt Lieb: „Stalin habe mit dem Besuch bei seiner Mutter am 17. Okt. 1935 seinen Völkern sagen wollen: „Ehre Vater und Mutter, auf daß du lange lebest."[28]

Aus diesem Grunde ist für Fritz Lieb an der brutalen Bekämpfung der Kirche von 1917 an in der „revolutionären Epoche" *zum großen Teil die orthodoxe Kirche selber schuld gewesen*: „Die Katastrophe stand schon vor der Tür: die Kirche hatte sich zu spät auf ihre wahre Verantwortung gegenüber der großen, seelischen, sozialen und politischen Not des Volkes, ... zu besinnen begonnen". Lieb sagt, daß „Lenin" wohl verlangt habe, daß „die Partei bewußt atheistisch ist und, wenn auch mit geistigen Mitteln, im Sinne des Atheismus wirksam sein muß", – *daß er, Lenin, „sich aber darum gerade aller nur schädlichen Gewaltsamkeiten gegenüber der Religion enthalten habe."*[29]

Indem Fritz Lieb die Hauptschuld an den Strömen des Blutes in der ersten Phase dem 1932 verstorbenen Ideologen Pokrowskij zuschiebt (S. 168–180), – kann er nun Stalin entlasten und ihn positiv darstellen, als einen Mann, der – selber wohl Atheist bleibend – in seiner „Weisheit" (S. 437) ein fairer Partner der Kirche geworden sei. Nach Ausbruch des Krieges habe „Stalin in kluger Vorsicht beizeiten eingesehen", daß „der ausgebrochene Krieg gebieterisch nach einer festeren Begründung des neuen sozialistischen Regimes" verlange ... „Das eine Zeit lang verpönte Wort „Rußland", „Mütterlein Rußland", bekam wieder einen neuen warmen Klang."[30]

Da wir hier nur auf ein Buch hinweisen wollen, das auch Barths Beurteilung der russischen Revolution und des marxistischen Sozialismus mit

Polaria, Inta und Sibirien . . . waren in meiner 18jährigen Gefangenschaft eine schwere Heimsuchung für mich . . . Zu den 10 ermordeten Bischöfen haben mehr als 1400 Priester, 800 Schwestern und Zehntausende von Gläubigen ihre Treue zum Papst, zum römisch-katholischen Stuhl und zur Universalkirche mit dem Opfer ihres Lebens besiegelt . . ."[36] Sollten Lieb und Barth davon nichts gewußt haben?

Für die in diesen Auslassungen schon nicht mehr als gutwillige Darstellung anzusehende Methode Liebs sei auf folgenden Tatbestand verwiesen: Er begründet das Recht zur „Zurückführung" der unierten Katholiken in die Orthodoxie mit dem sogenannten Unionsvertrag von Brest-Litowsk und dem damals vermeintlich ausgeübten Zwang. Er verschweigt, daß dieser Vertrag bereits 1595 ratifiziert wurde, – also 350 Jahre vor Jalta! Was hätte er als Schweizer gesagt, wenn in Jalta die Schweiz wieder in Österreich eingegliedert worden wäre, wozu sie 500 Jahre zuvor gehört hat! Und wie kann ein Schweizer, in dessen Land bei jeder nur möglichen Entscheidung ein kantonales Volksbegehren – eine „Initiative" – als Grundrecht der Selbstbestimmung veranstaltet wird, im Blick auf die Polen sich so eiskalt über das Selbstbestimmungsrecht dieses Volkes hinwegsetzen!

Wir fassen zusammen: Über Fritz Liebs Buch ist die Geschichte längst hinweggegangen, – und zwar mit dem erschütternden Ergebnis, daß die, die von Lieb und Barth mit dem Vorwurf eines „Antiverhaltens" – „Antikommunismus" – bedacht worden sind, leider nur zu sehr bis in unsere Tage recht behalten haben. Aber weil Karl Barth sich zu Liebs Buch mit der Formulierung des Titels bekannt hat, mußte der Inhalt dargestellt werden. Es erscheint nicht abwegig, hier das Quellgebiet des bitteren Wassers der Linkslastigkeit weiter Kreise im deutschen Protestantismus bis heute zu vermuten. Das von Friedrich-Wilhelm Marquardt verfaßte Buch „Theologie und Sozialismus – Das Beispiel Karl Barths"[37], auf das wir unten eingehen werden, zeigt, wie ernst diese Entwicklung ist und wie man sich mit ihr auseinandersetzen muß. Bis heute ist das böse Wort zu hören, die Bundesrepublik sei im Vatikan gezeugt und in den USA geboren worden. Der Vorwurf des „Antikommunismus" ist fast mehr im Gebrauch als vor 40 Jahren. Dies alles hat sich wie ein Nebel vor das geschoben, was in Barmen 1934 in Wahrheit geschah.

Fritz Lieb hat sein „Vorwort" auf den 15. Mai 1945 datiert. Fünf Monate später hält Karl Barth seinen berühmten „Wipkinger Vortrag", der uns noch verschiedentlich beschäftigen wird. Dort legt Barth programmatisch seine Schau des Geschehens vor: seine Analyse der deutschen Geschichte und seine politischen und kirchenpolitischen Forderungen, die den Barthianern die Richtung weisen bis zum „Darmstädter Wort von 1947" und darüber hinaus.[38]

Der Leser könnte nach der umfangreichen und doch nur auf das Notwendigste beschränkten Darstellung der Beziehungen Barths und Liebs zum Sozialismus und zu Rußland zur Frage veranlaßt sein, was das mit Asmussens Leben und Werk zu tun hat. Es ist leider mehr, als es uns bei den uns interessierenden positiven Anstößen Asmussens zur Erneuerung der Kirche lieb ist. Denn die härteste Kampffront trat Asmussen nicht im NS entgegen, sondern – so sehr er es zu verhindern suchte – in Barths Vorstellungen und deren Verwirklichung durch Barths Anhänger schon lange vor „Barmen". Die Phalanx, die von 1945 an [oder 1936?] Asmussens Versuchen, die EKD neu zu ordnen, widerstand und die Asmussen menschlich gesprochen – scheitern ließ, ist in ihrem Ursprung und ihren Folgen bis zum heutigen Tag nur zu verstehen durch das, was sich im schweizerischen Vorfeld ab 1907 entwickelt hatte. Asmussen hatte versucht, den Konflikt zu verhindern und in diesen Fragen zu einer gemeinsamen Klärung zu kommen. Das zeigt sein – von der Gestapo verbotener – Beitrag 1936 zur Festschrift für Barth „Karl Barth und die Bekennende Kirche".[39] Gerstenmaier hatte Recht, als er schrieb, daß dies „für Hans Asmussen im Persönlichsten bitterer und angreifender war als der Kirchenkampf."[40] Asmussen verstand die Last als die ihm von Christus auferlegte Kreuzesnachfolge.

Formationen des deutschen Protestantismus als Beschreibung der geistigen, theologischen, kirchlichen und politischen Heimat der Barmer Synodalen

„Theorie" und „Praxis": das muß andeutend untersucht werden für die Verstehenshorizonte, die die Barmer Synodalen in diese Versammlung mit einbrachten. Offensichtlich fahren heute die Züge – um ein Bild zu verwenden – in unserem Kirchenwesen auf gegensätzliche Ziele zu. Wo und wie wurden in Grundentscheidungen oder in Grundvorstellungen die Weichen für die unterschiedlichen Strecken gestellt? Das hat selbstverständlich seinen Niederschlag auch für das Verhältnis der Kirche zum Raum des Politischen gefunden.

Was also traf sich 1934 in Barmen zum ersten gesamtprotestantischen Konzil seit der Reformation? Es war ein Protestantismus, der noch nicht

Der „Vortrag von Pastor Asmussen" als amtlicher Kommentar der „Theologischen Erklärung", der die Tendenz des Gesetzgebers darstellt

Der Beschluß der Barmer Synode, mit welchem sie die „Theologische Erklärung" annahm, lautet:

„1. Synode erkennt die Theologische Erklärung zur gegenwärtigen Lage der Deutschen Evangelischen Kirche im Zusammenhang mit dem Vortrag von Pastor Asmussen als christliches, biblisch-reformatorisches Zeugnis an und nimmt sie auf ihre Verantwortung.

2. Synode übergibt diese Erklärung den Bekenntniskonventen zur Erarbeitung verantwortlicher Auslegung von ihren Bekenntnissen aus".[41]

Die zahlreichen, in ihrer Bewertung der Theologischen Erklärung unterschiedlichen Feiern und Veröffentlichungen anläßlich des 50. Barmer Jubiläums, verstehen – trotz Zitierung und Nachdrucks – diesen im Synodalbeschluß genannten „Vortrag von Asmussen" mehr als Erklärung der damaligen geschichtlichen Situation, – etwa wie wenn ein Journalist die Situation beschrieben hätte –, denn als eben den *amtlichen Kommentar*, der erst Absicht, Sinn und Anwendung dieser 6 Sätze als – in der Sprache der Juristen – „Tendenz des Gesetzgebers" verkündet und eindeutig macht.

Gerade die Verlautbarungen zu „Barmen" beweisen, daß ohne diese „Tendenz des Gesetzgebers" die sechs Sätze der Erklärung als Rechtfertigung jedes der z. T. einander widersprechenden Standpunkte verwendet werden können. Das Barmer Jubiläum hat uns den protestantischen Malaise nicht gebessert, geschweige denn behoben.

Innerhalb der Veröffentlichungen zum Barmer Jubiläum nimmt das im Auftrag des Rates der EKD erstellte Buch einen besonderen Platz ein: „Die Barmer Theologische Erklärung – Einführung und Dokumentation", herausgegeben von A. Burgsmüller und R. Weth.[42] Diese Schrift hat ohne Frage dazu geholfen, daß der geistliche Charakter der Theologischen Erklärung eindeutig in den Mittelpunkt gerückt wurde. Aber auch hier ist die Bilanz der Bewertung stärker in Richtung einer Defensive gegen die Irrlehre der DC als in Richtung des Beginns einer Kirchwerdung gezogen. Es wäre dienlich gewesen, wenn die EKD das ebenfalls in diesem Jahr anstehende 50. Jubiläum der Bekenntnissynode von Dahlem am 20. Okt. 1934 mit den Ausführungsbeschlüssen der in „Barmen" erfolgten Grundlegung dargestellt und gewertet hätte. Dabei muß als wichtig und bedeutungsvoll festgehalten werden, daß zwischen beiden Synoden – nur einen Monat nach Barmen – die „Röhmaffaire" geschah und Hitler sich vor aller Welt als brutaler Mörder entlarvte: wir wußten nun illusionslos, gegen wen wir zu stehen hatten. Aber gerade die geistlichen Beschlüsse von „Dahlem“ beweisen, daß die Bekennende Kirche angetreten war, um die Erneuerung der Kirche einzuleiten, – und dabei freilich wußte, daß es im Reisegepäck dieses geistlichen Weges mitgegeben war, dem Unrecht zu widerstehen und mit Verfolgungen zu rechnen. Die Dahlemer Synode beweist also, daß es falsch oder zumindest einseitig und irreführend ist, als die eigentliche Tendenz von Barmen den Widerstand gegen den Nationalsozialismus oder die Abwehr der DC-Häresie zu behaupten.[43] Wer das tut, kann nicht verhindern, daß z.B. die Kommunisten sich in ihrem Widerstand mit dem der Kirchenleute zu ihrem Vorteil vergleichen, indem sie auf die größere Zahl der aus ihren Reihen Verfolgten und von ihnen während der 12 Jahre gebrachten Opfer verweisen.

konfessionellen und volkskirchlichen Verkrustungen. Die lebendige Verbindung mit Jesus Christus war in die Sphäre der persönlichen Entscheidung verdrängt, während der Gesamtrahmen in den Landeskirchen sich nicht von weltlichen Ordnungsstrukturen unterschied.

Das ist in Barmen deutlich ausgesprochen worden in dem dem „Vortrag" von Asmussen folgenden Grundsatzreferat von Rechtsanwalt Dr. Eberhard Fiedler „Bekenntnisgemeinschaft und Reichskirchenverfassung", das später zu behandeln sein wird[5], – auch im Blick auf das Verhältnis von Kirche und Politik.

Barmen wurde als befreiender Durchbruch empfunden – wie dort so überall in Deutschland, wo sich bekennende Christen zusammengeschlossen hatten. Ich gehörte z. B. 1933 zur „Jungreformatorischen Bewegung", in der sich im Mai 1933 Vertreter der jüngeren kirchlichen und theologischen Generation zusammengeschlossen hatten. Die JB trat mit ihren Grundsätzen der Neugestaltung der evangelischen Kirchen an die Öffentlichkeit und forderte „eine aus dem Wesen der Kirche heraus mit Vollmacht handelnde Kirchenleitung und bessere Ausbildung der Theologen. Die Willkür der Verkündigung muß durch feste Lehrautorität aufgehoben werden ... Wir bekennen uns zu dem Glauben an den Heiligen Geist und *lehnen deshalb grundsätzlich die Ausschließung von Nichtariern aus der Kirche ab*; denn sie beruht auf einer Verwechslung von Staat und Kirche. Der Staat hat zu richten, die Kirche zu retten ... Wir bekämpfen die Versuche einer erstorbenen liberalistischen Theologie, sich von neuem in die Kirche einzudrängen ..."[6] Zur JB gehörten u. a. Bodelschwingh, Niemöller, Heim, Michel, Ritter, Brunstädt, Lütgert, Stählin, der Berneuchener Kreis, Sydower Pfarrerbrudergemeinschaft. Die JB war die erste Gruppierung, die die Bildung des „Pfarrernotbundes" durch Niemöller am 22. 9. 1933 und somit die der „Bekenntnisfront" und später der „Bekennenden Kirche" einleitete. Bei den Kirchenwahlen am 23. 7. 1933 stellte die JB die Liste „Evangelium und Kirche" auf. 1934 erhielt ich „Die Rote Karte" der BK.[7] Wir empfanden es wie einen Aufbruch in einen geistlichen Morgen, ähnlich der Befreiung Israels aus Ägypten.

Im Protokoll der Barmer Synode schreibt Karl Immer: „Der Eindruck der Rede (sc. des Vortrages von Asmussen) war groß, so stark, daß viele glaubten, *den weiter geplanten Weg* aufgeben zu dürfen. Weshalb jetzt noch in einen lutherischen, reformierten und unierten Konvent auseinandertreten, um die Thesen durchzuberaten? Aber die Verantwortung ... ward zu stark empfunden, als daß dem Sturm des Augenblicks nachgegeben werden konnte ... Das Ringen führte zu einer schönen geistigen und geistlichen Gemeinschaft, so daß Asmussen am andern Tag sagen konnte, die Erinnerung an diese Stunden gehörten zu den schönsten und reichsten seines Lebens ... Mit tiefem Dank gegen Gott erlebte es jeder mit, wie nun ein Abgesandter nach dem andern in fast dramatischer Steigerung sich zu den Thesen bekannte ... Immer wieder: Ja, von Herzen ja!"[8]

Die Bekenntnissynode von Barmen als „Rechtsnachfolgerin der bisherigen Landeskirchen"

Die „Theologische Erklärung" beruft sich in ihrer Präambel auf die Artikel 1 und 2 der am 11. Juli 1933 von allen Landeskirchen beschlossenen und am 14. Juli 1933 von der Regierung anerkannten „Verfassung der Deutschen Evangelischen Kirche". Indem Asmussen seinen „Vortrag" mit dieser Berufung auf die Verfassung vom 11. Juli 1933 beginnen läßt und dann feststellt, daß *„die Bekenntnissynode Vertretung in rechtmäßiger Nachfolge der bisherigen Landeskirchen" ist,* beschreibt er den kirchlichen, rechtlichen und theologischen Bezugsrahmen, hinter den, da von der Synode einstimmig beschlossen, nicht mehr zurückgegangen werden kann.

Bereits einen Monat vor der Barmer Bekenntnissynode, am 22. 4. 34, wurde der Anspruch dieser Synode, Rechtsnachfolgerin der DEK zu sein, vorbereitet, indem die von Bischof Meiser dort verlesene „Ulmer Kundgebung" wie folgt beginnt: „Im Namen des Vaters und des Sohnes und des Heiligen Geistes! Wir versammelten Vertreter der ... erklären als *rechtmäßige evangelische Kirche Deutschlands* vor dieser Gemeinde und der gesamten Christenheit ..."[9] K. Scholder berichtet darüber: „Am Vorabend ... wurde über den Erklärungsentwurf intensiv beraten, vor allem über die von Hans Asmussen angeregte Einfügung, „sich als „rechtmäßige evangelische Kirche Deutschlands" zu bezeichnen."[10]

Der Rahmen wahrt die Kontinuität. Asmussen sagt: „Die Bekenntnissynode der Deutschen Evangelischen Kirche ist nicht gleichbedeutend mit der Gründung einer neuen Kirche". Der Rahmen besagt aber gleichzeitig, daß alles, was die „Nationalsynode der DEK" repräsentiert, ohne sich an die „Bekenntnissynode" und ihre Beschlüsse zu binden, nicht mehr rechtens ist.

Dieser wichtigen Feststellung in Asmussens „Vortrag" wurde von niemand widersprochen, – auch von keinem Vertreter der sogenannten intakten Landeskirchen. Karl Immer berichtet im Protokoll[11]: „Nach der Verlesung [der Thesen durch Asmussen am 31. 5. 35] ... folgte der Höhepunkt der Bekenntnissynode. Jetzt fragte es sich, was sagen die einzelnen Kirchen und Synoden und Gruppen? Zögern sie? Lehnen sie ab? Mit tiefem Dank gegen Gott erlebte es jeder mit, wie nun ein Abgesandter nach dem anderen in fast dramatischer Steigerung sich zu den Thesen bekannte ... Zum Abschluß hielt Landesbischof D. Meiser ... die Andacht" (über Ps. 102) ...

„Vertretung in rechtmäßiger Nachfolge der bisherigen Landeskirchen": dieser Rechtsstandpunkt wurde erhärtet durch die Beschlüsse der Bekenntnissynode bei ihrer nächsten Tagung in Dahlem am 20. 10. 34 durch die, wieder auch von den intakten Landeskirchen mitbeschlossene Verwerfung der Kirchenbehörden der DEK und Einsetzung eigener Leitungsorgane.

Selbstverständlich ist mir als späteren Vikar und Hilfsprediger im Preußischen Bruderrat und in der VKL bekannt, wie verworren die weitere Entwicklung war. Aber es muß festgehalten werden, in wie starkem Maß die Behörden der Reichskirche einschließlich der Kirchenkanzlei Erfüllungsgehilfen für das Kirchenministerium waren und sich damit auch von diesem Verhalten her disqualifiziert hatten, besonders durch die berüchtigte Einsetzung der „Finanzabteilungen" durch den Ev. Oberkirchenrat vom 3. 2. 35 – und deren Bestätigung durch Göring vom 11. 3. 35[12] – sowie die entsprechende Verfügung des Reichserziehungsministers Rust, wonach Gelder der Reichskirche nur an solche gegeben werden durften, die sich rückhaltlos zum NS-Staat bekannten. –

Ein weiteres, dic Kirchenbehörden der „Reichskirche" belastendes Geschehen ist in dem Buch „Evangelische Kirche zwischen Kreuz und Hakenkreuz" dokumentiert: dort ist auf den Seiten 98–101 eine „Fürbittliste" der BK vom Oktober 1939 abgedruckt. Danach wurden wegen der, vom „Schwarzen Korps" als Landesverrat angeprangerten „Gebetsliturgie" zu Beginn des Krieges „amtsenthoben Pfarrer Fritz Müller – Dahlem, – mit Gehaltssperre suspendiert die Pfarrer Dr. Böhm – Zehlendorf, – Superintendent lic. Albertz – Spandau – und Pfarrer von Rabenau Schöneberg". Diese Disziplinarmaßnahmen führte die Kirchenkanzlei der DEK aus.[13] 1947 suchte ich in den Akten der Kirchenkanzlei von 1939 die betreffenden Verfügungen. Sie waren jedoch verschwunden.

Klaus Scholder beurteilt vom späteren Effekt her den „Barmen" und ‚Dahlem'" zu Grunde liegenden Anspruch, die Rechtsnachfolge der Landeskirchen zu sein, als gescheitert: „Als nach dem Zusammenbruch des Dritten Reiches die kirchliche Ordnung in Deutschland erneuert wurde, verlor auch ‚Dahlem' seine Bedeutung".[14] Im Blick auf „Anknüpfung an „Dahlem" schreibt auch Annemarie Smith – von Osten: „Der Rat der EKD, auf den der Reichsbruderrat in Treysa seine kirchenregimentlichen Befugnisse übertragen hatte, hat sich dieser seiner Herkunft kein einziges Mal erinnert."[15] Scholder warnt in diesem Zusammenhang mit Recht vor einer unerlaubten Vereinfachung in der Bewertung der Reichskirche, weil diese „angesichts einer 400jährigen Tradition der Verbindung von Staat und Kirche im Jahre 1934 durchaus eine gewisse politische und kirchliche Schlüssigkeit besaß . . .". Und so sieht er in der „fast völligen Zerstörung des rechtlich verfaßten evangelischen Kirchenwesens in Deutschland einen Schaden, der sich bis zum Ende des Dritten Reiches . . . als irreparabel erwies".[16] K. Scholders Beurteilung fördert die Wertung des Kirchenkampfes als einer „Episode" und der „Bekennenden Kirche" als einer „Gruppe", wie man es heute allgemein hören kann.

Freilich stellt K. Scholder im gleichen Zusammenhang fest; „Auf der anderen Seite und in engem Zusammenhang damit kam es gleichzeitig zu einer kirchlichen und theologischen Erneuerung, wie sie der deutsche Protestantismus seit der Reformation nicht mehr erlebt hatte."[17]

Dazu muß kritisch angemerkt werden, daß es Voraussetzung für diese Erneuerung war, die „fast völlige Zerstörung des verfaßten Kirchenwesens" zu bejahen. Auf S. 164ff. wird von der Bedeutung zu reden sein, die die Verbrennung des Kanonischen Rechtes durch Martin Luther am 10. Dezember 1520 vor dem Elstertor in Wittenberg für diejenigen gewonnen hat, die die unsichtbare von der sichtbaren Kirche trennen wollen. Luther jedoch hatte die Absicht, das Dickicht der Kanones wegzuräumen, um einen Neubeginn, – eine „Stunde Null" – zu schaffen. 1945 hat Gott nun den deutschen Protestantismus mit einer solchen „Stunde Null" heimgesucht. Die Theologische Erklärung von Barmen 1934 bereitete diese Sternstunde vor. In den Beschlüssen von Barmen und Dahlem war mitgegeben, die von Scholder erwähnte Erneuerung der ganzen – und zwar sichtbaren – Kirche zu gute kommen zu lassen (s. S. 151 ff. „Die Einheit von sichtbarer und unsichtbarer Kirche").

Als in Treysa 1945 Hans Asmussen als Vordenker dieser Erneuerung zum Präsidenten der Kanzlei der EKD ernannt wurde, war dies kein Beruhigungsgeschenk der intakten Landeskirchen an die radikalen Mitglieder des Reichsbruderrates, – im Gegenteil: am 28. 6. 52 schrieb O. Dibelius über die damalige Situation an G. K. A. Bell: „. . . Wir haben 1945 Asmussen nur deshalb zum Präsidenten der Kirchenkanzlei ernannt, weil zu jener Zeit Niemöller den dringenden Wunsch hatte, daß Asmussen diese Position einnehmen sollte . . ."[18] Und vor allem hatte der mit Asmussen befreundete Bischof Wurm dies gewünscht, weil er ihm zutraute, der geeignete Mann zur Nutzung des „rechtsfreien Raumes“ für den Neubau der Kirche zu sein.

Leider gelang es nach 1945 nicht, über diese von Klaus Scholder erwähnte kirchliche und theologische Erneuerung eine Einigung im Blick auf die wichtigsten Elemente für eine Neuordnung der Kirche zu erzielen. Praktisch wurde die DEK von vor 1933 wieder in Geltung gebracht. Das hebt aber nicht den in „Barmen“ mit beschlossenen Rahmen auf, daß „die Bekenntnissynode Vertretung in rechtmäßiger Nachfolge der bisherigen Landeskirchen“ sei. Es sei an die von ALFRED ADAM nach der Hallenser Synode von 1937 getroffene Feststellung erinnert, daß einmal beschlossene Bekenntnisgrundlagen auch dann ihre Gültigkeit behalten, wenn der Bewußtseinsstand der Gemeinden sich ändert.[19]

Mit dem Hinweis auf diesen ersten Schwerpunkt in Asmussens „Vortrag“ soll die Feststellung der Rechtsnachfolge in ihrer seelsorgerlich-kirchlichen Bedeutung unterstrichen werden – als wichtiger Baustein zur Erneuerung der Kirche. Um die Bedeutung dieser Feststellung in kirchenrechtlicher Beziehung mögen sich Berufenere bemühen.

Seelsorglich-kirchliche Bedeutung? Das begann mit Überlegungen, wie an Stelle von Protesten als eines Instrumentes der „Welt“ nun geistlich-vollmächtig zu handeln sei.

Um Raum für die Erneuerung des geistlichen Lebens im Sinn der ebenfalls in Barmen beschlossenen „Erklärung zur praktischen Arbeit der Bekenntnissynode der Deutschen Evangelischen Kirche“ zu schaffen, mußte dem, die Seligkeit gefährdenden Einbruch des Reichskirchenregimentes entgegengetreten werden. Als das biblisch gebotene Mittel, – als geistliche Dimension *im Sinn* der *Erneuerung* versuchte Asmussen – und mit ihm Barth und Niemöller –, die Dahlemer Synode 1934 zu veranlassen, Reichsbischof Müller und Rechtswalter Jäger zu exkommunizieren.[20]

Die Synode ging diesen Weg nicht mit und begnügte sich mit einer Erklärung, daß sich die Männer, die sich der Kirchenleitung im Reich und in den Ländern bemächtigten, durch ihr Handeln von der christlichen Kirche geschieden hätten.[21]

Auf der Steglitzer Synode der ApU vom 20.–22. Mai 1939, bei der ich Asmussen begleitete, versuchte Asmussen, die Exkommunikation des EOK-Präsidenten Werner zu erreichen, – wieder vergeblich.[22] Mir ist in Erinnerung, wie auch so bewährte Freunde wie PAUL HUMBURG und HEINRICH VOGEL erklärten, daß uns dazu die Vollmacht fehle. Asmussen, Barth und Niemöller hatten in Dahlem diesen Schritt im Sinne von Luthers

Schrift über den „Bann" als geistlichen Akt zur Rettung der Gebannten verstanden: *Anfang der Kirchwerdung!*

Asmussen verstand die Exkommunikation ganz in dem Sinn, wie Dietrich Bonhoeffer in seinem Buch „Nachfolge" zum Bann Stellung nimmt: „Jenseits aller Gemeindezuchtübung, die immer im Dienst der Barmherzigkeit steht, selbst über die Auslieferung des hartnäckigen Sünders an den Satan hinaus, kennt das Neue Testament als furchtbarste Strafe die Verfluchung, das Anathema. Sie ist nicht mehr verbunden mit dem Heilszweck. Sie tritt als Vorwegnahme des göttlichen Urteils auf. Im Alten Testament entspricht ihr der „Cherem", der an Gottlosen vollstreckt wird. Er bedeutet definitiv Absonderung von der Gemeinde, der Gebannte wird getötet. Damit ist ein Doppeltes gesagt: Die Gemeinde vermag den Gebannten unter keinen Umständen mehr zu tragen und zu absolvieren. Darum wird er Gott allein hingegeben. Damit aber ist der Gebannte zugleich verflucht und doch heilig, weil er Gott ausgeliefert ist. Weil er aber Gott allein gehört als Verfluchter, darum kann die Gemeinde hier nicht mehr Heilsabsichten verfolgen. Daß Anathema Trennung vom Heil bedeutet, beweist Röm. 9,3; daß Anathema eschatologisch bezogen ist, legt 1. Kor. 16,22 nahe. Daß vom Anathema der getroffen wird, der das Evangelium selbst durch seine Predigt willentlich zerstört, sagt Gal. 1,8f. Es ist gewiß kein Zufall, daß die einzige Stelle, die über bestimmte Menschen das Anathema spricht, sich auf die Irrlehrer bezieht. Doctrina est coelum, vita terra (Luther) ... Im Irrlehrer kommt der Widerchrist ..."[23]

„Der weiter geplante Weg": so beschreibt das Barmer Protokoll, wie die Synode die nun anzupackenden Aufgaben verstand.[24] Wie wurden sie angepackt? Wie wurde die Sicht erweitert? Wo blieben Unklarheiten? Wo wurden methodisch und inhaltlich Änderungen vorgenommen, weil man vor den Konsequenzen erschrak?

In „Dahlem" wurden als „neue Organe der Leitung" der „Bruderrat der DEK" gebildet, und aus seiner Mitte wurde der „Rat der DEK" mit der Führung der Geschäfte beauftragt. Es entstand die „Vorläufige Kirchenleitung der DEK" – „VKL" – mit ihrer wechselvollen Geschichte, welche später die Kirchenführerkonferenz von Treysa 1945 so vorsichtig taktieren ließ.

Die in Dahlem gebildeten Leitungsorgane wurden – und das ist der nächste weiterführende Schritt – beauftragt, „Prüfungsämter der Bekennenden Kirche" zu bilden und „die Ordination der Pfarrer" zu regeln. Diese Maßnahmen wurden hauptsächlicher Angriffspunkt des NS-Regimes gegen die BK. Allein in Berlin-Brandenburg waren wir 1938 ca. 450 Studenten, Vikare und Hilfsprediger, die wir gegen die offizielle Behörde „illegal" von der BK geprüft und ordiniert worden waren. Etwa zwei Drittel von ihnen sind gefallen. Die erste derartige Ordination hatte Hans Asmussen bereits im Sommer 1934 in Tarnowke vollzogen.[25] Damit war eine Entscheidung von weitaus größerer Bedeutung als der des Widerstands gegen den NS gefallen. Noch war diese Ordinationspraxis mit dem Notkirchenrecht der „Schmalkaldischen Artikel" begründet: „Notstand" gegenüber dem Verhalten der Behörden der DEK. Mit zunehmender Ordinationspraxis vertiefte sich das Fragen nach dem Wesen der Ordination und nach der Vollmacht zum Ordinieren: nach der gültigen Sendung, – nach der Apostolizität, nach dem Amt und dem Gottesdienst. Asmussen und Niemöller – letzterer bis zu seiner Inhaftierung am 1. 7. 1937 – versuchten, ihre Mitstreiter dazu zu bringen, bereits jetzt grundsätzlich der Volkskirche und ihrer Bürokratie Abschied zu geben. In einem Brief an Heinz Kloppenburg schrieb Asmussen 1938: „An uns liegt es zu klären, ob die von der Bürokratie vergebenen Ämter überhaupt Ämter sind, die als rechtmäßig anerkannt werden können."[26] Asmussen und seine Freunde „entdeckten", was damals nicht selbstverständlich war, daß die „Geschichte der Kirche nicht erst 1517 begonnen" habe, „die Zeit zwischen dem Jahre 33 oder dem Jahre 321 und 1517 hätten die Theologen vielmehr zu lange als „ein Nichts" betrachtet, als eine zwar historische, aber kirchlich nicht „relevante Zeitspanne".[27] 1940 erklärte Asmussen: „Die BK hat nach Schaffung eigener Synoden, Kirchenleitungen, Ausbildungs- und Prüfungsstätten sowie Finanzverwaltungen ... sich nicht grundlegend die Frage gestellt, worin sich diese Institutionen von der konsistorialen Struktur unterschieden ... Das Ende des für die gegenwärtige Gestalt der Kirche mit verantwortlichen Privatkapitalismus verlangt nach Umstellung des Finanzgebahrens der Kirche ... Statt den geistlichen Wert der Barmer Erklärung für die kirchliche Ordnung fruchtbar zu machen, sei die BK bald nach Dahlem der Versuchung verfallen, an die Stelle der DC-Kirchenbehörden solche der BK zu setzen. Wir haben aber nicht die Frage gewagt, ob vielleicht die Stellung der Kirchenbehörde in Preußen und anderen zerstörten Kirchen grundsätzlich falsch sei, so daß wir mit innerer Notwendigkeit auf einen Irrweg geraten mußten, wenn wir einfach die alten Behörden mehr oder weniger kopieren ... Es muß aller Anschein fallen, als ob wir die alte Bürokratie durch die neue vertauschen wollten. Den Kernfehler der alten und der neuen Bürokratie sehe ich in der Herrschaft der Juristen in der Kirche. Diese Herrschaft ist nur darum möglich, weil wir in der evangelischen Kirche nicht darüber klar sind, daß das geistliche

Amt wesentlich ein theologisches Faktum ist, welches durch Verwaltungsakte weder entstehen noch erlöschen kann."[28] Zwar ist die letztere Feststellung etwa *von Superintendent Martin Albertz* (Mitglied der VKL) namens der Reformierten stark unterstützt worden, indem gerade er der Gestapo gegenüber erklärt hat, daß wir jüngeren „Ordinierten" unseren Status behielten, auch wenn wir durch polizeiliche Maßnahmen aus der pfarramtlichen Tätigkeit gewaltsam entfernt und durch eine Dienstverpflichtung zu einem anderen Beruf gezwungen würden. (Ich selbst entging der drohenden Dienstverpflichtung, indem Offiziere des Widerstands durch Vermittlung von Horst Ernst Behrendt in der Nacht vor dem Zugriff der Polizei mich als Sachbearbeiter in das Oberkommando des Heeres übernahmen, – übrigens zusammen mit mir auf meine Bitte den jetzigen Ob-Konsistorialrat Wolf-Dieter Zimmermann, den Pastor Herbert Mochalski – den späteren Mitbegründer der Prager Friedenskonferenz, – und die Vikarin Klara Hunsche, Leiterin des Schulamtes der BK). Aber es gelang nicht, diese – beinahe dem röm.-kath. Verständnis des „character indelebilis" nahekommende – Ordinationsdeutung als Anstoß für eine Neubegründung des kirchlichen Rahmens im Sinn der obigen Ausführungen einzusetzen. Auch Otto Dibelius, Gerhard Jacobi und andere „Preußen", mitgeprägt durch A. v. Harnack und R. Sohm, hielten an der grundsätzlichen Zustimmung zur Altpreußischen Union fest.

Daß die Herrschaft der Juristen in der Kirche bereits vor dem 1. Weltkrieg als Belastung empfunden wurde, ist erkennbar in der „Festschrift" für den bekannten Posener Generalsuperintendent D. Paul Blau, der 1910 bei Amtsantritt „mit Sorge ... an den Verzicht der Selbständigkeit ... dachte. Als Generalsuperintendent einer preußischen Konsistorialkirche war er dem juristischen Konsistorialpräsidenten unterstellt, was ... zu unerträglichen Vorgängen führte."[29]

Zu diesem Ringen, ob Freikirche oder bisherige Institution, bemerkt K. Scholder: „Ob diese Entscheidung (nämlich der rheinischen Synode vom 18. und 19. Februar 1934 *gegen* den Weg in die Freikirche) richtig war, läßt sich im Rückblick kaum sagen ... Die Bildung einer evangelischen Freikirche wäre möglicherweise die klarere Lösung gewesen. Sie hätte der Kirche viele qualvolle Auseinandersetzungen ... erspart."[30]

Die Entwicklung nach Treysa I 1945 zeigt, wie belastend es bis heute ist, daß hier die Entwicklung gegenüber „Dahlem" rückläufig gewesen ist. Wir haben in allen Landeskirchen Bürokratien bekommen in einem Ausmaß, wie es seit der Reformation nicht erlebt worden ist. Es war damals das Erschrecken vieler Verantwortlicher vor Konsequenzen des

Ansatzes, *weil „das Katholische" in Sicht kam,* das wirkliche Neugestaltung verhindert hat.

Zu denen, die den Schrecken bekamen, daß nun „das Katholische" in Sicht kam, gehörten auch zwei Männer, denen ich bis zu ihrem Tode verbunden war: Prof. Edmund Schlink und Prof. Peter Brunner. In einem Gespräch zwischen Martin Niemöller und mir am 30. 1. 50 bezeichnete dieser die beiden Männer als auf direktem Weg nach Rom befindlich, als noch gefährlicher als die VELKD. Dies nur als Zeichen, daß die „katholische Frage" – so oder so – in den Raum getreten war. Edmund Schlink verstand Asmussens Frage nach der Apostolizität. Es war auch seine Frage. Aber er scheute sich, sie in Richtung auf die *„Apostolische Sukzession"* zu behandeln, und setzte an deren Stelle die *„successio fidei"*. Peter Brunner verstand, daß Asmussen drängte, zu einer Klärung des *„Bischofsamtes"* zukommen. Was Peter Brunner, besonders im „Theol. Konvent Augsb. Bekenntnisses" in Fulda, zu dieser Klärung beigetragen hat, ist beispielhaft und von bleibender Bedeutung für das geistliche Leben der lutherischen Landeskirchen. Er scheute aber Asmussens Hinweis darauf, daß es dieses „lutherische Bischofsamt" eigentlich erst seit dessen Praktizierung durch die *Bischöfe Wurm und Meiser* gibt, – und daß Asmussen es als notwendig ansah, daß dieses „lutherische Bischofsamt" sich – so oder so – zu dem der Römisch-katholischen Kirche *„verhalten"* müsse.

Hans Asmussen und seine Freunde dagegen wagten, der uns gerade von neutestamentlicher Forschung (ich denke an Heinrich Schlier) sich ergebenden „Sichterweiterung" im Blick auf das Katholische zu entsprechen, – *mit gleichzeitiger Profilierung der reformatorischen Anfragen an Rom, die dort als von der Sache her gewichtiger und schärfer als die des Evangelischen Bundes gehört und bearbeitet wurden.*

Für Asmussen erweiterte sich die Sicht 1940 bis dahin, daß er die zum Ordinieren berechtigende Erklärung des Notstandes nicht mehr als Not gegenüber der DEK, sondern als Not gegenüber der Katholischen Kirche entdeckte. Aber gerade diese tapfere Bestimmung der Ordination als notwendiger „Notordination" wurde mit Recht in Rom durch Männer wie Bea und Leiber als schärfste Kritik am Vollzug der Priesterweihe in der katholischen Kirche verstanden. Ich bin dann auch der letzte „Illegale" gewesen, den Asmussen unter Assistenz von Herbert Mochalski in Niemöllers St. Annenkirche am 1. 11. 1940 ordinierte.

Asmussens Erkenntnis von der *„Not"*-Ordination bedarf noch eines wichtigen Hinweises: Er entdeckte das Problem ja nicht allein. Als wir 1954 die „Sammlung" gegründet hatten, begegneten uns in zunehmendem Maß evangelische Pfarrer, die sich auf dem Weg über irgend eine, im Besitz der Sukzession sich behauptende Kirche – wie Anglikaner oder Schweden – die Weihe hatten spenden lassen. Asmussen verstand diese Männer. Er wandte aber dagegen ein, daß für ihn das entscheidende Kennzeichen für die Gültigkeit der Ordination sei, daß diese im Blick auf die *Jurisdiktion* in Ordnung sein müsse: d. h. also in der Bereitschaft empfangen werden müsse, sich unterzuordnen dem, der dazu das Amt habe: dem „Petrus". Und aus diesem Grunde bleibe er auf der Seite derer mit der „Not"-Ordination.

Es ist nicht von ungefähr, daß in diesem Herbst 1940 Martin Niemöller im KZ Sachsenhausen auf Grund des Studiums des Meßbuches, das er vorher nicht kennengelernt hatte, in Briefen an seine Frau die Absicht äußerte, zu konvertieren.[31] Ich bekam den Auftrag, im November und im Dezember 1940 Frau Niemöller zu den zwei, so wichtigen Besuchen ihres Mannes ins KZ Sachsenhausen zu begleiten. Die Besuche wurden sorgfältig vorbereitet. Im Studierzimmer Martin Niemöllers, wo über dem Schreibtisch das große Bild Kaiser Wilhelms II. und der Offiziersdegen neben der alten Reichskriegsflagge hing (ich erinnere an meine oben erfolgte Darstellung der 3 Kraftfelder – hier des Kraftfeldes des „Preußischen"), verhandelte Hans Asmussen mit Frau Niemöller, die alles tun sollte, um ihren Mann von diesem unüberlegten Schritt abzubringen. Außer mir nahmen an dem Gespräch Pastor Wolfgang Sass, der Neffe Asmussens, der Niemöllers verwaiste Pfarrstelle verwaltete, und Dr. Hans Bernd Gisevius teil, – letzterer in der schwarzen Uniform eines hohen diplomatischen Beamten im Reichsinnenministerium und Vertrauter von Admiral Canaris, ein Mann der Widerstandsbewegung, den wir zur Tarnung bei Telefongesprächen „Lotte" nannten und mit dem wir oft zusammen waren.

Ich erwähne dies, um nachempfinden zu lassen, was sich alles mit vollzog, als „die Sicht erweitert wurde". Auf jeden Fall waren es weder bei Asmussen noch bei Niemöller romantische Träumereien einer Annäherung an Rom, wie sie uns aus der Zeit der Romantik Anfang des 19. Jahrhunderts bekannt sind.

Wenn Asmussen von 1937 an die BK aufforderte, den Gottesdienst mit Hl. Abendmahl zur Mitte ihrer Ausrichtung zu machen, so wußte er, daß nichts den Gegner so traf und unsicher machte wie dies. Dies wird uns noch beschäftigen, wenn wir die Entwicklung des Verhältnisses von Hans Asmussen und Karl Barth behandeln. In dieser Entwicklung sind die Wurzeln zu suchen, – um unser

Thema nicht zu vergessen, – für die zwiespältige Art, wie sich heute der Zusammenhang Evangelische Christenheit und das Politische darstellt. Was Asmussen meinte, wenn er die Sammlung der BK um den Vollzug des Gottesdienstes als stärkste Waffe gegen den Gegner verstand, deutet H. Rothfels in dem S. 208 vorgelegten Zitat (im Zusammenhang mit dem Bericht über den mit Bonhoeffer hingerichteten Karl Sack). Rothfels fragt, „ob nicht die Kirchen, wenn sie in ihrem eigenen Bereich sich zur Wehr setzten, die Kräfte des aktiven Widerstands mit einem härteren Kern und einer schärferer Schneide versahen, als irgend eine äußere Revolte hätte tun können". Noch tiefer hat Gerhard Sauter in seinem Beitrag „Eine theologische Besinnung auf das Stuttgarter Schuldbekenntnis"[32] die geistliche Dimension des Bekenntnisses als einen, Gott bewegenden Akt dargestellt und somit zum Verständnis dessen geholfen, was Asmussen mit dem Ruf zum Gottesdienst von 1937 an der BK vermitteln wollte.

Exkurs: Ich füge hier eine Dokumentation ein, die Asmussen mir zwei Jahre vor seinem Tode, am 13. 9. 66, übergab, mit der Erlaubnis, sie später einmal zu veröffentlichen. Er hat sie unter dem Titel *„Seelsorgerliches Gutachten zur inneren Lage der EKD"* im Frühjahr 1946 den Mitgliedern des Rates der EKD und des Reichsbruderrates übergeben. In dieser Dokumentation legt er Auszüge aus Briefen Martin Niemöllers aus dem KZ Sachsenhausen aus dem genannten Jahr 1940 vor, *um daran den Stand der theologisch-kirchlichen Sicht der BK in diesen Jahren sichtbar zu machen.* Damit wird gleichzeitig begründet, weswegen die Frage nach Gottesdienst und Amt zentral war – und bleibt. Ebenso ist bedeutsam, wie Asmussen hier das Verhältnis zur römisch-katholischen Kirche beschreibt. Das gehört mit in das Problem der Rechtsnachfolge der DEK, da Niemöller bestreitet, daß der Protestantismus Kirche sei.

Seelsorgerliches Gutachten zur inneren Lage der EKD.

(Handschr. Anmerkung Asmussens: „Datum? Wahrscheinlich 1946 Frühjahr")

Eine geistliche Führung der EKD ist nur dann möglich, wenn ihre seelsorgerliche Lage beachtet wird. Hierbei sind eine Reihe von Fragen zu bedenken. Ich greife nachstehend eine Frage heraus, die heute vielen besonders wichtig ist. Es handelt sich um alles das, was mit Liturgie, Sakrament und Amt zusammenhängt. Die damit zusammenhängenden Dinge können nicht allein lehrhaft behandelt werden. Es muß ins Auge gefaßt werden, daß dahinter eine Seelennot des Menschen unserer Generation steht. Nur im Angesicht dieser Not können Fragen dieser Art behandelt und beantwortet werden. Die lehrhafte Behandlung ist notwendig, aber wesentlich als Hilfestellung anzusehen. Es muß im Auge behalten werden, daß es grundsätzlich um eine *Frage der Existenz* geht. Darum kann die Antwort auch nur durch Einsatz von Existenzen gegeben werden.

Im Folgenden gebe ich den Mitgliedern des Rates und des Reichsbruderrates Einblick in eine solche existenzielle Not, die uns alle unaufhaltbar angeht. Da es sich um eine seelsorgerliche Angelegenheit handelt, mache ich den Herren und Brüdern eine solche Behandlung dieses Gutachtens brüderlich zur Pflicht, die der seelsorgerlichen Verantwortung entspricht. Jede propagandistische Auswertung der Angelegenheit und auch jede frühzeitige Veröffentlichung würde unendlichen Schaden stiften.

Ich zitiere im Folgenden aus Briefen eines namhaften noch lebenden evangelischen Pfarrers:

„Ihr werdet mir klarmachen müssen, wo ich ein berechtigtes Anliegen der Reformation entgegen meinem Gesamteindruck preisgebe. Wenn Jac. 2,24 mit Röm. 3 zusammengenommen werden muß, so gilt ebenfalls, daß Röm. 3 nicht ohne Jac. 2,24 ausgelegt werden darf. – Nach meinem Urteil ist die tridentinische Lehre von der Rechtfertigung biblisch völlig in Ordnung! – Deine Meinung über Luthers Stellung zum Papsttum stimmt aber objektiv nicht: er hatte es ja auch nicht mit einem Papst und seinen Vasallen, sondern mit 5 Päpsten zu tun, die sich sehr verschieden verhielten. Aber schon 1518 greift er das Papsttum als Institution an, und seine – wenn ich nicht irre – letzte Schrift in der Sache trägt den Titel: „Wider das Papst*tum* zu Rom vom Teufel gestiftet". – Warum ich die Kirche von Rom als das Ganze ansehe und den Protestantismus als eine Anzahl herausgebrochener Stücke? Weil das Haupt nur *einen* irdischen Leib hat! Wo ist er? Bei der Kirche Roms; denn sie hat das von Christus gestiftete Amt (Joh. 21,15) und die von ihm angekündigte Tradition (Joh. 16,13) bewahrt, während der Protestantismus nur einen Teil der Tradition, nämlich den Kanon stehen ließ. – Und selbst davon hat Luther – wenn auch vorsichtiger als Calvin – seine Abstriche gemacht! – So haben wir Protestanten keine lebendige Verbindung mit der durch die Zeiten gehenden, bleibenden und wachsenden Gemeinschaft der Heiligen; darum löst sich bei uns alles in Individualismus und Subjektivismus auf; wir haben die Gemeinschaft verlassen (Hebr. 10,25). Wie kannst Du übrigens behaupten, daß das katholische „Verhältnis zur Bibel doch sehr viel gebrochener ist als das der Reformation"? Darüber bin ich schon seit M. eines anderen belehrt; und die „symbolischen Äußerlichkeiten" werden von vielen enttäuschten Protestanten – leider! – als das entschieden Bessere betrachtet und gesucht, ein Zeichen dafür, daß wir die Fleischwerdung sträflich spiritualisiert und den Glauben auf eine begrenzte, innere Seelenprovinz zurückgedrängt haben.

... Meine Entfremdung gegenüber dem Protestantismus ist nicht das Ergebnis der falschen Entscheidungen, die die Landeskirchen pp getroffen haben. Ich vermisse vielmehr das Amt, das über die Lehre urteilt. Daraus folgt, daß sich falsche Entscheidungen, die überall auftreten können, kirchlich nicht mehr korrigieren lassen, weil das Organ der Einheit überhaupt fehlt. Und ich habe bei dieser Gelegenheit sehen gelernt, daß das im Protestantismus von Anfang an so gewesen ist, und daß dieser Krebsschaden immer weiter um sich gefressen hat. – In der Kirche von Rom können natürlich auch Differenzen auftreten, aber erstens nie in Dingen, über die die kirchliche Tradition bereits gesprochen hat, und zweitens nie länger, als bis der kirchliche Lehrentscheid erfolgt: Roma locuta, causa finita. – Daß die Differenzen in der Botschaft der römischen Kirche übrigens größer sein sollen als die „zwischen mir und den Bayern", höre ich ohne Erschütterung, denn m. W. habe ich dasselbe Evangelium gepredigt wie die Bayern auch; ich habe nur gemeint, daß die Christenheit weitergehende Folgerungen aus dieser Botschaft ziehen muß, als die Bayern wahrhaben wollen. Gehörten wir beide – d. h. ich und die Bayern – zur Kirche Roms, so würden wir die Differenz zu tragen wissen, bis die Kirche selbst entscheidet. – Da wir nicht dorthin gehören, müssen wir die Differenz ohne Hoffnung auf eine Entscheidung tragen, und deshalb wird sie uns unerträglich! . . . – Wir machen aber leider nicht ernst mit der Tatsache, daß die Kirche der irdische Leib Christi ist, und daß im Amt der Kirche der heilige Geist als der Geist Christi lebt, lehrt und wirkt. Und der Protestantismus hat das niemals erstgenommen. So ernten wir, was wir (und unsere reformatorischen „Väter" einschl. Luther) gelehrt haben. – . . .

Ich weiß mich auch mit Asmussen und den übrigen Freunden und mit der ganzen Gemeinde fest und für dauernd verbunden; und wenn ich einen anderen Weg betrete, so gedenke ich durchaus nicht, diese Hände irgendwie loszulassen. – Das heißt freilich nicht, daß ich die Konversion als Residuum der liberalen Epoche ablehne: Konversionen hat es in allen Zeiten kirchlicher Spaltungen gegeben, Konversionen von Einzelnen wie von Gemeinden, so z. B. im Ringen der Kirche mit den Arianern. Niemand wird das ernstlich als „Liberalismus" bezeichnen können; und nach diesem Schema wäre auch Petrus mit seiner Abkehr vom Judäismus ein liberaler Konvertit! – Lassen wir diesen Gedanken also aus dem Spiel! – Ebenso kann ich nicht zugeben, daß mich die Tradition der Ostkirche verpflichtet, soweit sie aus der Zeit nach dem Schisma stammt. Die kirchliche Wahrheit ist *eine* und bleibt an das rechtmäßige apostolische Amt gebunden. An dieser Erkenntnis führt kein Weg vorbei, und es hat keinen Zweck, Einzelfragen unter Absehen von dieser Zentralfrage zu diskutieren. Asmussens Buch ist ein Anfang in dieser Hinsicht, und ich zweifle nicht, daß auch für ihn das Ergebnis einmal dasselbe sein wird wie für mich.

. . . Die Bewegung, die durch mein Fragen jetzt angefangen hat, kann ich durch Warten nicht „fördern". Ich habe aufmerksam gelesen, was Schlink zu Asmussen und Wolf zu Lortz zu sagen haben, und ich bin gewiß, daß das konfessionelle Gespräch auch in den nächsten 400 Jahren nicht wieder in Gang kommen kann. Wer könnte und sollte auch für den Protestantismus das Gespräch führen, der wohl tausende von Mündern, aber keinen Mund, tausende von Meinungen, aber keine Lehre hat! – Für mich ist die biblische Botschaft eindeutig und klar: „Das Reich Gottes ist herbeigekommen. Tut Buße und glaubet an das Evangelium! – Dir sind deine Sünden vergeben; gehe hin in Frieden und sündige hinfort nicht mehr! – Das ist mein Leib, der für euch gegeben wird; dieser Kelch ist der neue Bund in meinem Blute! – Lehret alle Völker und taufet sie: ich bin bei euch! – Wachet und betet; denn ihr wisset nicht, wann es Zeit ist!" – Diese Botschaft wird von der katholischen Kirche in Lehre und Unterricht, in Beichte und Absolution und in den Sakramenten *verkündigt;* im Protestantismus wird seit hunderten von Jahren „darüber" gepredigt, d.h. nachgedacht und geredet – aber: wo ist die Verkündigung geblieben? „An ihren Früchten sollt ihr sie erkennen!" – Die Früchte aber heißen: Subjektivismus, Spiritualismus, Säkularismus. Wegen der sachlichen Fragen kann ich z.T. auf meinen letzten Brief vom 28. 11. verweisen. Petrus hat nach dem Zeugnis des N.T. das Hirtenamt in einer einzigartigen Weise empfangen (Joh. 21); er heißt nicht umsonst der „Fels" (Mt. 16) und hat eine praktisch vorgeordnete Stellung vor seinen „Brüdern" (Lk. 22,32). Eine ihm übergeordnete apostolische Instanz kennt das N.T. trotz Gal. 2 nicht. So sehe ich in der rechtverstandenen Lehre vom Papst nichts, was schriftwidrig wäre. – Von der „geheiligten Natur" aber sind die apostolischen Schriften voll, und die „positiven Möglichkeiten des (glaubenden) Menschen" – (denn nur davon lehrt die katholische Kirche!) – kann man nur leugnen, indem man die Hälfte der Evangelien wegstreicht! . . ."

Die vorstehenden Briefauszüge sind im Jahre 1940 geschrieben. Ihr Verfasser ist unser Bruder Martin Niemöller.

Es ist notwendig, sich daran zu erinnern, wie wir damals auf diese Briefe geantwortet haben: Die Briefe gingen trotz der Gefährdung durch die Geheime Staatspolizei in Auszügen von Hand zu Hand. Es war eine große Gemeinde, welcher diese Briefe zugängig wurden. Die leitenden Brüder in Berlin haben ebenso wie ich und die Gemeinden, die an diesen Dingen teilnahmen, die große Entscheidung ernst genommen, welche sich hier anbahnte. Zweierlei war uns gewiß: Es handelte sich um eine Angelegenheit der *Kirche,* nicht allein um eine persönliche Angelegenheit des Briefschreibers. Es mußte aber Sorge dafür getragen werden, daß weder im politischen noch im kirchenpolitischen Kampf der Inhalt dieser Briefe mißbraucht werden konnte. Beides, die Beteiligung eines auserlesenen großen Kreises an dem Inhalt dieser Briefe und die Beschränkung ihrer Auswirkung hat uns unendliche Mühe gekostet.

Alle Beteiligten waren sich darüber einig, daß es nicht darauf ankommen konnte, Martin Niemöller nur unser „Nein" entgegen zu halten. Eine Hoffnung auf eine segensreiche Hinausführung der Angelegenheit war nur unter der Voraussetzung gegeben, daß wir versuchten betend seine Tage und Entschlüsse zu begleiten, zu gleicher Zeit aber uns selber opfernd und das heißt hingebend an dem Wege unseres Bruders und Freundes zu beteiligen und den ersten Versuch zu machen, alle die ihn bewegenden Fragen selber möglichst ohne Voreingenommenheit durchzudenken, um so zu einer Entscheidung zu kommen.

Wir haben damals die römische Messe und das Brevier ernsthaft studiert. Unsere Auswahl fiel vor allen Dingen auf diese Bücher, weil wir wußten, daß unser Bruder und Freund auch gerade diese beiden Bücher zur Verfügung habe und an ihnen seine Erfahrungen mache. Wir haben über diese Bücher und ihr Verhältnis zu den lutherischen Bekenntnisschriften und zur Heiligen Schrift die Gemeinde, soweit sie urteilsfähig war, orientiert und der Gemeinde zunächst einmal die Fragen übermittelt, die sich ergeben mußten, und es auf ihr Gewissen gelegt, in diesen Fragen weniger denkmäßig als vielmehr lebensmäßig eine Antwort zu suchen. Es war damals geistlich eine merkwürdig reiche Zeit.

Es kam dann der Augenblick, wo die leitenden Berliner Brüder das Schicksal unseres Martin Niemöller teilten. Es lag auf der Hand und war eine gesunde Entwicklung, wenn wir im Gefängnis nun erst recht für unseren Bruder und für die ganze evangelische Kirche die Fragen durchlebten, die ihn auch bewegten. In dieser Welt ist uns das Geheimnis der Anbetung aufgegangen. In dieser Welt haben wir Wunder erlebt. Das geschah jedem in seiner Weise. Davon zeugen unter anderem die Gebetssammlungen unseres Bruders Albertz.

Ich selbst habe in all diesen Jahren in immer überzeugenderem Maße gefunden, daß nichts so sehr zu einer gesunden und freien Haltung gegenüber der römischen Kirche hilft, wie das Ernstnehmen des gottesdienstlichen und andachtlichen Lebens, in dem Martin Luther und die Reformatoren bis an ihr Ende gestanden haben. In dieser Fragestellung bin ich von Löhe herkommend als Kind groß geworden. Von meiner ersten Gemeindearbeit an habe ich an diesen Fragen gearbeitet. Daß ich das gottesdienstliche Leben wieder erwecken wollte, war einer der Urteilsgründe, die 1934 zu meiner Absetzung führten. 1936 kam mein dreibändiges Werk über den Gottesdienst heraus. Die Zuwendung zu dieser ganzen Welt geschah also nicht erst durch unseres Bruders Niemöller Fragestellung, sondern seine Fragestellung traf mich auf eben diesem Wege. Und auf diesem Wege habe ich die Kraft des gottesdienstlichen und andachtlichen Lebens unserer Väter erprobt.

Ich habe dabei nicht allein gestanden. Die Zahl derer, die als Weggenossen zu mir stießen, wurde immer größer. Die Bruderräte befaßten sich in steigendem Maße mit diesen Fragen. Ich verdanke den Nöten, die mit den Anfechtungen unseres Bruders Niemöller zusammenhängen, eine große Förderung und habe es erlebt, daß auch auf diesem Gebiet die Anfechtung auf das Wort merken lehrt. Eine große Zahl von Brüdern ist mit mir in der Beurteilung dieser Vorgänge auch darin einig, daß durch diesen stillen Weg des Opfers und des Ernstnehmens der Nöte auch ernst genommen wurde, daß es *der Herr selber* war, der uns in diese Schwierigkeiten hineinführte. Karl Barth war in all diesen Jahren in Basel fern vom Schuß.

Seither sind 6 Jahre vergangen. Wenn ich mir vorstelle, was alle die erlebt und durchgemacht haben, die damals nach besten Kräften jenen Weg zusammen mit unserem Bruder Martin Niemöller zu gehen versuchten, dann kann ich nicht sagen, daß wir in diesen Jahren grundsätzlich Neues hinzugelernt haben. Wir sind der römischen Kirche lehrhaft nicht näher gerückt als damals. In vielen *einzelnen* Dingen haben wir neue Erkenntnisse gewonnen. Vor allen Dingen hat sich das als wesentlich herausgestellt, daß wir in der Übung dieser Dinge 6 Jahre lang Erfahrung gesammelt haben, und es ist sicher so, daß man nur von Erfahrungen her über gottesdienstliches und andachtliches Leben reden kann. Ich glaube von mir selbst und von allen denen, die ich seit mindestens 1940 mit mir auf dem gleichen Wege weiß, sagen zu können, daß wir die Position, von der aus wir angetreten sind, nicht verlassen haben. Nachdem die Nazis abgetreten sind, glauben wir Recht und Pflicht zu haben, das, was uns seit Jahren, vielleicht schon seit mehreren Jahrzehnten, wichtig gewesen ist, in der Kirche zu vertreten.

Als im vorigen Jahre Martin Niemöller seine Freiheit wieder gewann, ist es mir verhältnismäßig früh klar geworden, daß alle die Fragen, die ihn 1940 bewegten, 5 Jahre später aus seinen Gedanken offenbar völlig verschwunden sind. Ich habe geglaubt warten zu müssen, bis er selber der mit ihm vorgegangenen Wandlung Ausdruck verlieh. Das hat er in jüngst von ihm geschriebenen und an einen großen Personenkreis versandten Briefen nunmehr getan und hat, wenn die Nachrichten recht sind, diese Briefe auch vor großen Personenkreisen zur Verlesung gebracht. Diese Briefe zeugen davon, daß der Eindruck, den ich zuerst von ihm gewann, richtig ist. Was im Jahre 1940 ein Anliegen seiner Existenz war, ist jetzt völlig in seiner Gedankenwelt ausgelöscht. Es ist aber nicht nur das geschehen, sondern er empfindet sogar die Welt des Gottesdienstes und des Andachtslebens, in welcher mich seine Anfechtungen 1940 trafen, als etwas seiner Existenz Gefährliches. Die Position, die er einnimmt, nähert sich zweifellos auf dem Gebiet des gottesdienstlichen Lebens dem extremsten Calvinismus.

Zwar ist diese seine Stellungnahme nicht einheitlich. Zwei Versuche, ihn im Kreise des Bruderrates in Besprechungen über diese Angelegenheiten zu führen, waren von Erfolg gekrönt. Aber in freien Veröffentlichungen hat er darauf keine Rücksicht genommen, daß er im Bruderkreise nur so verstanden werden konnte, als ob er mindestens diese Fragen ernst nähme. In seinen Briefen ist diese ganze Welt für ihn nur noch Gegenstand der Verspottung und äußerster Ablehnung.

Eine Verschärfung ist dadurch eingetreten, daß Karl Barth sich in das Gespräch gemischt hat. Er wußte bereits, ehe er nach Deutschland kam, ein für allemal, was an der Sache ist. Davon gibt sein Wipkinger Vortrag eindrücklich Zeugnis. Hier gestaltete er die Geschichte, die er von Basel aus als Beobachter miterlebt hatte, nach etwa diesem Bilde: „Nachdem Niemöller ins Gefängnis gekommen war, verließen die Führer der Bekennenden Kirche den guten Weg und warfen sich um ihrer Angst und ihres bösen Gewissens willen liturgischen Fragen in die Arme. Das Ganze war natürlich nur ein Ausweichen vor einer ernsten Entscheidung." Wer das Ganze liest, bekommt den Eindruck, Karl Barth habe in den entscheidenden Jahren im Gefängnis gesessen und die Führer der Bekennenden Kirche hätten irgendwo in einem neutralen Land den Ausgang der Katastrophe miterlebt. Das alles prangert er neuerlich in einem Brief an Niemöller mit beißendem Spott an, der häufig die Grenze der Frivolität überschreitet. Das Entscheidende daran ist: Er stellt die Dinge so dar, als seien er und Martin Niemöller allein übrig geblieben, und als wäre von beiden nie eine andere Linie verfolgt worden. Ein Protest Niemöllers oder auch nur ein Abrücken von der durch Karl Barth vorgenommenen Verbrüderung ist bei Niemöller nicht zu bemerken.

Um die seelsorgerliche Situation zu übersehen, muß man sich bemühen, von den persönlichen Kränkungen ganz abzusehen. Der Weg Niemöllers von einem Extrem zum anderen ist in irgend einer Weise typisch für die Lage weiter evangelischer Kreise. Und nur, wenn man ihn als Typus behandelt, wird man ihn recht behandeln. Es ist mit der Möglichkeit zu rechnen, daß die beiden Extreme von 1940 und 1946 gar nicht so weit auseinanderliegen, sondern beide nur Ausdruck einer Verzweiflung gegenüber allen zwischen diesen beiden Extremen liegenden Wegen sind. Die billige Methode, die Zeiten von 1940 damit aus der Welt zu schaffen, daß man sagt, als Häftling sei Martin Niemöller damals eben nicht ernst zu nehmen gewesen, scheidet für mich von vornherein ebenso aus wie der Versuch, mit seinen gegenwärtigen Äußerungen durch ein achselzuckendes „Du kennst doch Martin" fertig zu werden.

Zunächst scheint es mir möglich zu sein, daß wir beides, die Erlebnisse von 1940 und die Äußerungen von 1946 wie eine Prüfung auf uns nehmen, der man nicht dadurch entgeht, daß man hinter den Menschen Gott nicht mehr sieht, der die Prüfung auferlegt. Was er damals und was er heute sagt, ist eine Sache der EKD, eine Sache des Ganzen. Das heißt aber heute so wenig wie damals, daß wir alle verpflichtet wären oder auch nur die Erlaubnis hätten, mit unserem Freund und Bruder beide Extreme zu durcheilen.

Es ist damals auf dem Wege, den wir uns führen ließen, vermieden worden, daß Konversionen in beachtlicher Anzahl stattfanden, obgleich Martin Niemöller es war, der damals so schrieb. Das ist vermieden worden, ohne daß eine Verschärfung unseres Verhältnisses zur katholischen Kirche eintrat.

Diese Feststellung ist notwendig. Denn inzwischen hat sich ein zweites Mal der damals eingeschlagene Weg bewährt. Wir sind den Brüdern der Michaelsbruderschaft erheblich näher gekommen. Das ist nicht geschehen, indem wir auf sie einhieben. Das ist auch nicht geschehen durch endlose und leidenschaftliche Debatten, von denen der Protestantismus gerne so viel erhofft. Auch das ist geschehen durch ein Ernstnehmen der Fragen und Nöte, welche uns hier begegnen. Denn auch in dieser Frage haben wir uns von dem Willen leiten lassen, *nicht auszuscheiden, sondern zu sammeln,* nicht zu überzeugen, sondern den Anderen in seiner Welt zu tragen. Man darf mit gutem Gewissen sagen, daß es besser ist, wenn die Bekennende Kirche in beachtlichen Personen und Gruppen die brüderliche Einheit mit der Michaelsbruderschaft gefunden hat, als wenn sie dem Wunsche radikaler Elemente folgend ein zweites Dahlem ihnen bereitet hätte.

Nun geht es um die richtige Beurteilung der seelsorgerlichen Situation, wie sie durch den oben geschilderten Weg bezeichnet ist. Ich bitte die Herren des Rates und des Bruderrates, denen dieses Gutachten zugeht, mit mir daran zu arbeiten, daß wir die Situation unserer eigenen Seele und derer, die uns anvertraut sind, in der augenblicklichen Lage und auf diesem Gebiete recht erkennen.

Man könnte sagen, daß Martin Niemöller sich in jenen Briefen aus dem Jahre 1940 nicht nur in einzelnen Äußerungen, sondern auch im Ansatzpunkt geirrt habe. Wenn das, was er damals erlebte, lediglich eine Versuchung war, die man überwinden muß, so folgt daraus, daß alle die, welche damals es auf sich nahmen, die versuchliche Situation zu überwinden, überführt werden müssen, daß sie damals drauf und dran waren, sich vom bösen Feind irreleiten zu lassen. Gegen diesen kürzesten Weg, mit den Äußerungen von damals fertig zu werden, spricht auf das Entschiedenste, daß die geistliche Situation von damals mindestens ebenso echt war wie heute. Wo soll man die richtige Fragestellung lernen, wenn nicht in der Anfechtung?! Und unsere Anfechtung war damals größer als heute. Gegen diese Auffassung der Dinge spricht es auch, daß im Ansatzpunkt und in der Stellung wesentlicher Einzelfragen, *wenn auch keinesfalls im Ergebnis*, nach Martin Niemöller viele ernst zu nehmende Brüder aus der Bekennenden Kirche in dieselbe Situation geführt worden sind, und daß sich ihnen in dieser Situation die Fragestellung selbst bewährt hat, nicht zuletzt aber das, daß sich ihnen in erstaunlicher Einmütigkeit von Albertz bis zu mir der Weg des Gebetes in anderer Weise, als wir es bisher gewohnt waren, geöffnet hat, wenn auch im Einzelnen und im Allgemeinen viele wesentliche Unterschiede vorhanden gewesen sein mögen. Jedenfalls weigere ich mich, die ganzen Erfahrungen damals und seither durch Spott und Satire als erledigt zu betrachten; vor allen Dingen deshalb, weil ich weder vorher noch nachher an der Grundlinie eines von meinen ersten Amtsjahren her verfolgten Weges irgendwie irre geworden bin.

Meine Bitte an die Empfänger dieses Gutachtens geht vor allem dahin, daß wir diesen Fragenkomplex, der in der Kirche zu allen Zeiten und besonders heute ein Komplex von echten Fragen ist, mit großer Besinnlichkeit behandeln. Der Eindruck, es könnten diejenigen Fragen, die 1940 echt und brennend waren, 1946 nicht mehr echt sein, sondern hätten es verdient, nur noch mit beißendem Spott behandelt zu werden, *fördert die Konversionsfreudigkeit und schädigt unser aller Glaubwürdigkeit.* Wir müssen bedenken, daß es sich nicht nur um einen kleinen Kreis Allotria treibender Theologen handelt, wie Karl Barth meint, sondern um eine sehr starke Gruppe in der evangelischen Kirche. Daß diese Gruppe nicht mehr in die Erscheinung tritt, das hängt weitgehend damit zusammen, daß es zu diesem Weg unzweifelhaft gehört, das Sensationelle zu vermeiden und der Entscheidung durch Übung mehr zuzutrauen als dem logischen Einzelfall des Augenblicks oder gar der propagandistischen Formel. Wer einmal auf diesem Wege geht, dem ist es Gewißheit, daß Fragen dieser Art keine Lausbubenhändel sind.

Ich bitte die Empfänger dieses Gutachtens, diesen ganzen Fragenkomplex, abgesehen von dem Schicksal einzelner an ihm beteiligten Personen, größte Aufmerksamkeit zu widmen. Was hier gedacht und gehandelt wird, ist Ausdruck eines existentiellen Fragens. Wenn der Rat der EKD und der Bruderrat der EKD das wirklich sind, was zu sein sie vorgeben, dann stehen sie an diesem Punkte vor einer unerhört ernsten seelsorgerlichen Aufgabe. An ihrer Lösung wird sich das Schicksal der evangelischen Kirche für lange Zeit entscheiden. Ich habe in diesem Zusammenhang meine eigenen Gedanken über diese Dinge nicht darzulegen. Aber ich glaube, pflichtgemäß darauf aufmerksam machen zu müssen, daß – wie man auch immer im Einzelnen über diese Fragen denkt – man nur durch wirkliches Ernstnehmen einer aufgeworfenen Frage weiterhelfen kann.

Dazu kommt ein Anderes: Eine Lösung dieser Fragen im Gesamtbewußtsein unserer Theologen und Laien, die für diese Angelegenheit überhaupt zuständig sind, ist nicht von heute auf morgen zu erwarten. Eine sehr stetige Führung und ein sehr besonnenes Vorgehen ist notwendig. Bei dieser Besonnenheit muß der, den wir meinen, unser „Ja" heraushören können zu ihm selber. Gewaltsame Lösungen führen allemal zu Spaltungen.

Das ist umso mehr deshalb notwendig, weil viele von uns in diese Fragen verwickelt sind und selbst Wortführer in ihnen sind. Ich glaube, diese Tatsache legt uns die Verpflichtung auf, daß wir die Differenzen, die zwischen uns vorherrschen, nicht vor der Öffentlichkeit austragen. Sie können sicher nicht verschwiegen werden. Es ist aber ein Unterschied, ob die uns anvertrauten Pfarrer und Gemeinden den Eindruck von uns bekommen, daß wir zwischen den Extremen (Martin Niemöllers Äußerungen von 1940 und seine Äußerungen von 1946) um eine einende Mitte wissen, der so viel zentripedale Kraft innewohnt, daß sie die zentrifugalen Kräfte bei Weitem überschreitet. Ich würde es für einen schweren Fehler halten, wenn wir wieder zurücksinken würden in jenen alten Zustand, daß die zur Leitung Berufenen außerhalb der brennenden Fragen stehen. Ich würde es aber für einen ebenso schweren Fehler halten, wenn die zur Leitung Berufenen das Bild hoffnungsloser Zerklüftung bieten.

Außer der hier angeschnittenen Frage sind bekanntlich noch mehr Fragen unter uns strittig. Ich erinnere nur an alle die mit dem Lutherrat zusammenhängenden Fragen. Ich bin der festen Überzeugung, daß für sie dasselbe gilt. Wir dürfen nicht ablassen, in unserem allerengsten Kreise diese Fragen auszutragen. Aber es muß ein Unterschied gemacht werden zwischen dem, was wir einander direkt sagen, und dem, was wir der Öffentlichkeit über uns mitteilen. Das halte ich für doppelt nötig, weil unser Leben sich mindestens in demselben Ausmaße ungeschützt vor den Augen des Auslandes abspielt, wie es sich früher vor den Augen der Gestapo abspielte.

Ich darf dem Rat der EKD und dem Bruderrat der EKD nicht verschweigen, daß eine ernste Gefahr vorhanden ist. Um auf diese Gefahr aufmerksam zu machen, habe ich dieses Gutachten geschrieben, und um zu ihrer besonnenen Überwindung aufzurufen, versende ich es an die Mitglieder des Rates und des Bruderrates der EKD."

Dieses Gutachten Asmussens als des Präsidenten der Kanzlei der EKD hat bis heute seine Aktualität nicht verloren. Die hier genannten Probleme, bis hin zu dem zitierten Brief Barths an Niemöller vom 28. 6. 46, werden uns im Folgenden noch verschiedentlich beschäftigen.

Das Heil steht vor dem Wohl

Asmussen sagt im „Vortrag": „Es geht uns nicht um programmatische Forderungen, über die man allenfalls reden kann, sondern daß wir auf Leben und Seligkeit hin gerufen sind. Wir stehen an einem Ort der Kirchengeschichte, an welchem nach unserer Überzeugung versucht wird, an einer anderen Stelle in den Schafstall einzusteigen als durch die Tür. Wir stehen an einem Punkt der Kirchengeschichte, an dem jedem, dem Gott Glauben gegeben hat, einsichtig geworden sein muß, daß es um die Rettung und das Seligwerden von Sündern geht ... Es ist dringliche Aufgabe der Kirche, durch sichtbare Zeichen zum Ausdruck zu bringen, daß die Belehrung durch den Heiligen Geist und daß die Gegenwart Christi nicht erstrebenswerte Ideale der Kirche, sondern geschenkte *Ausgangspunkte* ihres Handelns sind in Wort und Werk."[33]

„Dem Gott Glauben gegeben hat": Hier konnte Asmussen sich getragen wissen von einer Erweckung durch ganz Deutschland hin.

Das Wächteramt

Die Bekenntnissynode *stellte das Heil vor das Wohl.* Ich erinnere mich noch gut daran, wie 1933 in den ersten Versammlungen bekennender Christen in ganz Deutschland und dann noch stärker 1934 nach Gründung der Bekennenden Kirche zwei Bibelstellen aus Hesekiel 3,17 und 33,6 immer wieder als göttlicher Aufruf und Auftrag genannt wurden: „Du Menschenkind! Ich habe dich zum *Wächter* gesetzt über das Haus Israel. Du wirst aus meinem Munde das Wort hören und sollst sie in meinem Namen warnen ..." und: „Wenn der *Wächter* das Schwert kommen sieht und nicht die Posaune bläst und sein Volk nicht warnt und das Schwert kommt und nimmt einen von ihnen weg, so wird der wohl um seiner Sünden willen weggenommen; aber sein Blut will ich von der Hand des Wächters fordern." Die Sorge vor dem „zweiten" Tod war stärker als die vor dem „ersten" Tod und schützte vor Erpreßbarkeit (Offb. 2,11+20,6).

Der mit mir befreundete EDO OSTERLOH (nach dem Krieg Kultusminister in Schleswig-Holstein), Bultmann-Schüler und Dozent für Altes Testament an der Berliner Kirchlichen Hochschule (KiHo), veröffentlichte 1939 eine Auslegung des Buches Ezechiel „Die Offenbarung Gottes in der Fremde". Im Klappentext heißt es: „... ein nicht gewöhnliches Wagnis und Zeichen dafür, welch *unerhörtes Erwachen der Kirche und ihrer Theologie* geschenkt wird im neuen Hören auf die Heilige Schrift Alten und Neuen Testaments ...". Die Gemeinden verstanden diesen geistlichen Ruf. Die Versammlungen waren überall im Land gut, sehr gut besucht, weithin überfüllt. Aber es waren Glaubens- und Gebetsversammlungen, keine Protestversammlungen. Gemeinsam gesprochenes Glaubensbekenntnis, gemeinsam gesprochenes Vaterunser, gemeinsam gesungene Choräle wie „Lob Gott getrost mit Singen ..." waren Zeichen einer Neuentdeckung des Heils und so im damaligen Erscheinungsbild des aufgeklärten Protestantismus schockierend. Das damalige Erscheinungsbild erlebte ich z. B. im Berliner Dom, wenn zur Eingangs- und Schlußliturgie die Kirche leer war, – zur „Predigt" jedoch dann die „bessere Gesellschaft" strömte und zum Schluß der Predigt den Raum verließ, – wobei während der Schlußliturgie die Predigt bereits gedruckt angeboten wurde: stumme Zuhörer! Dagegen dieser Aufbruch gemeinsamen Betens und Bekennens. Er strahlte befruchtend aus in die Gemeinden im ganzen Land. (Dieses, auch für den Kirchengeschichtler gewichtige Phänomen wird auch von K. Scholder wie folgt notiert: „Die ängstlich gehütete Individualität des einzelnen – sichtbar ausgedrückt im Abstand vom anderen in der Kirchenbank – wich hier einem durch gemeinsames Beten, Singen und Bekennen vermitteltem Gemeinschaftsbewußtsein, wie es die evangelische Kirche seit langem nicht mehr gekannt hatte.")[34] Das „unerhörte Erwachen der Kirche und ihrer Theologie" führte dazu, daß die Laien die nun in großer Zahl erfolgenden Veröffentlichungen der „Fach"-Theologen der Bekennenden Kirche lasen und verstanden. Die fruchtbarsten Schriftsteller unter den Theologen waren Karl Barth und Hans Asmussen.

Für die Zeit der Vorbereitung von Barmen – und hier für die einhellige Meinung der Synode, daß das „Heil vor dem Wohl" steht, – gehört zu wissen, wie bereits seit 1925 die beiden Theologen aufeinander zugingen und ein jeder in seinem Raum – mit anderen, die dann in der Stunde von Barmen Weggenossen waren, – die Entfaltung des „Heils" in der Theologischen Erklärung und im Referat vorbereiteten.[35] Freilich, bereits damals meldete sich bei Asmussen eine Vorahnung an, daß eine Differenz zwischen ihnen beiden möglich sei (die in der Tat später zu verschiedenen

Wegen führte). Asmussen schrieb am 21. 7. 25 an seine Braut: „(die Grenze der Barth'schen Theologie) liegt in ihrer *Konsequenz, daß das Endliche das Unendliche nicht fassen kann.* Wenn man ... nicht sieht, daß allerdings die Natur in keiner Weise fähig ist, das Unendliche zu fassen, dann macht man Gott gemein vor den Leuten. Und das ist die Sünde der Theologie des vorigen Jahrhunderts. Alles, was Barth sagt von dem ganz Anderen usw., ist alles richtig. Aber nun kommt das Evangelium und macht es in allen Dingen *eben doch möglich, daß das Endliche das Unendliche fassen kann.* Das letztere weiß Barth noch weniger als Sören Kierkegaard."[36]

Auf diese zwei divergierenden Feststellungen: „finitum non capax infiniti" und „finitum capax infiniti" hat Asmussen uns Studenten der Kirchlichen Hochschule immer wieder aufmerksam gemacht.

Doch diese Ahnung blieb im Hintergrund. Wichtiger war, daß beide Lehrer der Kirche von ihren Gemeinden ausgingen (Barth von Safenwil, Asmussen von Albersdorf). Asmussens Bemühen um den Inhalt der Verkündigung und seine Frage nach der Substanz der Predigt weisen deutliche Parallelen auf zur Situation des jungen Safenwilers Pfarrer Karl Barth.[37] „Mit Barth war Asmussen darin einig, daß Theologie nur als Funktion der Kirche verstanden werden könne. Der neu erschallende Ruf nach konkreter Kirche betraf deshalb Theologie und Kirche gleichermaßen: „Wenn die Theologie Besinnung auf die Verkündigung ist, dann lautet der Ruf an die Kirche: Verkündige! Sage uns, was du verkündigst, damit wir Theologie treiben können!" Da aber die Fakultäten ihre Aufgabe nicht wahrnahmen, sah Asmussen auf die Verkündiger selbst neue Autorität zukommen: „Einzelne sind es, die sich für sich selbst um die Beantwortung der Frage bemühen. Aber schon jetzt (1932 geschrieben) beginnt die große Wandlung, wenn auch noch sehr im Stillen: aus dem Sagen des Einzelnen wird ein Zusammensagen, ein Homologein. Zwei, drei, vier oder zehn bemühen sich gemeinsam um Formulierung, ohne einen Blick darauf zu werfen, welche Folgen das haben könnte und müßte, vorläufig einfach durch die Not getrieben, die uns jeden Tag wieder anspringt."[38]

„Das Heil steht vor dem Wohl": das war die Mitte der berühmten Auslegung des Römerbriefes durch Karl Barth 1919. „Das Heil steht vor dem Wohl": das war die Mitte des „Altonaer Bekenntnisses" vom 11. Januar 1933, dessen wichtigster Verfasser und Kommentator Asmussen war. „Asmussen stellte dazu im Rückblick fest, keiner der Beteiligten hätte damals geahnt, daß in diesen Worten (sc., wo im 3. Artikel des Altonaer Bekenntnisses die Möglichkeit des Widerstandes gegen den

Staat einbezogen war) bereits das Geschehen des 20. Juli 1944 beschlossen lag."[39]

„Das Heil steht vor dem Wohl": Damit rüttelte Karl Barth im Frühjahr 1933 mit seiner berühmten Schrift „Theologische Existenz heute" das Gewissen auf. Ich zitiere daraus den Abschnitt, der als Richtlinie im ganzen Raum der bekennenden Gemeinden vor Barmen übernommen wurde: „Das Entscheidende, was ich heute zu diesen Sorgen und Problemen [sc. des Beginns des Dritten Reiches] zu sagen versuche, kann ich darum nicht zum Gegenstand einer besonderen Mitteilung machen, weil es sehr *unaktuell* und *ungreifbar* einfach darin besteht, daß ich mich bemühe, hier in Bonn mit meinen Studenten in Vorlesungen und Übungen nach wie vor und *als wäre nichts geschehen* – vielleicht in leise erhöhtem Ton, aber ohne direkte Bezugnahmen – Theologie und nur Theologie zu treiben. *Etwa wie der Horengesang der Benediktiner im nahen Maria Laach auch im Dritten Reich zweifellos ohne Unterbruch und Ablenkung ordnungsgemäß weiter gegangen ist.* Ich halte dafür, das sei auch eine Stellungnahme, jedenfalls eine kirchenpolitische und indirekt sogar eine politische Stellungnahme."[40]

Gerade Barths Hinweis auf den weiter gehenden Horengesang der Benediktiner in Verbindung mit seiner theologischen Hörsaalarbeit „als wäre nichts geschehen" signalisiert in kürzester Form, was mit dem Satz gemeint ist: „Das Heil steht vor dem Wohl". Etwas überspitzt ausgedrückt war das Ideenkonglomerat des Nationalsozialismus so armselig – im Vergleich mit dem Heil Christi eine quantitè nègligeable –, daß durch die Usurpierung der Macht durch Hitler kein neuer Abschnitt der Kirchengeschichte, der Heilsgeschichte, eingeleitet war. In jenen Jahren entdeckten wir neu das 1912 von Solowjew verfaßte Büchlein vom „Antichristen". Aber uns wurde klar, daß in Hitler höchstens ein kleiner Vorläufer des Antichristen wütete und daß der unheimliche Gegenspieler ein anderes raffinierteres seelengefährdendes Gesicht tragen wird. Ich sage aber sogleich: das ist gänzlich überspitzt ausgedrückt. Hitler und sein Gefolge konnten zwar nur mit Töten und mit Foltern Angst verbreiten, – dies dann aber wirklich „beängstigend". Und insofern war das Eintreten für die Gequälten – für ihr „Wohl" – Teil des Lebens aus dem „Heil"! *Das Wohl fließt aus dem Heil.*

Daß das letztere unterblieb, war die notvolle Erfahrung beider Theologen, als die verfaßten Kirchen z. T. wohl lehrmäßig einwandfrei und dogmatisch richtig „Heil" verkündigten, sich aber ihrer Verantwortung für das „Wohl" in concreto entzogen. Als ein Beispiel für alles, was Bischof D. Wurm in Treysa 1945 über die Situation der evangelischen Kirche von

Barmen bis 1945 über solche Spaltungen im Blick z.B. auf die Kirchenausschüsse sagte (s.o.), ein Zitat aus einem Brief von Hans Asmussen an den lutherischen Prof. Elert vom 7. Juli 1934:

Elert hatte zu den Äußerungen des nominell „lutherischen" Reichsbischofs geschwiegen, zu „Barmen" aber sogleich abwertend das Wort ergriffen. Asmussen sah die Notwendigkeit, daß das Erlanger Klischee „bekenntnistreuer" Theologie dringend einer Korrektur bedürfe, und schrieb:

„Herr Professor, gestatten Sie mir, daß ich Ihnen eine Neuigkeit erzähle: seit einem Jahr ringen Tausende von Pfarrern um ihre Existenz als Verkündiger, Tausende Gemeinden um ihre Existenz als christliche Gemeinden. Wir befinden uns auf tosendem Meer nach einem Schiffbruch. Glauben Sie mir, die Schiffbrüchigen werden nicht wieder ins Wasser springen, weil ein Ingenieur an Land nachweist, daß nach seiner Meinung die Masten unseres Schiffes einen falschen Neigungswinkel haben."[41]

Asmussen war, soweit man seinen Weg zurückverfolgen kann, zutiefst von der Überzeugung bestimmt, daß für Menschen, denen das „Heil in Christus" über allem steht, damit unlösbar verbunden ist, für das „Wohl" anderer einzutreten. Ich erinnere an seine 1928 geschriebene Schrift „Die Not des Landvolkes". Ich erinnere an alle Fürsorge, die er den Familien der Verhafteten erwies – in besonderer Weise der seines Freundes Martin Niemöller. So hat er auch in Wuppertal am 28. März 1941 bei der Beerdigung von Niemöllers Vater die Predigt gehalten, in der er ihn als „Patriarchen" und „Heiligen" charakterisierte, „der sein Amt bis an den Rand des Grabes ausgeübt und es zwar auf Erden verloren habe, nun aber als Priester Gottes und Christi unter den vollendeten Gerechten am himmlischen Orte weile".[42] – Und Asmussens Verhalten verfolgten Juden gegenüber? Dafür möchte ich drei Beispiele nennen: 1. als ich meine Arbeit als Vikar 1938 bei ihm begann, quartierte er mich bei ihm bekannten Juden in der Nähe des Innsbrucker Platzes in Berlin ein. Wer die Lage von damals kennt, weiß, welche Gefahren ein solches Handeln barg. – 2. 1940 saß ich in einem der täglichen öffentlichen Fürbittgottesdienste in der Dahlemer Annenkirche neben dem, den „Stern tragenden" Rechtsanwalt Franz Kaufmann, in welchem Gottesdienst Asmussen diesen als Pastor ordinierte, damit er im Kz, das ihn erwartete, als Pastor wirken könne, solange ihm das Leben noch geschenkt sei. Franz Kaufmann wurde am 17. Februar 1943 erschossen. Seine, mir auch gut bekannte Mitarbeiterin Hildegard Jacobi – „halbarisch" (!) – kam auf Grund ihrer Haft am 4. Juni

1943 ums Leben. – 3. Asmussen ermutigte mich, in meiner Tempelhofer Gemeinde, einer „illegalen" Bekenntnisgemeinde, die drei Christen, die den Stern tragen mußten, zu ermutigen, sich offen in unseren Gottesdiensten zu zeigen und auf unsere Sicherheit keine Rücksicht zu nehmen.[43]

Wem „das Heil in Christus" über alles geht, der wagt, wenn es für das Wohl des ganzen erforderlich ist, auch den Einsatz, wie ich es im Hause Asmussen erlebte, als er von den Mitgliedern des Kreisauer wie des Freiburger Kreises angegangen wurde und er sich den dort erwachsenden Aufgaben nicht entzog. Die Gestapo fand dann auch nach der Verhaftung Goerdelers nach dem 20. Juli 1944 in dessen Schreibtisch jenes Papier mit der Stellungnahme der Kirche zu wirtschaftlichen Fragen, das Asmussen im Auftrage Goerdelers 1942 – wahrscheinlich für den „Freiburger Kreis" – angefertigt hatte und das Ähnliches aussprach wie die Arbeiten des „Freiburger – Bonhoeffer – Kreises".[44] Nach dem mißglückten Attentat vom 20. Juli 44 traf er sich mit seinem mitbeteiligten Freund Walter Bauer (einem Mitglied des „Freiburger Kreises") im Steinbruch von Schwäbisch Hall, wo sie „Abschied fürs Leben" nahmen. Dann geschah das Wunder, daß sie nicht gegriffen wurden[45].

Aber in dem allen sollte sich nur bewähren, daß die Blumhardt'sche Botschaft, „Jesus ist Sieger!" für Barth die Realität des Heils war und der Bereich des alten Äon mit allen seinen Künsten und Verführungen als gerichtet und ohne Anspruch auf den Gläubigen als abgetan zu glauben sei. Und für Asmussen war der Schatz der Choräle innere Schau, daß z. B. Paul Gerhardt im trostlosen Elend, das durch den dreissigjährigen Krieg über dem Land lag, einer Klage über das gestörte „Wohl" keinen Platz einräumte, sondern seine Lieder aus dem „Heil" fließen ließ.

Zum Vorrang des „Heils" gehört das Bekenntnis der Schuld wie das Leben aus der Vergebung der Sünden. Asmussen sagte mir öfter, in seinem so reichen Schrifttum erscheine ihm das kleine, Heinz Kloppenburg gewidmete und 1939 erschienene Heft „Vergebung der Sünden" mit als das Wichtigste.[46] Und wieder daraus der Einsatz für das „Wohl": „Die Kontakte zu den Widerstandskreisen veranlaßten Asmussen im Dezember 1942 zu einem Schritt, der ihn schlagartig ins Rampenlicht der Oekumene rückte. Um bei den ausländischen Kirchen den Beweis zu liefern, daß die Christen Deutschlands keineswegs alle auf dem Kurse Hitlers lägen, richtete er am 13. Dezember 1942 einen Brief[47] an den Generalsekretär des Oekumenischen Rates der Kirchen, Willem A. Visser't Hooft, und den Schweizer Kirchenbundpräsidenten Alphons Köchlin. Für die Übermittlung nutzte er seine Kontakte zum Zürcher Vicekonsul und Mitglied des Widerstandskreises um den Heeresabwehrchef Wilhelm Canaris, Hans Bernd Gisevius (s. o.). In diesem Brief sprach Asmussen von dem „riesenhaften Schuldkonto", welches auf dem deutschen Volk und der gesamten Menschheit laste, von der Notwendigkeit eines Neuanfangs in Verbundenheit mit der Oekumene, wobei die Anknüpfung „viel schwieriger werden" würde „als nach dem letzten Kriege", – schließlich von der Wichtigkeit des liturgischen Gebets für die Bewältigung der Schuld (Bettung ins Heil Christi ermöglicht Wohl!). „Sie werden mich nicht mißverstehen! Ich fühle keinen Auftrag in mir zu entschuldigen. Aber wenn die Priester Gottes aus allen Ländern eines Tages wieder zusammen werden beten und reden können, dann werden und sollen sich in ihnen die Schulden derer begegnen, denen sie als Priester gesetzt sind. Sie werden tun, was ihres Amtes ist und werden damit der Welt Heil bringen, wenn sie gemeinsam mit allen Schulden vor Gott treten. Denn das erscheint mir ein unbedingtes Erfordernis der Zukunft zu sein, *daß die Christen die Frage nach der Schuld soviel wie möglich der Welt entziehen, um sie mit Gott und vor Gott zu regeln*". In diesem Sinne warnte H. Asmussen davor, *die Schuld der politischen Propaganda zu überlassen*, die darauf angewiesen sei, den Alleinschuldigen zu finden und *damit eine furchtbare „Drachensaat" ausstreue, „die eines Tages aufgeht"*.[48]

So ist mir eine Predigt von Asmussen bekannt, die er während des Nürnberger Prozesses 1945 in Württemberg hielt und in der er forderte, daß die angeklagten Kriegsverbrecher vor einem *deutschen* Gericht nach dem geltenden deutschen Strafrecht abgeurteilt werden sollten. Denn im Richterstuhl der Alliierten säße auch der Vertreter der Sowjetunion Rudenkow, Vertreter einer Diktatur mit nicht weniger Übertretungen der Menschenrechte.

Konukiewitz zitiert Asmussen im Brief nach Genf weiter: „Wir werden Gott in den Ohren liegen, daß er in seiner Geduld noch einmal eine Gelegenheit gibt, daß wir besser machen, was wir bisher im Zusammenhang mit den Christen der Welt falsch gemacht haben". Und Konukiewitz bemerkt dazu: „Es ist wohl nicht übertrieben, in Asmussens an die Oekumene gerichtetem Schreiben den Beginn für die in der deutschen Kirche schwerpunktmäßig nach Kriegsende geführte Diskussion über die Schuldfrage zu sehen. Denn es finden sich schon hier die entscheidenden Elemente der am 18./19. Oktober 1945 abgelegten Stuttgarter Schulderklärung. Beinahe hätte Asmussen wegen dieses Briefes erneut Schwierigkeiten mit der Gestapo gekommen, da er entgegen allen Sicherheitsvorkehrungen – Asmussen hatte vorsorglich keinen Durchschlag angefertigt – kurze Zeit nach Eintreffen beim Empfänger gelegentlich eines Festes der Basler Mission vor mehreren hundert Menschen verlesen wurde. – [49] Asmussen war sich dessen bewußt, daß er mit diesem Brief sein Leben riskierte, wenn diese Aktion entdeckt und ihm der Hochverratsprozeß gemacht worden wäre.

„Das Heil steht vor dem Wohl": das spricht Asmussen *unter Zustimmung von Barth im Barmer Referat* dann so aus: „Unser Protest ist also nicht ein zufälliger und gelegentlicher, sondern ein grundsätzlicher ... Er erwächst aus einer anderen Wurzel". Dann beschreibt er als Aufgabe, das seit der Reformation und früher liegen Gebliebene aufzuarbeiten: „das heilige Abendmahl, die Lehre von Christus, die Erwählung, die Frage, ob eine Union ein Bekenntnis haben kann," – und bemerkt: „... daß auf Grund der neu erworbenen Erkenntnisse der Unterschied des genuin Reformatorischen zu der später aufkommenden Orthodoxie erheblicher ist, als man lange Zeit meinte."

In späterer Zeit – Sichterweiterung! – hat Asmussen in Abwehr von restaurativem Konfessionalismus und vor allem Rom gegenüber gern auf die „normative Kraft des Faktischen" hingewiesen: auf die vom Heiligen Geist dem Protestantismus geschenkte Geschichte, – auf den geistlich-kirchlichen liebenswerten Besitzstand, – auf das Lied- und Gebetsgut, – auf Luthers und Calvins theologische Werke, – auf die Innere und Äußere Mission, – auf die tiefe Christusgläubigkeit. Asmussen wußte – wie auch MARTIN NIEMÖLLER in seinem Brief von 1940 (s. S. 75–77) –, daß das Fleisch gewordene Wort sich der Geschichte bedient und die Verschiedenheiten der Sprachen, der kulturellen und gesellschaftlichen Begriffe, der Entwicklung der wissenschaftlichen Methoden und Ergebnisse in sich aufgenommen hat, um „alle Gedanken gefangen zu nehmen unter den Gehorsam Christi" (2. Kor. 10,5). Aber das Fleisch gewordene Wort, das „Jesus Christus ist" (These 1 der Theologischen Erklärung), bedarf dieser vereinnahmten Größen nicht. Asmussen sagt im „Vortrag" in der Auslegung der 1. These: „Es ist nur durch einen Irrtum möglich, ihn als Idee zu predigen, die in der Geschichte mehr oder weniger verwirklicht wird."[50] Aus diesem Grund sagt die 1. These: „Wir verwerfen die falsche Lehre, als könne und müsse die Kirche als Quelle ihrer Verkündigung außer und neben diesem einen Worte Gottes auch noch andere Ereignisse und Mächte, Gestalten und Wahrheiten als Gottes Offenbarung anerkennen". Und das verdeutlicht er im „Vortrag" so: „Es muß jedem einsichtig geworden sein, daß es um die Rettung und das Seligwerden von Sündern geht ... Wir sind auf

Leben und Seligkeit hin gerufen ... Wir erheben Protest gegen dieselbe Erscheinung, die seit mehr als 200 Jahren die Verwüstung der Kirche schon langsam vorbereitet hat. Denn es ist nur ein relativer Unterschied, ob man neben der Heiligen Schrift in der Kirche geschichtliche Ereignisse, oder aber die Vernunft, die Kultur, das ästhetische Empfinden, den Fortschritt oder andere Mächte und Größen als bindende Ansprüche nennt ... Sie sind verschiedene Malzeichen der einen und im Grunde unveränderten Welt, die in Christus, aber nur in Christus, Erlösung finden kann ..."[51]

„Malzeichen, die Erlösung in Christus finden können", – aber eben Malzeichen, die zur unveränderten d. i. zur unerlösten Welt gehören und als solche keine bindenden Ansprüche an die Kirche stellen dürfen. Es handelt sich im Grunde um die Auseinandersetzung des Neuen Testaments mit der Gnosis. An Mulert wird deutlich, was „verworfen" wird, wenn er in „Konfessionskunde" behauptet: „Reformatorischer Glaube und deutscher Idealismus gehören enger zusammen, als der auf die Oberfläche gerichtete Blick wahrnimmt"[52], – Mulert kommt auf diesem Wege zur Folgerung, protestantisch sei die Trennung in unsichtbare und sichtbare Kirche, und macht dies zum wichtigen Unterscheidungsmerkmal zwischen Protestantismus und Katholischer Kirche. Karl Barth dagegen vollzog über seiner Arbeit am „Römerbrief" die „Abgrenzung gegenüber der Romantik und dem Idealismus" und warf der „liberalen" wie der „positiven" Theologie des vorigen Jahrhunderts vor, daß sie „humanistisch" geworden sei.[53] Und Asmussen erklärte 1933: „... Der gemeinsame Gegner der lutherischen und der reformierten Kirchen ist der weltliche Humanismus mit allen seinen Ausläufern. Er will die Kirchen nicht Kirchen sein lassen, sondern Weltanschauungsgemeinschaften, Vereine, Verwaltungsbezirke und dergleichen ..."[54] Das gilt unverändert auch für alle Ansprüche, die heute von Vertretern von Humanwissenschaften, von Analysen und Praktiken im Gebiet des Seelischen, von Gesellschaftskunde und von politischen Ideologien als „bindend" gestellt werden.

Auf S. 210 werden wir auf „aktivistische Minoritäten" hinweisen, die durch das Anmelden solcher Ansprüche die Thematik der kirchlichen Veröffentlichungen bestimmen. So erwecken die Kirchen den Eindruck, als sei das Schlimmste der Verlust des Wohles, – also zu leiden und zu sterben, und als sei es die hauptsächliche Aufgabe der Kirchen, zu einer „Versöhnung" aufzurufen, die der „Versöhnung mit Gott durch Christi Blut" nicht mehr bedarf. Und sie erwecken den Eindruck, als sei „qualitativ", d. h. biblisch grundlagenmäßig, etwas Neues zur Lehre der Schrift hinzugekommen, als die Entwicklung der Anwendung des Atoms begann. Wenn das stimmte, dann hätte die Kirche etwa die Zerbombung Dresdens mit über 200000 Toten als etwas „qualitativ" Neues gegenüber der biblischen Sicht des Todes und der Auferstehung deuten müssen.

Die Anerkennung von Ansprüchen, die so von außen als bindend an die Kirche herangetragen werden, haben weitreichende Veränderungen im Selbstverständnis der Diener am Wort zur Folge: man muß nicht weit suchen, um junge Theologen zu finden, die von Hochschullehrern an Stelle des Gehorsams gegenüber dem Wort Gottes zur Beurteilung der Bedeutung von Schriftzusammenhängen als Maßstab den ihrer „intellektuellen Redlichkeit" empfohlen bekommen haben, – und die an Stelle von göttlichem Zuspruch sich um „Selbstverwirklichung" bemühen – und für die die Psychotherapie die Absolution ersetzt.

Dieses alles fällt unter das „Wir verwerfen ..." – (in der Confessio Augustana heist es: „damnamus") der 1. Barmer These. Daraus entsteht, wie Martin Niemöller 1940 schreibt, Subjektivismus, Spiritualismus, Säkularismus. Die Heiterkeit, die „hilaritas", wird verdrängt durch Diskussion und Forderungen. Das „Neue Lied" ist für die Kirche nicht mehr konstitutiv.

Martyrium als Charisma

Jeder Jahresnamenskalender mit der großen Zahl von Märtyrern läßt unschwer erkennen, daß die Kirche solche „Zeugen" als „Schatz" verstanden hat, – als geschenkte Charismen, – als Gnadengaben mit Öffnung eines Segensstromes. 1934 war man noch – trotz „der Unsumme von Gewalttaten, Unrecht, Rechtsbeugung und Rechtsbruch"[55] – mit dem Wort „Märtyrer" zurückhaltend. Aber in diesem allen ruft Asmussen, und in ihrer Zustimmung zum „Vortrag" auch die Synode, auf zum „*Zeugnis*": zur „*Martyria*".

Und das wird nun im Lauf der nächsten Jahre eine der wichtigsten Mahnungen Asmussens: dort, wo das „Zeugnis" zum „*Martyrium*" führt, es als „Charisma", als „Gnadengabe", als Bestätigung der Kindschaft zu nehmen. Die Leiden im Martyrium sind *grundsätzlich* etwas anderes als etwa die Leiden widerstehender politischer Gruppen, wenn es auch in gemeinsamen Aktionen mit solchen Gruppen sich vollziehen konnte, wie oben dargestellt und wie ich es aus dem heraus bezeugen kann, was ich an Vorbereitungen des politischen Widerstands im Hause Asmussen mit erlebte:

Asmussens Gespräche mit Goerdeler fanden im Berliner Restaurant „Horcher" ohne Zeugen statt, desgleichen seine Gespräche mit seinem Freund Walter Bauer. Bei dem Besuch von Adam von Trott zu Solz in Asmussens Wohnung dagegen, von dem ich auf S. 136 berichte, wurde ich mit ins Vertrauen gezogen. Mit Gisevius war ich oft zusammen. Diese Gespräche behandelten Grundsätzliches, noch ohne genauere Planung. In seiner „Einführung" zur Veröffentlichung der Denkschrift des Freiburger „Bonhoeffer-Kreises" sagt Helmut Thielicke (S. 5): „Wir wußten nur, *daß* der Weg auf einen Abgrund zuführte. *Wie* er aber aussah und ob es einen Weg geben würde, welche etwaigen Pfade auf der anderen Seite sich unserer weiteren Geschichte eröffnen könnten: das alles war von undurchdringlichem Nebel verhangen." Erst wenige Wochen vor dem 20. Juli 1944 „deutete" Goerdeler Thielicke an, „daß in Kürze eine wichtige Entscheidung fallen werde" (S. 11).

In seiner Schrift „Versuchung" schreibt Dietrich Bonhoeffer: „Das unterscheidet Christus von der Welt, die das Gericht abschüttelt und verachtet, daß er das Gericht trug; der Unschuldige trägt das Gericht über die Sünde. Zu Christus sich stellen heißt: sich unter Gottes Gericht beugen. *Das ist der Unterschied zwischen dem Leiden in der Gemeinschaft Jesu und dem Leiden in der Gemeinschaft eines ethischen oder politischen Helden* ... Sein Gerichtsleiden wird in der Nachfolge Jesu *zum stellvertretenden Leiden für die Welt*"[56].

Es ist schwer verständlich, weswegen bis heute die evangelische Christenheit nicht darin unterwiesen wird, daß wir – wie Asmussen immer wieder verkündigte – „das Jahrhundert der Märtyrer" haben, – allein in diesem Jahrhundert mehr echte Märtyrer um Christi willen als in allen vorangegangenen Jahrhunderten zusammen genommen. Damit steht die Christenheit in einem Segensstrom von weltüberwindender Kraft. Denn *das Blut der Märtyrer ist der Same der Kirche.*

Martin Niemöller schrieb mir am 19. 11. 1937 aus der Haft in Zelle 1325 – Moabit: „Die Krankheit ist nicht zum Tode, sondern daß der Sohn Gottes dadurch verherrlicht werde."

Daß in unserem Jahrhundert mehr Menschen um ihres Glaubens an Christus willen verfolgt, gefangen und getötet worden sind, ergab sich für Asmussen aus der großen Anzahl von Christenverfolgungen, – beginnend mit den Armeniern 1910, – dann in Rußland seit 1917, – im NS-Deutschland, – in Albanien, – in China, – in der Ukraine mit der Vernichtung der Unierten Orthodoxen, – in Vietnam, – in Kambodscha, – in Äthiopien, – im Sudan, – in Uganda.

Wenn auch die offiziellen Stellen der evangelischen wie der katholischen Kirche sich offensichtlich schwer tun, „das Jahrhundert der Märtyrer" als einen Gnadenerweis Gottes der Christenheit zur *Ermutigung* und zur *geistlichen Freude* zu predigen, so zeichnet sich für die, die tägliche gemeinsame Bibellese übende Gemeinde ein wichtiger Anfang von unten, von der Basis her, ab: Mit Geleitworten von Bischöfen beider Kirchen erscheint der Kalender „Brot für den Tag/Das tägliche Wort" mit Auslegung der Tageslese abwechselnd durch einen evangelischen und einen katholischen Ausleger, bzw. Auslegerin. In diesem, von Karl-Arnd Techel und Dieter Bauer verantworteten und gestalteten Kalender erscheint seit Jahren das „Gedenktag-Kalendarium", wo neben wichtigen Zeugen, Lehrern, Betern früherer Jahrhunderte auch diejenigen Blutzeugen genannt werden, die als Zeugen für die Reformation von Katholiken und als Zeugen für den katholischen Glauben von Evangelischen hingerichtet sind: in dem richtigen Verständnis, daß auch diese Männer und Frauen auf dem Boden ihrer Konfession das Blut-Zeugnis für den *einen* Herrn und *für seine Kirche* dargeboten haben.

Als am 1. Juli 1523 in Brüssel die jungen Augustinermönche Heinrich Voes und Johann Esch wegen ihres Bekenntnisses zur Lehre Luthers öffentlich verbrannt wurden – erste „Märtyrer" der Reformation –, *dichtete Martin Luther das bekannte Lied: „Ein neues Lied wir heben an ..."* und schrieb einen Brief an „die Christen in Holland, Brabant und Flandern", der also beginnt: „Lob und Dank sei dem Vater aller Barmherzigkeit, der uns zu dieser Zeit wiederum läßt sehen sein wunderbares Licht, welchs bisher um unserer Sünde willen verborgen gewest ... Nu ist die Zeit wiederkommen, daß wir der Turteltauben Stimmen hören und die Blumen aufgehen in unserem Land (Hohelied 2,11.12). Welcher Freud (!) meine Liebsten, ihr nicht alleine teilhaftig, sondern die Vornehmsten geworden seid, an welchen wir solche Freud und Wonne erlebt haben ..."[57]

Und dieser Kalender tut nun das, was an sich Sache der Kirche wäre, daß er täglich auch die Namen der Märtyrer *dieses* Jahrhunderts – und für den deutschen Raum die aus der Zeit des NS-Regimes nennt, – übrigens mit einer erschütternden Anzahl katholischer Priester, ein Verhältnis, auf das Niemöller nach seiner Befreiung immer wieder hinwies. Nach meiner Erinnerung öffnete sich diese Sicht, – wurde „die Sicht erweitert", als am 2. August 1939 die „Konferenz der Landesbruderräte" – „Kodlab" – den Märtyrertod des Pfarrers Paul Schneider-Dickenscheid am 18. Juli 1939 im KZ Buchenwald würdigte und den Gemeinden in Deutschland bekannt gab. Übrigens wurde Paul Schneider wegen Ausübung der Kirchenzucht gegenüber aus der Kirche ausgetretenen Parteigenossen verfolgt: *Kirchenzucht um des Heiles willen!* Ich nahm als Asmussens Vikar an dieser Konferenz teil und kann mich noch gut daran erinnern, wie einmütig und geistlich in die Tiefe gehend diese Veranstaltung verlief: Vorrang des Heils vor dem Wohl!

Durch eine Fügung Gottes ist ausgerechnet bei einer Amtsstelle der Gestapo beim Erfassen der Akten nach Kriegsende ein Gestapotelegramm „an Gestapo, alle Stapoleit- und Stapostellen" aus Wesermünde, verfaßt am 7. 8. 1939, gefunden worden, dessen Kopie ich besitze. Der Wortlaut: „*Geheim-dringend*, sofort vorlegen. -- Betr. Konferenz der Landesbruderräte am 2. August 1939. Vorg.: ohne. --

Es wurde hier ein Brief erfaßt, der mit Schreibmaschine im Durchschlagverfahren hergestellt ist und sich u. a. mit dem im Konzentrationslager verstorbenen Pastor Schneider befaßt. Der Brief betitelt sich: „Bericht über die Konferenz der Landesbruderräte am 2. August 1939" und war an Pfarrer Udo Smidt, Wesermünde-Lehe, Lange Str. 92, gerichtet. Er trägt den Poststempel Hamburg-Altona, den 4. 8. 39, 16 Uhr. Der Bericht beginnt:

Anwesend waren 25 Vertreter. Zu Beginn ergreifende Andacht von Asmussen im Blick auf den Tod von Bruder Schneider liturgischer Art usw. Ein Träger des heiligen Amtes in der Christenheit ist um dieses seines Amtes willen, wie er es sich vor Gott zu verantworten traute, zuerst seiner Freiheit beraubt und dann so oder so (Gott weiß es genau) gestorben. An anderer Stelle heißt es wörtlich: Er gehört nun zu den Seelen unter dem Altar (Offb. 6), die dort ruhen, bis dazu kämen ihre Mitknechte und Brüder, die auch noch sollen getötet werden gleich wie sie. Da mögen wir sein. In den Händen, in denen Schneider war, befinden sich Niemöller, Leikam, Steinbauer, Pinn, Tiemann-Gronau, von Kameke, Schlingensiepen-Siegen u.a. Wir sollen Gott bitten, daß die Frucht von Schneiders Leiden und Sterben nicht vorüber gehe. In jeder Gemeinde muß um den Fall gewußt werden, nicht um Radau zu machen oder taktisch etwas zu erreichen, sondern um die Verbindung mit den vollendeten Gerechten, die da ist, zu bestätigen. Schneider hatte im August Geburtstag. Er möge von den Pfarrern, die Schneiders vor der Gemeinde noch nicht gedacht haben, benutzt werden, es jetzt zu tun und für seine Familie im Gottesdienst Fürbitte zu leisten (29. 8.). An anderer Stelle heißt es: Es wird dann folgendes beschlossen: 1. Kodlab bittet die LBRR, in ihren Gebieten die Pfarrer anzuweisen, am Geburtstag Schneiders oder am Sonntag nach dem 29. 8. seiner zu gedenken – mit einem kurzen Tatsachenbericht. B) Mit einer Fürbitte für die Familie. C) Mit Danksagung für Bruder Schneider. 2. Regelmäßig soll in den Gottesdiensten nach den Fürbitten für die Leidenden und Verfolgten Dank gesagt werden für ..." (hier endet meine Copie des Gestapotelegramms).

– Asmussen und andere Teilnehmer wurden danach kurzfristig inhaftiert. Ich wurde von 2 Gestapoleuten verhört. –

In Erinnerung ist mir aus dieser Sitzung geblieben, wie nach Asmussens Andacht der (amtsenthobene) Gen.-Sup. Otto Dibelius sagte: *„Da haben wir ja wieder die Fürbitte der Heiligen" – Sichterweiterung! Heil vor dem Wohl!*

Besonderes Gewicht legte Asmussen auf die, noch von Martin Niemöller vor seiner Inhaftierung in der Dahlemer Annenkirche begonnenen *täglichen* Morgen- und Abendgottesdienste, zum großen Teil mit Hl. Abendmahl, in denen regelmäßig die *namentliche Fürbitte* nach der immer wieder von der VKL neu herausgegebenen und in ganz Deutschland verbreiteten „*Fürbittenliste*" geübt wurde.

Nach dem Krieg, als im Ostteil unseres Vaterlandes eine Verfolgung von Christen durch das Ulbricht-Regime geschah, hat D. MARTIN FISCHER, mit einem Vorwort von Martin Niemöller, 1953 das Büchlein erscheinen lassen „Das Zeugnis der Verhafteten"[58], – ganz im Sinn unserer obigen Ausführungen. Als ich aber in dieser Zeit Martin Niemöller einmal fragte, weswegen keine namentlichen Fürbittenlisten mehr herausgegeben würden, sagte er mir, man habe keine vollständige Liste. Als ich ihm antwortete, daß wir in der Zeit seiner KZ-Haft auch keine „vollständige" Liste gehabt und die übersandten Listen im Gottesdienst doch verlesen hätten als Zeichen *göttlicher Begnadigung*, da gab er mir keine Antwort mehr. Und weder er noch Kirchenpräsident Hild haben bei ihren Reisen nach Moskau in ihren Berichten die in russischer Haft befindlichen Christen als von ihnen bei der Moskauer Regierung beanstandet erwähnt. *Hat das Heil noch Priorität vor dem Wohl?*

Wie Asmussen beobachtete auch der frühere Bischof von Mainz D. ALBERT STOHR die Entwicklung des Martyriums in diesem Jahrhundert mit geistlicher Aufmerksamkeit. Als 1948 der ungarische KARDINAL MINDSZENTY mit Drogen gefoltert wurde, sagte mir Bischof Albert gelegentlich: nun vollziehe sich das Martyrium der Christen in einer neuen dunklen Dimension, insofern als bisher die Märtyrer noch ein klares Bekenntnis des Lobes Christi hätten ausrufen können, nun aber unter der Fessel der Drogen der Mund anders sprechen müsse als das Herz.

Dietrich Bonhoeffer sah mit tiefer Besorgnis die Entwicklung der Evangeliumsverkündigung mit ihren Halbheiten und Selbsttäuschungen. In seinem Buch „Nachfolge" schreibt er: „Teure Gnade ist Gnade als das Heiligtum Gottes, das vor der Welt behütet werden muß, das nicht vor die Hunde geworfen werden darf; sie ist darum Gnade als lebendiges Wort, Wort Gottes, das er selbst spricht, wie es ihm gefällt."[59]

Wenn das Wohl – wie auch immer – dem Heil vorgeordnet wird – und mag die Begründung dafür noch so mitleidsvoll, aktuell, sozial, menschenfreundlich präsentiert werden, – ist der Rückfall in die von Bonhoeffer zu Beginn des Buches „Nachfolge" so erschütternd gezeichnete „*billige Gnade*" zwangsläufig.

Das Heil ist dem Wohl vorangestellt. Das bedeutete für die Synodalen von Barmen wie für die Christen, die nun den bekennenden Weg wagten, daß sie im Sinn des Wortes vom „Wächteramt" in Hes. 3 und 33 mit Gottes Reagieren rechneten. Sie rechneten damit, daß Gott Fürbitte erhört. Sie rechneten damit, daß das Heilige Abendmahl Gnade vermittelt, die ohne Heiliges Abendmahl verschlossen bleibt. Und sie rechneten damit, daß die Märtyrer die für Gottes Wohlgefallen und für Gottes Weltregiment wichtigsten Menschen unter allen Menschen sind, auf die Gott besonders acht hat, wie Bonhoeffer (s. o.) sagte: „Das Gerichtsleiden wird in der Nachfolge Jesu zum stellvertretenden Leiden für alle Welt." In der Schrift „Versuchung" sagt Bonhoeffer: „Der Teufel ist nicht durch den Geist, sondern durch das Blut Jesu überwunden."[60]

Neuentdeckung der reformatorischen Bekenntnisschriften

Was sich in den Jahren nach Barmen an Erkenntnis des Heils öffnete, kann verglichen werden mit dem Fruchtbarmachen der Wüste Negev durch Israel: Die Israelis suchten im Alten Testament nach den Ortsangaben für die Wasserleitungen Salomos, und fanden sie und erlebten, wie sie von neuem das Land bewässerten und fruchtbar machten. So kam es, besonders im Lehrkörper der KiHo, *zur Neuentdeckung der reformatorischen Bekenntnisschriften*, und sie erwiesen sich als unschätzbare Hilfe für die Entfaltung des Evangeliums in unserer Zeit, – *als lebendige Wasserbrunnen*.

Heinrich Vogel stützte seine Vorlesungen über Dogmatik auf das, vom größten Teil der Theologengeneration vor dem ersten Weltkrieg als veraltet belächelte Werk des Erlanger Theologen Heinrich Schmid „Die Dogmatik der Ev.-luth. Kirche" (1893).[61] Edmund Schlink schrieb sein bekanntes Werk „Theologie der Lutherischen Bekenntnisschriften".[62] Wilhelm Niesel gab Calvins „Institutio"[63] neu heraus. Und Heinrich Vogels Buch „Eiserne Ration eines Christenmenschen"[64] wie auch seine Glaubenslieder stärkten die nach dem Heil fragende Gemeinde. Helmut Gollwitzer stellte in „Coena Domini" die Lehre vom Hl. Abendmahl dar.[65] Im Mai 1936 erschien die umfangreiche Festschrift „Theol. Aufsätze" zu *Karl Barths 50. Geburtstag*[66], mit einem Niveau theologischer Arbeit, wie wir es heute vermissen. Übrigens wurde von der Gestapo aus diesem Werk allein Hans Asmussens Aufsatz „Karl Barth und die Bekennende Kirche" verboten. Dieser wurde dann – Beispiel für den Mut des Ch. Kaiser-Verlages – kurze Zeit später gesondert unter dem Titel „Begegnungen"[67] herausgebracht.

Der Rückgriff auf die reformatorischen Bekenntnisse war das Gegenteil von Konservativismus. Die dort geschenkten Erkenntnisse wurden verstanden als Hilfe für den Weg auf die größere Einheit hin, – allerdings nicht auf eine Unionsermöglichung durch ein Minimalbekenntnis, als einen Schrumpfungsakt im Blick auf das Heil, sondern im Gegenteil *als Gaben der „Fülle"*, – *als Erfassung jeden Winkels der Welt durch das Heil, durch die Erlösung Christi.*

Im vorbereitenden Ausschuß für die „Theologische Erklärung" (Mai 1934) war – wesentlich von Asmussen betrieben – vorgeschlagen worden, in die Präambel den wichtigen Satz aufzunehmen, daß die Bekenntniskirchen „sich durch ihre Vereinigung gemeinsam *zu der kommenden Gottesgabe der einen, heiligen, allgemeinen und apostolischen Kirche" bekennen.* Dieser Vorschlag wurde vor allem durch die Lutheraner aus Bayern abgelehnt. Er zeigt aber, in welche Richtung die Wiederentdeckung der reformatorischen Bekenntnisse führte.

Mit Asmussen verbundene Kirchenmänner wie Präses Dr. Lothar Kreyssig, der spätere Magdeburger Bischof Ludolf Müller, die Professoren Julius Schniewind und Karl Friedrich Schumann arbeiteten zum Ende des Krieges zwei Pläne aus, die auf Grund dieser Neubelebung den Rahmen für die theologische Arbeit nach wieder erlangter Freiheit bestimmen sollten:

1. wollten sie festlegen lassen, daß jeder theologische Hochschullehrer aussprechen solle, welchem reformatorischen Bekenntnis er verpflichtet sei; – und

2. sollte eine Kommission die Verwerfung falscher Lehren in den einzelnen Artikeln der Augsburger Konfession, die sogenannten *„Damnationen", auf die Irrlehren unserer Zeit anwenden,* da sich ja die Irrlehren in ihrem Wesen nicht geändert haben. Das wäre unserem Neuanfang nach 1945 dienlich gewesen. Aber beide Pläne konnten nicht verwirklicht werden.

Die Sichterweiterung, welche die Grundaussage erfuhr, daß das Heil vor dem Wohl steht und so erst in Wahrheit zum Wohl verhilft, hatte damals zu einer *glaubensmäßigen Belebung* geführt, die uns die Freude der Christen in der Frühzeit der Kirche neu verstehen ließ.

Die glaubensmäßige Belebung

Die glaubensmäßige Belebung glich dem frischen Wasser, das Mose in der Wüste aus dem Felsen quellen ließ. Das Heil vor dem Wohl: das eröffnete Dimensionen von a) der Belebung der Heilsgewißheit des Einzelnen über b) die Entdeckung der Kirche bis c) zur Erarbeitung von Plänen zur Gestaltung der politischen und wirtschaftlichen Aufgaben in der Stunde „Null" nach Beendigung der Diktatur. Von alledem war in der „Behördenkirche" nichts zu spüren.

Für die *Belebung der Heilsgewißheit* einige Beispiele: So schrieb zu Anfang seiner Haft – noch im Jahre 1937 – Martin Niemöller seinem Freund Hans Asmussen aus dem Gefängnis in Moabit, er habe begonnen, das Neue Testament fortlaufend im griechischen Urtext zu lesen. Dabei sei ihm von besonderer Bedeutung der Choral geworden: „Ich hab von ferne, Herr, deinen Thron erblickt, und hätte gerne mein Herz vorausgeschickt... Das war so prächtig, was ich im Geist gesehn!... Ich bin zufrieden, daß ich die Stadt gesehn, und ohn Ermüden will ich ihr näher gehn und ihre hellen, goldnen Gassen lebenslang nicht aus den Augen lassen."[68]

Durch die Bekenntnisversammlungen wurden ermutigende Zeugnisse wie dieses durch ganz Deutschland kolportiert. Dazu gehörte z.B. die Nachricht, daß ein Presbyter aus dem Bergischen Land bei einer Vernehmung durch die Gestapo seinen Glauben mit dem 92. Vers des Psalm 119 bezeugt habe: „Wenn dein Gesetz nicht mein Trost gewesen wäre, so wäre ich vergangen in meinem Elend." So ermutigte eine Karte, die der an Schwermut leidende Pfarrer König-Weisel – aus der Arrestzelle des Konzentrationslagers Sachsenhausen an seine Frau schrieb, die bekennenden Christen in Deutschland, indem er bezeugte, daß er an diesem dunklen Ort „die Herrlichkeit des Herrn erlebt" habe. Und zur eisernen Ration der Christen in Deutschland gehörte Reinhold Schneiders Sonett: „Allein den Betern kann es noch gelingen, das Schwert ob unseren Häuptern aufzuhalten und diese Welt den richtenden Gewalten durch ein geheiligt Leben abzuringen...". – Belebung der Heilsgewißheit: Dazu gehörte der Dienst unseres Freundes P. Martin Blankenburg, der als „der Pfarrer von Stalingrad" in dieser Hölle von Schützenloch zu Schützenloch kriechend den Sterbenden das Heilige Abendmahl brachte, bis er selbst fiel. Und dazu gehört das Christuszeugnis des Helmuth James Graf von Moltke vor Freisler nach dem 20. Juli 1944.

Entdeckung der Kirche: Belebung der Heilsgewißheit der Einzelnen verband sich konsequent mit einer sich vertiefenden Schau der Kirche. Was damals erarbeitet wurde als Vorrang des Heiles vor dem Wohl blieb, ohne Abweichung auf dem Wege, den Karl Barth 1933 in dem oben vorgelegten Zitat in „Theologische Existenz heute" grundlegend bezeugt hatte: „... ich bemühe mich, ... in Vorlesungen und Übungen nach wie vor, *als wäre nichts geschehen* – vielleicht in leise erhöhtem Ton, aber ohne direkte Bezugnahmen – Theologie und nur Theologie zu treiben, – etwa wie der Horengesang der Benediktiner ... Ich halte dafür, das sei auch eine Stellungnahme, jedenfalls eine kirchenpolitische und indirekt sogar eine politische Stellungnahme."

So begann – „als ob nichts geschen wäre" – die Bekennende Kirche 1938 mit der Vorbereitung der Schaffung des nach dem Kriege eingeführten *Einheitsgesangbuches*. (An einigen Sitzungen der Kommission im Haus des Preußischen Bruderrats in Lichterfelde konnte ich teilnehmen.)

So fand W. Vischers Buch „Das Christuszeugnis des Alten Testaments" als Weg, Christus im Alten Testament zu finden, ebenso das Interesse der Laien – wie die Präzisierung der theologischen Unterscheidung von Eschatologie und Apokalyptik, – in der Theologie des vorigen Jahrhunderts kaum zu finden, wenn man von Vilmar und Bengel einmal absieht. Ein anderes Beispiel: 1938 war ich Teilnehmer eines Gesprächs zwischen Reinhold Schneider und Hans Asmussen über die Bedeutung der Missionierung Deutschlands durch die Iroschotten, in welchem Gespräch es um den bis heute nachwirkenden Unterschied des durch die Iroschotten geprägten Volkscharakters der Alemannen zu dem der Hessen, Thüringer und Friesen ging, die von Bonifatius missioniert worden sind. – Die Bach-Renaissance nach dem Krieg wäre nicht möglich gewesen ohne das Lebenswerk des Bachforschers Friedrich Smend im Raum der Bekennenden Kirche, – „als ob nichts geschehen wäre".

Und auch Asmussen blieb nicht bei dem Appell, das Heil vor das Wohl zu stellen. Bildung und Formung der Bruderschaft und Hilfen zur Erneuerung und Vertiefung des Gottesdienstes wurden von ihm immer mehr als die wichtigste Aufgabe der Bekennenden Kirche gefordert. Das legte er in Form von agendarischen Schriften vor, – „Die Lehre vom Gottesdienst" – „Ordnung des Gottesdienstes" – „Das Kirchenjahr" – deren Hintergrund in seinen größeren Werken wie „Kirche und Amt", „Seelsorge", „Johannesbriefe", „Galaterbrief", „Epheserbrief", aufgezeigt wurde.[69] Ich war auch Zeuge seiner Versuche, Pietismus und Kirche zum gemeinsamen geistlichen Kraftfeld der Kirche zusammenzuführen.

Mir sind die Gespräche Hans Asmussens mit Reinhold von Thadden, Martin Fischer, Ludwig Thimme und dem Leiter des Furche-Verlages H. Rennebach in lebendiger Erinnerung. Der Ruf fand seinen Ausdruck in dem, damals viel gelesenen, von Asmussen ediertem dreibändigen Sammelwerk „Rechtgläubigkeit und Frömmigkeit".[70] Die wichtigste Aufgabe der Kirche war für Asmussen also, *daß tägliches Gebet und tägliche Schriftlesung der Pfarrer der entscheidende Vollzug ihres Dienstes seien*, – die Voraussetzung für die Verwaltung von Wort und Sakrament und für das Zeugnis der Welt gegenüber, – *vollziehbar auch in der Gefangenschaft und bei sonstiger Behinderung*. Asmussen nahm auch Bonhoeffers Ruf zur Neugewinnung der *Einzelbeichte* auf und riet uns, den Mitgliedern der „Jungen Bruderschaft", wie wir „Illegale" hießen, daß ein jeder sich einen Beichtvater suchte. In seinem, damals viel gekauftem Büchlein „Das tägliche Wort" und in dem Büchlein „Das Gebet der Diener am göttlichen Wort" legte er den Hirten eine Aufteilung der täglichen Schriftlesung so vor, daß jeder die Lektüre der ganzen Heiligen Schrift in einem Jahr schaffen konnte, wobei die Lesung der Psalmen gesondert geordnet war. Für die Gemeinden schrieb er die in vielfacher Auflage erschienene „*Christenlehre*" sowie die Schrift „Das Gebet der Woche".[71] – Zur gleichen Zeit erarbeiteten Jochen Beckmann, Peter Brunner, Hans Ludwig Kulp und Peter Reindell die Agende des lutherischen Gottesdienstes, mit der Feststellung, daß der Gottesdienst mit eingeschlossenem Hl. Abendmahl der Regelfall ist, – im „Allgemeinen Evangelischen Gebetbuch" für die Studentengemeinden „Deutsche Messe" genannt.

Pläne zur Gestaltung der politischen und wirtschaftlichen Aufgaben: Die Rede von Bischof D. Theophil Wurm zur Eröffnung der Kirchenführerkonferenz von Treysa 1945, aus der wir eingangs ein Zitat brachten, läßt erkennen, daß die Bekennende Kirche hier *Neuland* betreten hatte, als in ihr seit 1938 sich Kreise von Laien und Theologen bildeten, die den Raum des Politischen und der Wirtschaft als eine Dimension erforschten, die das Wohl der menschlichen Gesellschaft als allein im Lichte des ewigen Heils erkennbar, profilierbar und in der veränderten Welt des 20. Jahrhunderts praktizierbar macht. Ich denke hier neben anderen Kreisen (etwa dem Kreisauer Kreis) vor allem an den „Freiburger-Bonhoefferkreis" (s. o. 32 u. 34). Zu diesem Kreis gehörten: der Historiker Prof. Gerhard Ritter, – die Nationalökonomen Prof. Constantin von Dietze, Prof. Walter Eukken, Prof. Adolf Lampe, – die Juristen Prof. Eric Wolf und Prof. Franz Böhm, – der Wirtschaftler Walter Bauer – der ehemalige Leipziger Oberbürgermeister Karl Goerdeler, – die Theologen Dietrich Bonhoeffer, Gen.-Sup. Otto Dibelius, Lic. Helmut Thielicke, Prof. Friedrich Delekat, – der Justitiar der BK Assessor Justus Perels. Sie alle wurden nach dem 20. Juli 1944 verfolgt und gefangen gesetzt, – Goerdeler, Bonhoeffer und Perels qualvoll hingerichtet.

Grundlage ihrer Denkschrift ist die Forderung, daß die Kirche gänzlich ihrem Auftrag gehört und dafür volle innere und äußere Freiheit genießen muß, um Trägerin des ewigen Heils zu sein. In der Denkschrift heißt es: „Wenn die Kirche aber sein soll, was sie ist, und wenn sie ihren Auftrag erfüllen soll, so darf sie nicht abhängig sein von Menschen und menschlichen Gestaltungen, die anders ausgerichtet sind ... Die Freiheit, derer die Kirche bedarf, bezieht sich sowohl auf ihr inneres wie auf ihr äußeres Leben ... Da die Kirche Jesu Christi aber eine einmalige Erscheinung ist, gibt es keine allgemeine, aus einer Mehrzahl empirischer Erscheinungsformen entstandene Rechtskategorie, die dem Wesen der Kirche gerecht werden könnte. Weder kommt das Vereinsrecht in Frage; denn die Kirche ist kein Verein, und wenn sie als solcher behandelt wird, so muß sie das als Vergewaltigung empfinden. Aber auch die Kategorie der öffentlichen Körperschaft wird ihrem Wesen nicht gerecht; denn sie nötigt die Kirche zu Verwaltungsgrundsätzen, die vom Wesen staatlicher Rechtsgebilde hergenommen sind, die dem Wesen der Kirche aber nicht entsprechen."[72]

Hier wird ausgewertet, was in „Barmen" von Asmussen und vor allem im ersten Grundsatzreferat von Rechtsanwalt E. Fiedler über das Verhältnis „Sichtbare und unsichtbare Kirche" behandelt wurde.

„Das Heil vor dem Wohl" als der Bezugsrahmen für die gesamte BK, – auch dort, wo bis heute nicht ausgeglichene Gegensätze geblieben sind

Wir haben hingewiesen auf die Belebung der Heilsgewißheit des Einzelnen, auf die Entdeckung der Kirche und auf Pläne zur Gestaltung der politischen und wirtschaftlichen Aufgaben als Dimension des Heils, das dem Wohl vorgeordnet ist und erst so das Wohl ermöglicht: für die ganze Bekennende Kirche Grundlage und Rahmen ihres Lebens.

Dieser Rahmen umspannte auch Gegensätze, die in der kurzen, gerade 12jährigen Zeit des Kirchenkampfes nicht ausgeglichen, – ja, durch die zunehmende Isolierung und Vereinsamung der noch übrig Gebliebenen durch Krieg und polizeiliche Behinderung nicht einmal genügend profiliert, geschweige in sachliche Auseinandersetzung zur Klärung und richtiger Zuordnung zueinander ins Gespräch gebracht werden konnten. Auch wenn diese Gegensätze bis heute oft das Gefühl aufkommen lassen, daß durch sie der Protestantismus gesprengt werden könnte, muß mit Nachdruck daran erinnert werden, daß diejenigen, die die Gegensätze damals vertraten, sich alle *als innerhalb des Rahmens „Heil vor Wohl" befindlich* verstanden.

„Innerhalb" und „Außerhalb" dieses Rahmens: das ist nicht einfach in Schwarz-Weiß-Malerei zu beschreiben. Die oben erwähnte Auseinandersetzung zwischen Asmussen und Elert ist ein Beispiel dafür. Ein anderes für eine, in dieser Klammer nicht mehr vertretbare Vorstellung in einem Zitat aus der Zeit vor 1933. In der Sammlung „Theologie im Abriß" erschien 1926 als 5. Band in der „Sammlung Töpelmann" die „Konfessionskunde" von Hermann Mulert[73]: als „Kompendium für Studenten" schon fast eine offiziöse Verlautbarung der evangelischen Christenheit. Nach dieser Konfessionskunde ist fast die gesamte Pfarrerschaft, soweit sie in den 20er und 30er Jahren studierte, ausgebildet worden und hat dort unreflektiert ihre Kenntnis über das Wesen gerade der eigenen Konfession bezogen.

In diesem Buche heißt es: „Gott ist dem Protestanten im Geiste, im Worte gegenwärtiger als im Brot. Oder soweit das bei der Frömmigkeit mancher Lutheraner anders ist, hat diese insofern nichts Protestantisches ... Evangelischer Kult kann ohne Geistlichen gehalten werden, sofern Wortverkündigung Recht aller ist und Pflicht eines jeden werden kann, der dazu geeignet ist ... Weil das Mysterium fehlt, gewinnt das Ethische, gewinnt die Persönlichkeit des Predigers und der Gemeindeglieder größere Bedeutung ... Da Gott mit der Gemeinde nicht anders durchs Wort handelt als mit dem Einzelnen, hat für solche Einzelne, die reif genug [!] sind, ihre Erbauung selbst zu gewinnen, der Gemeindekult (also der Gottesdienst!) keine spezifische religiöse Würde. Die Pflicht, ihn zu besuchen, die Pflicht der Kirchlichkeit ist wesentlich nur ethisch zu begründen: die Gemeinschaft mit den Brüdern und diese Veranstaltung für die Brüder soll man fördern."[74] Soweit das Zitat, das ein Schlaglicht auf die kritische Situation im Protestantismus vor 1933 wirft. Mulert steht mit dieser Aussage im Gefolge von A. v. Harnacks 1900 veröffentlichten und in 5 Auflagen verbreiteten Buches „Das Wesen des Christentums", – von Asmussen immer wieder als Beweis für einen irregeleiteten Protestantismus zitiert.

Vielleicht kann als Kriterium für das, was eine Einstellung wie die vorstehende als mit dem Rahmen von Barmen nicht mehr vereinbar beweist, ein Satz von R. Bultmann aus seinem Artikel über „Glaube" im Theol. Wörterbuch zum NT gelten. In Band VI, S. 174ff. versteht nach Bultmann Paulus „Glauben" nicht als „eine seelische Haltung des Menschen, sondern primär als die Annahme des Kerygmas, d.h. die Unterwerfung unter den von Gott beschlossenen und in Christus erschlossenen Heilsweg ... Der Glaube, indem er Bekenntnis ist, ist zugleich Gehorsam, nämlich die Anerkennung des von Gott geordneten Heilsweges der Gnade."

Der Wille zur „Unterwerfung" und zum „Gehorsam" um des Heilswerkes in Christus willen: das kann man als den Rahmen ansehen, der die Bekennende Kirche motivierte und zusammenhielt, so verschieden die Standorte der Einzelnen oder ganzer Gruppen auch waren. In der „Erklärung zur Rechtslage der Bekenntnissynode der Deutschen Evangelischen Kirche" in Barmen heißt es: *„Im Gehorsam* gegen den Herrn der Kirche *liegt so starke einige Kraft,* daß wir trotz der Verschiedenheiten ... zu einem einheitlichen Wollen und Handeln ... zusammen stehen können."[75] Das, die „Erklärung zur praktischen Arbeit der Bekenntnissynode der DEK" präsentierende Referat von P. Schulz beginnt: „Der Ausschuß für praktische Arbeit hat den Auftrag bekommen, Richtlinien zum Aufbau *der kommenden Kirche* auszuarbeiten. Er ist bei dieser Arbeit von zwei Voraussetzungen ausgegangen:

1. Der Aufbau der Kirche schließt *die Erneuerung der Kirche* in sich; denn der Aufbau kann nichts anderes sein als die Auswirkung eben dieser *Erneuerung.*

2. Die Erneuerung kann von uns weder geplant noch herbeigeführt noch gestaltet werden; sie ist Tat und Gnade des lebendigen Gottes."[76]

Die Barmer Synodalen verstanden den Ruf dieser Synode also als Aufforderung, dem von Gott eingeleiteten Prozeß zur Kirchwerdung *Gehorsam* zu leisten, – und nicht als erstes, einem abgeklärten und abgeschlossenen Lehr-*Inhalt* zuzustimmen: eben die Bereitschaft, sich von Gott die Sicht erweitern zu lassen.

Es sei noch einmal an die programmatische Aussage Asmussens im „Vortrag" erinnert, wenn er (unter Zustimmung von Barth) sagt: „Darum mag Gott sehen, nachdem er uns diese große und schöne Gemeinschaft gegeben hat, wie es weitergeht. Wir trauen ihm zu, daß er es herrlich hinausführt."[77]

Aus diesem Grunde steht in der „Erklärung zur praktischen Arbeit der Bekenntnissynode der DEK" im Abschnit II,2: „Weil die freien Verbände nur lebensfähig sind auf dem Boden der Bekennenden Gemeinde (Innere Mission, Äußere Mission, Verbände der Jugend, der Männer und Frauen, Gemeinschaften u. a., Gustav-Adolf-Verein, Evangelischer Bund u. ä.), ist von ihnen und ihren Leitungen *eine klare Entscheidung für die Bekenntnissynode der DEK zu fordern.* Nur soweit diese Entscheidung erfolgt ist, werden sie ihre Berechtigung im Aufbau der Bekennenden Gemeinde behalten."[78]

Diesem Ruf schlossen sich die meisten Einrichtungen der Inneren Mission und die meisten Gesellschaften der Äußeren Mission an. Ihre Häuser in Bethel, Berlin, Neuendettelsau, die meisten Diakonissenanstalten waren neben Gemeindehäusern bis 1945 die Treffpunkte der Bekennenden Kirche. Und zu den leitenden Männern der BK gehörten der Direktor der Berliner Mission Siegfried Knak, der Direktor der Goßnermission Hans Lokies, der Direktor der Baseler Mission Karl Hartenstein u.a.

Andere in Barmen zur Mitarbeit aufgerufene Verbände versagten sich dem Ruf, wie etwa der „Evangelische Bund"[79], obschon in seinem Programm der Satz stand: „Gegenüber der Gleichgültigkeit und dem Materialismus der Zeit will er das christlich-evangelische Gemeindebewußtsein stärken, gegenüber dem lähmenden kirchlichen Parteitreiben den innerkirchlichen Frieden pflegen, gegenüber der landeskirchlichen Geteiltheit des evangelischen Deutschlands die Wechselbeziehungen zwischen den Angehörigen der einzelnen Landeskirchen beleben und mehren."[80] Ich habe die Jahrgänge 1933–1936 des Organs des Ev. Bundes „Die Wartburg" – Mulert war einer der Mitarbeiter – daraufhin durchgearbeitet. Die Barmer Synode findet hier keine Beachtung. Dagegen wird die mit Barmen entstandene Bildung und Entwicklung der Bekennenden Kirche abgehandelt im Sinn der o.a. Programmaussage, daß der Ev. Bund „den innerkirchlichen Frieden gegenüber dem lähmenden kirchlichen Parteitreiben pflegen wolle", – also die Bekennende Kirche als „Kirchenpartei" verstanden!

Die selben Argumente haben außer dem Ev. Bund im Laufe des Kirchenkampfes die Kreise um die mit dem Reichskirchenminister kooperierenden „Kirchenausschüsse" als Motivation ihres Handelns verwendet. Da auch die „intakten" lutherischen Kirchen eine Zeit lang in ähnlicher Weise dachten und sich in dieser Zeit von der „Dahlemer Richtung" distanzierten, ist der in Barmen begonnene Weg der „Erneuerung der Kirche" nicht zur Entfaltung gekommen. Im Abschnitt über die „Einheit von sichtbarer und unsichtbarer Kirche" werden wir später außerdem darauf verweisen müssen, daß auch innerhalb der sogenannten „Dahlemer Gruppe" Männer wie Martin Albertz, Otto Dibelius, Hermann Ehlers, Gerhard Jacobi u.a. dem oben dargestellten, von Asmussen, Barth und Niemöller 1934 gesteckten Ziel, mit der Volkskirche zu brechen, sich versagten und *zunächst* der Wiederherstellung der Rechtsgrundlage der „Altpreußischen Union" die Priorität gaben.

Exkurs

Offen gebliebene Gegensätze innerhalb der Bekennenden Kirche

Wir kommen zurück auf, das was wir oben (S. 102) sagten: Die Vorordnung des Heiles vor dem Wohl war für die ganze Bekennende Kirche Grundlage und Rahmen ihres Lebens. Dieser Rahmen umspannte auch *Gegensätze*, die in der kurzen, gerade zwölfjährigen Zeit des Kirchenkampfes nicht ausgeglichen, – ja nicht einmal genügend profiliert, geschweige in sachlicher Auseinandersetzung zur Klärung und richtiger Zuordnung zueinander ins Gespräch gebracht werden konnten.

Solche Gegensätze waren:

1. die Einordnung der theologischen Wissenschaft in die Offenbarung des Heils in Christus;
2. die Bedeutung des Gottesdienstes;
3. das Wesen des Amtes.

1. Die Einordnung der theologischen Wissenschaft in die Offenbarung des Heils in Christus

Wir hatten zitiert: „Mit Barth war Asmussen darin einig, daß *Theologie nur als Funktion der Kirche* verstanden werden könne."[81]

Die damit gegebene Aufgabe verlangte nach Klärung, als Rudolf Bultmann, treues Glied der Bekennenden Kirche, sein sogenanntes *Programm der Entmythologisierung* vorlegte. 1939 nahm ich an der Zusammenkunft des Kreises, aus dem Februar 1940 die „Gesellschaft für Evangelische Theologie" hervorging, in Berlin teil, in welcher Bultmann die Frage behandelte, ob „Jesus sich seiner Messianität bewußt gewesen sei". Pfingsten 1940 war ich im Kloster Alpirsbach ebenfalls Teilnehmer an jener Sitzung der Gesellschaft, in welcher Bultmann das erklärte, was er unter der „Entmythologisierung des NT" verstand.

Ich saß zwischen Lilje und Asmussen, als Lilje zu Asmussen sagte, daß nun wohl ein Lehrzuchtgespräch erforderlich würde. Asmussen ging jedoch darauf nicht ein, weil er wußte, daß weit mehr in den Raum getreten war als nur die Relativierung des biblischen Zeugnisses vom Geschehen etwa der Auferstehung Jesu Christi oder seiner Wiederkunft zum Gericht. Gewiß hat Asmussen in seiner Eigenschaft als Vorsitzender des Preußischen Bruderrates Prof. Ernst Wolf als dem Sprecher der „Gesellschaft für evangelische Theologie" gegenüber auch dies unmißverständlich namens der Mehrheit des Berliner Generalkonvents der BK-Pfarrer artikuliert und in dem Brief u.a. geschrieben: „Ausführungen dieser Art kann die Christenheit nicht anders begegnen als den Irrtümern der D.C.... Wir Christen in Berlin leben aus den Wundern Gottes, die er nach Art der Wunder in der Zeit seiner Fleischwerdung unter uns tut..." (und schreibt dann im Blick auf Bultmanns Anliegen, mit Hilfe der Existentialphilosophie dem Menschen des 20. Jahrhunderts den Zugang zum NT zu erleichtern): „Es ist uns auch bereits aufgefallen, daß diese Welt, in der wir leben, im Gegensatz zum Säkulum mit Radio, Telefon und Flugzeug steht, wie ja die Welt Christi und Gottes *allezeit* dem Säkulum zuwider ist. Wir beneiden niemanden, dem das erfahrene Säkulum übermächtig geworden ist. Wir wollen auch nicht mit ihm streiten. Aber er kann und wird nie zu einem Gesprächspartner intra muros werden."[82]

In seinem Antwortschreiben erklärte Ernst Wolf, daß er sich Bultmanns Arbeiten ausdrücklich erbeten habe, „weil ich der Überzeugung war und bin, daß seine Fragestellungen und seine theologischen Urteile der Theologie der BK nur förderlich sein können, indem sie zur Erkenntnis zurückrufen, daß wir auch als Theologen der BK nichts ‚haben', sondern zugleich ringende, um Erkenntnis ringende Menschen in diesem Aeon und mit unserem ‚intellektuellen Gewissen' sind". Er wolle den Kurs seiner Veröffentlichungen beibehalten, „der durch das Ziel wissenschaftlicher Arbeit im Sinne biblisch-reformatorischer Theologie bestimmt ist, d.h. in bewußter Ablehnung katholischer und schwärmerischer, aber auch biblizistischer Spekulationen" verlaufe.[83]

Was Lilje in Alpirsbach meinte, ist bis heute von vielen ausgesprochen worden: wenn das biblische Zeugnis vom Heils-*Geschehen* relativiert wird zu einer, vom damaligen Zeitgeist bestimmten und geprägten Aussage und wesentlich nur in ihrer „Bedeutsamkeit" und wenn bei Anwendung des biblischen Berichts als einfältigem Zuspruch in der Verkündigung dies in die Kategorie „biblizistischer Spekulation" eingeordnet wird, dann hat das für das Wirken der Kirche in der Welt – für die „Vermittlung des Heils" – gravierende Folgen. In den „Berliner Kirchenbriefen" hat Sup. Wulf Thiel einmal eindrücklich dargestellt, welche evangelischen Choräle dann nicht mehr einfältig gebetet und gesungen werden könnten.

Aber Asmussen setzte den Hebel tiefer an. Im Barmer „Vortrag" hatte er – unter Zustimmung von Barth – gesagt: „Wir erheben Protest gegen dieselbe Erscheinung, die seit mehr als 200 Jahren die Verwüstung der Kirche schon langsam vorbereitet hat."[84] Er forderte eine Klärung, welchen Stellenwert die seit 200 Jahren in Anwendung gekommene Methode historisierender, literar-kritischer Forschung im Vollzug der Heilsvermittlung habe, ob der Satz Christi „Ich bin die Wahrheit" unter das Dach dessen gehöre, was philosophisch als Forschungsziel aller weltlichen Wissenschaften als „Wahrheit" verstanden werde. Asmussen bestritt dem von Ernst Wolf berufenen „intellektuellen Gewissen" die Dignität eines für die Annahme des Heils geeigneten Instruments. Asmussen wollte darauf aufmerksam machen, daß mit der weithin unreflektierten Behauptung, „reformatorisch" sei der Ruf „zurück zu den Quellen!" – der Fleischwerdung des Wortes in Christus nicht entsprochen werde. Er sah, daß damit nicht Luthers, sondern Erasmus' Ruf Gehör gefunden habe und seit 200 Jahren den Protestantismus bestimme. Er fragte, was als „biblisch-reformatorische Theologie" gemeint sei, wenn – wie hier von Ernst Wolf – als Aufgabe beschrieben werde, es müsse zur Erkenntnis zurückgerufen werden, „daß wir als Theologen nicht ‚haben', sondern um Erkenntnis ringende Menschen in diesem Äon sind mit unserem „intellektuellen" Gewissen". Asmussen ging es darum, jene Fehlentwicklung sichtbar zu machen und ihr zu widerstehen, daß die Theologieprofessoren *als solche* und dies auf Grund der von ihnen in der Forschung verwendeten Instrumente als *„die Lehrer der Kirche"* im Sinn der Bibel gelten, an Stelle von ordinierten „Hirten", die nach dem NT „die Lehrer" sind in und durch den Vollzug der Heilsübermittlung. Was Asmussen damit meinte, ist in drei Artikeln des Theol. Wörterbuchs zum NT in diesem Sinn ausgesagt: „Lehrer" (von Rengstorf bearbeitet: II S. 138 ff); „Apostel" (ebenfalls von Rengstorf bearbeitet: I S. 397 ff); „Verkündigen" (von Friedrich bearbeitet: III S. 682 ff).

Dieser Gegensatz *im Verständnis der Einordnung der theologischen Wissenschaft in die Offenbarung des Heils in Christus* konnte in den drei Jahren bis zum Zusammenbruch nicht mehr abgeklärt werden. Und so ungeklärt ist er bis heute geblieben. Die Kirchen bekennen sich zwar alle zur Heiligen Schrift als der Quelle. In welches Bett aber das Wasser zu leiten ist, damit es Wasser des Lebens wird, – auch und gerade für die mit wirtschaftlicher und politischer Verantwortung beauftragten Glieder der Gemeinde, darüber besteht keine Einigkeit.

Im 5. Frankfurter Gespräch, in welchem wir alle Bruderschaften und Gebetskreise vom Pietismus bis zur Hochkirche vereinigt hatten, wurde am 29. März 1966 folgendes „Bekenntnis zur Bibel" verfaßt und mit 42 Unterschriften beschlossen und der Öffentlichkeit vorgelegt: „Die gesamte Heilige Schrift Alten und Neuen Testaments, wie sie Gott der Kirche anvertraut hat, gilt uns als

Gottes Wort. Wir verwerfen die falsche Lehre, als könne und müsse mit menschlichen Maßstäben unterschieden werden, welche Teile oder Aussagen der Heiligen Schrift die Offenbarung Gottes recht bezeugen und welche nicht".

Aber das Angebot dieses Bekenntnisses, hinter dem so viele jüngere und wissenschaftlich qualifizierte Theologen standen, ist von der kirchlichen Öffentlichkeit nicht rezipiert worden.[85]

Zu diesem Problem eine Feststellung eines der bekanntesten Bultmann-Schüler Prof. Heinrich Schlier in seinem Kommentar zum Epheserbrief. Er schreibt auf S. 157 Anm.: „Bei allen solchen Feststellungen muß man sich der Primitivität und Unzulänglichkeit unserer modern-historischen Begrifflichkeit bewußt bleiben, die oft Jahrzehnte mitgeschleppt wird und dabei keinerlei Anschauung der Sache enthält, sondern – und das gilt z.B. für den Begriff „Hypostase" in solchen Zusammenhängen – bloße Etiketten, pure Aufschriften von Zettelkästen sind."[86]

Ich schließe das Kapitel über die Einordnung der theologischen Wissenschaft in die Offenbarung des Heils in Christus mit einem Zitat von Karl Barth und zwei Zitaten von Hans Asmussen.

In seiner Auslegung des 1. Kapitels des Lukasevangeliums „Die Verheißung" schreibt Karl Barth: „Es soll sich niemand den biblischen Zeugen gegenüber gebärden, als ob er über das Wort Gottes besser Bescheid wisse als sie. Keiner von uns ist ein solcher Mann, der wie ein Schulmeister befugt wäre, den Propheten und Aposteln gütig oder verdrießlich über die Schulter zu blicken, ihre Hefte durchzusehen und ihnen gute, mittlere oder schlechte Noten zu erteilen. Auch der Kleinste, der Seltsamste, der Einfältigste, der Dunkelste unter den Propheten und Aposteln hat noch dem frömmsten, gelehrtesten und scharfsinnigsten Leser gegenüber den nicht aufzuholenden Vorsprung, daß er in seiner besonderen Art unmittelbar dem Gegenstand gegenüberstand, über den er gedacht, geredet und geschrieben hat. Die ganze spätere Gemeinde befand sich nie in einer vergleichbaren Stellung. Wir haben unseren Ort also ein für allemal unterhalb des Ortes, den die biblischen Schriften einnehmen. Wir haben es uns gefallen zu lassen, daß die biblischen Schriften uns über die Schulter blicken, unsere Hefte prüfen und Fehler anstreichen, weil sie hinsichtlich des einen, worauf es ankommt, besser Bescheid wissen als wir."[87]

Hans Asmussen schreibt in „Die Heilige Schrift": „Es ist nicht gottlos, wenn wir das Menschliche der Bibel und der in ihr zusammengefaßten Bücher mit gebührendem Nachdruck betonen, also auch versuchen, das Menschliche des einzelnen biblischen Buches zu beschreiben und, soweit wir es können, dieses Menschliche zu „erklären" versuchen, d.h. in Beziehung zu setzen zum Menschlichen, wie es uns in anderen biblischen Büchern entgegentritt. *Aber es kann von den Menschen, die sich dieser Mühewaltung unterziehen, verlangt werden, daß sie die Grenzen dieser Bemühung freimütig bekennen.* Wollen sie überhaupt mehr sagen als das, was sich ihnen als Erkenntnis aufdrängt, wenn sie die Bibel insgesamt und in ihren einzelnen Schriften als eine historisch gewordene und historisch sich erhaltende Größe darzustellen sich bemühen? Leider kann man bei den Exegeten unserer evangelischen Kirchen eine darüber hinausgehende Bemühung nur sehr selten erkennen."[88]

Im selben Jahr 1967 hielt Asmussen anläßlich der Kieler Woche einen Vortrag über „Die Wirklichkeit der Hl. Schrift als Aufgabe der Kirche". Dabei führt er im IV. Abschnitt aus: „Wenn wir von Verheißung und Erfüllung reden, kommt das Selbstverhältnis der Schrift zur Sprache. *Es kumuliert in den Zitaten des AT im NT. . . . Der Tatbestand ist kurz folgender: Das NT enthält nach Nestle etwa 1000 Zitate des AT.* Von diesen sind etwa 250 ausdrücklich als Zitate kenntlich gemacht. Viele davon sind mit der Absicht in den Text hineingearbeitet, die Erfüllung der Verheißung des AT im NT darzutun. Direkte Zitate im heutigen Sinn des Wortes sind ziemlich selten. Die landläufige Deutung dieser Zitate in unserer heutigen Theologie geht dahin, daß die Schriftsteller des NT einer damals üblichen Schriftauslegung zum Opfer gefallen sind . . . *Es hängen große Gewichte an diesen Zitaten. Sie geben uns ein Bild davon, wie Jesus Christus und die Apostel die Schrift verwendet haben* . . . Die Zitate des AT im NT sind keineswegs bedauerliche Relikte rabbinischer Schriftauslegung. Sie sind vielmehr das einzige authentische Zeugnis dafür, daß Jesus der *verheißene* Christus ist. Unsere Hilflosigkeit diesen Zitaten gegenüber kommt daher, daß wir den Besitz, den die Christenheit durch 1700 Jahre, ihrer selbst bewußt, verwendete, vertan haben . . ."[89]

Diese christologische Verfremdung der AT-Zitate im NT ist wohl Asmussens stichhaltigstes Argument gegen die Behauptung, mit der historisch-kritischen Untersuchung, wo der „Sitz im Leben" des alttestamentlichen Schreibers im Blick auf die ursprüngliche Entstehung einer Schriftstelle war, habe man ihre „Wahrheit" gefunden. Wäre das richtig, so müßte das AT als religionsgeschichtliches Dokument innerhalb anderer Religionen angesehen werden, – ohne jede Verbindlichkeit und ohne Nutzen.

Wenn Asmussen im o.a. Zitat beklagt, daß wir den „Besitz" des geistlichen Wertes der christologisch verfremdeten AT-Zitate „vertan" haben, dann dachte er an die furchtbaren Konsequenzen der nur religionsgeschichtlichen Deutungen und Anwendungen des Alten Testaments für den Antisemitismus des NS. Soweit die alttestamentliche Wissenschaft sich damit begnügte, das Buch als jüdisches Religions- und Kulturgut zu erforschen, lieferte sie – sicher nicht gewollt – denen das Material, die die judenfreie deutsche Nationalkirche erzwingen wollten. Aus diesem Grunde war von höchster Relevanz, daß 1935 im Ch. Kaiser Verlag der Freund Barths Wilhelm Vischer das Buch veröffentlichte: „Das Christuszeugnis des Alten Testaments". Es fand weite Verbreitung und wurde richtungweisend für die theologische Arbeit der Kirchlichen Hochschulen der Bekennenden Kirche.

Es ist nicht ohne makaberen Reiz, bei Eugen Gerstenmaier zu lesen, daß einer der ihn nach dem 20. Juli 1944 Verhörenden der SS-Sturmbannführer der Gestapo Dr. lic. Neuhaus war, der als Theologe „seine wissenschaftlichen Sporen als Alttestamentler verdient hat".[90]

2. Die Bedeutung des Gottesdienstes

Es ist in den 12 Jahren des Kirchenkampfes nicht gelungen, sich auf ein gemeinsames Verständnis vom Wesen und von der Bedeutung des Gottesdienstes zu einigen. Die gegensätzlichen Standpunkte belasten uns bis heute. Die Belastung für die Gemeinden und für die Pfarrer nimmt zu, je mehr die Verantwortung für das Leben in der Öffentlichkeit nun von einer Generation übernommen und gestaltet wird, die nicht einmal mehr die Bindung an Gewohnheiten wie an die Feier des Weihnachtsfestes kennt. Wenn wir bedenken, daß sich im Westen ein bis ins Unterbewußte verwurzelter Atheismus im Lebens- und Weltverständnis eingenistet hat, so muß das dahingehend ergänzt werden, daß es *für das Heilsgeschehen in Christus keinerlei Bedarfslücke gibt.* Auch wenn einige Hinweise zu hören sind, daß an Stelle des Rufes zur Selbstverwirklichung ein Trend zur Religion als einem Gemeinschaftserlebnis zu spüren sei, so darf dies nicht verwechselt werden mit einer Hinwendung zum Heil.

Wenn heute 90% der getauften Christen in der Zeit des Gottesdienstes ohne jedes Gewissensbedenken tun, was ihnen Spaß macht, so hören sie von den Landeskirchen nicht, daß sie „auf dem breiten Weg laufen, der *zur Verdammnis* abführt".

Und wiederum verstehen offensichtlich sehr viele Pfarrer das, was sie am Sonntag zu tun haben, als eine unverbindliche Veranstaltung, – als eine Veranstaltung, die das Weltgeschehen kommentiert und durch die die

Wenigen, die kommen, zu „Aktivitäten" motiviert werden sollen, – als eine Veranstaltung der „Orthopraxie" statt der Zueignung der Vergebung der Sünden.

Nach dem, was wir oben (S. 103) aus Mulerts „Konfessionskunde" als „das" für den Protestantismus typische Gottesdienstverständnis zitierten, – daß nämlich „für den einzelnen Protestanten, soweit er reif genug ist, die Erbauung *selbst* zu gewinnen, der Gottesdienst keine spezifische religiöse Würde" hat, – so zeigt das, wie in vielen evangelischen Gemeinden vor „Barmen" die Situation aussah, auch wenn der Gottesdienst nach der Agende gehalten wurde. Daß aber nun nach dem Kirchenkampf erneut an vielen Orten ein Gottesdienstverständnis zu finden ist, wonach das Fernbleiben von dieser Veranstaltung *ohne Gefahr für die Seligkeit geschehen kann*, das steht unter der vom Herrn warnend verkündigten bösen Gesetzmäßigkeit, daß „wenn der unsaubre Geist" nach seiner Austreibung „in *sein* Haus" zurückkehrt und „es mit Besen gekehrt und geschmückt" findet, er „dann hingeht und sieben Geister zu sich nimmt, die ärger sind denn er selbst; und wenn sie hineinkommen, wohnen sie da, und wird hernach mit demselbigen Menschen ärger denn vorher" (Luk. 11,24–26). Martin Niemöller hat bis 1938 sich auf diese Stelle immer wieder bezogen, wenn er – in Übereinstimmung mit seinem Freund Asmussen – sagte und schrieb: eine nicht getroffene Entscheidung käme *siebenfach verstärkt auf uns zurück*. Übrigens hat er aus der Gefangenschaft heraus die BK aufgefordert, solange noch nur einer gefangen und verfolgt sei, mit keiner Nazibehörde zu verhandeln. Dies nur als Anmerkung, die die damalige Situation beleuchtet.

Das Junktim von Gottesdienst und geistlichem Besitzstand

Wir erinnern uns: unter Zustimmung der ganzen Synode – und ausgesprochenermaßen der Zustimmung von Karl Barth – hatte Asmussen im „Vortrag" gesagt: „Wir sind auf Leben und Seligkeit hin gerufen ... es geht um die Rettung und das Seligwerden von Sündern ... Diese sechs Sätze ... sind nicht zu verstehen als Verhandlungsbasis mit unseren Gegnern, ... sondern sie sind zu verstehen als conditio sine qua non ... Es geht hier um die letzten Dinge."[91]

Die Seligkeit hängt ab vom Glauben an Jesus Christus. In der „Augsburger Confession" heißt es in Artikel V („de ministerio ecclesiastico"): „Ut hanc fidem consequamur, institutum est ministerium docendi evangelii et porrigendi sacramenta". Und in Artikel XIV heißt es: „nemo debeat in ecclesia publice docere aut sacramenta administrare nisi rite vocatus". Diese Feststellungen „institutum est" und „rite vocatus" werden uns noch einmal bei der Darstellung der bezüglich des Amtes offengebliebenen Gegensätze beschäftigen.

Für das brennende, in Barmen aufgebrochene Problem des Verständnisses des Gottesdienstes nur so viel, daß der – selig machende – Glaube also nach Gottes Willen „erlangt" wird durch die „Einrichtung" („institutum") des rechtmäßig ordinierten – Amtes, *das das Wort zu lehren und die Sakramente zu „verwalten" hat, – also durch den Gottesdienst.* Und da der Glaube an Jesus Christus fruchtbar wird im geistlichen Besitzstand des Volkes Gottes, ist also in der Frage nach dem Verständnis des Gottesdienstes die Frage nach der Ursache mit enthalten, weswegen und wann eine Gemeinde oder eine Konfession lebendig oder lau oder tot ist: d.h. wie es um ihren geistlichen Besitzstand bestellt ist.

Asmussen wußte, wie schwer dies vielen pietistischen Kreisen einging. Er hat ja aus diesem Grunde, wie wir bereits berichteten, in dem dreibändigen Sammelwerk „Rechtgläubigkeit und Frömmigkeit" versucht, dem Pietismus darin zuzustimmen, daß die Möglichkeit durch den Glauben an Christus selig zu werden, in jener Richtung liegt, die im Pietismus „Bekehrung" genannt wird. In den Gesprächen mit den Vertretern des Pietismus jedoch wies Asmussen darauf hin, daß Voraussetzung dafür sei, daß der Glaube als Gabe in der hl. Taufe geschenkt wird. Und zur Taufe gehören die andern, im Gottesdienst uns zuteil werdenden Gnadenmittel. Daß die Frage nach dem rechten Gottesdienst im Kontext mit dem gesamten geistlichen Leben und der persönlichen Hingabe an Christus gesehen wurde, kann an dem erkannt werden, was in der *Kammer für Erziehung in der Bekennenden Kirche* schon damals zur Reform der Konfirmation von W. Rott, W. Maurer, J. Schweizer und K. Frör erarbeitet wurde, wobei besonders um Verständnis und Formulierung des „Gelübdes" gerungen wurde.[92]

Im Ruf des Barmer „Vortrags", es gehe um die Seligkeit, war Asmussen sich mit den Pietisten darin einig, daß der Zorn Gottes realer Hintergrund der Welt ist und nur durch das Opfer Jesu Christi abgewendet werde. Im zweiten Frankfurter Gespräch am 26. und 27. Okt. 1964 hat Asmussen den Anfang unseres Wortes an die kirchliche Öffentlichkeit – ganz im Sinn seiner 20 Jahre zuvor gegebenen Erklärung – so formuliert: „Viele sind bewegt von der Sorge, daß die *Menschen* sich von der Kirche abwenden. Wir sind besorgt, daß *Gott* sich von unserer Kirche abwendet. *Wer Gottes Zorn nicht fürchtet, hört auf, sein Heil zu suchen.*"[93]

Diese Sorge, daß Gott sich abwenden könne, – diese Sorge, daß Menschen durch unser Versagen das Heil verlieren könnten, war innere Triebkraft der Bekennenden Kirche. Wie schon berichtet, war eins der die Bekennende Kirche bestimmenden Worte der Schrift das Wort vom „Wächteramt" in Hesekiel 3.[94] Das „von Gott in Christus veranstaltete Heil"[95] war als eine Sache sichtbar geworden, der gegenüber Barth und Asmussen die Ideen des NS als eine, wie wir sagten, „quantité negligeable" ansahen. Im Sinn des Hinweises von Karl Barth in „Theologische Existenz heute", daß der „Horengesang der Mönche in Maria Laach" auch nach dem Kommen Hitlers weiter ginge, „als ob nichts geschehen wäre", sagte Asmussen im „Vortrag": „Wir geben abschließend Zeugnis davon, warum uns die Kirche so groß ist, trotz ihrer vielleicht äußerlich geringen Gestalt, daß wir immer ihre Einzigartigkeit und ihre Uneinholbarkeit betonen ... Aus diesem Grunde gibt es auch keine Politik, auch keine Kirchenpolitik, die nicht unter das Wort der Schrift fällt: „Alles Fleisch ist wie Gras". Jede politische Rede ist den Machtmitteln dieser Erde mit Recht ausgesetzt. Das Wort Gottes kann nicht gebunden werden, weil Er bei uns ist bis an der Welt Ende."[96].

Wir berichteten, daß sich die Bekennende Kirche in den Städten und Dörfern Deutschlands in *gottesdienstlichen* Versammlungen bildete, – und daß sogar die Gestapo in ihrem Telegramm anläßlich der Kodlab-Sitzung nach Paul Schneiders Tod am 2. August 1939 den Satz Asmussens festhielt: „(fürbittendes Gedächtnis soll gehalten werden) *nicht um Radau zu machen oder taktisch etwas zu erreichen.*"[97]

Wenn anfänglich die Gottesdienste thematisch durch Geschehnisse bestimmt waren, wie etwa der Gottesdienst in der Dahlemer Christuskirche am Abend des 1. Juli 1937, als Martin Niemöller verhaftet wurde, so wirkten in den folgenden Jahren der zunehmende Druck des Regimes, die zunehmende Isolierung der Einzelnen, die zunehmende Ermüdung der Gemeinden und die Lasten des Krieges sich dahingehend aus, daß die gottesdienstlichen Versammlungen stärker wieder in die Freude am Heilsgeschehen im unveränderten Gottesdienst im Sinn des Hinweises von Barth auf die Horengesänge der Benediktiner geführt werden mußten: „Gottesdienst, als ob sonst nichts geschehen wäre".

Vor 1933, bzw. vor „Barmen" richteten sich die Pastoren und Pfarrer in den deutschen Landeskirchen so gut wie überall nach den vorgeschriebenen Agenden. Diese Agenden waren selbstverständlich Ausdruck der jeweiligen Konfessionsgrundlage der Landeskirche: also lutherisch, reformiert und uniert. Man kann heute noch erkennen, daß die Agenden die

Handschrift von sachkundigen Liturgikern trugen. Da wären z.B. zu nennen: die eindeutig lutherisch verstandene Agende der Altpreußischen Union, neben welcher für die preußischen reformierten Gemeinden wie z.B. die Hallenser Domgemeinde, die Gemeinde in Elberfeld, die Berliner reformierten Gemeinden und andere, eine besondere Agende bestand. In Elsaß-Lothringen galt – auf jeden Fall bis 1918 – die von Julius Smend herausgegebene reformierte Agende. Die lutherisch stark in alten Traditionen ruhende Agende der Ev.-lutherischen Kirche in Bayern verdankte ihre Ausformung der Arbeit Wilhelm Löhes. Asmussen wurde als junger Mensch geprägt durch eine ähnliche, reiche liturgische Tradition in der Flensburger Diakonissenanstalt. Auch die Agende für die Evangelische Kirche in Hamburg war ausgesprochen lutherisch. Hessen besaß das 1904 edierte „Kirchenbuch", auf das wir noch einmal in diesem Abschnitt verweisen werden. Diese Aufzählung möge genügen. Verbunden mit dem Schatz evangelischer Choräle, – der Luther-Bibel und einer Fülle von im Religions- und Konfirmandenunterricht auswendig gelernten Bibelsprüche und Psalmen, – dem „Kleinen Katechismus Martin Luthers" oder dem „Heidelberger Katechismus" – hatte der evangelische Christ *in seiner Gemeinde eine geistliche Heimat.* Dazu kamen Sitten, die das geistliche Leben vertieften. In vielen Gemeinden der Altpreußischen Union (wie z.B. in meiner Heimatgemeinde in Bad Kösen) kniete die ganze Gemeinde, wenn beim Hl. Abendmahl die Einsetzungsworte gesprochen wurden. Es beeindruckte uns, wenn noch in den 30er Jahren von Bauern in Westfalen berichtet wurde, daß sie mit dem Gesinde an den Sonntagnachmittagen Luthers Kirchenpostille lasen. In ostpreußischen Gemeinden wurde am Samstag gebeichtet, wenn am Sonntag Hl. Abendmahl gefeiert wurde. Nach dieser Beichte bis nach dem Empfang des Hl. Abendmahls am Sonntag wurde gefastet. Und die Kirche in Württemberg wurde geprägt durch die „Stunden": die Bibel- und Gebetsversammlungen pietistischer Christen.

Von besonderer Bedeutung für die feste Verwurzelung dieses geistlichen Besitzstandes in den Herzen der Evangelischen aller Stände, besonders derer aus der Arbeiterschaft und der Jugend, war die Arbeit der *Diakonissen* und der *Gemeindehelferinnen.* 1932 gab es in Deutschland 66 Diakonissenanstalten mit mindestens 70000 Diakonissen. 1956 waren es noch ca. 33000 Diakonissen. Außer denen, die in Kranken- und Pflegearbeit in den Diakonissenhäusern dienten, waren sie als Gemeindeschwestern die Seele der Gemeinden, – unentbehrliche Hilfe für die Pfarrer. Auch kleinere Gemeinden wie meine Heimatgemeinde Bad Kösen mit 3500 Seelen hatten 2 oder 3 Gemeindediakonissen. Dazu kamen die im

Burckhardthaus und im MBK-Werk ausgebildeten Gemeindehelferinnen. Ohne sie wäre es nicht möglich gewesen, daß 1933 in den evangelischen Jugendgruppen 3000000 Mitglieder zu verzeichnen waren. Und welches Ruhmesblatt haben sie sich durch ihren Einsatz in der Bekennenden Kirche erworben!

Welch einen geistlichen Besitzstand, bis heute gültig, hat Otto Riethmüller der Jugend und den Gemeinden hinterlassen: 1934 die „Zielsätze", – das Lied „Herr, wir stehen Hand in Hand ...", die im Burckhardthaus veröffentlichten Lieder und Auslegungen! Meine, von Bischof Herntrich nach dem Krieg im Burckhardthaus ausgebildete Gemeindehelferin Lieselotte Kress hat mit diesem, ihr seit ihrer Kindheit vertrauten Besitzstand die bis heute blühende Jugendarbeit unserer Offenbacher Friedenskirche aufgebaut! Dieser geistliche Besitzstand ließ in den 3 1/2 Jahrzehnten ihres Wirkens für unsere junge Generation wirklich „die Gemeinde zur Heimat" werden. – Ich kann nur mit Verwunderung daran denken, daß bei einem Verhör vor dem Theol. Ausschuß der hessischen Synode Ende der 50er Jahre wegen meiner angeblich „katholischen" Tendenzen ein mir noch von Berlin her bekannter Pfarrer mir zum Vorwurf machte, ich betone das Kirchenjahr und nähre damit in der Gemeinde die Vorstellung, sie sei „Heimat", während sie doch dauerndes „Ereignis" sei. – Das Selbstbewußtsein unserer Jugend, daß unsere Gemeinde ihre Heimat sei, kann mit einer Begebenheit bei unserer Rom-Reise 1956 anschaulich gemacht werden: Wir waren vom Botschaftsrat Prof. Höfer zu einer allgemeinen Audienz Pius XII. nach Castelgandolfo eingeladen worden. Dabei weigerte sich eine Teilnehmerin, daran teil zu nehmen, da es ihr wie ein Verrat an unserer evangelischen Kirche vorkomme. Prof. Höfer konnte ihr nur bestätigen, daß dies beweise, wie tief die Betreffende in der Kirche geborgen sei. Es sei fast „katholisch".

Der Name „Gemeindehelferin" ist seit den 60er Jahren geändert worden in den Namen „Gemeindepädagogin". Das bedeutet mehr als nur eine Änderung der Berufsbezeichnung. Es bedeutet, daß sich der Inhalt und die Zielsetzung des nach dem ersten Weltkrieg gebildeten und so segensvoll erwiesenen Berufes geändert hat. Noch 1957 hat Lic. Anna Paulsen im Burckhardthaus-Verlag diesen Beruf unter dem Titel „Die Gemeindehelferin heute" empfehlend und ermutigend beschrieben: als Helferin am Aufbau der Gemeinde, eigenständig, aber unmittelbarer als alle anderen Mitarbeiter der Gemeinde dem Pfarramt zugeordnet, ausgebildet in den „Bibelschulen", *mit dem Ziel, den Menschen dem gottesdienstlichen Leben zuzuführen und ihm Anteil zu geben an der geordneten Verkündigung der Kirche, weil der Mensch nur so hineinwachsen kann in den vielfältigen Reichtum des uns anvertrauten Zeugnisses,* – vor allem die Hinführung zur Bibel, zum gemeinsamen und persönlichen Lesen der Heiligen Schrift, zum Beten *und zum Gottesdienst.*

Es sollte für das Bewußtsein des geistlichen Besitzstandes auch nicht vergessen werden, wie sorgfältig sich die Mehrheit der Pfarrer auf den Sonntagsgottesdienst vorbereitete. Martin Niemöller möge darin – und das gilt bis in seine letzten Jahre hinein – als Beispiel für viele gelten. Hans Asmussen erzählte mir von einem Gespräch mit seinem Freund im Jahre 1936. Martin Niemöller sagte ihm, daß er für die Ausarbeitung der sonntäglichen Liturgie eben so viel Zeit benötige wie für die Vorbereitung der Predigt. Worauf ihm Hans Asmussen verschmitzt lächelnd antwortete, daß dies eigentlich zuviel Zeiteinsatz sei, da die Liturgie ja nicht das Zeugnis eines Einzelnen sein solle, sondern das der ganzen Kirche – *und daß aus diesem Grunde die Liturgie aus der Agende gelesen werden solle.*

In der Flensburger Diakonissenanstalt hatte der junge Asmussen die Erfahrung gesammelt, wie aus dem Gottesdienst fließend und in ihn zurückkehrend *das gesamte geistliche Leben* mit der Gnadengabe des selbstlosen Dienstes für *alle*, auch für die der Kirche Entfremdeten, lebt: aus dem Eingebettetsein ins Heil die liebende Arbeit für das Wohl!

Diese Darstellung eines beeindruckenden geistlichen Besitzstandes in den reformatorischen Kirchen widerspricht dem nicht, was wir eingangs über das Leiden der Gläubigen vor „Barmen" an den „bürokratischen, konfessionellen und volkskirchlichen Verkrustungen" berichteten.

Wo sich Gemeinden, Gruppen, Verbände und einzelne Christen der Bekennenden Kirche angeschlossen hatten und „Bekennende Gemeinden" bildeten, *füllten* sie den dargestellten gottesdienstlichen und gemeindlichen Rahmen und Besitzstand *mit dem, was mit der Barmer Bekenntnissynode geistlich begonnen hatte.* Es war – zumindest bis zum Ausbruch des Krieges – eine Aktivierung der Laien als Gemeindeglieder zu spüren, wie man es sich seit langem gewünscht und wie Wichern es als das Werk der „Inneren Mission" verstanden hatte. *Der den geistlichen Besitzstand belebende und schützende Rahmen kam in Sicht: die Kirchwerdung!* In diesem Prozeß geistlicher Vertiefung wurde *das Heilige Abendmahl neu entdeckt.* Man litt an der Abtrennung des Heiligen Abendmahls vom Wortgottesdienst und verband – anfangs zögernd, dann aber zuversichtlicher – wieder beide Teile miteinander. Die erste Barmer These „Jesus Christus, wie er uns in der Heiligen Schrift bezeugt wird, ist das eine Wort Gottes . . ." begann, das gottesdienstliche Geschehen zu bestimmen. Dieser „Gottesdienst mit eingeschlossenem Heiligen Abendmahl" (wie noch heute formuliert wird) wurde dann auch wieder in den Agenden entdeckt: so im „Hessischen Kirchenbuch" im „Formular D".

Und als die Begegnungen mit Katholiken sich mehrten und sich mit ihnen Gesprächskreise bildeten (wie der „Bonner oekumenische Arbeitskreis" im Hause des Bonner Arztes Dr. Joseph Maria Kill in der Meckenheimer Allee 79, – oder der Berliner Una-sancta-Kreis bei dem Superintendenten Bronisch-Holze unter Beteiligung des später hingerichteten Abtes Josef Metzger), da begann die Entdeckung des gottesdienstlichen Lebens der Katholiken. Man macht sich diesen einsetzenden Lernprozeß am besten an Beispielen deutlich. So hatte 1940 ein Kreis, der unter der Leitung von Frau Dach in Offenbach begonnen hatte, täglich im besonderen für Martin Niemöller zu beten, und dem in Berlin die Ministerialräte im Reichsinnenministerium Ernst Brandenburg und Feierabend in enger Fühlungnahme mit Hans Bernd Gisevius angehörten, Martin Niemöller ins KZ Sachsenhausen den „Schott", das Messbuch der katholischen Kirche, zukommen lassen. Ich wiederhole, was oben schon gesagt war: daß die Ordnung der Messe bis dahin Martin Niemöller unbekannt gewesen war. Niemöller entdeckte so die Einordnung des Gottesdienstes in den Rahmen der Kirche. Ein anderes Beispiel: mir war von der Prüfungskommission der BK für das 2. Examen 1940 als schriftliche Arbeit eine Beurteilung des römisch-katholischen Breviers gegeben worden. Prof. Günther Dehn, der die Arbeit zu zensieren hatte, kannte aber bis dahin das Brevier noch nicht.[98] Umgekehrt entdeckten die Katholiken in diesen Begegnungen das ihnen bis dahin unbekannte geistliche Leben der Evangelischen. Zur Zeit des Konzils soll der Kardinal Ottaviani zugestanden haben, daß er bis zu dem Augenblick, als er eine Herrenmahlfeier der – reformierten – Brüder von Taizé miterlebte, sich ein völlig falsches Bild vom Protestantismus gemacht habe. Auch Asmussen bekannte sich dazu, in diesen Dingen ein Lernender zu sein.

Gottesdienst und Opfer Christi

Der kausative und nicht nur kognitive Charakter des Gottesdienstes („kausativ" = verursachende Bedeutung – „kognitiv" = erklärende Bedeutung)

Um diese Studie nicht allzu schwer mit Einzelheiten der Arbeit am Gottesdienst in der Bekennenden Kirche zu belasten, soll auf das 1951 in der Ev. Verlagsanstalt Berlin erschienene Buch von Wilhelm Hahn „Gottesdienst und Opfer Christi" hingewiesen werden. Es ist Ergebnis der in den Jahren bis 1945 erfolgten Arbeit am Verständnis und an der Gestaltung des Gottesdienstes. Von den umfangreichen Vorarbeiten für die Fertigstellung der „Agende der VELKD" durch Peter Brunner, Jochen Beckmann, Hans Ludwig Kulp und Peter Reindell sprachen wir schon. In Verbindung damit erschien das „Allgemeine Evangelische Gebetbuch" 1954. Es wurde entdeckt, welche Bedeutung die Einleitung jedes Gottesdienstes mit dem „Im Namen des Vaters und des Sohnes und des Heiligen Geistes" hat. Es wurde verstanden, warum jedes Gebet im Gottesdienst mit „durch Jesus Christus, unseren Herrn" schließt. Das „Kyrie" wurde wieder unterschieden vom Sündenbekenntnis. Es wurde auch das Wort „Messe" wieder verwendet – allerdings nicht von Asmussen, der bei „Hl. Abendmahl" blieb. Vor allem wurde entdeckt, daß im Gottesdienst und durch den Gottesdienst etwas geschieht, was ohne Gottesdienst nicht geschieht: daß durch den Gottesdienst das Heil in Christus hier zugeeignet wird. Wilhelm Hahn schreibt: „Wenn in Jesu Namen gehandelt wird, ist Christus selbst der Wirkende. ... Der christliche Gottesdienst enthält ein Mysterion, das sich nur der glaubenden Gemeinde erschließt. Dieses Geheimnis ist, daß sich im Gottesdienst gar nicht die christliche Gemeinde für sich versammelt, sondern daß sie sich hineingerufen weiß in die ewige Festversammlung Gottes, der Engel und der Vollendeten, in deren Mittelpunkt Gott und Christus selbst stehen. In diesem Gottesdienst ist Christus der handelnde Hohepriester; das Opfer, das er vollzogen hat (Perfektum praesens), ist seine Selbsthingabe am Kreuz, die den neuen Bund schafft. Dieses einmalige Opfer steht im Mittelpunkt des himmlischen Gottesdienstes und übt seine fortdauernde Wirkung aus. Es steht aber auch im Mittelpunkt unseres irdischen Gottesdienstes; denn dieser ist Beteiligung am himmlischen Gottesdienst" (S. 137). Es ist selbstverständlich, daß Hahn sich in diesem Buch auch kritisch mit der sogenannten „Messopfertheorie" der katholischen Kirche auseinandersetzt – wie auch Hans Asmussen noch 1957 in seinem Büchlein „Das Sakrament" im Blick auf die „Transsubstantiationslehre".[99]

Aber das wurde erkannt, *daß im Gottesdienst Heil zugeeignet wird*. Der „kausative" Charakter des Gottesdienstes wurde von dem nur „kognitiven" unterschieden, wovon noch zu sprechen sein wird. Daß diese Erkenntnis damals in der BK sich auf das gesamte Feld geistlichen Lebens erstreckte, wird aus dem wichtigen Sammelwerk „Confirmatio"[100] deutlich. Der Herausgeber Kurt Frör (s. o.) schreibt bzgl. des Segens bei der Konfirmation: „In jüngster Zeit ist gegen die Entleerung und Degradierung des Segens zu einem blossen Votum oder einem frommen Wunsch mehrfach seine exhibitive, realistische Bedeutung hervorgehoben worden und dabei auf Luk. 10,5 f. und die Ausführungen von Theodosius Harnack hingewiesen worden. Damit ist natürlich nicht an eine primitiv magische Übertragung numinoser Kräfte gedacht ... Damit steht der Segen in der Tat der Absolution als einer ‚Verdichtung des Evangeliums' nahe. Es geschieht hier wirklich etwas Entscheidendes, und sei es auch das Gericht an dem, der den Segen nicht annimmt. *Im Zusprechen des* Segens handelt Christus selbst als der gegenwärtige und kommende Herr an den Seinen."[101]

Seit 1937 versuchte Asmussen in der BK Gehör zu finden mit seinem Ruf, die Erweckung und Neuordnung des Gebetslebens und des Gottesdienstes zum Hauptanliegen der kirchlichen Erneuerung zu machen. Was er im Barmer „Vortrag" „die Größe der Kirche" und ihre „Einzigartigkeit" und ihre „Unüberholbarkeit" genannt hatte, sah er immer mehr auch als *die* Waffe gegen den mordenden Ungeist der Herrschenden an. Auch wenn Karl Barth nach dem Krieg – in einem gegenüber 1934 schon seit 1936 gestörtem Verhältnis zu Hans Asmussen spottend (leider spottend) in dem weit verbreiteten Brief an Martin Niemöller vom 29. 6. 46 über „die allerhand Wunder der einsamen Kontemplation und Anbetung" schreibt, welche „Gefangene in ihren Zellen entdeckt" hätten – mit dem Bemerken: „Ich denke nicht zuletzt an unseren Freund Hans Asmussen", – so konnte dieser Spott Hans Asmussen nicht von der Erkenntnis abbringen, daß nichts so wichtig sei wie die Öffnung für den Segensstrom – mit Hahn zu reden –, den „die Beteiligung der irdischen Gemeinde am himmlischen Gottesdienst" bringt. Es sei noch einmal an die, im Gestapotelegramm festgehaltene Zustimmung der Kodlab am 2. 8. 39 zu Asmussens Andacht nach der Ermordung Paul Schneiders erinnert, in welcher er sagt: (Paul Schneider) „gehört nun zu den Seelen unter dem Altar (Offb. 6), die dort ruhen, bis hinzu kämen ihre Mitknechte und Brüder, die auch noch sollen getötet werden gleichwie sie."[102].

Was wir hier berichten, bedarf sorgfältiger Beachtung. Denn in der damals aufbrechenden Verschiedenheit des „Blickpunktes"[103] ist bereits die Belastung des geistlichen Lebens in unseren Tagen zu erkennen.

Wir sahen, daß Asmussen schon 1925 in Barths Theologie eine Auseinandersetzung ahnte: „finitum non capax infiniti": daß nämlich für Barth der zu heilende Gegensatz der zwischen Gott, dem „infinitum", und dem Geschaffenen, dem "finitum" sei: also eine im Grunde ewig bestehende Kluft. Asmussen dagegen beschrieb den zu heilenden Gegensatz so: auf der einen Seite Gott *und* seine Schöpfung und auf der anderen Seite die Sünde, der Tod und der Teufel.[104] Helmut Thielicke beurteilt Barths Grundschau ähnlich: „Die radikale Entgegensetzung von Ewigkeit und Zeit, die Verwerfung jedes Analogiegedankens führte (bei Barth) ursprünglich in einen nahezu völligen Ausfall jeder Ethik."[105] Gottesdienst als Heilung durch Christus von Sünde, Tod und Teufel: das alles fiel unter

Karl Barths Spott in dem genannten Brief an Niemöller, – mit Formulierungen wie „nicht nur Hans Meiser, sondern auch Hans Asmussen und manchen anderen ecclesiastischen Hans" – und „die dazu übergegangen sind, ihr Herz an jene Allotria zu hängen"; – dieser *Spott* verhinderte in jenen wichtigen 3 ersten Jahren nach 1945 die Klärung der *Sache*, wie nämlich die Lebensquelle der Kirche, der Gottesdienst, zu verstehen sei.

Trotzdem wußte sich Asmussen dem Freund und Mitgestalter des Aufbruchs der Kirche, solange es nur irgend möglich war, verbunden. Auch nach dem „Hromadkabrief" Barths, den wir noch behandeln werden, schrieb Asmussen am 10. 8. 38 an Edo Osterloh, nachdem er gewarnt hatte, nun auch theologisch den Stab über Barth zu brechen, daß „nun vielmehr die Kirche ganz einfältig dabei bleiben muß, was Barth uns als Theologe gelehrt hat: Nur die Heilige Schrift ist für uns entscheidend. Das machen wir gegen den Politiker Karl Barth geltend und dabei werden wir bleiben. *Es mag bitter sein, wenn man einen theologischen Lehrer nicht anders ehren kann als so, daß man gegen ihn geltend macht, was er selbst als zentrale Erkenntnis lehrte*".[106] „Es mag bitter sein": ich habe in jenen Tagen im Hause Asmussen miterlebt, wie sehr Asmussen unter diesem Auseinandergehen der Wege litt. Dabei war auch er nach Kriegsende mit Barth der Meinung, wenn Barth in dem schon erwähnten Brief vom 29. 6. 46 an Niemöller schrieb: „Dahlem wurde invalidiert, Barmen aber rutschte zu den intakten, unantastbaren Papieren ... Dann begann man (s.c. nach 1934) gerade hinsichtlich der Frage nach dem *Leib Christi* nach allen Seiten auszuweichen ..." (s.u. S. 197–202).

Gerade um diesen „*Leib Christi*" ging es allerdings Asmussen in seinem Bemühen, nach der Verdünnung von Barmen und Dahlem seit 1936 dazu aufzurufen, sich eben im Ordnen des Lebens aus Gebet und Gottesdienst der Frage nach dem „Leib Christi" zu stellen.

Vielleicht kann Barths letztes Buch "Ad limina Apostolorum" (1967) ein Zeichen sein, daß Barth und Asmussen doch in einer letzten Tiefe zusammen gehören. Sie sind beide *1968* heimgegangen, im selben Jahr wie *Lorenz Bertheau, Karl Bernhard Ritter* und *Wolfgang Sucker*, und auch *Augustin Card. Bea* – heimgerufen zu dem Herrn, dem zu dienen sie auf dem Wege waren. Barth relativiert in dieser Schrift alles, was bei einem Besuch in Rom imponieren kann. Und ich kann bezeugen: Asmussen war in gleicher Weise immun gegen jede Rom bestaunende Neigung wie die der Romantiker Anfang des 19. Jahrhunderts, wenn er z.B. 1947 die Beichtväter Pius XII., Bea und Leiber, fragte: Rom spräche immer wieder von der Notwendigkeit, daß die Protestanten „zurückkehren" müßten. Was nun, wenn er mit der Nachricht käme, daß die Protestanten morgen schon zurückkehren wollten? die Antwort: das wäre schlimm, denn Rom sei darauf nicht vorbereitet. Worauf Asmussen antwortete: Dann sei der Ruf zur Rückkehr eine unverantwortliche und gefährliche Leer-Formel und Ausdruck des alten Machtstrebens. Oder wenn Asmussen 1957 bei einer öffentlichen Versammlung in Köln die Katholiken aufforderte, eine *geistliche* Begründung für das Papsttum zu geben, und wenn er dort die dann erfolgenden Begründungen als nicht überzeugend zurückwies, und dies unter Zustimmung von Prof. P. Grosche.

Auch das, was Barth dann in der Schrift „Ad limina Apostolorum" ausspricht, läßt ahnen, daß er mit und seit „Barmen" genau so wie Asmussen *den Aufbruch zur Kirchwerdung des Leibes Christi* als die Motivation seines Weges verstanden hatte. Barth schreibt: „Keine Sorge, ich werde nicht katholisch. Konversionen von uns hinüber zur römisch-katholischen Kirche oder umgekehrt: von dort herüber zu einer unserer Kirchen haben als solche keinen Sinn (peccatur intra muros et extra!). Sie können einen Sinn nur haben, wo sie die gewissensmäßig notwendige Gestalt von ‚Konversion' – nicht zu einer anderen Kirche, sondern zu Jesus Christus, *dem Herrn der einen, heiligen, katholischen und apostolischen Kirche* sind". Auch Barth fragte sich immer unruhiger, ob eine solche „Konversion" im neuen Katholizismus nicht entschiedener vollzogen werde als gegenwärtig auf der protestantischen Seite: „Wie, wenn Rom (ohne aufzuhören Rom zu sein) uns Andere eines Tages, sofern es *um die Erneuerung der Kirche* aus dem Wort und Geist des Evangeliums geht, einfach überflügeln und in den Schatten stellen würde – wenn wir es erleben müßten, daß aus Letzten Erste und aus Ersten Letzte würden, daß nämlich die Stimme des Guten Hirten drüben ein klareres Echo fände als bei uns? ... Ich hatte – an dem uns viel dringlicher angehenden und objektiv viel wichtigerem (s. c. nämlich als der ‚Bultmannschule', die er als eine einzige Rückkehr zu *‚längst überholten Fragestellungen* des 19. Jahrhunderts' ansah) Problem des römischen Katholizismus von jeher (!) interessiert – schon auf meinem Krankenlager ... alles erreichbare ... an Texten aus dem Bereich des Konzils zu mir genommen."[107] Wir erinnern uns, daß Asmussen bei den „Barmen" vorbereitenden Sitzungen des Arbeitsausschusses vorgeschlagen hatte, in die Theologische Erklärung den Satz aufzunehmen, daß die „Bekenntniskirchen sich durch ihre Vereinigung gemeinsam *zu der kommenden Gottesgabe der einen, heiligen, allgemeinen und apostolischen Kirche*" bekennen, – und daß dieser Satz auf Verlangen ausgerechnet der Lutheraner gestrichen werden mußte.[108]

Die normative Kraft des Faktischen

Mit seinem Ruf seit 1937, das *gesamte* geistliche Leben des Leibes Christi vom Gottesdienst und dem Gebetsleben her zu beleben, war Asmussen das Gegenteil von einem Liebhaber liturgischer Perfektion wie von einem katholisierenden Idealisten. Ich hatte schon auf einen, von ihm bis zuletzt verkündeten wichtigen Tatbestand des Reiches Gottes hingewiesen, daß in der *„normativen Kraft des Faktischen" der Heilige Geist wirksam* sei.

In seiner „Lehre vom Gottesdienst" schreibt er darüber: „Es gibt keine ‚praktische' Theologie unter Absehung von der Gegenwart Christi heute in seiner Gemeinde ... Schreiben wir über den Gottesdienst, dann schreiben wir über den Gottesdienst *dieser* Gemeinde ... Die Problematik besteht darin, daß wir erwägen, was die Sichtbarkeit und Hörbarkeit – also die ‚Gestalt' – des christlichen Handelns theologisch bedeutet ... Daraus erwachsen (so in Asmussens Agende ‚Ordnung des Gottesdienstes') eine Reihe von Vorschlägen, die *im Blick auf den tatsächlichen Zustand der Gemeinden* gemacht werden. ... Die Stabilität gottesdienstlicher Ordnung kann nur werden, wenn sie dauernd am Maßstabe der christlichen Botschaft gemessen und auf die Dignität geführt wird, die sie um dieser Botschaft willen haben darf und haben soll."[109]

Zwei Zitate von m. E. bleibender Bedeutung mögen – gegen alle Etikettierungen, die man Hans Asmussen z. T. bis heute angehängt hat – zeigen, was der „Blickpunkt"[110] und der Bezugsrahmen für seine Bemühungen war. Im kleinen, 1941 erschienenen Furchebuch „Betet ohne Unterlaß!" sagt er: „Der Gemeindepastor hat anders zu beten als die Gemeindeglieder: für seine Predigt, seine Konfirmandenstunden, seine Amtsbrüder und seine Mitarbeiter, für die werdenden Geistlichen und seine Vorgesetzten. ... Wenn aber Gott ein Amt überträgt, das über eine einzelne Gemeinde hinausgeht, dann wird damit auch Gabe und Aufgabe des Gebetes erhöht."[111] Und in der Einleitung der „Lehre vom Gottesdienst" schreibt er: „Wenn ich dennoch begann und bis heute nicht aufhörte, so hängt das aufs engste mit der unüberhörbaren Anrede zusammen, die seit 1933 die Kirche trifft, und mit der Unruhe, die so in der Kirche entstand. Jeder weiß, wie groß die Versuchung ist, die seither das Pfarramt und seine Träger trifft: Der böse Feind möchte nichts lieber, als daß wir unsere Amtspflicht versäumten und *‚Kirchenpolitik' in Loslösung von Predigt, Seelsorge, Gottesdienst und Unterricht trieben.* Es soll aber unsere Ehre sein, daß wir nicht aufgehört haben, in die Amtspflichten hinein zu rufen! Mit den Anfängen der jüngsten Kirchengeschichte ist der Name ‚Altona' verbunden. *Für die* *richtige Wertung* dessen, was dort am 11. 1. 1933 [s.c. dem „Altonaer Bekenntnis"] geschah, muß *die im selben Jahr geschriebene ‚Seelsorge' herangezogen* werden."[112]

Das hat Barth nicht zur Kenntnis genommen, obschon der Rahmen dafür zu finden ist in seinem Versuch zusammen mit Asmussen und Niemöller, bereits 1934–1936 von „Dahlem" her die Volkskirche mit ihren bürokratischen und strukturellen Verkrustungen abzustreifen. Asmussens Ruf zum Gottesdienst diente diesem Ziel. Denn Asmussen beschrieb als einen entscheidenden Strukturfehler der bisherigen Erscheinung des Protestantismus eine Schizophrenie, die er *mit Barth zusammen* so beschrieben hatte, „daß Theologie nur als Funktion der Kirche verstanden werden könne."[113] Barth wiederholt diese Sicht in dem oben wiedergegebenen Zitat aus „Ad limina Apostolorum" im Blick auf die Bultmannschule. Asmussen beanstandet jene Praxis, die die „Liturgik" in der Disziplin „Praktische Theologie" abhandelt, – deutlich am Verständnis des 2. Examens als dem „für die Praxis" bestimmten Examen, – wovon ohne Bedenken *als damit nicht verbunden* die „Wissenschaftliche Theologie" abgesetzt und für das 1. Examen bestimmt getätigt wurde.

Diese Schizophrenie hat praktische Konsequenzen, die leider bis heute belasten. Konukiewitz schreibt: „Asmussens Aufmerksamkeit galt fortan (1940) dem Bemühen, seine liturgischen Vorschläge auf BK-Versammlungen zu erläutern und im überschaubaren kirchlichen Rahmen der praktischen Erprobung zu unterziehen. Anläßlich eines Referates wies er am 21. Okt. 1940 im Breklumer Missionshaus darauf hin, daß die *Betonung sakramentalen Handelns* besondere Wichtigkeit in einer Zeit besitze, die in der großen Gefahr stehe, das theologische Kerygma, sei es in Form einer „guten" oder „schlechten" Theologie, als Wort Gottes zu verabsolutieren. Gegenüber allen einseitigen Auslegungen des Wortes Gottes durch die verschiedenen theologischen Richtungen, im Sinn der Orthodoxie als „richtige Wiedergabe eines Lehrgehaltes", des Landeskirchentums und des Pietismus als „Zeugnis", neuerer Predigttheorien als „biblischer Exegese", der BK als „prophetisches Wort in der Zeit" sei darauf zu achten, daß das Wort Gottes differenzierte Ausdrucksweisen impliziere, von denen das sakramentale Handeln als „vollziehendes, schaffendes Wort" *im Regelfall*[114] zum Bestand eines jeden Gottesdienstes gehöre. Auf einer BK-Versammlung am 10. Nov. 1940[115] in Berlin Schöneberg kritisierte er in diesem Zusammenhang die Möglichkeit der kirchenleitenden Amtsträger innerhalb der evangelischen Kirche, sich von regelmäßiger Predigt und Sakramentsübung entbinden zu lassen, und bezeichnete dies als einen unhaltbaren, der Praxis der römischen Kirche völlig unbekannten Zustand. Jeder Pastor bedürfe einer Gemeinschaft der Gläubigen, in der man sich untereinander kenne, und diese Forderung stehe im Gegensatz zu dem „Faktum, daß es auf dieser Erde – oder um konkret zu reden, – daß es in Berlin Menschen gibt, von denen man mancherlei aussagen kann, aber nichts so Wichtiges wie dieses, daß sie mit ganzem Herzen und von ganzer Seele an ihrem Herrn Jesus Christus hängen".[116]

Asmussen schrieb in einen Lernprozess der Sichterweiterung hinein: „Ich wußte und weiß mich zu sehr als Leutpriester, der predigen, Gottesdienste halten, Seelsorge treiben und unterrichten soll, aber höchstens am Rande *über* alles das zu sprechen und zu schreiben berechtigt ist. *Ich fühle mich zu sehr als ‚Laie'*, sobald ich etwas tun soll, was nach akademischer Leistung aussieht. So etwas sollte man am besten den Leuten vom Fach überlassen."[117] Als der „Mann vom Fach" Mahrenholz in „Kirche und Kunst"[118] Asmussens Agende von der historischen Liturgik her abwertet, reagiert er ähnlich wie nach „Barmen" auf Elert. Während er Elert gegenüber als Bild die Besatzung eines Bootes im Schiffbruch bringt, welcher vom Land aus ein Ingenieur raten will, indem er den falschen Neigungswinkel des Mastes beschreibt, verwendet er hier folgendes Bild: „Soll man wirklich einem Siedler im Urwald sagen, daß Empiremöbel anders getischlert werden als die Sitzgelegenheiten des Siedlers?"[119] Asmussen erwähnt mit Hochachtung Friedrich Heiler, den Gründer der Hochkirche, und andere, die geholfen haben, daß die Fragen um den Gottesdienst nicht mehr zur Ruhe kommen.[120] Aber zentral für den „Leib Christi" – für die Kirchwerdung – für das Rüstzeug gegen die Nationalsozialisten ist, „was in unseren Gottesdiensten im Blick auf das Gesamte der christlichen Botschaft gepredigt wird. Darin lebt die christliche Gemeinde. *Darauf sterben die Christen.*"[121]

Es ist wichtig zu wissen, daß dies im Herbst 1940 vertreten wurde. Wir lebten damals im Kessel des ausgebrochenen Vulkans: Nächtliche Bombenangriffe, die Asmussen bei seinem Asthma besonders zu schaffen machten – Niemöllers Absicht, zu konvertieren und die Fürsorge für Niemöllers Familie – die geheimen Gespräche mit Gisevius, Goerdeler, Trott zu Solz, Moltke und anderen Beteiligten an der Vorbereitung der Erneuerung des Staatswesens nach dem Ende des NS, und die Sorge um den Zustand der BK, einmal in der treuen Wahrnehmung der ihm übertragenen Leitungsaufgaben einschließlich der finanziellen Sicherung für uns jüngere „Illegale", – zum anderen die Sorge um den weiteren „Kurs" der BK. In einem Rundbrief an die Berliner BK im Dezember 1940 schreibt er:

falls der Ruf zum Gottesdienst kein Echo finde, „dann würde ich bezeugen müssen, daß zwischen den Behörden und den Gremien der Bekennenden Kirche allenfalls moralische und juristische, aber keine geistlichen Unterschiede bestehen".[122] Er lebte in Erwartung des Zugriffs der Gestapo gegen die weiter existierende, seit 1937 verbotene „Kirchliche Hochschule" (Asmussen wurde 1941 zu 9 Monaten Gefängnis verurteilt[123]): 1940: *mitten in solchen Belastungen also dieser Ruf zum Gottesdienst,* wobei ich als Asmussens Begleiter sowohl in Breklum wie in Berlin Schöneberg Zeuge war, wie stark sein Ruf von den zahlreich erschienenen Zuhörern, darunter vielen Pfarrern, aufgenommen wurde als Trost und als Ermutigung!

Gottesdienst und Opfer der Christen

Asmussen lehrte und rief nicht nur zur Sache, – er lebte sie auch, und zwar in der tiefsten Dimension des Gottesdienstes, nämlich der, *daß im Gottesdienst das Opfer Christi die den Gottesdienst Begehenden zu Teilhabern an diesem Opfer macht.* In meinem Beitrag „Getröstete Angst" zur Festschrift zu Asmussens 65. Geburtstag 1963[124] habe ich versucht, dem Ausdruck zu geben: „Du wurdest zunehmend mehr zum eigenen Exempel des von Dir längst Erkannten: *daß nämlich die Angst in der Anfechtung Raum für die Gnade schafft und den Angefochtenen in das Kraftfeld des Opfers führt.* Das ließ Dich allen Demonstrationen preußischen Schneids im Kirchenkampf gegenüber skeptisch sein, – ... eben jene Erkenntnis, daß es erschreckend ist, von Gott geliebt zu werden. Denn der Geliebte muß nicht nur Auswirkungen des Bösen erleben, sondern es auch ertragen, dem Bösen ausgeliefert zu werden und ihn somit fast im absoluten Sinn erkennen zu müssen. Das ließ Dich – oft zur Verärgerung der „Tapferen" – stärker fragen, ob man auch die Mittel habe, den jeweiligen Turm zu bauen, den das Ideal tapferer Gläubigkeit im Augenblick scheinbar zu bauen verlangte. Du mußtest es damals oft ertragen, nicht verstanden zu werden, wenn Du darauf aufmerksam zu machen versuchtest, daß in einem viel beklemmenderen Sinn Tapferkeit und Glauben vor der Front einer metaphysisch anders dimensionierten Macht von uns abverlangt wurde. Oft erwuchs die Angst gar nicht aus der bedrohlichen Gegenwart, sondern aus der Erkenntnis, daß ‚nicht getroffene Entscheidungen später siebenfach verstärkt auf uns zukommen' (so Martin Niemöller in einem damals oft von Dir gebrauchten Wort) ... Deine Treue nährte sich aus der geistlichen Tiefe des Gelübdes. Das erkannte ich in der Zeit der härtesten Anfechtungen, wenn Du mich an Deinem mitternächtlichen Gebet (und Hl. Abendmahl) beteiligtest."

Wenn so oft kontroverstheologisch behauptet wurde und wird, daß die römisch-katholische Christenheit die „Theologia gloriae", – der Protestantismus aber die „Theologia crucis" lehre, so wußte Asmussen – in gleicher Weise wie Dietrich Bonhoeffer, der in der schon erwähnten Schrift „Versuchung" schrieb (s.o. S. 93): „Der Teufel ist nicht durch den Geist, sondern durch das Blut Jesu überwunden" –, so wußte Asmussen, daß die Theologie des Kreuzes in der *Nachfolge* gelebt wird und erlitten werden muß.

Es hat nicht nur Asmussen, sondern auch andere wie Kreyssig oder Thielicke, traurig gemacht, als Barth in der Vorbereitung für „Treysa" 1945 sagte: „Es ist bezeichnend, daß an den von mir besuchten Tagungen von den Theologen viel von Dämonen gesprochen wurde: ‚Wir haben dem Satan in die Augen geblickt'. Solche Sätze wurden fast mit Enthusiasmus ausgesprochen ... Ich hörte mir das eine Zeit lang an. Schließlich konnte ich nicht mehr schweigen. ‚Seid ihr damit nicht im Begriff, in ein magisches Weltbild hineinzurutschen?', fragte ich meine Freunde. ‚Warum redet ihr immer nur (!) von Dämonen? warum sagt ihr nicht konkret: wir sind politisch Narren gewesen? Erlaubt bitte eurem schweizerischen Kollegen, euch zu einem rationaleren Denken zu ermahnen'. Als Helmut Thielicke einmal Barth jenen gleichen Satz von Dämonen sagte, in deren Augen er geschaut habe, antwortete dieser: es sehe nicht so aus, als habe das den ‚Dämonen' viel Eindruck gemacht!"[125] Hatte Barth vergessen, welche Bedeutung für seinen Weg die beiden Blumhardts gewonnen hatten, deren Kampf mit den Dämonen das Gegenteil von Abhängigkeit von einem „magischen Weltbild" war?! Wie konnte das Männern gegenüber ausgesprochen werden, die – wie Walter Bauer, Eugen Gerstenmaier, Adolf Lampe u.a. – die Verhöre und Folterungen in der Haft nach dem 20. Juli 1944 lebend überstanden und Krankheit und Narben davon getragen hatten! Adolf Lampe z.B., Mitglied der BK, Mitglied des Freiburger Bonhoeffer-Kreises und wirtschaftspolitischer Berater Goerdelers, in dessen Haus in Freiburg Karl Barth auf der erwähnten Fahrt nach Treysa zu Gast war, starb am 9. Februar 1948 „an den Folgen der Haft". Wie muß ihn das Wort Barths: „Warum sagt ihr nicht konkret: wir sind politisch Narren gewesen?", getroffen haben! Walter Bauer – selbst von der Gestapo ausgepeitscht – erinnert in der genannten Festschrift an das Zustandekommen des Memorandums des Freiburger Bonhoefferkreises, das die Überschrift trägt „Politische Gemeinschaftsordnung". In dem schon zitierten, 1949 herausgegebenen Dokumentarband des Freiburger Kreises berichtet Philipp von Bismarck: „Die Arbeiten der Freiburger stellen zugleich den

Entwurf der Wirtschafts- und Sozialordnung dar, die Ludwig Erhards Mut, beginnend mit der Währungsreform, zu politischer Geschichte machte. Ludwig Erhard hat viele Male darauf hingewiesen . . ., daß seine politischen Entschlüsse von den Grundentscheidungen der Freiburger bestimmt gewesen seien."[126]

Zurück zu Walter Bauer: er schreibt in der „Festschrift": „(nach Fertigstellung des Memorandums wurden diese Vorschläge) in den folgenden Monaten von dem Berliner Kreis (Hans Asmussen, Hans Böhm, Dietrich Bonhoeffer, Otto Dibelius, Friedrich Justus Perels und Walter Bauer) – z. T. im Beisein von Constantin von Dietze – in mehreren Besprechungen diskutiert, ergänzt und bestätigt."[127] Politische Narren?, nein! Wahrhaftig nicht!

Wir fügen hier schon Faktoren der Vorgänge im Raum der politischen Entwicklung ein, die wir im letzten Kapitel behandeln werden. *Sie haben aber mit dem Problem des Gottesdienstes insofern zu tun, als Karl Barth seit 1937 vom „politischen Gottesdienst" spricht* und so über seine Freunde *schon vor 1945* zu dem Widerstand gegen Asmussens Ruf zum Gottesdienst beiträgt.

Wenn wir uns kritisch mit dem Einfluß Karl Barths auf die Entwicklung in der Gottesdienstfrage sowie der Beziehungen der Kirche zum Politischen auseinandersetzen müssen, so sei noch einmal, auch als unsere eigene Überzeugung, erklärt, was Asmussen an Osterloh schrieb: daß es bitter ist, wenn man einen theologischen Lehrer nicht anders ehren kann als so, daß man gegen ihn geltend macht, was er selbst als zentrale Erkenntnis lehrte. Übrigens hat Barth seine kritischen Anfragen an Luther ähnlich begründet: „Die lieben Deutschen waren wie schon beim letzten Lutherseminar (Barths) etwas perplex . . ., daß man an ihrem Vater Luther (den sich ja jeder deutsche Theologe nach seinem eigenen Bild zurechtzumachen und dann als Kanon aufzurichten pflegt) auch mit bestimmten Fragen zu Leib rücken kann."[128]

Asmussen und seiner Freunde Erkenntnis also war die, *daß die Heilszueignung durch den Gottesdienst kausativ erfolgt.*

Gegen diese Erkenntnis meldeten sich Widerstände aus verschiedenen Lagern an, die z. T. ineinander übergingen. Es kam einmal von solchen, die befürchteten, daß man damit eine katholische Vorstellung übernähme, die in der schon erwähnten Mulert'schen Konfessionskunde im Problem des „opere operato" behauptet wurde: daß nämlich katholisch sei, daß die Sakramente allein durch den Vollzug gültig sind. Man vergaß, daß in der *Augsburger Confession* in Übereinstimmung mit der ganzen Kirche *in Art. VIII die Donatisten verdammt werden,* „qui negabant licere uti ministerio malorum in ecclesia et sentiebant ministerium malorum inutile et inefficax esse", – die sich also weigerten, die Sakramentsverwaltung durch Böse anzuerkennen, und behaupteten, durch solche Bösen verwaltete Sakramente seien ungültig und unwirksam. – Ein anderer Widerstand kam von denen, die den Gottesdienst nur als einen *Teil* der christlichen Lebensäußerungen *neben* anderen ansahen: wie wir schon beschrieben, als Teilgebiet der „Praktischen Theologie" *neben* etwa der „Wissenschaftlichen Theologie". Für viele Theologen der BK sah das so aus: die BK habe kirchenpolitisch sich zu wehren und dies in Versammlungen und Verlautbarungen tapfer zu vertreten. *Daneben* habe jeder Pfarrer seine Amtspflichten *wie bisher* – also wie vor 1934 – zu erfüllen, so in Gottesdienst wie in Unterricht und Seelsorge.

Gerade diese Gruppe ließ 1940 Asmussens Vorschlag in Berlin scheitern, daß in jeder Woche einmal in der Frühe die Berliner Pfarrerschaft zum Gebet und zum Herrenmahl, die Gemeinden wechselnd, sich versammle. Sätze aus Asmussens Rundbrief, den er damals verfaßte, habe ich oben in der Darstellung der Situation im Jahre 1940 wiedergegeben. Diese Einstellung vertraten diejenigen, die nicht zu Unrecht den guten geistlichen Besitzstand des Protestantismus würdigten. Aber sie wehrten sich gegen den Versuch der Drei: Asmussen, Barth und Niemöller – in den Jahren 1934–1936, mit der Volkskirche zu brechen, – sie wehrten sich gegen die Sicht von der Einheit von sichtbarer und unsichtbarer Kirche; – sie wollten z.B. in Preußen nur Widerstand leisten gegen eingerissene Mißstände durch die staatlichen Eingriffe und zunächst die Altpreussische Union wieder herstellen. Zu ihnen gehörten immerhin Männer wie Dibelius, Jacobi und Ehlers. Ganz gewiß gegen ihren Willen hat aber doch diese Einstellung des größten Teils der Pfarrerschaft mit dazu beigetragen, daß Treysa 1945 nicht zu einem Durchbruch im Neubeginn des Fundaments der Kirchwerdung führte. Es fehlten die Instrumente, um der bis heute belastenden Zersplitterung und Zerreißprobe Herr zu werden. Barth hatte in dem genannten Brief an Niemöller schon recht, wenn er Restauration und Reaktion in dem nun entstandenen Gebilde feststellte.

Nur, daß Barth nicht bemerkt, wie Stimmen aus seiner Schule und Feststellungen von ihm selbst diese Entwicklung gefördert haben. Wir werden Beispiele bringen.

Zuvor der Hinweis, daß unter den obwaltenden Umständen die *„Bultmannschule"* – wie Barth sie nennt – in der Verunsicherung von Theologen und Gemeinden im Blick auf das Heils*geschehen*, – vor allem im Blick auf das Sühnopfer Christi am Kreuz, im Blick auf seine leibliche Auferstehung

und im Blick auf seine Wiederkunft zum Gericht – entscheidendes Hindernis war, *den kausativen Charakter der Heilszueignung im Gottesdienst* zu lehren und in die Mitte der kirchlichen Erneuerung zu stellen.
Unter der nicht genug zu betonenden „conditio", daß es bitter ist, gegen einen Lehrer der Kirche etwas geltend machen zu müssen, – auch in der Meinung, daß das große Werk Barths im letzten auf die *Annahme* des Heils in Christus und auf die Bedeutung der Kirche als Leib des Herrn in der Welt und für die Welt hin angelegt ist, – Barth verwendet dafür sogar das Wort „Cooperatio"[129], – unter dieser conditio und in dieser Meinung also *muß gesagt werden, daß Barth es war, der dem Wort „kausative" Heilszueignung das Wort „kognitiv" entgegensetzte.* Ich zitiere aus einem Vortrag Barths am 7. 5. 43 in Gwatt (Thun) über die Taufe nach Busch: „in jenem Vortrag in Gwatt („Die kirchliche (!) Lehre von der Taufe") erklärte er das Sakrament der Taufe so: daß es *nicht („kausativ")* das Heil des Menschen *verursache*, sondern daß es ihm durch die zeichenhafte (!) Abbildung seiner Erneuerung in Christus *das Heil („kognitiv") bezeuge*. Daraus folgerte er die Ablehnung der Kindertaufe und die Forderung, der Täufling müsse „aus einem passiven Objekt der Taufe wieder der freie, d.h. frei sich entscheidende und frei bekennende ... Partner Jesu Christi werden".[130] In diesen Zusammenhang gehört, daß sich seit Ende der Fünfziger Jahre bei den Theologen in der Begründung eines bestimmten Verhaltens zur „Welt", – mit der vorrangigen Betonung des „Sozialen" und der „Gesellschaft", – also des Wohles vor dem Heil, – eine inhaltliche Veränderung einer Grundaussage der Kirche breit macht: Das Kreuz Christi habe *nicht die Rechtfertigung der Sünder, sondern die Rechtfertigung der Gottlosen* bewirkt. Ohne Frage hatte dazu der von Barth 1957 herausgegebene Band „Baseler Predigten"[131] beigetragen, in welchem er u.a. die Karfreitagspredigt in einer Baseler Strafanstalt vorlegt. Hier führt er aus, daß die *beiden* Schächer die erste Gemeinde Jesu Christi gewesen seien. Denn „christliche Gemeinde ist überall da, wo eine Versammlung von Leuten ist, die Jesus nahe, die bei ihm sind". Zwar hat nur der eine Schächer Jesus erkannt, der andere hat ihn gelästert, aber „so wichtig war dieser Unterschied nun auch nicht, daß er an die Verheißung ... rühren konnte". Darum kann auf *beide* Schächer das Wort des Apostels angewendet werden: sind wir mit Christus gestorben, so wissen wir, daß wir mit ihm leben werden. „Das ist sicher", daß die beiden Schächer „unter dieser Verheißung standen, daß sie damit empfingen und hatten, daß sie mit ihm leiden und sterben durften". Gegen den Gedanken, daß damit die „Allversöhnung" gelehrt werde, hat Barth einmal gesagt: „Ich glaube nicht an die Allversöhnung, aber ich

glaube an Jesus Christus, den Allversöhner."[132] Aber ist das etwas anderes?

In dieser Zeit, in den 50er Jahren, hat Martin Niemöller dazu aufgerufen, als die Aufgabe der Kirche in unseren Tagen den Ton nicht mehr so sehr auf die *Frage nach dem gnädigen Gott*, als *vielmehr nach dem gnädigen Nächsten* zu legen.

Seit 1939 mußte Asmussen erleben, daß er, zunächst von nur wenigen, dann aber zunehmend von vielen seiner einstigen Mitstreiter mit Zurückhaltung, ja mit Argwohn behandelt wurde. Man warf ihm – selten offen – vor, sich mit seinem Ruf zum Gottesdienst auf die Flucht in die Innerlichkeit begeben zu haben und nicht mehr kämpferisch die „Dahlemer Richtung" zu vertreten. Gleichzeitig war zu hören, er habe katholisierende Neigungen. Und es wurde ihm seine Auseinandersetzung mit dem Liberalismus als Wissenschaftsfeindlichkeit ausgelegt: Dieser Argwohn wurde zu einem nicht geringen Teil durch Freunde Barths (z. B. H. Diem und die „Sozietät") genährt, die Barths seit 1937 laut werdenden Appell zum „Politischen Gottesdienst"[133] als „die" Fortführung des in Barmen und Dahlem Begonnenen verstanden. Es wurde nicht zur Kenntnis genommen oder tot geschwiegen, wie sehr Asmussen dem politischen Widerstand zugehörte, – wie Walter Bauer in der Festschrift schreibt:

„Obgleich in diesen Vernehmungen (sc. durch die Gestapo nach dem 20. Juli 1944) die Beteiligung von Dibelius und Asmussen in unseren Gesprächen nicht mehr zu bestreiten war, sind beide nicht verhaftet worden. Offenbar wollte die Gestapo diese beiden in der Führung der Bekennenden Kirche stehenden und bekannten Geistlichen zur Vermeidung von Unruhe in weiten kirchlichen Kreisen nicht auch noch in den ohnehin bereits relativ großen Kreis der im Zusammenhang mit dem 20. Juli Verhafteten einbeziehen ... In der Anklageschrift wird Hans Asmussen als an den Berliner Gesprächen beteiligt namentlich erwähnt ..." (und über die Zeit zwischen dem 20. Juli und seiner Verhaftung schreibt Walter Bauer (S. 89): „Es war eine Zeit qualvoller Spannung ohne die Möglichkeit zu handeln, in der Not um die Zukunft unseres Landes und um das Ergehen der verhafteten Freunde, im Leid um die verurteilten und hingerichteten Kameraden. ... An Untertauchen auf längere Zeit oder an Flucht war nicht zu denken: wer Frau und Kinder, Eltern und Geschwister hatte, mußte bei der vom Regime geübten barbarischen Praxis der Sippenhaft mit der Verhaftung seiner Angehörigen und deren Verbringung im Konzentrationslager rechnen ... In der zweiten Septemberhälfte 1944 kam Perels von Berlin in meine Heimatstadt Heilbronn, wo ich zum Besuch meiner Familie war, um mich zu warnen ... Von der Lage unserer Freunde und der Warnung Perels wie vom Verlauf des 20. Juli und seinen Folgewirkungen verständigte ich Hans Asmussen alsbald in einem Steinbruch in der Nähe von Schwäbisch Hall an der nach Heilbronn führenden Straße."[134]

Wer dieses miterlebt hatte, (und Eugen Gerstenmaier und Walter Bauer trugen noch Narben von ihren Auspeitschungen durch die Schergen der SS), konnte bei ersten Begegnungen mit Barth seit 1945 ihm nicht anders als reserviert begegnen. Z. B. hatte Barth sich in Wiesbaden am 14. 11. 54 anläßlich des Volkstrauertages in einer Gedenkrede, zu der er von der „hessischen Regierung" eingeladen war, wie folgt geäußert: „Er redete deutlich von der Mitschuld auch der ‚Anständigen' am letzten Krieg. Er zählte zu seinen Opfern an erster Stelle die Juden, aber z. B. auch die ‚Rote Kapelle'. Und er forderte schließlich auf, den Trauertag mit einer tätigen Entscheidung zu begehen: ‚Was damals geschah, darf, so weit es an uns liegt, nicht mehr geschehen'. Und dann wiederholte er, was er schon im Mai und im Spätsommer in zwei Interviews (zur Genfer Konferenz und zur EVG Politik Adenauers) erklärt hatte: daß Deutschland neutralisiert werden und entmilitarisiert bleiben müsse. Sein Votum ‚*gegen* Remilitarisierung' verstand er dabei als eines ‚*Für*' die Entmythologisierung des deutschen Wesens ... Unter diesen ‚Adenauerleuten' fertigte ihn sehr energisch Eugen Gerstenmaier ab, dem Barth im nächsten März mit einem kleinen Votum antwortete ‚Gerstenmaier auf dem Stehkragen'. Im selben März kam es in Herrenalb ... in dieser Sache zu einem Zusammenstoß mit Eberhard Müller und Hans von Campenhausen. Dieser ‚bebte vor Zorn, daß Karl Barth seine politische Ansicht so vortrage, daß damit notwendig diejenigen, die anderer Meinung sind, in Frage gestellt werden, worauf Karl Barth nur sagen konnte: Warum tragen Sie ihre Ansicht nicht in der gleichen (christlichen) Verbindlichkeit vor?'"[135]

Hans Asmussen hatte seit 1938 „in der gleichen christlichen Verbindlichkeit" seine Bedenken gegen Barths Appell zum „politischen Gottesdienst" und zur Umkehrung von „Gesetz und Evangelium" in „Evangelium und Gesetz" vorgetragen, – *mit dem Erfolg, daß* im erwähnten Brief von Barth an Niemöller vom 29. 6. 46 über „Hans Meiser und Hans Asmussen und wohl auch so manchen anderen ecclesiastischen Hans" und ihr „Allotria" *gespottet* wird. In der Barth-Biographie von Eberhard Busch wird das Problem in einem besonderen Kapitel „Politischer Gottesdienst" dargestellt. Dort heißt es: „In der Bekennenden Kirche, für die das Jahr 1938/39 ... in besonderer Weise Sichtungszeit" war [was Asmussen in seiner Weise erkannt hatte und wie ich es als sein Mitarbeiter miterlebte], wurde diese Integration des politischen in den kirchlichen Widerstand weitgehend nicht verstanden und dann sogar abgelehnt. Niemöller konnte dafür nicht mehr einstehen, da er jetzt im KZ war, und Asmussen erlebte „eine Art Bekehrung" – in dem Sinn: „daß man gegenüber dem eingreifenden Staat noch passiver werde, als man es in der Bekennenden Kirche leider immer schon gewesen war."[136]

Diese Feststellungen belegen, daß der Widerstand gegen Asmussens Ruf zur Erneuerung des geistlichen Lebens seit 1937 von Barth und seinen Freunden gezielt und bewußt vollzogen und gesteuert wurde. Und gerade das letzte Zitat beweist, daß dabei mit Entstellungen gearbeitet wurde: was Martin Niemöller angeht: Er war bis Februar 1941 im KZ Sachsenhausen. Dann wurde er nach Dachau verlegt. Er befaßte sich in Sachsenhausen von 1938 an (also in der von Barth genannten Zeit) in seinen Briefen mit Kirche und Amt und kam zu erstaunlich parallelen Ergebnissen wie Asmussen in seinem 1939 veröffentlichten, viel gelesenen Buch „Die Kirche und das Amt".[137] Vor allem beschäftigte er sich, wie wir sahen, mit der Katholischen Kirche. Der gewiß nicht auf Seite Asmussens zu findende Biograph Niemöllers Dietmar Schmidt berichtet darüber: „Niemöller ist um die Jahreswende 1940 auf 1941 zur Konversion bereit. In einem der wenigen Briefe, die er seinem Bruder aus dem KZ schreibt, begründet er seinen Entschluß: Die protestantische Theologie, wie er sie damals zu sehen glaubt, steckt in einer ausweglosen Sackgasse. Der Protestantismus ist in Schriftgelehrsamkeit versandet und hat darüber die Verbindung mit der Bibel verloren. Das sogenannte Schriftprinzip mit seiner Ausschließlichkeit ist weder kirchlich noch biblisch, sondern ein Produkt des Humanismus. Das evangelische Christentum ist zur Buchreligion geworden. ‚Kirche' – so meint Niemöller zu jenem Zeitpunkt – ist etwas grundsächlich anderes. ‚Ich stelle in allem Ernst die Frage, ob in dem, was sich nach der Reformation evangelische Kirche nannte, überhaupt jemals der Heilige Geist wirksam war!'[138] *Vor allem, das geht aus anderen Briefen hervor: er vermißt beim Protestantismus das Lehramt der Kirche.* Schon im Sommer 1938, als Unbekannte ihm ein katholisches Messbuch schickten[139], hat es angefangen. Er lese jetzt jeden Morgen die Messe und sei erstaunt über ihren Reichtum an Gebeten und biblischen Lektionen, schreibt er nach Hause ... Im Frühjahr 1939 muß seine Frau ihm das katholische Brevier besorgen ...". – Schmidt berichtet nicht, daß Asmussen damals der Seelsorger der Familie war. Und ich erinnere den Leser an das, was ich oben berichtete, daß ich November und Dezember 1940 auf Veranlassung As-

Nachstehend ein Bild, das die freundschaftliche Verbundenheit der Familien Asmussen und Niemöller mit denen der beiden Mitglieder des VKL P. Fritz Müller und P. Dr. Hans Böhm erkennen läßt, gerade für die Zeit, die Karl Barth zu dem vorstehenden Zitat veranlaßt. Das von Frau Asmussen geknipste Bild entstand etwa einen Monat vor der Ermordung P. Paul Schneiders im KZ Buchenwald im Juni 1939 bei einem Ausflug nach Nikolskoe bei Berlin. In der Mitte der unteren Reihe sehen wir Martin Niemöllers Eltern, die damals anläßlich einer Sprecherlaubnis bei ihrem Sohn im KZ Sachsenhausen in Berlin waren. Links neben P. Heinrich Niemöller stehen Reimer Asmussen und ein Sohn Böhm. Neben Frau Niemöller sitzt Frau Böhm mit Sohn Peter. Hinter den Eltern Niemöller steht Martins Frau Else Niemöller mit ihrer Tochter Brigitte. Es folgen nach rechts Doris Asmussen und die Tochter Müller sowie Jes Asmussen und Frau Müller. Hinter diesen stehen Hans Asmussen und P. Dr. Böhm und zwischen ihnen der Sohn Müllers. Links von Frau Else Niemöller finden wir P. Müllers Vikar Crönert und Liesel Böhm und neben ihr P. Fritz Müller, P. Wolfgang Saß, zwei BK-Studenten und (verdeckt) den Verfasser.

Damals schenkten mir Martin Niemöllers Eltern als Zeichen der Verbundenheit ein Exemplar der Geburtsanzeige ihres Sohnes, das hier ebenfalls wiedergegeben wird.

Gottes Güte schenkte uns heute einen gesunden, kräftigen

Sohn. Martin

Lippstadt, den 14. Januar 1892.

Pfarrer Niemöller und Frau.

mussens bei den beiden Malen des Besuchs Frau Niemöllers im Kz Sachsenhausen, als sie ihrem Mann die Konversionsabsichten ausreden sollte, ihr Begleiter war. Und noch eine wichtige Feststellung gehört dazu: Schmidt schreibt über Niemöllers Befreiung: „Es ist verständlich, daß den Zeitungsleuten, die Niemöller am 5. Juni 1945, über einen Monat nach seiner Befreiung, in Neapel besuchten, seine Verärgerung auffällt [N. hatte erfahren, daß sein Sohn Jan von den Russen an der Front gefangen genommen und in die Antifa-Schule von Krasnogorsk gebracht worden sei]. Vermutlich ist sie daran Schuld, daß seine Erklärungen schroffer klingen, als sie gemeint sind. Aber auch ohne diesen Beigeschmack wären sie schwer erträglich für eine Weltöffentlichkeit, die durch jahrelange, intensive Propaganda an ein primitives Klischee gewöhnt ist, in dem es nur die Helden der eigenen Seite und die Schurken auf der Seite des Gegners gibt. Wie soll die Öffentlichkeit es verstehen, daß einer der populärsten und bisher unbestrittenen Heroen überraschend zugibt, daß er an einem gewissen Zeitpunkt seines KZ-Daseins bereit war, auf der Seite der Schurken zu kämpfen? Diesen Schock mutet Niemöller in seinem, von Karl Barth später als ‚berüchtigt' prädikatisierten Interview der Öffentlichkeit zu. Er erzählt seinen eifrig mitschreibenden Besuchern, daß er sich während des Krieges [N. B. am 7. 9. 39] freiwillig zur deutschen U-Boot-Waffe gemeldet habe, weil er nicht länger habe mit ansehen können, daß seine drei Söhne kämpften, während er selbst hinter Stacheldraht saß. Auch daß sein Widerstand gegen Hitler mehr religiöser als politischer Art gewesen sei, verschweigt er nicht. Schließlich erschreckt er seine an die Unfehlbarkeit der westlichen Demokratie glaubenden Zuhörer mit der These, die Form von Demokratie, unter der das deutsche Volk leben könne, sei noch nicht erfunden."[140]

Wie konnte Barth im o.a. Zitat so über die Jahre 1938/39 schreiben, – und über Asmussens „Bekehrung" spotten?! 1939: ich war bei einem Gespräch von Adam von Trott zu Solz mit Asmussen in dessen Haus Erfurter Str. 9 in Berlin-Schöneberg anwesend, in dem es um die Vorbereitungen zu Hitlers Beseitigung ging. Trott zu Solz, nach dem 20. Juli 1944 hingerichtet, sollte nach Gelingen des Umsturzes der Außenminister werden, und er war dafür, Niemöller zum Staatsoberhaupt zu machen. Wie sehr traf es Asmussen und uns alle, von Niemöllers genannten Gesuch an Großadmiral Raeder zu hören! Nein, Barth irrte in seiner Beurteilung Niemöllers und Asmussens in jenen Jahren! Und noch einmal: Barths Proklamation des „Politischen Gottesdienstes" als Widerstand gegen Asmussens Ruf zu Erneuerung des geistlichen Lebens vom Gottesdienst her war mehr als eine Episode. Asmussen wußte, daß sich damit – und die Folgen spüren wir bis heute – eine Grundlagenveränderung fundamentalen Ausmaßes anbahnte.[141] Nachdem Barth das, was er meinte, im Brief an HROMADKA vom 19. 9. 38 offen ausgesprochen hatte: „daß jetzt jeder tschechische Soldat nicht nur für die Freiheit Europas, sondern auch für die christliche Kirche stehen und fallen wird"[142], schreibt Asmussen seine Auslegung von Römer 13 „Wiederum steht geschrieben"[143] und stellt sich gleichzeitig den Kreisen des politischen Widerstands zur Verfügung, – mit der Bereitschaft, auch die Konsequenz des Verlustes des Lebens auf sich zu nehmen! Wie kann Barth schreiben (s.o.): „Asmussens ‚Bekehrung', daß man ‚gegenüber dem eingreifenden Staat noch passiver werde'! In dieser Zeit erlebte ich im Haus Asmussen, was ich in meinem Beitrag zur Festschrift zu Asmussens 65. Geburtstag „Getröstete Angst" genannt habe. Nicht nur Karl Barth meldete sich von einer Position *außerhalb* des brennenden Kraters: auch seine Anhänger in Deutschland, Männer und Frauen der Bekennenden Kirche, tapfer in ihrem Einsatz und mit Asmussen am Werk, die Sache der BK lebendig zu erhalten, wußten zum größten Teil nichts von Asmussens Verbindung zum Freiburger Kreis und zu Männern und Frauen anderer Kreise. Die Geheimhaltung war ja eine unbedingte Notwendigkeit. Auch mir als seinem engsten Mitarbeiter gegenüber beschränkte er sich auf Andeutungen. Und die Verhandlungspraktiken der Gestapo nach dem 20. Juli 44 beweisen, wie berechtigt diese Vorsicht war. Es war sehr schwer für Asmussen, sich auch den Bekannten in der BK gegenüber nicht rechtfertigen und offenbaren zu können, wenn ihm vorgeworfen wurde, er habe den konsequenten Kurs verlassen (s. auch S. 186).

Das möge genügen, um den Nachweis zu bringen, welche Probleme bis in unsere Tage hinein offen geblieben sind im Verständnis des Gottesdienstes als umfassender Gestaltungskraft des *gesamten* geistlichen Lebens der Kirche.

Karl Barth hatte in „Theologische Existenz heute" 1933 ausgesprochen, daß das unveränderte und vom Tagesgeschehen unberührte Gebets- und Gottesdienstleben der Mönche wie das ebenso erfolgende „Theologie zu treiben, als ob nichts geschehen wäre,", eine „Stellungnahme" wäre, die „indirekt sogar eine politische Stellungnahme" sei. *Asmussen ist dieser Erklärung treu geblieben.* „In der Stunde Null" berichtet HELMUT THIELICKE aus seiner Bonner Studentenzeit (Ende der 20er Jahre): „Wenn wir Barth als Studenten baten, in seiner Vorlesung auf diese oder jene uns bedrängende politische Frage zu sprechen zu kommen, lehnte er das konsequenterweise ab, weil sich derartige Fragen seiner theologischen Kompetenz entzögen. Er verwies uns in solchen Fällen auf seine Sprechstunde, wo er uns seine ‚private' Meinung durchaus zu sagen bereit sei."[144]

Asmussens Sicht kann mit Feststellungen Bultmanns in seinem Kommentar zum Johannesevangelium[145] verdeutlicht werden. Bultmann stellt schon bei der Auslegung des Prologs (S. 4) fest: „es ergibt sich also: der Evangelist hat dem Prolog ein kultisches Gemeindelied zugrunde gelegt". Und bei der Auslegung von Joh. 6 schreibt er: „denn zweifellos ist hier vom sakramentalen Mahle der Eucharistie die Rede, bei der Fleisch und Blut ‚des Menschensohnes' verzehrt werden mit der Wirkung, daß diese Speise das ‚ewige Leben' verleiht, und zwar in dem Sinne, daß der Teilnehmer an diesem Mahle der künftigen Auferstehung gewiß sein kann" (S. 162). Gerade wenn Bultmann diese Sätze als „von der kirchlichen Redaktion hinzugefügt" , behauptet, bestätigt er damit, daß die Urgemeinde vor Abschluß des neutestamentlichen Kanons das ganze Johannesevangelium als aus dem Vollzug der Eucharistie kommend und in die Eucharistie führend verstanden hat. Ob nun Redaktor oder nicht: die Verse 6,27–59 sind bindende Aussagen der Bibel in ihrem kanonisierten Text, Grundurkunde aller Kirchen! Bultmann sagt weiter: „Wenn das Fleisch als das für das Leben der Welt gegebene bezeichnet wird, so ist zweifellos an Jesu Hingabe in den Tod gedacht, der ja nach urchristlicher Anschauung ein Tod ‚hyper' (‚für') ist ... (Die Juden) verstehen ganz richtig, daß es sich um wirkliches Verzehren seines Fleisches handelt, aber sie halten das für absurd.... Dem, der das Herrenmahl nicht genießt, wird also die Erlangung des Lebens abgesprochen; das Herrenmahl ist also, wie Vers 54 noch deutlicher zeigt, als Pharmakon Athanasias (Heilmittel der Unsterblichkeit) verstanden.... Der Teilnehmer am sakramentalen Mahl trägt in sich die Potenz, die ihm die Auferweckung garantiert ... Es handelt sich also um reales Essen, nicht um eine geistige Aneignung. Es liegt deshalb am nächsten, den begründenden V. 55 in diesem Sinne zu verstehen: es ist wirklich so! Jesu Fleisch ist wirkliche, d.h. reale Speise, und sein Blut ist realer Trank!" (S. 175/176). *Stärker kann biblisch kaum die kausative Heilszueignung bestätigt werden.*

Wieder muß in diesem Zusammenhang Busch zitiert werden: „es gibt ja *kein* Zurück hinter den Ostermorgen ...". Im ekklesiologischen Teil [sc. der Dogmatik] ging es ... [Barth] darum, daß die Kirche ganz von ihrem „Haupt" Jesus Christus her verstanden werden müsse – als dessen „Leib" sie, wie er formulierte, seine „irdisch-geschichtliche Existenzform" ist.[146]

Für diese Sicht sei aus H. Schliers Epheserkommentar zitiert: „Paulus hatte Einsicht in das ‚Mysterium Christi' (3,4) gewonnen, welches als das ewige Mysterium des Willens Gottes, 1,9, durch das ‚Mysterium des Evangeliums', 6,19, jetzt im Mysterium der Kirche, 3,9, zutage tritt. Diese Einsicht ist in seinem Brief zu lesen, wie er selbst sagt, 3,4. Das Mysterium Christi, das zuletzt die Kirche aus Juden und Heiden ist, hat er in ihm entfaltet und alles Heilsgeschehen bis hin zu dem Wandel der *einzelnen Christen* in seinem Bezug zu ihm und seinem Lichte dargelegt. Jetzt, nachdem er das Grundmysterium auf dem Grunde des Mysteriums entdeckt hatte, sprach er nur noch von diesem Grund und erschien ihm *alles* nur noch in seinem Zusammenhang mit ihm und als Hinweis auf ihn bedeutsam."[147]

Wenn also Asmussen das gesamte Leben der Christen – auch ihre Sorge um das Wohl – aus dem das Heil zueignenden und in ihn zurückführenden (im Dank und im Empfang der Vergebung und in Anbetung) Gottesdienst verkündigte, konnte er sich auf das Zeugnis auch der Männer berufen, denen er in bestimmten Verhaltensweisen widerstehen mußte.

Die Klärung der Gegensätze im Blick auf den Gottesdienst, die Lebensmitte der Kirche, ist in den kurzen 12 Jahren des Kirchenkampfes noch nicht gelungen. Die am Anfang dieses Abschnittes genannten Fehlentwicklungen in der Gottesdienstpraxis im evangelischen Raum sollten schnellstens – denn geht es nicht um das Zeugnis der Kirche in apokalyptischer Zeit? – wieder in dieser damals auf hohem theologischen Niveau geführten Klärungsarbeit verankert werden. In der liturgisch vollzogenen Übung des Gottesdienstes der Kommunitäten, wie der Hochkirche, der Michaelsbruderschaft, der Marienschwestern, der Jesusbruderschaft, der Kommunität Casteller Ring, der Kommunität von Taizé u. a. könnte die Klärungsarbeit Hilfe durch reichlich vorhandene Erfahrung an geistlicher Bereicherung erhalten.

3. Vom Wesen des Amtes
– Sendung und Dienst als Sklaven Christi –

Im Verständnis vom Wesen des Amtes ist ein Gegensatz offen geblieben, ja, er hat sich seit den 50er Jahren noch vertieft, der das Leben der Gemeinden besonders schmerzlich berührt und die heilende Ausstrahlung der Kirche lähmt.

Ich verdeutliche den Gegensatz an zwei Beispielen:

Wenn im Kirchenkampf ein Pfarrer verhaftet wurde, geschah es immer wieder, daß er sich im Talar abführen ließ. Er wollte zeigen, daß er mit seiner ganzen Existenz in das Amt Christi eingebettet war und daß mit dem ihm geschehenden Unrecht dem Amt Christi Gewalt angetan wurde. Er wußte sich mit seiner Familie identisch mit diesem Amt.

Heute dagegen möchte ein großer Teil der jüngeren Pfarrer nicht mehr mit dem Titel, sondern nur noch mit dem Namen angeredet werden. Dem Titel wird unterstellt, daß er ein Privileg bezeichne, wie andere Titel im öffentlichen Leben.

Diese Titel-Bilderstürmerei bleibt jedoch auf die „niederen Gefilde" der Pfarrerschaft beschränkt. Höherrangige wie Bischöfe, Kirchenpräsidenten, Pröpste, Superintendenten und Dekane werden im allgemeinen auch von der erwähnten Theologengruppe mit Titel und Rang angesprochen. Und ich täusche mich wahrscheinlich nicht in der Annahme, daß die leitenden Männer etwas sauer reagieren würden, wenn dieses Nivellierungsprinzip ihnen gegenüber in Anwendung käme.

In der Schar des pfarramtlichen Fußvolkes war Ende der 60er Jahre eine Gruppe junger hessischer Theologen so konsequent, daß sie aufgrund ihres Verständnisses des Amtes als eines Berufes wie andere forderten, an Stelle der Ordination einen Anstellungsvertrag nach Mustern aus dem Bereich der Wirtschaft zu erhalten. Ich kann ihnen meine Sympathie nicht verhehlen, falls unser Amt als das eines von der Gemeinde Beauftragten, also als das eines Funktionärs einer Religionsgesellschaft zu beschreiben ist.

Dieser Entwicklung kommt entgegen, daß offensichtlich die Träger eines leitenden Amtes sich scheuen, sich zu dem Besonderen ihres Berufes, innerhalb des Volkes Gottes, theologisch und geistlich freimütig zu bekennen. Ich hörte auf die Frage, wer sie seien, nur immer wieder die Antwort, sie seien „nur" Pastoren, wenn auch mit einem anderen Aufgabenbereich als die Gemeinde-Pastoren. Einmal konterte ein Journalist diese Aussage mit der Bemerkung: „Ja, aber mit höherem Gehalt!".

Solange ein einander so widersprechendes Verständnis vom Wesen des Amtes in unseren Kirchen toleriert wird, muß das Auftreten leitender Kirchenmänner bei öffentlichen Veranstaltungen in einem, immer uniformer werdenden Amtsrock mit Eckenkragen und Kreuz in uns gemischte Gefühle erwecken, wenn diese „nur-Pastoren" nicht auch und dann besonders eindringlich die Gemeinde-Pfarrer in die gleiche Tracht rufen.

„Ihr liefet so fein", möchte man mit dem Apostel Paulus sagen, wenn man sich in Erinnerung ruft, was wir oben im Abschnitt „Die Barmer Bekenntnissynode als Rechtsnachfolgerin der DEK" über Vollzug, Begründung und Konsequenz der Ordinationspraxis der Bekennenden Kirche berichteten und worin sich Lutheraner, Reformierte und Unierte damals einig waren. *Für dieses Ordinationsverständnis war man bereit, Verfolgung bis zum Freiheitsentzug auf sich zu nehmen!*

Die Ursachen für den Verfall des Amts- u. Ordinationsverständnisses sind verschiedene und ergeben sich aus dem bisher Gesagten:

1. Wo das irdische Wohl dem ewigen Heil vorangestellt wird, sind soziales Engagement, attraktives Gemeinschaftserleben und gesellschaftliche Aktivitäten vorrangige Aufgaben im Berufsbild des Gemeindeleiters. Die Verwaltung der Gnadenmittel tritt dem gegenüber zurück. Der „Hirte des Erzhirten" ist als solcher nicht notwendig, – nicht mehr heilsnotwendig.
2. Wenn der Wissenschaftler *als solcher* zum Inhaber des kirchlichen *Lehramtes* gemacht wird, dann ist es der Pastor im Vollzug des Verkündigens des Evangeliums nicht mehr. Er wird im besten Fall zu so etwas wie der Außenstelle der theologischen Fakultät, – vergleichbar mit dem Hausarzt in seinem Verhältnis zum Medizinprofessor. Es bleibt ihm überlassen, ob er die mit dem Instrumentarium wissenschaftlicher Untersuchungsmethoden nicht mehr erfaßbaren Grundwahrheiten, wie etwa die Auferstehung und die Geburt Jesu Christi und seine Wiederkunft zum Gericht, vermittelt. Er ist entschuldigt, wenn er es unterläßt und sich auf seine vermeintliche Verpflichtung zur intellektuellen Redlichkeit beruft und wenn er in den sogenannten Humanwissenschaften sich besser auskennt als in der Bibel, – wenn er den Christus-Titel wegläßt und nur noch von Jesus von Nazareth spricht, – wenn er Selbstverwirklichung an die Stelle der Heiligung – und Psychotherapie an die Stelle der Absolution setzt.
3. Wenn der Gottesdienst in der Verwaltung der Gnadenmittel nicht mehr kausativ das Heil zueignet, sondern bestenfalls kognitiv zur Kenntnis gibt, daß jeder erlöst ist, dann gibt es letztlich kein priesterliches Wächteramt mehr. Man versuche einmal, einem Pfarrkonvent in unseren Tagen einen mehrtägigen „Fortbildungskurs", wie es heute genannt wird, anzubieten, wo ausführlich über die Aufgabe des täglichen Gebetes des Pfarrers für seine Gemeinde, über die Zurichtung dazu, über die Ordnung dieses Gebetes und über die Folge davon für das geistliche Leben der Gemeinde gearbeitet werden soll. Denn Jesus zu lieben und ihn anrufen, gehört heute in den Intimbereich, nicht aber zu den pfarramtlichen Pflichten. Wer es will, kann sich die Sünden vergeben lassen. Aber das muß nicht sein. Denn es ist gleichwertig, wenn ein Pfarrer seine Gemeinde zu einem allgemeinen Vertrauen in Gottes

Barmherzigkeit anleitet und Jesus als den Offenbarer dieser Behauptung benutzt, aber nicht als den Bewirker, als den Retter, der durch sein Blut Gott versöhnt und der als Hoherpriester angerufen und in der Fürbitte zum rettenden Handeln in der Gemeinde gebeten sein will.

Im Vergleich zu der Erkenntnis über das Amt im Kirchenkampf ist viel verloren gegangen. Um es an einigen Beispielen für viele zu verdeutlichen:

Die von Melanchthon gegründete evangelische Klosterschule Schulpforta bei Naumburg/Saale war von den Nazis in eine nationalsozialistische Erziehungsanstalt – NAPOLA – verwandelt worden. Der Geistliche Inspektor, Superintendent Petersen, war pensioniert worden. Mein geistlicher Vater, Pastor Lorenz Bertheau in Bad Kösen, Mitglied des Provinzialbruderrates in Magdeburg, wurde mit der Versorgung der evangelischen Einwohner als seinem Filialort von der Kirchenverwaltung beauftragt. Die alte Zisterzienserkirche hatten die Nazis zum Abstellraum für Segelflugzeuge entweiht. Pastor Bertheau wurde lediglich erlaubt, in der kleinen Abtskapelle den Gottesdienst zu halten. Den Dorfbewohnern war der Besuch des Gottesdienstes verboten worden.

So mußte der Pastor aus seiner Kösener Gemeinde ein oder zwei Gemeindemitglieder jeweils mitnehmen, um in Pforta Gottesdienst zu halten. Das hat er bis 1945 treu und, ohne sich beirren zu lassen, durchgehalten, in der Gewißheit, daß dieses anhaltende Gebet von Gott erhört wurde und der Gemeinde zu gute kam. Ich durfte dann die Früchte ernten, als ich 1945 die Gemeinde übernahm: Amt Christi und kausative Heilszueignung!

Ein zweites Beispiel: Ich hatte 1950 die Friedenskirchengemeinde in Offenbach/M. übernommen, die Gemeinde, in welcher der für die evangelische Christenheit so bedeutende Schriftkünstler Rudolf Koch bis 1934 gewirkt hatte. Unser gläubiger und im Kirchenkampf bewährter Kirchendiener (so wollte er genannt werden, nicht Küster) Johann Hofferbert erzählte mir, wie Rudolf Koch seinen Freund, meinen Vorgänger Friedrich Matthäus, tröstete, wenn einmal wieder nur wenig Menschen zum Gottesdienst gekommen waren, und ihn darauf hinwies, daß im Gottesdienst ja Jesus Christus gegenwärtig sei und in der Verkündigung seine Macht erweise und Gebet erhöre.

Ein drittes Beispiel: Der am 17. Jan. 1945 im KZ-Dachau verstorbene Pastor Ludwig Steil schrieb aus der Gefangenschaft Mitte November 1944 in einem Abschiedsbrief an die westfälischen Pfarrer der BK: „Da es in diesen Tagen deutlich geworden ist, daß mein Weg zu den Brüdern nach

Dachau führen wird, will ich mir die Zeit nehmen, Ihnen ein Zeichen meines Gedenkens und meiner Fürbitte zu senden ... Die erste Not war diese, daß die Arbeit in der Gemeinde und in der Gesamtkirche im Stich gelassen werden mußte. Aber Gott gab mir die Kraft, das alles unter dem Kreuz niederzulegen ... So durfte ich ganz zu dem Dienst des Tragens und der Geduld frei werden ... Da war der uns Gefangenen aufgetragene Dienst vor dem Thron Gottes in seiner unaussprechlichen Herrlichkeit ..."[148]

Bis zum Zusammenbruch 1945 war der äußere Druck so stark, daß der Dienst von den Pastoren und Pfarrern treu und unreflektiert ausgeübt wurde in der Verkündigung des Wortes und in der Verwaltung der Sakramente und im Zusprechen der Absolution.

Asmussen jedoch ahnte bereits seit 1937, daß sich die Krise im Blick auf das Amtsverständnis vorbereitete. Er mißtraute einem zu sehr betonten „Amtsverständnis" der Lutheraner, da ihm bewußt war, daß dieses sich erst im Laufe des vorigen Jahrhunderts zu prägen begonnen hatte.[149]

Asmussen war jede „klerikale Romantik" verdächtig. *Darin haben Barth und Niemöller ihn 1945/46 völlig mißverstanden und unzutreffend eingeordnet.* Bei Gesprächen über das Wesen des Amtes ist Asmussen mit Vorliebe von der Prophezeiung für das Volk Gottes in Jeremia 31,34 ausgegangen: „Es wird keiner den anderen, noch ein Bruder den anderen lehren und sagen: ‚Erkenne den Herrn', sondern sie sollen mich alle kennen, beide, klein und groß, spricht der Herr."[150]

Das „Amt" sah er für dieses Ziel des Gott erkennenden Volkes dargestellt in Eph. 4,16: In der *Handreichung*, die „die *Gelenke* den Gliedern des Leibes Christi tun".

Aus diesem Grunde wußte er sich wohl den liturgisch bestimmten Bruderschaften und der in ihnen geübten Pflege geistlicher Gewänder nahe. Aber er ging seinen Einzelweg ohne diese Formen, um auch in seiner Person ein Zeichen zu sein dafür, daß zum rechten Verständnis und zur rechten Vollmacht für das Amt zunächst erforderlich ist, das Vorfeld in der geschilderten Weise nach drei Seiten hin in Ordnung zu bringen: Daß das Heil Vorrang vor dem Wohl hat, – daß die Hirten in Vollzug der Verkündigung das Lehramt ausüben, – und daß der Gottesdienst kausativ das Heil zueignet.

Dazu gehörte für ihn, wie wir sahen, daß die „Sendung", die Apostolizität, geklärt werden muß.

Apostolizität zur Abgrenzung gegen sektiererische Entwicklungen, – Apostolizität um des Weges willen auf die „eine, heilige, apostolische

Kirche" hin, Apostolizität um des Selbstverständnisses des Amtsträgers und um der Früchte seines Wirkens willen.

Mit der Bedingung, daß die Sendung, die Apostolizität, Wesensinhalt des Amtes ist, war für Asmussen mitgegeben das Selbstzeugnis der Apostel, *daß sie „douloi" – Sklaven Christi sind:* Sklaven, die sich nicht mehr selbst gehören, – Sklaven, die nur im Auftrage ihres Herrn handeln, – in denen aber und durch die dann der Herr selbst gegenwärtig ist und handelt, ja, sogar – und hier setzte Asmussen das Amt der Bischöfe an und sah sich in CA XXVIII bestätigt – regiert!

Aus diesem Grunde ereignet sich für ihn das *Wesen des Amtes als „Passion"*, als ein Erleiden, wenn auch in der Liebe zum Herrn ein Erleiden in zutiefst glimmender Freude. Die Würde des apostolischen Sklavendienstes der Träger des Amtes – Pastoren wie Bischöfe – fand er in 1. Kor. 4,9: „Ich halte aber dafür, Gott habe uns Apostel für die Allergeringsten dargestellt, als dem Tode übergeben. Denn wir sind ein Schauspiel geworden der Welt und den Engeln und den Menschen. Wir sind Narren um Christi willen, ihr aber seid klug in Christo . . .".

Er ließ sich von Katholiken belehren darüber, was wir Evangelischen früher im allgemeinen nicht wußten, daß ein Bischof bei der Verleihung der Kardinalswürde zu bekennen hat, daß er bereit ist, für den Glauben sein Leben hinzugeben.

Asmussen fand die Bestätigung dieser Charakterisierung in der geschichtlichen Entwicklung des Namens „Bischof", und er liebte die Ernüchterung allem feierlichen und servilen Gehabe gegenüber durch die Tatsache, daß die frühe Christenheit den Namen für den „Vorsteher" entweder aus dem Steuerbereich oder aus dem Sport („Aufseher") entnommen hat.

Gerade diese Ernüchterung verstärkte für ihn das Gewicht der Repräsentation Christi durch das Amt in seiner absoluten Bindung an die *Sendung* und an seinen Charakter als *Dienst* des Sklaven Christi.

In den Gesprächen über diesen Gegenstand verlangte er immer dringlicher, das Wesen der Schlüsselgewalt zu klären: Jener *Prokura*, die in der römischen Gesellschaftsordnung der oberste Sklave, der „maior domus", im Namen seines Herrn auszuüben hatte und die durch das Tragen der Schlüssel ausgewiesen wurde.

Mit wachem Interesse, um der Bedeutung für die Praxis willen, ließ Asmussen sich durch Joachim Jeremias in dessen Artikel über „Schlüssel" – „Kleis" – im Theol. Wörterbuch zum NT (III., S. 743) darüber belehren, daß damit nicht der Pförtner, sondern der „Bevollmächtigte" eingesetzt wird, der als „Schlüsselinhaber Verfügungsgewalt besitzt" und „andererseits die Vollmacht hat, den Zutritt zu erlauben oder zu verwehren".

Aus diesem Grunde hat Asmussen die Bedeutung von CA XXVIII hervorgehoben, wo es im Artikel „Von der Bischöfe Gewalt" heißt:

(Mit der Gewalt der Schlüssel) „werden gegeben nicht leibliche, sondern ewige Dinge und Güter, als nämlich ewige Gerechtigkeit, der Heilige Geist und das ewige Leben. Diese Güter kann man anders nicht erlangen, denn durch das Amt der Predigt und durch die Handreichung der Sakramente."

In der freiwilligen Unterordnung unter dieses Amt Christi fand Asmussen den gültigen Erweis der Freiheit. Indem dieses Amt das Gegenteil von jenem Hausverwalter zu sein hat, der nach Matth. 24,48–49 seine Mitknechte schlägt, gibt es einen freiwilligen Gehorsam unter den Hausverwalter um des Herren willen, der geradezu das Amt profilierend begrenzt und die Verführung des Amtsträgers zu Herrschsucht oder Selbstgefälligkeit verhindert.

Als Asmussens Freund Hermann Kunst (der auch bei Asmussens Beerdigung den Gottesdienst hielt) zum Bischof eingesegnet wurde, redete ihn Asmussen nunmehr an: „Hochwürdigster Herr Bischof, lieber Hermann". Und wenn ein, mit einem Leitungsamt beauftragter Theologe sich anbiedern wollte, indem er vorschlug, ihn nur mit seinem Namen anzusprechen, mußte er daran erinnert werden, daß sein Titel kein Privileg, sondern eine „In-Pflicht-nahme" ist, die eine Trennung in amtliche und private Sphäre ausschließt.

Dibelius sprach gern davon, daß wir „immer im Dienst" sind. Das paßt als Berufsbild nicht in das irgend eines weltlichen Berufes!

In seinem Verständnis von der normativen Kraft des Faktischen verschloß sich Asmussen nicht der historischen Entwicklung des Amtes, besonders im deutschen Protestantismus. Aber es ging ihm im Blick auf das Wesen des Amtes stets um der essentiellen Profilierung willen um dessen Vollzug, freilich um einen Vollzug, „der dauernd am Maßstabe der christlichen Botschaft gemessen und auf die Dignität geführt wird, die (der Vollzug) um dieser Botschaft willen haben darf und haben soll".[151]

Der Einbindung des Amtes in die *Sendung* und in seinen Charakter als *Sklavendienst* widerspricht ein Verhalten, das Ansprüche auf dieses Amt anmeldet. Das Amt kann nicht anders ausgeübt werden, als in der Art, wie Paulus seine Gebundenheit in 1. Kor. 9,16–18 beschreibt: „Daß ich das Evangelium predige, darf ich mich nicht rühmen; denn ich muß es tun. Und wehe mir, wenn ich das Evangelium nicht predige! Tue ich's gern, so wird mir gelohnt; tu ich's ungern, so ist mir das Amt doch befohlen. Was ist denn nun mein Lohn? Daß ich predige das Evangelium Christi und tue das frei umsonst, auf daß ich nicht meine Freiheit mißbrauche am Evangelium."

1947 sprach Peter Brunner vor der hessischen „Jungen Bruderschaft", dem Zusammenschluß von uns ehemaligen „Illegalen", in Frankfurt über die Ehe des Pfarrers. Er grenzte die Pfarrerehe gegenüber allen anderen Ehen in der christlichen Gemeinde dergestalt ab, daß dort die Männer um ihrer Frauen willen versuchen müßten, im Beruf Erfolg zu haben und zu avancieren. Der Beruf des Pfarrers stehe dagegen unter einem Berufsbild, das vom Wort bestimmt sei: „Er muß wachsen, ich aber muß abnehmen".

Der Pfarrer könne nicht den Wunsch haben, einen höheren Posten anzustreben. Für die Pfarrfrauen sei das eine meist nicht beachtete Belastung.

Der Gegensatz, der im Verständnis des Wesens des Amtes heute besteht, wirkt sich praktisch so aus, daß die Widersprüche nicht mehr miteinander vereinbar sind. Gutwillige Christen mit Verantwortung im öffentlichen Leben sind zutiefst beunruhigt. Sie brauchen „die Gemeinde des lebendigen Gottes als Pfeiler und Grundfeste der Wahrheit" (1. Tim. 3,15). Aber ihnen wird zugemutet, Pilatus als Richtschnur zu nehmen mit dessen Frage: „Was ist Wahrheit?!". Die im modernen Arbeitsleben bis an die Grenze ihrer seelischen Kraft geforderten Gemeindeglieder wenden sich ab, wenn der Pfarrer sich als Funktionär einer Religionsgemeinschaft versteht, der nur zu oft der Gemeinde zumutet, ihn mit seinen Skrupeln und Problemen „sich selbst finden" zu lassen.

Die Widersprüche im Verständnis des Wesens des Amtes führen zu tiefgreifenden Konsequenzen, von denen ich zwei anführe.

Die eine Konsequenz wirkt sich im eben angedeuteten Selbstverständnis und daraus sich ergebenden Verhaltensweisen weiter Kreise des theologischen Nachwuchses aus. So lassen viele jüngere Pfarrer erstaunlich ungeniert Forderungen laut werden, die man so in früheren Zeiten nicht kannte. Das geht von Wohnungs- u. Ausstattungswünschen bis zu dem Ansinnen, in außerehelichen Gemeinschaften leben zu können. Für viele Pfarrer widerspricht die Scheidung ihrer Ehe nicht dem Kern der Aufgabe und der Ausstrahlung ihres Hirtenamtes.

Den Aktivitäten politisierender Pfarrer stehen heute die Verantwortlichen praktisch hilflos gegenüber. Die Examensanforderungen sind auf ein Minimum dessen reduziert, was uns die Prüfungsämter der Bekennenden

Kirche abverlangten, – und wir Kandidaten im Kirchenkampf standen damals in einem, der heutigen Generation nur schwer erklärbaren praktischen Einsatz! Die Propsteibezirke, z. B. in Hessen, heißen zwar nach den Plänen, die in der BK für die Zukunft nach dem Zusammenbruch seinerzeit erarbeitet waren, „Visitationsbezirke". Aber von Visitation ist seit langem keine Rede mehr, – mit dem Erfolg, daß etwa die Kontrolle über den Inhalt des Konfirmandenunterrichtes aufgegeben zu sein scheint. Weithin ist der Inhalt so beschaffen, daß es seinetwegen keine Verfolgung durch eine antichristliche Diktatur geben würde. Und die Kriterien, nach denen die Auswahl junger Theologen aus der sogenannten „Pfarrer-Schwemme" zur Einstellung oder zur Zurückstellung vorgenommen werden soll, tragen nicht den Geist und die Kriterien von 1. Tim. 5,22: „Die Hände lege niemand zu bald auf; mach dich auch nicht teilhaftig fremder Sünden. Halte dich selber keusch."

Wenn die Verantwortlichen diese, die Gemeinden und ihre Zukunft unmittelbar berührenden Erscheinungen in den Griff bekommen wollen, müssen sie vordringlich bei sich selbst das Verständnis vom Wesen des Amtes klären. *Wir waren dieser Klärung schon einmal näher als heute!*

Die andere Konsequenz ergibt sich für das brisante Gebiet der Frauenordination. Wer die Kirche mit Demokratie und die Synoden mit Parlamenten verwechselt, in welchen Entscheidungen durch Mehrheitsbeschlüsse herbeigeführt werden, wobei sich die Minorität der Majorität um des Kompromisses willen unterzuordnen hat, für den sind die Probleme der Frauenordination abgehakt.

Denn die parlamentarischen Synoden haben die Frauenordination beschlossen, und auch bei uns gilt „Roma locuta causa finita"; – nur, daß wir als „evangelisches" Proprium festhalten, daß dieser Sentenz des Augustinus *„um der Wahrheit willen"* widersprochen werden muß!

Ich habe nicht die Absicht, mich hier mit dem gesamten Komplex auseinanderzusetzen. Ich stelle nur fest, daß die Einsprüche gegen die Ordination von Frauen zum Gemeindepfarramt geistlich begründet sind und unter Berufung auf das Gewissen vorgetragen werden. Das kann in der Kirche nicht durch Mehrheitsbeschluß entschieden werden. Wie oft haben im Laufe der Geschichte der Kirche Minoritäten oder gar Einzelne gegen Massen und gegen Inhaber von Leitungsämtern einen geistlichen Besitzstand bewahrt, der sich dann lange nach ihnen als Hilfe in neuen Anfechtungen bewährte. Ich denke an August Vilmar, im vorigen Jahrhundert in die Renitenz gedrängt und dann ein solcher Helfer, als wir die reformatorischen Bekenntnisse als lebenschaffende Zeugnisse im Kirchenkampf wieder entdeckten!

In dieser Studie kann es nur um Hinweis auf den jeweiligen *Bezugsrahmen* gehen, innerhalb dessen die gefragte Sache zu erkennen und zu bewerten ist.

Was mich seit meinen ersten Begegnungen mit Hans Asmussen 1936 beeindruckte, war seine hohe Achtung vor der Frau: Ritterlich seiner eigenen Frau gegenüber, – schützender Helfer für Frau Niemöller in der Haftzeit ihres Mannes, – bereit, sich von Frauen auch in scheinbar nebensächlichen persönlichen Problemen, etwa ihrer Kinder, belehren zu lassen –, wie auch, sich belehren zu lassen von zwei Theologinnen: von der Leiterin des MBK-Werkes Salzuflen Lic. Anna Lawton, und von seiner Cousine, Lic. Anna Paulsen, zwei bekannten und gelehrten Theologinnen. Und schließlich ahnte er schon in den jungen Jahren seiner begabten Tochter Doris, daß sie einmal beruflich „ihren Mann" stehen würde. Und wie war ihm dann in den 60er Jahren die Freude abzuspüren, wie sehr ihn ihr beruflicher Erfolg als Oberstudienrätin und Professorin beeindruckte und wie er sie mit ihrem profunden Wissen, ihrer pädagogischen Erfahrung und ihrer klugen Urteilskraft gern zu Rate zog.

Es lag also nicht an irgend einer Voreingenommenheit der berufstätigen, selbständigen und dem Mann gleichberechtigten Frau gegenüber, wenn er dem Drängen der Theologiestudentinnen an der Kirchlichen Hochschule in Berlin auf künftige, uneingeschränkte Zulassung zum Gemeindepfarramt widerstand. Im Herbst 1938 war es zu einem ersten ausführlichen Gespräch mit einer Vertreterin der Studentinnen gekommen, nach welchem mir Hans Asmussen sagte, daß er die Sachfragen des Problems nach Bibel und Bekenntnis aus dem Grunde nicht besprechen konnte, weil das geistliche Amt grundsätzlich als ein *Rechtsgut*, das man *beanspruchen* könne, angesehen und gefordert wurde. So konnten infolge eines falschen Bezugsrahmens, nämlich dem des Anspruchs, die Sachfragen der Kennzeichen des geistlichen Amtes, seiner priesterlichen Aufgaben, seiner Legitimation und seiner praktischen Gestaltung unter Berücksichtigung der Frau nicht verhandelt werden. *Der Bezugsrahmen eines Anspruches auf ein Privileg ist die schlechteste Voraussetzung, um das geistliche Amt zu verstehen und in der Fächerung seiner Verwirklichung in der Praxis anwendbar zu machen.*

Ein anderer Bezugsrahmen, innerhalb dessen die Argumente für das geistliche Amt der Frau vorgelegt werden, leitet sich aus einem bestimmten Verständnis der Bindung an die theologische Wissenschaft ab, die wir oben im Zusammenhang mit der Frage nach dem Lehramt behandelt haben. Wir sahen, daß Asmussen sich dem Versuch widersetzte, das Instrumentarium historisch-kritischer Forschung *als solches* für geeignet zu erklären und anzuwenden, um die Wahrheit des Heilswerkes Gottes in Jesus Christus in ihrem eigentlichen Inhalt zu entdecken und für den heutigen Menschen anwendbar zu machen. Wir sagten, daß dann der Prediger zur Außenstelle der theologischen Fakultät würde. Dem Bibelleser als theologischem Laien bliebe dabei nur ein sehr verkürzter Zugang zur Wahrheit übrig. Eine eindrucksvolle Analyse des anstehenden Problems der Theologin innerhalb dieses zweiten Bezugsrahmens, welchen Stellenwert nämlich die Wissenschaft innerhalb der Theologie hat, gibt Frau Oberkirchenrätin *Gudrun Diestel* im „Rheinischen Merkur – Christ und Welt" am 30. 11. 1984 unter dem Titel „Die Jüngerinnen Jesu bürsten wider den Strich". Nachdem Frau Diestel die Situation in den USA bei Evangelischen und Katholiken im Blick auf die Feministische Theologie dargestellt hat, schreibt sie:

„Feministische Theologie zeichnet sich dadurch aus, daß in ihr akademische Arbeit und Basisbewegung verbunden sind ... Was macht die Diskussion um die feministische Theologie in Deutschland so schwierig? Feministische Theologie bürstet wider den Strich. Nach unserem Verständnis ist Theologie eine akademische Wissenschaft mit historischen, systematisch-philosophischen und praktisch orientierten Disziplinen. Jede dieser Disziplinen hat die ihr eigene wissenschaftliche Methodik. Natürlich haben die feministischen Theologinnen auch die Schule dieser verschiedenen Disziplinen durchlaufen. Sie verstehen es, die Texte nach historisch-kritischen Methoden auszulegen, sie haben gelernt, zu systematisieren, zu unterrichten und zu predigen. Aber sie sind noch durch eine zweite Schule gegangen, nämlich durch ihre eigene Lebenserfahrung als Frauen dieses zwanzigsten Jahrhunderts mit allen seinen Krisen.

Indem sie diese beiden ‚Schulen' miteinander ins Gespräch bringen, stellen sie kritische Anfragen an die klassische Theologie: Woher nimmt diese ihre Themen? Welche Traditionsstränge läßt sie am Rande liegen und weshalb? Wie kommt sie zu ihren Ergebnissen? Unterschlägt sie nicht wesentliche Stationen des Weges: Etwa die mitgebrachten Vorprägungen des (männlichen) Forschers, die sich auf Fragestellung und Ergebnis auswirken ...? Solche Fragen bringen die Theologie mit ihrem Wissenschaftsverständnis in Schwierigkeiten. Kein Wunder, daß sie sich zunächst ablehnend verhält ... Der Ausgangspunkt der Erfahrungen bedeutet auch, daß feministische Theologie das Gespräch zwischen den Humanwissenschaften, wie Soziologie und Psychologie, mit der Theologie stärker in Gang zu bringen versucht ...".

Dieser zweite Bezugsrahmen: Klärung der Stellung der Frau mit Hilfe historisch-kritischer Wissenschaft und – doch wohl dann vom Wissenschaftsverständnis her mit gleichem Recht – mit Hilfe der Humanwissenschaften, zeitigt Ergebnisse, mit denen man – falls man den Rahmen als für den Zugang zum Heilswerk Gottes in Christus geeignet anerkennt, – die von der feministischen Theologie vorgebrachten Argumente und Forderungen wohl positiv beantworten muß.

Nimmt man den von Asmussen vertretenen Rahmen für das Verständnis des Wesens des Amtes, – als da sind – ich wiederhole –: Die Priorität des Heiles vor dem Wohl, – die Bedeutung des „gesendeten", – des apostolischen Dieners für den Charakter des Gottesdienstes, daß in ihm Heil kausativ zugeeignet wird, – dann wird man differenzierter über den besonderen Beitrag der Frau in dieser Zueignung des Heils verhandeln können.

Man wird auf diesem Wege auch den oekumenischen Zusammenhalt wahren müssen.

Ich schließe dieses Kapitel mit seiner Darstellung des offen gebliebenen Gegensatzes im Verständnis des Amtes, indem ich daran erinnere, wie der verstorbene frühere Vorsitzende des Rates der EKD, Bischof D. Hermann Dietzfelbinger, in seinen Lebenserinnerungen zur „Theologinnenfrage" Stellung nimmt:

„Ich versuchte, den Theologinnen zu einer Gestaltung ihres Aufgabenbereiches zu verhelfen, die ihrer Vorbildung, aber ebenso ihren spezifischen Gaben und Möglichkeiten entsprach. Das Stichwort ‚Dienst eigener Art' war damals besonders in der Vereinigten Evangelisch-Lutherischen Kirche Deutschlands weithin aufgenommen ... Je stärker jedoch die Emanzipationsbestrebungen in der gesamten Gesellschaft wurden, desto eindeutiger wurde der Ruf der Theologinnen nach dem Pfarramt und nach der Ordination gleich den Männern ...

Ich vermochte nicht so leicht, etwa bloß Gal. 3,28 (‚hier ist nicht Mann noch Weib') gelten zu lassen und alle anderen Äußerungen des Paulus, in denen er sich einmal sogar auf ein ‚Gebot des Herrn' beruft (1. Kor. 14,37) als zeitgebunden zu erklären ... ich vermochte und vermag ... nicht zu erkennen, daß der in der kirchlichen Gesetzgebung bei uns beschrittene Weg der völligen Angleichung des Dienstes der theologisch gebildeten Frau an den des Mannes auf die Dauer der wirklich verheißungsvolle Weg sei ... ein Zeichen dafür, daß die lutherische Kirche, nach W. Löhe die Mitte der Konfessionen, diese oekumenische Mitte verlassen hat und sich an den Rand hat drängen lassen."[152]

Die Einheit von sichtbarer und unsichtbarer Kirche

Die Einheit von sichtbarer und unsichtbarer Kirche: das war der *dritte Schwerpunkt* in Assmussens Barmer „Vortrag".

Für weite Kreise im deutschen Protestantismus gilt die Trennung von sichtbarer und von unsichtbarer Kirche als eine Haupterrungenschaft der Reformation und als ein, allen einleuchtendes Unterscheidungsmerkmal gegenüber der römisch-katholischen Kirche. Es geht mit diesem Problem aber keineswegs nur um das Verhältnis der beiden Konfessionen zueinander, sondern vielmehr um das Verhältnis des Protestantismus zu den Organen seiner eigenen Verwirklichung und Konkretisierung – und damit zwangsläufig um das Verhältnis des Protestantismus zur Wirtschaft, zur Politik und zur Gesellschaft.

1. Die Begriffe „sichtbar" und „unsichtbar" als Produkte des Idealismus

Um den „Sitz im Leben" für das zu finden, worum es hier geht und was für Asmussen bis in die letzten Jahre seines Lebens hinein von hoher Bedeutung war, müssen wir zunächst in einer Vorüberlegung feststellen, daß und wie das Sichtbare es mit der Arbeit und daß und wie das Unsichtbare es mit dem Feierabend zu tun hat. Denn das ist der Weg, auf dem sich dann die Assoziation von „sichtbar" und „niederen Werten" und von „unsichtbar" und „geistiger Höhe" ergeben hat.

Die lateinische Sprache nennt „Geschäft" – oder „Arbeit": negotium = „Nicht-muße", – und nennt „Muße" – „Feierabend" = otium. Die deutschen Worte „Feierabend" und „Freizeit" haben in der heutigen öffentlichen Auseinandersetzung die Bedeutung eines Schlüsselbegriffes in der Auseinandersetzung über Postulate der Menschenwürde. Die Problematik wird sich durch die technologische Entwicklung verschärfen.

Asmussen sah voraus, daß die Kirche im Umbruch der Vorstellungen von der industriellen zur technologischen Revolution die ihr an sich eignende Gabe, Mutter der Menschen zu sein, nur erfüllen kann, wenn sie ihr eigenes Wesen als Einheit von sichtbarer und unsichtbarer Kirche wieder entdeckt, bejaht und profiliert. Ihr wird dabei als Pharmakon, das nur ihr eignet, die Gnadengabe der Heiterkeit und des Humors, der hilaritas, wieder mitgegeben werden, um so das Licht der Christusliebe in die dunkle Gegenwart leuchten zu lassen.

Feierabend also, das ist die Zeit, in der wir wesentlich werden. Feierabend, das ist die Zeit, in der wir abstreifen können, was wir den Tag über tun mußten, um unserer Familie die Existenz zu sichern. Feierabend, das ist die Zeit, in der die Verpflichtungen anderen gegenüber zurücktreten.

In die Schöpfung ist als Element und als Ziel eingestiftet, daß Gott am 7. Tag ruhte. Die Wertung, die an diesem 7. Tage allem Geschaffenen gegeben wird, heißt „sehr gut". Der Hebräerbrief begründet den Verlust dieser Ruhe Gottes, die im Sabbatgebot für den Menschen als Stellvertreter Gottes wesensbestimmend wird (die Ruhe ist wesensbestimmend), mit dem Zorn Gottes, – und verheißt dann als Erfolg und als Ziel des Erlösungswerkes in Jesus Christus, daß „noch eine Ruhe vorhanden ist dem Volke Gottes" (Hebr. 4,1–13).

Die Arbeit ist gefesselt an das Wort Gottes an Adam: „Verflucht sei der Acker um deinetwillen. Mit Kummer sollst du dich darauf ernähren dein Leben lang. Dornen und Disteln soll er dir tragen" (1. Mose 3,17–19). Das ist die Last über der Arbeit, sowohl in der Frühzeit des Ackerbaues, wie in unserer Zeit der Roboter. Dem widerspricht nicht, daß von Anfang an Einzelne oder Gruppen sich auf Kosten Abhängiger anscheinend die Dornen und Disteln vom Halse halten und solche Privilegien mit Gewalt sichern können: „Es verdroß mich, da ich sah, daß es den Gottlosen so wohl ging" (Ps. 73,3).

Im Arbeitsprozeß kann nur sehr bedingt auf den Einzelnen Rücksicht genommen werden. Die jüngere Generation spricht von Zwängen. Sie versucht das Aussteigen.

Dieses Urwissen um Höhenflug des Geistes und um „Mühe und Arbeit" in den Niederungen des Lebens („wenn es köstlich gewesen ist" – Psalm 90,10!) hat seit der Aufklärung zu einer gefährlichen Vorstellung geführt: Zu einer Diastase zwischen Geist und Materie, zwischen sichtbar und unsichtbar, zwischen Ideal und Wirklichkeit. Ich muß vereinfachend argumentieren: Wo und solange Wirtschaft, Politik und Gesellschaft einen Lebensraum sicherten, der wohl von nachdenklichen Menschen, vor allem von Unterprivilegierten, weil Obrigkeitsstaat oder weil Ständeordnung, als bedrückend empfunden wurde, konnte das Bürgertum, da andere die niederen Arbeiten abzunehmen hatten, *bequem* am Feierabend „Idealismen" oder „Idealdarstellungen" *genießen* und darin das „eigentliche Sein" als „unsichtbar" gegen die Erfahrung der Widrigkeiten der sichtbaren Wirklichkeit an *erträumen*.

Wo und wann jedoch die brüchige Decke des obrigkeitsstaatlichen Denkens und der Einbindung in eine Ständeordnung in revolutionären

Eruptionen aufriß, veränderten sich dieselben – im Bürgertum noch bequem genossenen und eigenes Engagement und eigenes Denken erstikkenden – *Idealismen* zu radikalen und mörderisch und brutal angegangenen politischen Zielvorstellungen, – Zielvorstellungen wie: Der zu höherer Geistigkeit sich entwickelnde gute Mensch, – als solcher nicht auf Erlangung eigenen Vorteils, sprich Eigentums, ausgerichtet, – als solcher ohne Konflikte, – Natur und Technik als Dienerinnen zum Besseren benutzend. Wie ein Prophet dieses – biblisch gesehen – schwärmerischen Zerreißens von „unsichtbar" als geistig höher qualifiziert und „sichtbar" als sklavische Erfüllung der Gesetze in den Niederungen des Lebens – ist Friedrich Schiller zu nennen. Ich zitiere aus „Das Ideal und das Leben" zwei Verse:

„Nur der Körper eignet jenen Mächten,
die das dunkle Schicksal flechten.
Aber frei von jeder Zeitgewalt,
die Gespielin seliger Naturen,
wandelt oben in des Lichtes Fluren,
göttlich unter Göttern,
die Gestalt.
Wollt ihr hoch auf ihren Flügeln schweben,
werft die Angst des Irdischen von Euch!
Fliehet aus dem engen dumpfen Leben in *des Ideales* Reich!

Aber dringt bis in der Schönheit Sphäre,
und im Staube bleibt die Schwere
mit dem *Stoff*, den sie beherrscht, zurück.
Nicht der Masse qualvoll abgerungen,
schlank und leicht, wie aus dem Nichts gesprungen,
steht das *Bild* vor dem entzückten Blick.

Alle Zweifel, alle Kämpfe schweigen
in des Sieges hoher Sicherheit.
Ausgestoßen hat es jeden Zeugen
menschlicher Bedürftigkeit."

Die protestantische Welt, die es so schwer hat, ihre Identität zu profilieren, hat seit zweihundert Jahren diese *ideologische* Schau der Trennung von „sichtbar" und „unsichtbar" nur zu gern benutzt, um – vereinfacht gesagt – sich als eine Gemeinschaft darzustellen, die sich in Ablehnung offenkundiger und somit „sichtbarer" Fehler der früheren Kirche gebildet habe. Die Berechtigung zu solcher Abgrenzung entnahm man, in falscher Auslegung von 2. Kor. 4,13–18, der Behauptung, daß nur das Unsichtbare als die „reine Gestalt", als das „Bild", als das „Ideal", die eigentliche Kirche sei, die also von Fehlern im Erscheinungsbild der sichtbaren Kirche nicht berührt wird.

Damit schlug man zwei Fliegen mit einer Klappe: Einmal konnten die Fehler im Erscheinungsbild des *eigenen Kirchenwesens* ständig entschuldigt und verharmlost werden mit der beruhigenden Feststellung, daß dies ja nur Fehler der sichtbaren und damit der uneigentlichen Kirche seien – und daß die eigentliche, die unsichtbare Kirche davon nicht berührt werde. Und zum anderen: Für die dauernde und als nicht überbrückbar behauptete Trennung von dem *anderen Kirchenwesen*, nämlich vom römisch-katholischen, hatte man mit der Trennung von sichtbarer und unsichtbarer Kirche das beruhigende Kriterium erfunden, daß Rom ja seine Identität im Sakramentsleben, also im Sichtbaren, finde und begründe. Es sei noch einmal erinnert an das oben gegebene Zitat aus Mulerts Konfessionskunde – also gewissermaßen aus der offiziösen, lehramtlichen Selbstdarstellung des genuin Protestantischen, daß „Gott dem Protestanten im Geiste, im Worte gegenwärtiger ist als im Brot . . . usw." (s. o. S. 103). Aber es muß auch vermerkt werden, daß – wenn auch tiefer begründet – Ernst Wolf und mit ihm viele Theologen der BK ähnlich argumentierten, wenn sie sich in Ablehnung von Asmussens Stellungnahme gegenüber Bultmann und der historisch-kritischen Forschung auf das „intellektuelle Gewissen" beriefen und sich abgrenzten „in bewußter Ablehnung katholischer und schwärmerischer, auch biblizistischer Spekulationen" (s. o. S. 107).

Ich zitiere noch einmal Mulert in „Konfessionskunde" (S. 173), weil er argumentiert, wie heute noch argumentiert wird: „Die Scheidung, die wir Protestanten zwischen Religion und Kirche zu vollziehen pflegen, indem wir sagen: Die Kirche ist die Organisation zur Pflege der Religion, also ist die Religion der Kirche übergeordnet, wie der Zweck dem Mittel übergeordnet ist, – diese Scheidung ist dem Katholiken unverständlich; Religion außerhalb der Kirche, seiner Kirche, der katholischen Kirche, kann, nach seiner Überzeugung, nur falsche Religion sein". Auf S. 187 widmet Mulert der Frage nach der sichtbaren und der unsichtbaren Kirche einen ganzen Abschnitt (§ 34, 2) und schreibt: „Am deutlichsten wird in allen katholischen Aussagen über die Kirche dem Protestanten eins: Wie der Katholik *nicht in unserer Weise* Religion und Kirche *scheidet* oder doch sein Interesse nicht an dieser Scheidung haftet, *so unterscheidet er auch nicht in der uns geläufigen Art sichtbare und unsichtbare Kirche. Für viele Protestanten hat diese Unterscheidung hohen Wert; machten wir sie nicht, dann erschiene uns das Christen-*

tum mit all den Fehlern belastet, die wir bei den sichtbaren Kirchen finden; über diese Unvollkommenheiten trösten wir uns, indem wir sagen: *Hinter und über den sichtbaren Kirchen steht die unsichtbare* ... (S. 396): *Mit der Selbständigkeit ist die Geistigkeit protestantischen Christentums gegeben und jene mit dieser.* Wo das Gewissen und das eigene Nachdenken entscheiden, *kann Dingliches keine entscheidende religiöse Bedeutung gewinnen* ... Verselbständigung, Verinnerlichung, *Vergeistigung* der Religion *sind dasselbe*". Und noch einmal sei an seine, nur folgerichtige Darstellung von der Art *evangelischen Kultes* erinnert: „Für solche *Einzelne,* die reif genug sind, ihre Erbauung selbst zu gewinnen, hat der *Gemeindekult keine spezifische, religiöse Würde*" (S. 412). Wie kann es anders sein, als daß Mulert immer wieder ausspricht, daß *der Protestantismus vor allem die Religion der Gebildeten sei* und daß *„Reformatorischer Glaube und deutscher Idealismus enger zusammengehören, als der auf die Oberfläche gerichtete Blick wahrnimmt"* (S. 403).

Ich sagte, es wird heute noch argumentiert, wie Mulert argumentierte. So hat der damalige Direktor des Konfessionskundlichen Instituts des Evangelischen Bundes, Pfarrer Lell, laut EPD v. 4. 9. 67 in Hamburg erklärt, das Wahrheits*suchen* der derzeitigen Exegese sei das *„typisch Protestantische"* und das Festhalten an Lehr*inhalten* durch die *Bekenntnisbewegung* sei *„typisch katholisch"*.

Der Nachfolger Lells, Dr. Frieling, äußerte sich am 21. Mai 1980 bei der Jahrestagung der Lutherischen Konferenz in Hessen und Nassau in Frankfurt wie folgt: „Offensichtlich gibt es ... ‚katholisierende' und ‚protestantisierende' Lutheraner. Die ‚Katholisierenden' suchen von den Lutherischen Bekenntnisschriften her so viel Konvergenzen und Gemeinsamkeiten mit der römisch-katholischen Kirche wie eben möglich und stehen dann der katholischen Kirche in vielem näher als den anderen Reformationskirchen. ... Die ‚protestantisierenden' Lutheraner bemühen sich unter Berufung auf das Evangelium, wie sie es in der Heiligen Schrift, in vielfältigen Zeugnissen der Kirchengeschichte, in den Bekenntnissen der Reformation und im ökumenischen Kontext heute hören, das Kirche= und das Christsein angesichts der Herausforderungen der Welt von heute immer wieder neu zu gestalten. Sie können von ihrem Verständnis der Botschaft von der freien Gnade Gottes, wie sie sie im Augsburger Bekenntnis bezeugt finden, der ‚katholisierenden' Tendenz nicht zustimmen, daß das rechtfertigende Handeln Gottes an das geweihte, hierarchisch geordnete Priesteramt gebunden sei."[153]

Wie wenig es gelungen ist, das Verhältnis von sichtbarer und unsichtbarer Kirche bis heute zu klären, wird aus den kirchenrechtlichen Ausführungen Adalbert Erlers deutlich. Prof. Erler, mit dem ich seit über drei Jahrzehnten freundschaftlich verbunden bin, schreibt: (§ 54 „Rechtstheologische Grundlagen" des Evangelischen Kirchenrechts) „Kann die Ordnung der Kirche eine Rechtsordnung sein? . . . Diese Frage beschäftigt die evangelische Rechtstheologie seit der berühmten These von Rudolph Sohm, *daß Recht und Kirche notwendig im Widerspruch stünden.* Sohm ging bei dieser Feststellung von der Ansicht aus, daß die *Kirche* eine *rein geistliche*, das *Recht* aber eine *rein weltliche* Größe sei."[154] Bei der praktischen Anwendung des Ideals von der „rein geistlichen" Größe auf die konkrete Gemeinde kommt Erler zu der Feststellung: „Dieses hohe Ideal bewährt sich leider in der Praxis nur selten; die evangelische Kirche ruht in Deutschland in der Wirklichkeit nicht auf der Gemeinde, sondern auf dem Pfarrer; sie steht und fällt mit seiner persönlichen Eignung und belädt ihn so mit einer kaum zu tragenden Verantwortung."[155]

Die aktuelle Brisanz der Frage nach Einheit oder Trennung von sichtbarer und unsichtbarer Kirche zeigt die Antwort, die der Mainzer evangelische Systematiker Eilert Herms dem Buch der katholischen Theologen Karl Rahner und Heinrich Fries „Einigung der Kirchen – reale Möglichkeit" – und damit zugleich Eberhard Jüngels Wertung dieses Buches in der Süddeutschen Zeitung als „Schritt voran" gibt.[156]

Ich kann und möchte nicht zu dem Buch selbst hier Stellung nehmen. Ich gebe nur als Hinweis auf die Aktualität der Frage wieder, was *Kurt Koch* in seiner Besprechung des Buches als Problembeschreibung vorlegt: „(Es) bleibt abzuwarten, ob evangelische Theologen ihre Überzeugungen in dem strikt erkenntnislogischen Verständnis von Offenbarung wiederfinden können, welches Herms als ‚reformatorische Alternative' namhaft macht und gemäß welchem das Geschehen und der Inhalt von Offenbarung als strikt schöpferisches Handeln Gottes selber auf gar keine Weise im menschlichen Offenbarungszeugnis untergebracht, präsent und gegenwärtig werden können. Aus dieser prinzipiellen Trennung zwischen dem Handeln Gottes und dem Handeln des Menschen auch im kirchlichen Amt folgt ja dann für Herms auch das strikte Verbot der Suche nach der Sichtbarkeit der Einheit der Kirche. Was demgegenüber für ein reformatorisches Gewissen allein zumutbar bleibt, ist die Hoffnung auf den ‚Jüngsten Tag', an welchem erst die Einheit der Kirche durch Gottes Handeln allein sichtbar werden wird. Ist dies wirklich die ‚reformatorische Alternative' und können sich evangelische Autoren darin wieder finden?"[157]

Mulert hat ausgesprochen, was bis zu Hitlers Machtübernahme die Infrastruktur des Protestantismus bestimmte. Das erklärt, weswegen viele evangelische Theologen und Gemeindeglieder 1933 zunächst keinen Widerspruch zwischen dem Glaubensleben mit Christus und der Umstrukturierung der Verwaltung durch den NS empfanden und sich den „Deutschen Christen" anschlossen. Dazu gehörten auch solche, die sich später von den DC lösten und sich zur Bekennenden Kirche bekannten.[158] Weil die Unterscheidung von sichtbarer und unsichtbarer Kirche dem gläubigen Protestanten sozusagen mit der Muttermilch eingegeben war, konnten Männer wie Eduard Putz und Herbert Mochalski als sogenannte „Alte Kämpfer des NS" zunächst bis 1933 den Weg Hitlers mitgehen, um dann allerdings schon bei der Gründung der Bekennenden Kirche mitzumachen, sich offen vom NS zu lösen und dafür Verfolgung und Haft einzutauschen.[159]

2. Die Trennung in „sichtbare" und „unsichtbare" Kirche als Ursache der protestantischen Staatshörigkeit

Die Aufwertung der unsichtbaren und die Abwertung der sichtbaren Kirche seit 200 Jahren ist bei weitem mehr die Ursache für die Staatsgläubigkeit vieler evangelischer Christen, – von Bischof Wurm in Treysa 45 offen als Versagen bekannt, – sowie für das bis 1933 weithin fehlende Engagement im öffentlichen Leben, als – wie es behauptet wird – die sogenannte lutherische „Zwei-Regimenten-Lehre", zumal in dieser ja klar festgehalten wird, daß auch das Regiment zur Linken von Christus beherrscht wird.

Aus dem Traum, daß das gläubige Leben in der unsichtbaren Kirche von Änderungen in den – vermeintlich nur „weltlichen" – Strukturen der sichtbaren Kirche nicht berührt würde, gab es in dem kurzen Zeitraum von nur einem Jahr von 1933–1934 ein hartes Erwachen. In den „Gotthard-Briefen" veröffentlicht Dr. Joachim Gauger, Bruder des im KZ ermordeten Martin Gauger, unter der Überschrift „Chronik der Kirchenwirren", die allein bis zum 28. Juni 1934 erfolgten Rechtsbrüche, Verhaftungen, Amtsenthebungen und Eingriffe in die Arbeit der Kirchenvorstände und Presbyterien. Asmussen sagt in seinem „Vortrag" als Sprecher der Synode: „Wir müßten dicke Bände schreiben, um die Unsumme von Gewalttaten, Unrecht, Rechtsbeugung und Rechtsbruch aufzuzählen". Der von Martin Niemöller gegründete Pfarrernotbund vereinigte im Januar 1934 etwa 7000 Pfarrer und Pastoren.[160] Die *Maßnahmen* von außen – und *nicht eine theologische Studie* – widerlegten praktisch die Theorie von der Trennung in sichtbare und unsichtbare Kirche und ermöglichten die uneingeschränkte Zustimmung der Barmer Synode zu den Thesen 2, 3 und 4, in denen ausgesprochen wird, daß Erscheinungen, die bisher im genannten Sinn unter „nur sichtbare Kirche" abgehandelt und abgewertet wurden, als Erscheinungen der Kirche im eigentlichen Sinn und somit des Heils erfahren werden; in der These 2: „Wir verwerfen die falsche Lehre, als gebe es *Bereiche unseres Lebens,* in denen wir nicht Christus, sondern anderen Herren zu eigen wären ..."; in der These 3: (die christliche Kirche) hat ... mit ihrer Botschaft wie *mit ihrer Ordnung* ... zu bezeugen ... Wir verwerfen die falsche Lehre, als dürfe die Kirche die Gestalt ihrer Botschaft und *ihrer Ordnung* ihrem Belieben oder dem Wechsel der jeweils herrschenden weltanschaulichen und politischen Überzeugungen überlassen" –; in der These 4: „Wir verwerfen die falsche Lehre, als könne und dürfe sich die Kirche abseits von diesem Dienst besondere, mit Herrschaftsbefugnissen ausgestattete Führer geben oder geben lassen".

Hans Asmussen hat mich später immer wieder auf die Bedeutung dieser Sätze hingewiesen. Offensichtlich wußten Asmussen wie Barth, welche Wurzeln von Vorstellungen im Protestantismus sie damit ausrissen. Nach Asmussens Erzählungen haben sie sich im vorbereitenden Gespräch am 16. Mai 1934 im Baseler Hof in Frankfurt/M. auch darüber ausgesprochen.[161] Sie waren sich selbstverständlich im klaren, worin für jeden von ihnen die noch zu klärenden oder gegeneinander zu begründenden und zu entfaltenden Differenzen bezüglich des „Leibes Christi" und bezüglich seines Regimentes über alle Welt bestanden. Aber so folgenschwer es bis heute auf uns lastet, daß die beiden „Großen" bis zu ihrem Tod im gleichen Jahr 1968 nicht einmal mehr nur zu einer, aufeinander sich beziehenden Problembeschreibung und Problembegrenzung gekommen sind: Darin waren sich beide einig, daß das, was im Erscheinungsbild der Kirche im Laufe der zwei Jahrtausende z. T. schockierend böse war und ist, dann falsch und irreführend erklärt und angewendet wird, wenn es im Bezugsrahmen „Ideal und ihm widersprechende Wirklichkeit" abgehandelt wird, – so wie Mulert im oben angeführten Zitat als common sense der Protestanten erklärt: „Für viele Protestanten hat die Unterscheidung in sichtbare und unsichtbare Kirche hohen Wert; machten wir sie nicht, dann erschiene uns das Christentum mit all den Fehlern belastet, die wir bei den sichtbaren Kirchen finden". Asmussen führt – mit Zustimmung Barths – in seinem Vortrag *zur Erklärung des Bösen im Erscheinungsbild der Kirche den Vorgang des „Abfalls" ein. Abfall* und *Antichrist* stehen, wenn auch als Widerspruch, *innerhalb des Bezugsrahmens „Kirche" – und dies in ihrer Sichtbarkeit.* Diese neutestamentliche Gesetzmäßigkeit wurde schon bald im Kirchenkampf vordergründig bedeutsam durch die geistliche Stellungnahme der Bekennenden Kirche zu den *Kirchenaustritten.* Wie ich oben schon feststellte, führte der Weg Pfarrer Paul Schneiders-Dickenschied ins Martyrium, weil er öffentlich und namentlich im Gottesdienst die Ausgetretenen abkündigte und für sie betete. Er wurde durch die Bruderräte, insbesondere durch die Weisung des Bruderrates der ApU vom 17. 6. 1937 an alle BK-Gemeinden und Pfarrer, darin bestärkt, daß es geistlich keine Möglichkeit und keine Freiheit gibt, sich von der Kirche wie von einem Verein abzumelden, sondern, daß es für den Getauften nur Abfall und Ungehorsam gibt. Und Paul Schneiders Anwendung der Schlüsselgewalt geschah entsprechend Luthers Arbeit über den „Bann" im Sinne von 1. Kor. 5,5. Dies allein ist auch die Rechtfertigung der agendarischen Formulare zur „Wiederaufnahme Ausgetretener" in den deutschen Landeskirchen nach dem Zusammenbruch.

Im Barmer „Vortrag" verankert Asmussen das Problem der Einheit von sichtbarer und unsichtbarer Kirche im Praktischen: „Es ist nur durch Irrtum möglich, *Jesus Christus als Idee* zu predigen . . . Das Werk Christi – ist allgenugsam und erträgt darum auch keinerlei Zerteilung und Zerspaltung . . . Die in der Kirche zur Herrschaft gekommene Führeridee beschränkt sich gerade nicht auf Kollektennachweisung, Steuereintreibung, Statistiken und äußere Ordnung des kirchlichen Lebens, sondern sie bestimmt gewisse inhaltliche Bedingungen . . .".

Dem „Vortrag" von Asmussen, der nun zur Theologischen Erklärung gehört, folgte in Barmen als erstes Grundsatzreferat das des Leipziger Rechtsanwaltes *Dr. Eberhard Fiedler „Bekenntnissgemeinschaft und Reichskirchenverfassung".*[162] Dieses Referat entfaltet kirchengeschichtlich und kirchenrechtlich das Problem der Einheit von sichtbarer und unsichtbarer Kirche (und kann in seiner überzeitlichen Bedeutung der gegenwärtigen Generation nur empfohlen werden). Fiedler beginnt als *sächsischer Lutheraner* mit der Feststellung, daß die Entwicklung des Verständnisses des „rechten Kirchenregimentes" bei „Lutheranern und Reformierten nicht einheitlich gewesen" ist. „In der reformierten Kirche ist es unaufgebbarer Grundsatz des Bekenntnisses geworden, daß die Kirche sich presbyterialsynodal aufbaue. Für die lutherische Kirche ist der Aufbau der Kirche nicht in diesem Sinne Bekenntnissatz, sondern sie läßt einen weiteren Spielraum für die Frage der äußeren Gestaltung der Kirche. Trotzdem sind aber auch hier, wie gerade heute mit Schärfe betont werden muß, enge, aus dem Bekenntnis, vor allem aus der Confessio Augustana zu entnehmende

Grenzen. Sie lassen sich dahin kennzeichnen, daß auch die Ordnung der Kirche im Dienst der Wortverkündigung steht". Fiedler behandelt dann die Form des von Luther als Zwischenlösung gedachten landesherrlichen Kirchenregiments mit seiner „heute vor aller Augen offenkundigen Schwäche", und beanstandet, daß „nicht spätestens mit dem Ende des landesherrlichen Kirchenregiments im Jahre 1918 der Augenblick für den Versuch gekommen war, der lutherischen Kirche eine ihrem Wesen entsprechende äußere Gestalt zu geben" ... Die von dem Landeskirchenregiment entwickelte Behördenorganisation wurde unter Beimischung einiger demokratischer Elemente einfach auf die kirchliche Verwaltung übernommen ... Wäre das damals nicht geschehen, so wären Ereignisse, wie wir sie heute im Zuge der Säkularisierung der Kirche erleben, unmöglich gewesen ... Man kann nicht sagen ... daß sich die lutherischen Kirchen unter dem Schutze ihrer jeweiligen Landesherren nicht wohlgefühlt hätten. Zu Übergriffen auf innerkirchliches Gebiet neigten diese nicht. Solche liegen ja auch nicht im Sinne eines bürokratisch aufgezogenen Apparates ... Die Nachteile: Einmal hat sich gezeigt, daß eine eigentliche, geistliche Führung sich im Luthertum unter diesen Verhältnissen nicht entwickeln konnte. Das Schwergewicht der geistlichen und geistigen Auseinandersetzung lag bei den Fakultäten. Die nach staatlichem Muster aufgezogenen Kirchenregierungen konnten sich nicht wegweisend, geistlich führend in der Kirche betätigen ... (Dieses) trotz allen Dankes, den wir diesem Kirchenregiment in vieler Hinsicht schuldig sind ... Aber das landesherrliche Kirchenregiment hat einen noch viel schwerer wiegenden Nachteil gehabt: Es ist die Einfallspforte für die Säkularisierung der Kirche geworden, und die Ergebnisse dieser Säkulisierung greifen wir heute mit Händen ... Die Betrachtungsweise, der die Kirche auch im Kreise der führenden geistigen Schicht unseres Volkes [s. Mulert!] weithin ausgesetzt war, stand völlig im Bann des Gedankengutes der Aufklärung. Wenn heute allen Ernstes die Behauptung aufgestellt werden kann, ... äußere Ordnung und Bekenntnis hätten nichts miteinander zu tun, so beweist das nur, zu welcher Verwirrung der Geister diese Säkularisierung, die ... aus der Epoche der Aufklärung ihr geistiges Gedankengut schöpft, geführt hat und wie stark ausgesprochen liberalistische Gedankengänge die heutige Kirchenleitung beeinflussen. Die Verweltlichung der Kirche entsprach durchaus der communis opinio unseres gebildeten liberalen Deutschen, der in ihr eine mehr oder weniger überflüssige Institution sah und ihr höchstens gewisse ethische Aufgaben zusprach ... *Die sichtbare Kirche ist – das kann nicht eindrücklich genug betont werden – keine andere als die Kirche Jesu Christi und sie kann deshalb nur nach dem Worte ihres Herrn geordnet und mit demselben Wort regiert werden"* ... (soweit die Zitate aus Fiedlers Referat).[163]

In der *„Erklärung zur Rechtslage der Bekenntnissynode der Deutschen Evangelischen Kirche"* wurde dann in Barmen u.a. folgender Satz beschlossen: „... 3. In der Kirche ist eine Scheidung der äußeren Ordnung vom Bekenntnis nicht möglich ...".

Die ebenfalls von der Barmer Synode verabschiedete „Erklärung zur praktischen Arbeit der Bekenntnissynode der Deutschen Evangelischen Kirche" leitete den Weg ein zur Anwendung dieser Erkenntnisse und bereitete damit die Dahlemer Synode vom Oktober 1934 vor, welche die Kirche *als eine „sichtbare"* ordnete. Asmussen, mit verantwortlichen Führungsaufgaben in der BK betraut, begleitete und förderte die Entwicklung, ohne von einem Ideal oder von einem geformten Corpus auszugehen. Das erstere sah er in den Ordnungsvorstellungen der Reformierten, die durch den Leitsatz „finitum non capax infiniti" der Ordnung der Presbyterien, der Amtsträger und des Gemeinwesens eine höhere geistliche Bedeutung als die Lutheraner beimaßen. Das zweite, das – undialektisch – fest geformte Corpus der sichtbaren Kirche, trat ihm in der römisch-katholischen Selbstdarstellung entgegen.

Von seinem Verständnis von „Rechtfertigung" her *war Asmussen Pragmatiker in Anwendung unaufgebbarer Grundpositionen.* So wie er der Ausformung des Amtes großen Spielraum zugestand, wenn es nur in den gültigen Rahmen der Apostolizität gestellt war, – und sei es, wie wir oben sahen, als Bekenntnis zur Notwendigkeit, daß um des Zustandes der römisch-katholischen Kirche willen die Reformation zu „Not"-Ordinationen gegriffen hat, – so war Asmussen von „Barmen" über „Dahlem" bis „Treysa" und „Stuttgart" wie ein Architekt, *der das Mögliche im Ausbau der sichtbaren Kirche,* soweit es förderlich war, zu konturieren und *durch Beschluß zur zuverlässigen Plattform* für weitere Entwicklungen zu machen versuchte. Er sprach in diesem Zusammenhang gern davon, daß man Nägel mit Köpfen einschlagen müsse. In der Treysaer Kirchenführerkonferenz 1945 unterstützte er aus diesem Grunde Bischof Wurm in dessen Bemühungen um einen Kompromiß, obschon er damit vieles zurückstellen mußte, was er seit 1932 vorgelegt und geraten hatte. Martin Niemöller dagegen schrieb am 8. 7. 1946 an Pfarrer Herbert Mochalski, als den Leiter der Geschäftsstelle des Bruderrates der EKD (Vorsitzender war Hans Asmussen):

„Ich habe ... zu sagen, daß meines Erachtens die Legalität der EKiD im Blick auf ihr Zustandekommen (der EKiD) völlig in der Luft schwebt. Ich meinte damit, daß die

Konferenz der sogenannten Kirchenführer kein irgendwie geartetes legales Organ in Treysa war, das ein legal anzuerkennendes Recht gehabt hätte, über die Zukunft der EKiD zu fassen. Es handelt sich infolgedessen bei dem, was in Treysa zustande gekommen ist, um ein Übereinkommen einer Anzahl von Partnern, deren Abmachungen genauso lange gelten, wie sie nicht rechtlich angezweifelt werden. Die Bekennende Kirche hat in Treysa darauf verzichtet, die Legalität anzuzweifeln, sondern hat einen Versuch mit einer gemeinsamen Vereinbarung gemacht. Wenn jetzt schwerwiegende Klagen und Bedenken geltend gemacht werden, so kann gegen diese Klagen und Bedenken nicht Rekurs genommen werden auf eine angeblich vorhandene Legalität ..."[164]

Auf die aus diesem Briefabschnitt ersichtliche Problematik des weiteren Weges der EKD nach 1945 kommen wir später zurück. Hier soll sie nur als Hinweis auf die Wurm und Asmussen gegenüberstehende Front bei der Neuordnung der EKD dienen.

Wir kommen zurück auf Asmussens Versuche, die Erkenntnis der Einheit von sichtbarer und unsichtbarer Kirche in die Praxis für den Weg auf eine Neuordnung der Kirche hin einzubringen. Er bekannte oft, daß er Luther näher stünde als Calvin, und zwar darin, daß letzterer ein Systematiker war, der ein Buch wie die „Institutio" schreiben konnte, – Luther dagegen war ein „Reagierender".

Drei Jahre nach „Barmen", vom 10.–13. Mai 1937, fand in Halle/Saale die 2. Tagung der 4. Bekenntnissynode der evangelischen Kirche der altpreußischen Union statt. Asmussen, der bereits im Februar mit Gollwitzer, Käsemann und Niesel in Essen und Frankfurt die Bedeutung und Ermöglichung der Abendmahlsgemeinschaft vorbereitend behandelt hatte[165], hatte auf Antrag des reformierten Konvents einen „Kommentar zur Barmer Erklärung" vom lutherischen Bekenntnis aus der Synode vorgelegt.[166] Im Blick auf die Kirchenfrage sagt er: „Sofern sich greifbare Vorstellungen mit diesen Begriffen [Staatskirche, Volkskirche, Freikirche] verbinden, muß den Vertretern des einen oder des anderen Ideals entgegengehalten werden, daß es nie die Aufgabe der Kirche sein kann, bestimmte Ideale zu verwirklichen. Unter allen Umständen bleibt für jede Form der Kirche die Verpflichtung, den Auftrag Christi auszurichten an alles Volk. Hat sie eine Form, die sie daran hindert, dann muß die Form brechen."[167]

Asmussen leitete sein Verständnis von der Einheit von sichtbarer und unsichtbarer Kirche von der Menschwerdung Gottes, von der Inkarnation ab. Aus diesem Grunde bekannte er sich zeit seines Lebens zu der von Barth formulierten 1. These der Barmer Erklärung: „Jesus Christus, wie er uns in der Heiligen Schrift bezeugt wird, ist das eine Wort Gottes ...". Er hatte dabei nicht vergessen, was er bereits 1925 über Barths – lebenslange – Bindung an den reformierten Grundsatz „finitum non capax infiniti" an seine damalige Braut[168] geschrieben hatte. Er widmete aber bewußt z. B. seine 1935 erschienene Auslegung des Galaterbriefes Karl Barth, weil er ihm seine Sicht von Gesetz und Evangelium vorlegen wollte, um mit ihm auf dem Wege der „Sichterweiterung" dieses „ist" der ersten These zu klären und für die Kirchwerdung des Protestantismus zu nutzen.[169]

Mit dem Ruf zur Einheit von sichtbarer und unsichtbarer Kirche in seiner Begründung von der Inkarnation her stieß Asmussens Spaten tief in das Wurzelwerk einer Unkrautpflanze. 1938 wurde er z. B. von dem Hallenser Prof. Ernst Barnikol mit der bis zu diesem Zeitpunkt erstmaligen Unterstellung „katholisierender Neigungen" angegriffen. Ich hatte 1933 in Vorlesungen und Seminaren in Halle erlebt, mit welcher Vehemenz Barnikol, der von der „sektenhaften BK-Kirche" sprach, die Lehre von der „Prae-Existenz" Jesu Christi als des Wortes Gottes, durch welches nach Joh. 1,3 alles geschaffen ist, angriff.[170] Als ich 1947 aus der SBZ wieder mit Asmussen zusammenkam, war mit das Erste, was er mir berichtete, welche Konsequenz die neuere naturwissenschaftliche Erkenntnis von der Konvertierbarkeit von Materie und Energie für die theologische Aussage von der Schöpfung durch das Wort und somit für die Einheit von sichtbarer und unsichtbarer Kirche habe. So, wie Luther die „sichtbaren" Windeln in der Geburtsgeschichte heilsgeschichtlich deutete, versuchte Asmussen in seinem Büchlein „Maria – die Mutter Gottes"[171] seiner Sicht von der Einheit von „sichtbar" und „unsichtbar" im Heil Konturen zu geben. Asmussen wußte, daß dieser Spatenstich Aufruhr bringen würde. Da bis heute erkennbar ist, daß die damit gemeinte Sache wieder in Nebeln der Vorstellungen des vorigen Jahrhunderts zu verschwinden droht, müssen wir das durch den Spatenstich durchgrabene Wurzelgeflecht beschreiben. Hinter der Leidenschaft, die aus dem Ruf zu spüren ist, steht die Hoffnung, daß man erkennt, daß auf diesem Wege ins Ende der Zeiten hinein die Kirche die „fröhliche Kindermutter" wird, die Psalm 113,9 verheißt. Nicht von ungefähr fand im Kirchenkampf Luthers (spätes) „Lied von der Heiligen Christlichen Kirche nach Apokalypsis im 12. Kapitel" wieder Aufnahme in das Liedgut der Chöre: „Sie ist mir lieb, die werte Magd ...".

3. Luthers Verbrennung des Kanonischen Rechts

Auf drei, die Bedeutung dieser Frage unterstreichende Veröffentlichungen sei hingewiesen: 1957 erschien das Buch des reformierten Theologen Jean Louis Leuba, „Institution und Ereignis".[172] Am 15. 8. 1958 brachten die „Lutherischen Nachrichten" den Aufsatz von dem Leipziger Theologen Gottfried Voigt „Die Leiblichkeit der Kirche", in der er sich mit dem 1951 von Emil Brunner verfaßten Buch „Das Mißverständnis der Kirche"[173] auseinandersetzt. Und am 15. Mai 1958 erschien in der „Evangelisch-Lutherischen-Kirchenzeitung" der Aufsehen erregende Artikel des Kieler Theologieprofessors Peter Meinhold „Dogma und Kirchenrecht", in welchem *Sohm* und *Harnack* als die einflußreichsten Vertreter der Trennung von sichtbarer und unsichtbarer Kirche nachgewiesen und in Frage gestellt werden. Emil Brunner hat in dem erwähnten Buch die Behauptung von Rudolf Sohm vertreten: „Die Kirche im Glaubenssinn" hat kein „Recht". Dabei wußte der Kirchenrechtler Sohm sich gestützt und bestätigt durch das, in fünf Auflagen (zuerst 1900) erschienene Buch von Adolf von Harnack „Das Wesen des Christentums", – wohl der einflußreichsten und Richtung gebenden Veröffentlichung für die gebildeten Protestanten, – von Mulert in seiner Konfessionskunde konsequent angewendet. *Brunner* und *Sohm* rieten aus diesem Grunde, die *Reformation Luthers nicht mit dem Thesenanschlag am 31. 10. 1517, sondern mit der Verbrennung des „Kanonischen Rechts" durch Luther am 10. 12. 1520 am Elstertor von Wittenberg beginnen zu lassen.* Wenn man Luthers erklärende Schrift „Warum des Papstes und seiner Jünger Bücher verbrannt sind", daraufhin untersucht, kann man dem eine gewisse Berechtigung nicht absprechen, vor allem, wenn man die dazu gehörenden Aussagen Luthers in seiner Schrift von 1520 „An den Christlichen Adel" liest. In seiner persönlichen Motivation reißt Luther mit dieser Tat den Vorhang auf, hinter dem Mißstände sichtbar werden, die allgemein als unerträglich empfunden wurden, – auch von seinem Gegner in dieser Sache: so von dem Franziskaner Thomas Murner. Aber Murner wies nach, daß Luther die entsprechenden Passagen im Kanonischen Recht über die Macht des Papstes zur Gesetzgebung bis ins weltliche Recht hinein, nicht sachgemäß interpretiert.

Adalbert Erler gebührt das Verdienst, als engagierter evangelischer Christ und Kirchenrechtler in seiner Schrift „Thomas Murner als Jurist"[174] diesen Tatbestand mit seinen weitreichenden Konsequenzen sichtbar gemacht zu haben: „Rudolf Sohm hat als erster das symbolische Gewicht der Verbrennung des Kirchenrechts durch Luther hervorgehoben. Sein berühmtes Werk kreist um dieses geschichtliche Faktum, und seitdem läßt keine Arbeit, welche die These Sohms von der Unvereinbarkeit von Kirche und Kirchenrecht behandelt, sich die Gelegenheit entgehen, jenes juristische Autodafé an den Anfang oder die Mitte ihrer Betrachtung zu setzen. Man sollte annehmen, daß Luthers persönliche Motivation seiner Handlung und in der Auseinandersetzung mit Sohm eine große Rolle spielte. Es ist nicht der Fall. Sohm erwähnt Luthers Rechtfertigungsschrift mit keinem Wort; sie findet keine Erwähnung bei Günther Holstein, nicht bei Emil Brunner, nicht in den bekannten Lutherbiographien, ja nicht einmal in den katholisch-polemischen.

... Eine leere Seite in der erdrückenden Literatur der Reformationsgeschichte? Warum? ... (Luthers) Anliegen erscheint berechtigt oder doch vertretbar, aber die Motivation ist unzureichend ... Alles verbietet, an eine impulsive Handlung zu denken. Diese Tat war tief gewollt. Aber zwischen der Tat und ihrer wissenschaftlichen Begründung besteht ein Gefälle. Beide erwachsen aus verschiedenen Wurzeln ... Diese Tat ist „Tiefes Handeln" im Sinne eines Wortes von Rilke ... So ist Luthers Schrift kein echter Luther, sie ist annehmbar höchstens als Heroldsruf. Anders aber die Gegenschrift Murners. Obwohl sie kanonistisch nicht viel tiefer schürft als diejenige Luthers, „sitzt" sie doch anders ... Luther hatte seiner Kriegserklärung an das Kanonische Recht eine schwache juristische Begründung hinzugefügt ... Gewiß versuchen wir heute in beiden konfessionellen Lagern, das Problem des Kirchenrechts in evangelisch-katholischer Sicht auf höherer Ebene auszutragen ... Schrifttum ... und Diskussion *über die Möglichkeit des Kirchenrechts beweisen im Grunde nur, daß hier eine echte Antinomie gegeben ist.* Murner aber, der vordergründig herausgefordert worden war, hat seinen Gegner ebenso vordergründig geschlagen – *im Dickicht der Kanones, in das sein großer Gegner (Luther) richtiger und klüger nicht eingetreten wäre.*"[175] Adalbert Erlers kritische Beurteilung mindert nicht die Bedeutung des großen Theologen Luther, sondern bringt ihn uns näher. Ich möchte den Vergleich wagen: wie Luther in der Beurteilung des CIC irrte, so irrte der große Theologe Barth in seiner Bewertung des Sozialismus als dem Reiche Gottes nahe Erscheinung.

Ob Kirchenrecht möglich ist: Luther hat mit seiner Aktion also aufgedeckt, „daß hier eine echte Antinomie" zu klären ist. Erler hat aber mit seinem – und dies nicht nur um der wissenschaftlichen Sorgfalt willen – bedauernden Resumé recht, daß es „richtiger und klüger" gewesen wäre, wenn Luther nicht in das „Dickicht der Kanones" eingetreten wäre: Nicht nur, daß die Reformatoren, Luther nicht weniger als Calvin, schon bald gezwungen waren, praktisch für die von der Reformation ergriffenen Gebiete für Ordnung und Recht zu sorgen, – also zu verhindern, daß an der Stelle des verworfenen corpus iuris canonici ein Loch entstanden wäre, in welchem das Recht nur noch mit der Notwendigkeit der Erhaltung der Ordnung und mit dem Wert des Nutzens gestaltet wird. So versteht die heutige, praktisch atheistische Bevölkerung das, was sie „Recht" nennt! Nein, auch aus dem Grund, weil *eine der wichtigsten theologischen Erkenntnisse Luthers das Verhältnis von Gesetz und Evangelium war.* Von hier aus wäre eine sorgfältigere Analyse des Kanonischen Rechtes förderlicher und zukunftsweisender gewesen. Calvin, der das Verhältnis umkehrte in *„Evangelium und Gesetz"*, tat, „reformatorisch" das, was Luther in der Verbrennungsaktion dem Papst als Unrecht vorhielt, nämlich als Bischof sich anzumaßen, auch das weltliche Recht zu bestimmen. Calvins theologisch-politische Stadtordnung von Genf, mit der Ketzerverbrennung des Dr. Servet, war in der Tat neues Kanonisches Recht. Luther dagegen hatte in der theologischen Bestimmung des Verhältnisses von „Gesetz und Evangelium" – in ihrer Zuordnung, wie in ihrer Abgrenzung unter dem einen Haupt Christus – einen praktisch bis heute anwendbaren Weg beschritten, der, wäre man nicht davon abgewichen, jenen „Säkularisationsprozeß" verhindert hätte, den Bischof Wurm in Treysa 1945 als verhängnisvoll und in Hitlers Vorstellungen kulminierend beklagt hatte.

Wir werden später noch einmal auf diese Erkenntnisse verweisen müssen. Auf keinen Fall kann man Luther mit seiner Aktion zu dem Urheber jener Trennung von sichtbarer und unsichtbarer Kirche machen, so, wie diese Trennung von Sohm und Brunner artikuliert und von der Mehrzahl der „gebildeten" Protestanten bis „Barmen" verstanden wurde. Asmussen hatte, unter Zustimmung Barths, in seinem Barmer „Vortrag" zu Recht den Beginn der Veränderung der Grundlagen auf den Anfang des 18. Jahrhunderts fixiert.

4. Probleme der Staatshörigkeit

Als Asmussen in Verbindung mit Barth und Niemöller die Barmer Synode in die Richtung der anderen „Erklärung" der Synode, nämlich der „Erklärung zur *praktischen* Arbeit der Bekenntnissynode der DEK", steuerte, ging es ihnen um diese Einheit von sichtbarer und unsichtbarer Kirche, die im ersten Grundsatzreferat der Synode von Rechtsanwalt Fiedler als Zielvorstellung profiliert worden war. Sie mußten keine Grundsatzbeschreibung erarbeiten. Die „Unsumme von Gewalttaten, Unrecht,

Rechtsbeugung und Rechtsbruch" führte die Synodalen einhellig auf den Weg, der dann im Oktober 1934 in der „Dahlemer Bekenntnissynode" zur Einsetzung neuer Leitungsorgane und zur Regelung der Ausbildung des theologischen Nachwuchses und zur Übernahme des Ordinationsrechtes führte: *Unsichtbare Kirche in der sichtbaren Kirche!* Es war folgerichtig gedacht, daß Asmussen, Barth und Niemöller bis etwa 1936 dafür warben, bereits jetzt grundsätzlich der Volkskirche und ihrer Bürokratie Abschied zu geben. Dazu ist es nicht gekommen, – aus vielerlei Gründen, wie wir oben beschrieben. Einen Grund hatte Fiedler in seinem Referat so angedeutet: „Man kann nicht sagen, . . . daß sich die lutherischen Kirchen – auf diese muß ich ja zunächst abstellen – unter dem Schutz ihrer jeweiligen Landesherren nicht wohl gefühlt hätten. Zu Übergriffen auf innerkirchliches Gebiet neigten diese nicht. Solche liegen ja auch nicht im Sinne eines bürokratisch aufgezogenen Apparates, der sich bemüht, seine Verwaltungsaufgaben möglichst reibungslos abzuwickeln und unnötige Friktionen zu vermeiden."[176]

Wir erwähnten bereits, daß Dibelius, Jacobi, Ehlers und andere den Kampf so ausgerichtet wissen wollten, daß *zunächst* die Rechtsordnung der Ev. Kirche der altpreußischen Union wieder herzustellen sei. Und in der Tat: Die Erinnerung an einen bürokratischen Apparat, der vom preußischen Beamtenpflichtethos geprägt war und sich als „dienend" im Sinne der preußischen Könige verstand, hatte etwas Verlockendes. Hinzu kommt die hohe Qualität der sechs Generalsuperintendenten in charakterlicher, theologischer und seelsorgerlicher Hinsicht. Karl Bernhard Ritter, 1918 deutsch-nationaler Landtagsabgeordneter, erzählte mir, wie nach Beendigung des Summespikopats durch Gründung der Weimarer Republik der sozialdemokratische Ministerpräsident Severing ihm gegenüber bedauernd darauf hingewiesen habe, wie schwer sich die Protestanten damit täten, an Stelle der Fürsten ein Leitungsamt herauszustellen. Dann aber wurden Männer wie Kapler, Dibelius, Schian, Blau und andere berufen, die sich über die Kirche hinaus allgemeiner Wertschätzung erfreuten.

Daß bis 1918 die Landesherren die obersten Bischöfe waren, war natürlich ein Nonsens. Aber selbst das Praktizieren des „obersten Bischofsamtes" durch Kaiser Wilhelm als König von Preußen war ein relativ harmloser Vorgang. Der Vater meiner langjährigen Gemeindehelferin, ein alter Sozialdemokrat, gehörte als Matrose zur Besatzung des Kreuzers „Kolberg" und nahm an der Nordlandfahrt des Kaisers kurz vor dem Ausbruch des 1. Weltkrieges teil. Er erzählte mir, im Grunde zustimmend, wie „Majestät" die Gottesdienste an Bord selbst gehalten habe. Und es gehört doch wohl zu dieser relativen Harmlosigkeit, wenn in Martin Niemöllers Studierstube das große Kaiserbild mit persönlicher Widmung bis zur Ausbombung hing. Ich muß noch einmal erinnern an das, was ich oben über die drei Kraftfelder sagte, in denen die Menschen des deutschen Protestantismus – mehr unbewußt als bewußt – bis „Barmen" lebten, – hier nun *das Kraftfeld der altpreußischen Union* mit dem, durch die reformierten Herrscher geprägten Verhältnis von Religion und preußischem Beamtenethos. Asmussen, selbst kein „Preuße", sondern „Schleswig-Holsteiner", sah z.B. in Jochen Kleppers Darstellung des reformierten Vaters von Friedrich dem Großen, Friedrich Wilhelm I., in dem Buch „Der Vater", eine beeindruckende Hintergrunderhellung eines, Römer 13 sehr nahe kommenden Ordnungsverständnisses eines Staatsmannes, der Christ war.

Aber Asmussen hatte, im Unterschied zu seinem späteren Freund Martin Niemöller und anderen, bereits 1929 in Albersdorf erleben müssen, was von Hitlers Sozialismus zu erwarten war. Er hatte bereits früh die Fragwürdigkeit des Harnack-Sohm'schen Konzepts als der Wesensbestimmung des preußischen Kirchenverständnisses durchschaut. Er wußte, daß die Grundlagen der Kirche – eben in ihrer Einheit von sichtbarer und unsichtbarer Kirche – ganz neu in ihrer Tiefendimension erfaßt, profiliert und zur Anwendbarkeit ans Licht gehoben werden mußten. Asmussen blickte bereits früh über Deutschlands Grenzen hinaus. Nach der „Machtübernahme" war ihm klar, daß z.B. ein Kirchenverständnis wie das der „Altpreußischen Union" keine Grundlage für einen, der kommenden kirchlichen Entwicklung entsprechenden Ordnungsrahmen bieten würde. Asmussen war Pragmatiker und kein sektiererischer Systematiker. So stellte er sich ab 1937 darauf ein, daß der Abschied von der Volkskirche und ihrer Bürokratie noch nicht möglich war. Auch die Verbundenheit mit den „intakten" lutherischen Kirchen war ein zu großes Gut des „Leibes Christi", als daß mit ihnen – trotz schwerwiegender Differenzen zwischen den „Dahlemern", bei denen Asmussen weiter sich plaziert sehen wollte, und den Bischöfen – gebrochen werden durfte. Asmussen verstand das Ertragen von Kompromissen als Ausdruck des Gehorsams. Er wußte auch, was lange Zeit später in dem von ihm 1947 initiierten „Detmolder Kreis" der „Lutheraner in den Unionen" und dem daraus entstandenen „Theologischen Konvent Augsburgischen Bekenntnisses" in Fulda Paul Reinhardt in Übereinstimmung mit Wilhelm Maurer, Peter Brunner, Wilhelm Stählin und anderen feststellte: „Das nun einmal Improvisierte muß nachträglich theologisch begründet werden."[177]

5. Gilead und die 300

„Das nun einmal Improvisierte muß nachträglich theologisch begründet werden". Diese Einstellung unterschied von Anfang an Kirche und Sekte. Asmussen verwies gern auf die Entstehung des Nicaenums und auf die „Räubersynode von Ephesus". Er ertrug es geduldig, daß er nach der Verhaftung Niemöllers am 1. 7. 1937 in oft bedrückender Einsamkeit alle seine BK-Ämter weiter ausübte, – wie den Vorsitz im preußischen Bruderrat, die Leitung der kirchlichen Hochschule, die Steuerung der Kodlab – Konferenz der Landesbruderräte –, die Leitung der ihm anvertrauten Ausschüsse und die theologisch-kirchenpolitische Beratung der VKL. Abends trafen sich in seiner Wohnung in der Erfurter Straße 9 in Berlin-Schöneberg nach den anstrengenden und für alle gefährlichen Sitzungen die leitenden Brüder der BK wie Jochen Beckmann, Heinrich Held, Fritz Müller, Otto Fricke, Hans Böhm, Reinhold von Thadden, Herbert Mochalski und andere zur entspannenden, fröhlichen Runde, – sachliche Differenzen nicht überspielend, aber in guter Verbundenheit ausgleichend. Wir beiden Vikare: Crönert als Vikar Fritz Müllers und ich als Asmussens Vikar, sorgten für die Getränke und durften teilnehmen. Aber in dem allen achtete Asmussen in geistlicher Wachsamkeit darauf, was im Sinne der vier Schwerpunkte seines Barmer „Vortrags" festzuhalten und zu bestätigen war, um das, was „einmal improvisiert" war, theologisch zu begründen und für den Prozeß der Kirchwerdung zu nutzen und festzuhalten. Er war ein wacher Zuhörer, der den Gesprächspartner ermutigte, seine Meinung vorzutragen und ihn, Asmussen, dabei zu belehren. Seine eigene Sicht der Dinge leitete er oft mit der unaufdringlichen Bemerkung ein: „Sehe ich recht, dann ist die Sache so und so".[178]

Es darf nicht vergessen werden, daß Asmussen in besonderer Weise für die *„Gebetsliturgie"* bei der drohenden Kriegsgefahr *1938* verantwortlich war: „Als der Bruderrat sich Ende September auf das Gebiet der Liturgie begab, ahnte er nicht, welche Sprengkraft darin verborgen war. Was als Rückzug auf die innere Linie gedeutet werden konnte, sollte zum stärksten Zusammenstoß mit dem Staat führen. Nach Hitlers Rede am 26. September im Berliner Sportpalast, sah sich die BK veranlaßt, angesichts der großen Kriegsgefahr durch den Aufruf zu einem *Gebetsgottesdienst* einen spezifischen Beitrag zur Erhaltung des Friedens zu leisten. Asmussen war einer der Hauptinitiatoren: Er fertigte einen Entwurf für die Liturgie des geplanten Gottesdienstes an, den er am 27. September mit Müller-Dahlem und Böhm besprach. Da die übrigen Mitglieder der 2. VKL auswärtigen

Verpflichtungen nachgingen, nahmen es diese auf ihre Verantwortung, die Liturgie im Namen der 2. VKL an die Landeskirchenregierungen und Landesbruderräte hinausgehen zu lassen, verbunden mit der Aufforderung, für Freitagabend, den 30. September, einen Fürbittgottesdienst anzusetzen". Der Inhalt war wie eine Vorwegnahme des Stuttgarter Schuldbekenntnisses von 1945: „Der auf die Bezeugung eigener Sündhaftigkeit, Bußwilligkeit und Fürbitte abgestimmte Charakter der Liturgie war weit entfernt von dem begeisterten Pathos, das im August 1914 die Tonart auf den Kanzeln bestimmt hatte: „Herr, unser Gott! Wir armen Sünder bekennen vor Dir die Sünde unserer Kirche, ihrer Gemeinden und ihrer Hirten. Durch Lieblosigkeit haben wir den Lauf Deines Wortes oft gehindert, durch Menschenfurcht Dein Wort oft unglaubwürdig gemacht. Wir haben ein falsches Evangelium nur zu sehr geduldet. Wir haben nicht so gelebt, daß die Leute unsere guten Werke sehen und Dich preisen konnten. Wir bekennen vor Dir die Sünden unseres Volkes. Dein Name ist in ihm verlästert, Dein Wort bekämpft, Deine Wahrheit unterdrückt worden. Öffentlich und im Geheimen ist viel Unrecht geschehen, Eltern und Herren wurden verachtet, das Leben verletzt und zerstört, das Eigentum geraubt und die Ehre des Nächsten angetastet. Herr, unser Gott, wir klagen vor Dir diese unsere Sünden und unseres Volkes Sünden. Vergib und verschone uns mit Deinen Strafen! ...". In einer Erläuterung der Gebetsliturgie definierte Asmussen das Ziel der aufgetragenen Botschaft dahingehend, daß die Kirche nun ihrem „vaterländischen Verantwortungsbewußtsein" gerecht werden müsse, und dies schloß kurzzeitige Zurückstellung der kirchenpolitischen Streitigkeiten mit ein. „Damit dem Gebetsgottesdienst alle Erinnerungen an den Kirchenkampf fern blieben, ist die freie Predigt ausgeschlossen worden. Diese Tatsache ist als ein kirchliches Opfer zu werten". Dadurch, daß in der Liturgie der Krieg als Gottes Strafe, der Friede aber ausdrücklich als Gottes Gabe verstanden wurde, „rückt die Frage, ob Krieg oder Frieden das Los des Vaterlandes sein wird, *wesentlich* aus dem menschlichen Entscheidungsbereich" ... Die Unterzeichnung des Münchner Abkommens verhinderte den scheinbar unmittelbar bevorstehenden Kriegsausbruch, und so hob der altpreußische Bruderrat am 30. September die Verbindlichkeit für den vorgesehenen Gebetsgottesdienst auf ... Das *SS-Organ „Schwarzes Korps"* benutzte die Gelegenheit, anhand ihrer Veröffentlichung *die führenden Vertreter der BK als Landes- u. Volksverräter zu brandmarken* ... Kirchenminister Kerrl verfügte über die Mitglieder der 2. VKL die Nichtauszahlung ihres Gehaltes ... Asmussen blieb disziplinarisch ungeschoren, da er in finanzieller Hinsicht von der Unterstützung der BK abhängig war."[179]

Konukiewitz's Bericht gelte an dieser Stelle als Beschreibung der Situation in jener Zeit, in der Asmussen unermüdlich das Ziel der Kirchwerdung weiter verfolgte. Übrigens übergab mir Asmussen damals einen Durchschlag des Entwurfes für den Fall, daß er aufgrund der SS-Anklage verhaftet würde. *Wir vergessen dabei nicht, daß Barth sich gerade in diesem Jahre 1938 abwertend über Asmussens fehlenden Kampfgeist und seine Bekehrung in die Innerlichkeit geäußert hatte.*

Die so auf Asmussen liegende Last im Zusammenhang mit der „Gebetsliturgie" wurde vermehrt durch das Verhalten der Landesbischöfe: Am 29. 10. 38 waren die vier Bischöfe von Hannover, Bayern, Württemberg und Baden zum Reichskirchenminister Kerrl nach Berlin bestellt worden, wo von ihnen ultimativ gefordert wurde, von den Verfassern der „Gebetsliturgie" als von „Vaterlandsverrätern" abzurücken. Als die Bischöfe dies ablehnten und verlangten, erst mit den Brüdern der VKL sprechen zu können, verbot ihnen Kerrl dies mit dem Hinweis, daß er die Einlieferung der Verantwortlichen in ein KZ eingeleitet habe. Daraufhin gaben die Bischöfe eine Erklärung ab, in welcher sie die „Gebetsliturgie" ablehnten. Am 21. Nov. 1938 modifizierte Bischof WURM in einem Schreiben an alle württembergischen Dekanatsämter diese Erklärung dahingehend, daß er sich weiterhin den Brüdern der VKL verbunden wisse. Bischof MARAHRENS dagegen bestätigte am 23. 6. 1939 die von Kerrl verfaßten „Grundsätze ..." von Godesberg. Daraufhin distanzierten sich die Bischöfe Wurm und MEISER von Marahrens' Vorgehen und nahmen, wenn ich mich recht erinnere, im November 1940 die Verbindung mit Asmussen und der BK wieder auf.[180]

Zu diesen Lasten kam hinzu, daß Asmussen als der Betreuer der Familie Niemöller als einer der ersten erfuhr, daß sich MARTIN NIEMÖLLER am 7. 9. 1939 zur Wiedereinstellung als Offizier bei Raeder gemeldet hatte.

6. Vorbereitung auf die durch den kommenden Zusammenbruch zu erwartenden Möglichkeiten des kirchlichen Neubaues

1942 sprach Asmussen mir gegenüber seine Sorge aus, der Zusammenbruch und damit die Aufgabe, die sichtbare Kirche von ihrem Wesen her neu zu ordnen, könne eintreten, noch bevor sich die Verantwortlichen der BK über die wesentlichen Grundlagen geeinigt hätten. *1942:* das war das

Jahr, in welchem Asmussen mit *Carl Goerdeler* zusammenkam, und im Sommer auf dessen Bitte „die Ansichten der Kirche zu wirtschaftlichen Fragen zu Papier brachte"[181], – ein Akt, bei welchem sich Asmussen des Risikos wohl bewußt war. *1942:* das war das Jahr, in welchem Asmussen am 13. Dez. den bereits erwähnten Brief über Hans Bernd Gisevius an Willem A. Visser 't Hooft nach Genf sandte, durch welchen das Stuttgarter Schuldbekenntnis vorbereitet wurde[182], – wieder mit dem Risiko der Aufdeckung durch die Gestapo. *1942:* Das war das Jahr nach der siebenmonatigen Haft auf Grund der Verurteilung wegen Aufrechterhaltung der „Kirchlichen Hochschule" – nach deren Verbot durch Himmler 1937, in welchem Prozeß in Moabit vor dem Sondergericht Asmussen der Sprecher aller Angeklagten war.[183] *1942:* die Zeit allnächtlicher Bombenangriffe auf Berlin. –

Für jeden, der dies alles miterlebte, eine Zeit, in der Angst und Unsicherheit alle Gedanken zu beschlagnahmen und zu lähmen drohten, besonders bei Asmussens Leiden mit schwersten asthmatischen Anfällen: in dieser Zeit war *Asmussens Sinnen und Trachten bestimmt* von der mir gegenüber geäußerten Sorge *um die Neuordnung der Kirche!* Und dieses nicht nur allgemein, sondern auf das Praktische ausgerichtet, indem er mit mir und anderen überlegte, wen man aus dem Kreis der bewährten Mitkämpfer vorschlagen könne als die kommenden Bischöfe oder Praesides der Landeskirchen. Asmussen hatte dabei nicht vergessen, was er 1934 im „Vortrag" gesagt hatte: „Auf Grund der neutestamentlichen Verkündigung erkennen wir also die Möglichkeit und die Notwendigkeit verschiedener Ämter in der Gemeinde an. Wir wissen auf Grund des Befundes im Neuen Testament, daß für die Art und Zahl der verschiedenen Ämter keine endgültige und überall einzuführende Ordnung besteht. Wir meinen, daß in der christlichen Gemeinde eine bischöfliche Verfassung und eine presbyteriale Verfassung sein *kann.* Wir sind aber auch überzeugt, daß in der christlichen Gemeinde sowohl unter der bischöflichen Verfassung als auch unter der presbyterialen Verfassung der Teufel zur Herrschaft kommen kann. Keine der möglichen Verfassungen garantiert christlichen Brauch und christliches Leben. Vielmehr sollten Verfassungen der Kirche der Versuch sein, *ein Zeichen aufzurichten,* welches der Welt deutlich macht, was der Herr sagt: „Solches soll es unter euch nicht sein" (Matth. 20,25 + 26: zitiert in der hier von Asmussen ausgelegten 4. These der BTE). *„Präses und Bischof, Bischof und Präses, Pastor und Diakon, Diakon und Pastor sind im umgekehrten Verhältnis zu ihrem Rang die untersten Diener der Gemeinde."*[184]

Die Neuordnung der Kirche: Dazu gehörte für Asmussen, den Riß zwischen der BK mit ihren Bruderräten und den beiden süddeutschen Landeskirchen in Württemberg und Bayern zu schließen. Deren Bischöfe Wurm und Meiser hatten sich vom Hannoverschen Bischof Marahrens am 1. 8. 1939 distanziert. Nach meiner Erinnerung kamen die Bischöfe Wurm und Meiser im November 1940 nach Berlin, um mit den Organen der BK wegen engerer Zusammenarbeit zu verhandeln. Ich hatte den Auftrag, am Vorabend der Sitzung beide Bischöfe in der Taxe zu einem Vorgespräch mit Hans Asmussen in dessen Wohnung abzuholen, und kann mich noch gut an die Fahrt durch das verdunkelte Berlin erinnern. Am nächsten Tag hielt Bischof Wurm in der Sitzung das Referat, in welchem er davon sprach, daß die Zeit der Klärung der Rechtfertigungslehre nun wohl abgeschlossen sei und vor uns die Aufgabe stünde, uns um *das Verständnis des Wesens der Kirche* zu bemühen. Asmussen erinnerte später oft an diese Rede, die in einer Zeit gehalten sei, als Papst Pius XII. die Enzyklika „Mystici corporis" veröffentlichte (von P. Bea erarbeitet).

Asmussen begann sich damals Bischof Wurm für dessen „Einigungswerk" zur Verfügung zu stellen.[185]

In der Haltung und im Selbstverständnis dieser Bischöfe – in gleicher Weise wie im Selbstverständnis des mit ihm befreundeten reformierten Präses Paul Humburg im Rheinland sowie des Präses der Provinz – sächsischen Bekenntnissynode und späteren Magdeburger Bischofs Superintendent Ludolf Müller – Heiligenstadt sah Asmussen verwirklicht, was er im „Vortrag" in Barmen ausgesprochen hatte: „Präses und Bischof ... sind in umgekehrtem Verhältnis zu ihrem Rang die untersten Diener der Gemeinde".

Als ein Beispiel dafür, wie die Überlegungen der Verantwortlichen nach dem Zusammenbruch im Blick auf die personalen Notwendigkeiten beim Neuaufbau der Kirche aussahen und hier im besonderen im Blick auf den genannten Bischof Müller, gebe ich wieder, was das Mitglied der VKL, nunmehr „Propst" in Berlin, P. Hans Böhm mir am 28. 11. 45 nach Schulpforta schrieb:

„Lieber Bruder Lehmann! Haben Sie schönen Dank für Ihr Schreiben vom 15. ds. Mts., das einen guten Einblick gibt in Ihre Verhältnisse und mir zeigt, wie Sie über die Dinge denken. Ich freue mich, daß Sie so über Bruder Müller-Heiligenstadt urteilen. Ich selbst allerdings hatte bisher das Gefühl eines etwas lahmen Mannes und auch die Empfindung, als ließe er sich von den Leuten der Behörde an der Nase herumführen, aber ich lasse mich gern eines Besseren durch Sie belehren und würde mich freuen, wenn Sie auf gemächlicherem Wege besser zum Ziel kommen, als durch unser Drängen ... (Dann schreibt er wegen meines Hinweises, daß der Vorsitzende des ostpreußischen Bruderrates, P. Hildebrandt, auf der Flucht in Naumburg untergekommen sei und wir „Provinzsachsen" ihn gern als Propst von Naumburg festhalten würden:) Ihr Brief hat mir freilich Schmerzen bereitet. Und das wegen unseres verehrten Bruder Hildebrandt ... Ich könnte nur mit Mühe den Schmerz unterdrücken, wenn ich ihn für Berlin drangeben müßte ... Die Sachsen müßten sich sehr schnell entscheiden, ob sie Hildebrandt haben wollen oder nicht. Ich hoffe, mit Bruder Müller in der nächsten Sitzung des Preußischen Kirchenregiments sprechen zu können und hoffentlich über dieser Frage zur Klarheit zu kommen. Besonders hat mich interessiert in Ihrem Schreiben, daß Sie vor Besetzung der leitenden Ämter in Ihrer Provinz sich grundsätzlich Klarheit über das Wesen dieser Ämter machen wollen. Auch ich halte das für dringend notwendig. Wir stehen in Berlin ja vor ähnlichen Entscheidungen. In der nächsten Sitzung des Preußischen Kirchenregiments wird die Frage der Schaffung und Besetzung von Landessuperintendenturen in Berlin und Brandenburg zur Sprache kommen, zugleich mit der Frage des Bischofs von Berlin. Auch wir sind nicht gewillt, unbesehen solche wichtigen Schritte zu vollziehen, ohne daß das Wesen dieser Ämter geklärt ist und ihre Funktionen scharf umrissen sind. Ich wäre Ihnen daher dankbar, wenn Sie mich über den weiteren Gang der Dinge in dieser Frage auf dem laufenden hielten. Seitdem die Post aus Süddeutschland wieder funktioniert, erhalte ich nun auch von Hans Asmussen viel amtliche Post. Ich ersehe daraus, daß die Kirchenkanzlei in Gmünd tüchtig an der Arbeit ist, um uns Landeskirchenleitungen zu bevätern und zu bemüttern. Nun, lieber Bruder Lehmann, seien Sie herzlich gegrüßt von Ihrem gez. Hans Böhm."[186]

Wichtig an diesem Brief ist die Persönlichkeit des späteren Bischofs Müller, ganz dem entsprechend, was Asmussen im „Vortrag" 1934 über das Dienstverständnis der leitenden Brüder gefordert hatte. Er war ja „mein" Präses der BK seit 1934. Mein geistlicher Vater Pastor Lorenz Bertheau, Mitglied des Provinzialbruderrates und Schwager des ebenfalls im Kirchenkampf bewährten und bekannten Superintendenten Wolfgang Staemmler, Großkugel, war mit Müller befreundet. Müller und Staemmler waren dann die Delegierten der BK der Provinz Sachsen in der „Konferenz der Landesbruderräte". Dabei trat Müller in seiner Bescheidenheit immer in den Hintergrund, obschon er Entscheidendes zu sagen hatte. So machte er auf viele, die ihn nicht kannten, den Eindruck, den Hans Böhm in seinem Brief wiedergibt. Asmussen jedoch kannte seine Qualitäten und wußte, daß er in einer besonderen Weise für ein Leitungsamt qualifiziert war. Gleich nach dem Zusammenbruch suchte Sup. Müller auf seinem alten Fahrrad alle BK-Pfarrer der ganzen Provinz Sachsen auf, um zu sammeln, zu trösten und zu erfahren, wie es auch im Blick auf die nicht zu uns gehörenden Pfarrer bestellt war. 1947 erzählte mir der Hallenser Neutestamentler Prof. JULIUS SCHNIEWIND, wie segensreich Bischof Müller wirkte. Wir hatten von der Kanzlei aus das erste Abendmahlsgespräch der EKD nach dem Kriege in Fortsetzung der Hallenser Synode von 1937 in Frankfurt-Niederrad vorbereitet. Am Vorabend der Konferenz besuchte mich Prof. Schniewind in meiner Wohnung. Er sprach davon, wie ausgewogen die Kirchenprovinz in der Teilung der Verantwortung geleitet werde: LOTHAR KREYSSIG als Konsistorialpräsident und LUDOLF MÜLLER als Bischof. Und seine persönliche Zusammenarbeit mit dem Bischof beschrieb er so: wenn der Bischof ihn, den Hochschullehrer, um Mitarbeit in einem Pfarrkonvent bäte, dann erweise sich dies immer in der Themenstellung als gerade dort richtig und als bischöfliche Weisung mit verpflichtendem Charakter. Bei dem Vortrag selbst aber sitze Bischof Müller inmitten der Pfarrer vor ihm, von dem er sich gern unterweisen lasse.

7. Kades (4. Mose 13,26)

Israel steht in Kades an der Grenze zum gelobten Land. Durch ihr Murren jedoch weist Gott sie zurück in die Wüste; ein Bild für die Situation 1945: Neubeginn oder Restauration?

Asmussen versuchte, zum Kriegsende hin, in der durch äußere und innere Umstände entstandenen – und verständlichen Schwächung der BK jene Fundamente lebendig zu erhalten, die nach seiner Erkenntnis die Voraussetzungen darstellten für einen Neuanfang der Kirchwerdung nach dem Zusammenbruch – unter realistischer Bewertung der Möglichkeiten im Blick auf die zu erwartende Verelendung des deutschen Volkes, – im Blick auf die z. T. einander widersprechenden kirchlich-theologischen Zielvorstellungen – und im Blick auf das nach Verfolgung, Krieg und Gefangenschaft noch zum Handeln fähige und willige Potential an Männern und Frauen. Wenn der alte Satz gilt, daß der Anfang – principium – die aus ihm entstandenen Regeln – principia – bestimmt, dann darf der Verfasser für das um Aufmerksamkeit bitten, was er auf dem Weg zur Stunde „Null" und dann nach der Stunde „Null" erlebte. Mit Hilfe von P. Dr. Hans Böhm und Superintendent Diestel war es mir März 1945 gelungen, für kirchliche Dienste aus dem OKH entlassen zu werden. Meine Frau und ich machten uns von Wittenberg aus auf den Weg nach Schwäbisch Gmünd zu Hans Asmussen, kamen aber in meiner Heimat Bad Kösen in den Vormarsch der Amerikaner. Aus diesem Grunde übergab mir im Mai 1945 P. Lorenz Bertheau die Pfarrstelle Schulpforta, wo die Napola wohl zu existieren aufgehört hatte, wo aber zunächst im Mai die NS-Lehrer noch im Ort waren. Und nun versuchte ich – wie wohl alle noch am Leben befindlichen BK-Leute –, die Freunde wiederzufinden, und, wo immer wir waren, im Sinn unserer Zielvorstellungen von der Erneuerung der Kirche in den vorgefundenen kirchlichen Verhältnissen mit ihren Mehrheiten von „Nicht-BK-Pfarrern" Fuß zu fassen. Insbesondere verlor Asmussen in aller Wirrnis des Zusammenbruchs das Ziel nicht aus den Augen, – eben mit dem Wissen, daß das principium die Prinzipien bestimmt.[187]

Und so mögen noch einige „erlebte Anmerkungen" gestattet sein, die zum Verständnis dafür helfen können, wie sich die EKD seit 1945 entwickelte. Es geht dabei um Männer, deren Namen im Laufe der Zeit seit 1945 in einem gewissen Sinn für programmatische Entscheidungen richtunggebend geworden sind. So gebe ich Zitate aus Briefen an mich von Martin Fischer, Heinz Kloppenburg, Herbert Mochalski und Edo Osterloh aus den Jahren bis 1947 wieder. Die Anrede mit Vornamen und „Du" bezeugt, in welchem Vertrauensverhältnis wir zueinander standen. Der Inhalt gibt ein Bild und vermittelt eine Vorstellung von dem Bemühen, in unserem zerrissenen Land, bei gestörten Nachrichten- und Verkehrsmöglichkeiten zueinander zu finden und uns über die Entwicklung in den Kirchengebieten und über das Schicksal der Freunde zu informieren.

Acht Tage, nachdem die Provinz Sachsen (mit Halle und Schulpforta) von den Amerikanern den Russen übergeben war, schrieb mir P. Martin Fischer am 8. Juli 1945 aus Halle/Saale einen Brief nach Schulpforta. Martin Fischer war Freund von Hans Lilje und Reinhold von Thadden-Triglaff, – wohnte im gleichen Haus wie Asmussen in Berlin-Schöneberg, Erfurter Str. 9, – und war in der deutschen Bekennenden Kirche für die Studentenarbeit und die evangelische Akademikerschaft verantwortlich. Wir hatten viel miteinander zu tun, als mir von 1939 bis 1941 neben anderen Aufgaben das Studentenpfarramt der Berliner BK übertragen war, das bis dahin Edo Osterloh innehatte. 1938 wurde Martin Fischer oft von Asmussen zu Rate gezogen, als dieser das oben erwähnte dreibändige Werk „Rechtgläubigkeit und Frömmigkeit" im Furche-Verlag erscheinen ließ. Martin Fischer übernahm nicht lange nach dem nun folgenden Brief in Berlin eine Professur für praktische Theologie und wurde mit dem zweifachen Ehrendoktor gewürdigt. Er übernahm die Leitung der Kirchlichen Hochschule in Berlin und gleichzeitig das Amt des Vizepräsidenten der EKU. Martin Fischer – wie ich aus der Provinz Sachsen stammend – schrieb mir also am 8. 7. 45 aus dem Tholuckkonvikt in Halle:

„Lieber Wolfgang! Etwas über eine Woche bin ich jetzt in Halle, nachdem ich ein schweres und schönes Vierteljahr in Markneukirchen i. V. abgebrochen habe, um der Heimat näher zu kommen. *Nun sind wir inzwischen russisch geworden,* und ich habe also den Anschluß an die Meinen gefunden, *kann aber noch nicht reisen z. Zt.* Da höre ich nun von Dir, also Du lebst, und offenbar ganz intensiv, denn Du sollst ja schon Pläne mit einem evtl. Predigerseminar in Schulpforta haben. Darüber müßten wir sprechen. *Überhaupt über allerlei Dinge,* und ich hätte Dich gern einmal hier ... Man hat Lust, mich hier in der Heimatprovinz festzuhalten, ohne mir doch eine rechte Stellung zuweisen zu können ... besonders, weil man ja selbst nicht im Klaren ist über das auszuübende Kirchenregiment. [Nach Bericht über seine erfolgreiche Evangelisation in Oelnitz schreibt er weiter:] Hier kommt schwer etwas dergleichen in Gang. Der gute, aber überlastete Gabriel [der Leiter der BK in Halle] reibt sich auf an der Indolenz der Stadt und Fakultät. Ich habe den Eindruck, hier kommt nichts voran, weil sie alle Ehre voneinander nehmen. Die BK ist fast ganz an die Wand gedrückt. Wenn nicht G. so aktiv wäre, wäre nichts da. Und es dominierten dann eindeutig die Männer, die ohne Willen und Entschlüsse durch die Zeit gewankt sind. Nun hat man vor, indem man mein Stichwort von der „evangelistischen Visitation" aufnimmt, mich mit so etwas zu beauftragen. *Ich nenne das die Pflicht der Kirchenleitung, evangelistisch zu visitieren.* [Unser Freund, der Präsident des Magdeburger Konsistoriums Dr. Lothar Kreyssig, hat 1946 einen für Deutschland vorbildlichen Visitationsdienst in alle Gemeinden der Kirchenprovinz hinein aufgebaut] Was soll *ich* das aber tun? *Zu einem verantwortlichen Mann der Kirchenleitung wird man mich in dieser überalterten Stadt nicht machen* (obwohl die meisten in 10 Jahren tot und müde sein werden). Das Mittelalter ist nicht da, oder schweigt, *die jungen fehlen fast völlig.* Ich fühle mich gründlich allein. *Andererseits geht es Dir wohl ähnlich wie mir: man könnte vor Unruhe bersten, daß wieder der entscheidende Augenblick verpaßt sein wird* ... Die Art, wie man über die BK zur Tagesordnung übergeht, *um nur das Alte zu leimen,* ist so kläglich, daß ich neuen Zorn Gottes als einzigen Weg, vielleicht Ausweg sähe. *Hätte man jetzt nur so etwas wie unseren Hans Asmussen.* Dabei bin ich überzeugt, daß *uns Jüngeren Aufgaben zufallen müßten, für die wir auch in den schweren Jahren gereift sind.* Ich überschätze das, glaube ich, nicht ungesund. [Nach Bericht über einen faulen Kompromiß in der Bildung einer kirchlichen Leitung unter Beteiligung eines früheren DC schreibt er weiter:] ... innerlich zappele ich so ohne Luft, daß ich annehme, ich gehe nach Berlin ... In ein paar Jahren wird es dann wohl noch schwerer sein und die kirchenpolitische Verödung wird schon so fest sein, daß man sich resigniert in irgendeine Gemeinschaftsbewegung oder dgl. zurückzieht. Vielleicht sehe ich alles so trübe, weil ich meine Freunde und ihre geistliche Gemeinschaft nicht da habe und nur die alte Kirche vor Augen habe, die hier wirklich nicht viel zugenommen hat an Frische und Freude im Hl. Geist ... Also komm bald und laß uns planen, was sich machen läßt. Vielleicht, daß vier

Augen mehr sehen als zwei. [Nach einem Glückwunsch zu meiner Dezember 1944 erfolgten Hochzeit fährt er fort:] Von den Meinen weiß ich nur, daß meine Frau bis zuletzt in Bansin gewesen zu sein scheint. Meine Mutter und Schwestern sind bei Großenhain (Dresden) auf dem Land, aber auch da weiß ich nichts . . . Geht's Dir dort besser? Was hast Du für Nachrichten? Leb wohl! Dein gez. Martin Fischer".[188]

Dieser Brief – vor Treysa I und vor dem Stuttgarter Schuldbekenntnis geschrieben, spricht für sich selbst.

Den zweiten Brief hat mir Heinz Kloppenburg am 3. Nov. 1945 aus Oldenburg geschrieben.

Asmussen hatte 1939 seine wichtige Schrift „Vergebung der Sünden" Heinz Kloppenburg gewidmet. Er war in besonderer Weise führend tätig in der „Konferenz der Landesbruderräte". Er erhielt nach dem Krieg die Ehrendoktorwürde und wurde Oberkirchenrat in Oldenburg und übernahm mit Herbert Mochalski später die Leitung des Regionalausschusses BRD der Prager „Christlichen Friedenskonferenz"[189]. Er schrieb mir am 3. Nov. 1945 nach Schulpforta:

„Lieber Wolf Lehmann! Ich danke Dir sehr für Dein Lebenszeichen vom 18. 10. [In dieser Zeit war der Postverkehr wieder eröffnet worden]. Ich hatte von Hans Asmussen gehört, daß Du lebst und tätig bist. Aber dieser persönliche Gruß war doch eine besondere Freude. Ich will Dir heute nur kurz diese Zeilen als Gegengruß senden. Wir haben eine sehr gut verlaufene Synode gehabt, bei der auch unser Freund Chichester anwesend war [Bischof Bell von Chichester, während des Kirchenkampfes ein uns besonders nahestehender englischer Bischof, auch mit Dietrich Bonhoeffer befreundet], und die eine geradlinige Fortsetzung unserer Bekenntnissynode darstellte. Daß Hermann Ehlers vom altpreußischen Bruderrat jetzt unser leitender Jurist geworden ist, wird Dich genauso freuen, wie wir froh darüber sind. In unserer kleinen Landeskirche läßt sich manches schneller gestalten und durchsetzen als in schwerfälligeren und größeren Gebieten. Ich hoffe, Dir demnächst einiges Material schicken zu können. Anliegend zunächst unser Arbeitsbogen für die Christliche Unterweisung. Sehr interessiert mich das, was Du von Wagner aus Naumburg schreibst [s.u. in meinem Bericht vom November 1945]. Kannst Du mir seinen Artikel, den Du erwähnst, einmal senden? Ich wäre Dir überhaupt für einen ausführlicheren Bericht über die Entwicklung der kirchlichen Verhältnisse bei Euch dankbar. Für heute grüße ich Dich in alter Verbundenheit und Treue! Dein gez. Heinz Kloppenburg."[190]

Es folgt ein Brief von Herbert Mochalski vom 31. 8. 46. Pastor Mochalski, wie ich schon berichtete, sogenannter „Alter Kämpfer" mit Ehrendolch, gehörte von Anfang an zur schlesischen BK, wurde dort verhaftet und danach von der Gestapo ausgewiesen. Wir hatten ihm den Decknamen „Muchel“ gegeben. Er war mein Vorgänger als Vikar bei Hans Asmussen. Als auch ihm die Dienstverpflichtung im Januar 1941 drohte, konnte ich, wie schon berichtet, meinen Oberst im OKH bewegen, auch ihn wie Wolf Dieter Zimmermann und Klara Hunsche als „Sachverständigen für Materialbeschaffung für die Marine“ anzustellen. Er hat nach dem Krieg in Schwäbisch-Gmünd die Geschäftsführung des Reichsbruderrates übertragen bekommen. Mit Heinz Kloppenburg arbeitete er eng mit Martin Niemöller zusammen und ist dann, wie diese beiden, bekannt geworden als besonders aktiver Mitarbeiter in der Prager „Christlichen Friedenskonferenz“.

Er schrieb mir am 31. 8. 46:

„Lieber Wolfgang! Nun bist Du mir doch zuvorgekommen. Wie oft habe ich mir vorgenommen, Dir endlich zu schreiben. Aber es ging mir ähnlich wie Dir, daß ich zwar oft Deiner gedachte, aber im Getriebe der Geschäfte einfach nicht dazu kam, Dir das auch mal zu sagen. Um so mehr freue ich mich über Deinen Brief. Von Deiner Arbeit habe ich Vieles und Gutes durch den Chef (s. c. Asmussen) gehört. Ich bedauere nur immer wieder, daß Du nicht hierher gekommen bist, – oder würdest Du jetzt etwa kommen? Eure sächs. Situation, die ich mit viel Anteilnahme verfolge, ist zwar nicht leicht, aber doch sehr verheißungsvoll. Ich habe den Eindruck, daß Ihr wirklich auf einem guten Wege seid und gute Arbeit leistet. Hoffentlich gelingt es mir einmal, über die russische Grenze zu kommen ... In treuem Gedenken bin ich Dein gez. Herbert“. Ich antwortete ihm am 13. 9. 46, daß ich versuchen wolle, Asmussen und ihn in Schwäbisch-Gmünd am 22. 9. 46 aufzusuchen. Leider bin ich von den Russen am Grenzübergang gehindert und kurz inhaftiert worden.[191]

Und schließlich Auszüge aus Briefen von Edo Osterloh. Er war Bultmannschüler und einer der jüngsten Dozenten der „Kirchlichen Hochschule“ von deren Gründung an. Seine Fächer waren Altes Testament und Philosophie. Nach dem Krieg wurde er mit Kloppenburg und Ehlers zunächst Oberkirchenrat in Oldenburg, seinem Heimatland. Mit Ehlers wurde er führend in der CDU und übernahm dann in Kiel das Amt des Kultusministers für Schleswig-Holstein. Im September 1938 baten er und seine, dann früh verstorbene, erste Frau Anneliese mich, das Patenamt bei ihrem Sohn Eilert zu übernehmen. Ich war damals an einer Wirbelsäulenfraktur erkrankt. Die anderen Paten waren Frau Niemöller, Frau Freudenberg, sein Schwager Hans Jürgen Hübner und Helmut Gollwitzer. Zunächst Auszüge aus einem Brief an mich vom 24. 8. 37:

„Lieber Wolfgang!

Zugleich mit Deinem Brief kam ein ganz ähnlicher von Bernhard Schöne [B. Sch. war Fliegeroffizier und studierte mit mir an der „KiHo", ein engagierter Kamerad, der einmal – noch in der Zeit vor dem 1. 7. 37 – einen Gestapospitzel handgreiflich aus einem Gemeindeabend von Martin Niemöller in Dahlem entfernt hatte. B. Sch. ist leider gefallen.] Ein wenig bedrückt, voll Fragen, offen, nicht ganz ohne Sorgen und Furcht. [Wir waren besorgt, ob die BK nach Niemöllers Verhaftung und nach dem Verbot der „Kirchlichen Hochschule" durch Himmler ihrem Weg treu bleiben würde.] Beide ganz aufrichtig in innerer Verlegenheit. Gehen wir den Weg christlichen Glaubens? Handeln und denken wir als die erlösten Sünder? . . .,. Tun wir rechte Buße, oder sind wir in der BK verstockt gegenüber dem Gericht des Herrn, das uns erreichen und läutern will auch durch sektiererische und schwärmerische Bewegungen? . . . In mir ist eine stille Freude, daß über Euch beide eine so ähnliche Anfechtung gekommen ist . . . Uns allen wird der Herr und einziger Heiland der Gemeinde noch viele äußerliche und innerliche Sicherheiten zerschlagen, bis wir eitlen Rauhbeine uns ganz auf die Gewißheit seines Sieges verlassen. Wir sind immer noch viel zu selbstsicher, um tatsächlich den gewissen Schritt des Glaubens auch im dunklen Tal tun zu können. Auf unsere Rücken werden noch viele Schläge fallen müssen, bis wir anerkennen, daß eine Jesum bekennende Kirche *eine, ihre eigene Schuld eingestehende* Menschenschar ist . . . Die Bekennende Kirche ruft uns in Sturmtrupps hinein, die sich auf die Vergebung ihrer Sünden verlassen um Christi willen und alle Fragen und alle Zweifel gegenüber der BK zunächst in ihrem eigenen Herzen und Gewissen besiegen lassen . . . Wir sind Bekennende Kirche immer als eine Menschenschar, die tatsächlich nur durch Christus mittels Seines Wortes zusammengehalten, getröstet und geführt wird. Gott sei *Lob und Dank:* das *geschieht heute* wirklich. Viel Kummer macht uns Dein Gesundheitszustand. Hoffentlich fällt es Dir nicht allzu schwer, den Weisungen der Ärzte aufs Wort zu folgen. Du solltest es nach Kräften tun, denn die Kirche braucht Deine Kraft. Du bist eine in seltener Weise mit Lebensenergie beschenkte Natur. Du kannst vielen die Last erleichtern, schon durch Dein Dabeisein . . . Im Summa: Du bist nicht nur ein lieber Freund, sondern Du bist ein tüchtiger Kampfgenosse in der militia Christi . . . Heute Abend ist die erste Ferienbibelstunde des (Berliner) Studentenpfarramtes in der Charité . . . *Unsere Weiterarbeit im Winter ist beschlossene Sache* [also Nichtbeachtung des Himmlererlasses]. Gott befohlen! Dein gez. Edo."[192]

Nach dem Tod seiner Frau schrieb er mir als Unteroffizier am 16. 11. 41:

„Lieber Wolfgang! Zeit und Kraft – es müssen unbedingt 19 Briefe geschrieben werden und die nächsten Freunde müssen sich mit dem Wenigsten begnügen – reichen nur gerade aus, um Dich wissen zu lassen, daß die Zeichen Deiner treuen Verbundenheit mich erreicht und gestärkt haben. Du hilfst mir . . . als Nachfolger im Amt [s. c. Studentenpfarrer]. Annelieses Sterben kann für uns alle ein „Beweis" der Dynamis des Evangeliums von des Herrn Tod und Auferstehung sein. Vielleicht kannst Du Dir mal von Heinz Kloppenburg oder Frau Blank erzählen lassen, wie es dazu gekommen ist, daß ich zum Pfarrer der Gemeinde Holle in Oldenburg gewählt worden bin. Grüß bitte Deine Mutter, Asmussens und besonders die Studenten und Studentinnen herzlich von mir. Dein gez. Edo."[193]

Am 21. 10. 47 schrieb er mir dann als Oberkirchenrat in Oldenburg:

„... es scheint mir wenig verheißungsvoll zu sein, wenn wir den Versuch machen, brieflich die vielen Dinge zu klären, die uns sicher beide bewegen, wenn wir an die Arbeit denken, in der wir nun stehen. Wir müssen hoffen, uns einmal so zu treffen, daß zu einer ruhigen Aussprache einige Stunden frei sind. Wir bleiben einander in alter Verbundenheit nahe ... Dein gez. Edo".[194]

Zu diesem Gespräch ist es leider wegen seines frühen Todes nicht mehr gekommen.[195]

8. Asmussens Einsatz für den Neubau der Kirche

Je näher der Zusammenbruch kam, desto konzentrierter *wartete* Asmussen, und zwar ganz realistisch, *auf Gott:* Nicht wie ein Soldat im dumpfen Ertragen des Trommelfeuers, sondern wach, – in gespannter Aufmerksamkeit, wie Gott nun *das 1934 Begonnene vollenden würde: Die Kirchwerdung der Kirche des Heils in ihrer Sichtbarkeit.*

Er hatte noch in Berlin ein Manuskript fertiggestellt mit der Auslegung des 5. Buches Mose (er hatte es mir übergeben, und ich meine, es sollte in späterer Zeit veröffentlicht werden). Es zeigt, daß er – in christologischer Deutung des Alten Testaments im Sinne von Hebräer 11 – die Aufgabe der Kirche in den Gestalten von Mose und Abraham vorgezeichnet fand: Mose, der im 5. Buch die Gottesgeschichte der zweiten Generation übermittelt, – und Abraham, dessen Fürbitte die Stadt Sodom gerettet hätte, wenn Gott in ihr zehn Gerechte gefunden hätte. Die Generation, die neu beginnen durfte, die mußte und sollte ein Instrumentarium übermittelt bekommen, das es ihr aufgrund der Erfahrungen der Kirchenkampfgeneration ermöglichte, sich in einer dem Heil entsprechenderen Kirche als der vor 1933 wieder finden und freuen zu können. Und die Gnadenströme der Spiritualität sollten sich öffnen durch das stellvertretende und fürbittende priesterliche Opfer. Der von Asmussen formulierte und schon oben zitierte Satz des „Wortes" des 2. Frankfurter Gespräches am 27. Okt. 1964 artikuliert dieses realistische Warten auf Gott: „Viele sind bewegt von der Sorge, daß die *Menschen* sich von der Kirche abwenden. Wir sind besorgt, daß *Gott* sich von der Kirche abwendet. Wer Gottes Zorn nicht fürchtet, hört auf, sein Heil zu suchen".

In seine auf Gott wartende Wachsamkeit schloß er nach dem mißglückten Attentat auf Hitler am 20. Juli 1944 alle die ein, von denen er hoffte, in ihnen die Freunde und Brüder zu haben, die den Mose-Dienst der Übermittlung von Grundlagen für eine erneuerte Kirche – und den Abrahams-Dienst priesterlichen Opfers zur Versöhnung mit vollziehen sollten. Es waren u. a. Martin Niemöller, den er in einer Predigt am 13. 8. 1940 seinen „besten Freund" genannt hatte, – obschon ihn der von Niemöller 1939 erfolgte Antrag an Großadmiral Raeder auf Wiedereinstellung in die Marine tief besorgt gemacht hatte, – und der ebenso noch 1945 zu der Freundschaft mit Asmussen stand, – sonst hätte er mir als Asmussens Mitarbeiter, nicht auf dem Wege über Frau Niemöller und durch sie über Hans Asmussen, noch *am 1. Januar 1945* aus Dachau einen Gruß übersandt; – Karl Barth, mit dem er sich trotz Bedenken (s. o. S. 121 Asmussens Brief an Osterloh) einig wußte, daß es seit 1934 die Aufgabe war, die Kirche als *Leib Christi* – und nicht als gesellschaftliches Phänomen – neu zu ordnen; – Herbert Mochalski, mit dem Tarnnamen „Muchel", nach dessen Ergehen er sich in allen Briefen und Karten an mich seit unser beider Anstellung im OKH immer wieder bis 1945 erkundigte und den er nach dem Zusammenbruch nach *Schwäbisch Gmünd* holte; – Wolf-Dieter Zimmermann, der Barth-Schüler: Wir drei, Mochalski, Zimmermann und ich, die wir den 20. Juli 1944 ohne Verhaftung überstanden hatten, baten Asmussen um eine Darstellung, wie die Opfer in dieser Generation vom Heil her zu verstehen und zu würdigen seien. Und ich erhielt am 1. 8. 1944 in die Beseler-Kaserne in Wittenberg eine Antwort an uns drei, die ich im Anhang dieses Buches wiedergebe.[196]

Die Psalmstellen, die Asmussen damals mir gegenüber oft als einen Trost zitierte, waren: „Sei mir gnädig, Gott, sei mir gnädig; denn auf dich traut meine Seele, und unter dem Schatten deiner Flügel habe ich Zuflucht, *bis daß das Unglück vorüber gehe*" (Ps. 57,2); „Denn er deckt mich in seiner Hütte zur bösen Zeit, *und verbirgt mich heimlich in seinem Gezelt,* und erhöht mich auf einem Felsen" (Ps. 27,5); „Gott, du hast *uns versucht und geläutert, wie das Silber geläutert wird;* du hast uns lassen in den Turm werfen; du hast auf unsere Lenden eine Last gelegt; du hast Menschen lassen über unser Haupt fahren; wir sind in Feuer und Wasser gekommen: aber du hast uns ausgeführt und erquickt" (Ps. 66,10–12).[197]

Aus der Zeit, als ich täglich mit Asmussen in Berlin zusammen war und auch an seinen nächtlichen Gebeten beteiligt wurde, kann ich bezeugen, daß die Triebfeder seines Handelns war: „Darum befleißigen wir uns auch, wir sind daheim oder warten, *daß wir ihm wohlgefallen. Denn wir müssen alle offenbar werden vor dem Richterstuhl Christi*" (2. Kor. 5,9+10).

Auf das „Stuttgarter Schuldbekenntnis" vom 18./19. Okt. 1945 werden wir im letzten Kapitel zu sprechen kommen. In den Zusammenhang seines Kirchenverständnisses gehört jedoch, daß er dieses Bekenntnis *als einen priesterlichen Akt* verstand, *durch den Gott um gnädiges Handeln gebeten und veranlaßt werden sollte.*[198]

Edo Osterlohs oben vorgelegter Brief an mich aus dem Jahre 1937 beschreibt die „Bekennende Kirche" ganz in diesem Sinne. Und Martin Niemöller schreibt am 6. 10. 1940 aus dem KZ Sachsenhausen: „Wo ist für uns Evangelische die Beichte, wo die wirkliche Seelsorge geblieben?."[199]

Ein erstes Signal für das, was dann im „Schuldbekenntnis von Stuttgart" als priesterliches Handeln an Gott gerichtet, aber vor aller Welt bekannt wurde, ist Asmussens Predigt am *16. Mai 1935* in der Johanneskirche in *Gießen.* „In diesem Jahr erfolgte ein Generalangriff deutsch-gläubiger, völkisch religiöser Literatur, dem sich die Kirche seit dem Frühjahr 1935 ausgesetzt sah ... Die Bekenntnissynode der APU hatte sich auf ihrer Tagung am 4./5. März in Dahlem ... mit den Angriffen des Neuheidentums auseinandergesetzt. *Asmussen verstand diese in erster Linie als Aufforderung an die Kirche zur Umkehr und dem Eingeständnis eigener Schuld* ... Der Gießener Gemeinde erklärte er ..., die Lehren des neuen Heidentums seien für ihn schon darum nichts Neues, „weil ich dasselbe unter dem Namen des Christentums in meinem Studium gelernt habe ... Wer das nicht recht glauben will, daß wir gegenüber dem Heidentum in der Mitschuld sind, der muß sich einmal ein solches Buch zur Hand nehmen, in dem ein bewußter Neuheide seine Gedanken entwickelt. Er wird erkennen, daß das Kriegsmaterial dieses Buches sich zum größten Teil auch findet in theologischen Büchern, die im Raum der Kirche entstanden sind". Der Geist der Buße müsse sich ausdrücken in der Abkehr von allen Weltanschauungen und Doktrinen und einhergehen mit der Rückkehr zur Einheit von Lehre und Leben auf dem Boden der Verkündigung."[200]

Er lebte in der Gewißheit, daß von Pfingsten bis zur Wiederkunft des Herrn nichts notwendiger, mächtiger und die Weltgeschichte bestimmender sei, als der Vollzug des Zuspruches und des Empfangs der Vergebung der Sünden. Ich erinnere an die Ausführungen über den kausativen Charakter der Heilszueignung. Zum Cantatesonntag im Jahre 1936 hatte er mir im Rahmen des Seminars in praktischer Theologie an der KiHo das alte Evangelium des Sonntags: Joh. 16,5–15, als Predigtaufgabe gestellt. Nach der in Niemöllers St. Annenkirche in Dahlem gehaltenen Predigt besprach er sie mit mir im Dahlemer „Dorfkrug". Dabei unterstrich er, daß es im Postkommuniongebet am Pfingstfest heißt: „Heiliger Geist ..., der Du bist die Vergebung der Sünden ...", und daß, für die Welt noch verborgen, durch den Heiligen Geist eben in seinem Wesen als die Vergebung der Sünden „die Welt überführt wird der Sünde, der Gerechtigkeit und des Gerichts", – und daß dies der innere und eigentliche Prozeß der gesamten Weltgeschichte ist. Die in „Barmen" geschenkte Gottesstunde verstand er als einen Teil, – „nur" als einen Teil dieses Prozesses, in welchem die Christenheit teilnimmt an der Regierung der Welt durch den König Jesus Christus. Damit wurde nichts anderes ausgesagt, als das, was Karl Barth in seinem Heft „Theologische Existenz 1" als die, allen notwendigen Entscheidungen wesentlichste Grundlage bezeugt hatte.

In seinen erwähnten nächtlichen Gebeten sprach er immer wieder den Satz: „Herr Gott, Vater, in aller Not hilf uns; Herr Gott, Jesus Christus, aus allen Sünden errette uns; Herr Gott, Heiliger Geist, in aller Verzagtheit tröste uns!".

Dieses täglich als für den Kirchenkampf heilnotwendig zu übende Gebet artikulierte sich selbstverständlich *auch* im Aussprechen ausdrücklicher Übertretungen. Im Blick auf die Zeit nach 1938 sagt Asmussen: „Wir von der Bekennenden Kirche haben oft die schwersten Gewissensbisse gehabt, ob wir wohl entschieden genug für die Juden eingetreten sind, obschon wir wahrlich schwer genug als Judenfreunde angeprangert worden sind und als solche gelitten haben. Ich bin auch noch nicht ganz sicher, ob wir nicht viel deutlicher hätten reden müssen, als die Judenpogrome begannen [Auf der Hallenser Synode *1937* hatte Asmussen *öffentlich* in seiner Vorlage gesagt: „(Abschnitt XI, 8) Jede Tötung und Auslöschung des von Gott geschaffenen Lebens ist Sünde, auch wenn sie durch allmähliche Entziehung der Lebensbedingungen geschieht ... 12. Die Kirche kann es aus Gottes Wort nicht rechtfertigen, wenn Ehen um des Rassenunterschiedes willen ... geschieden werden ... 16. Es ist Sünde, Arbeit ohne Lohn zu verlangen, ebenso wie es Sünde ist, Lohn ohne Arbeit zu fordern ... 18. Es widerstreitet dem Gnadenstand, ... um des Vorteils der Allgemeinheit willen, die Unehre des Nächsten zu suchen ... 19. ... Gott wird alle die strafen, die willkürlich andere an Gut, Namen und Blut richten ... 20. ... Die Schrift kennt keine Freiheit einzelner, die sie berechtigt, die Ehre anderer in den Staub zu treten."[201]] „Andererseits bin ich oft genug

Zeuge gewesen, wie die Juden in unseren eigenen Reihen uns vor übertriebenem Radikalismus warnten. Nicht wir haben sie, sondern sie haben uns mehr als einmal zurückgehalten ... Wir mußten uns also darauf beschränken, einerseits in Einzelfällen Hilfestellung zu geben, andererseits aber dafür zu sorgen, daß den bedrängten Juden jetzt erst recht das Evangelium gesagt wurde."[202]

An der Konferenz der Landesbruderräte am 8./9. 11. 1938 in Berlin-Friedenau nahm ich teil. Ich hatte vorher die Aufgabe, Ort und Zeit für die Konferenz auszumachen. In diese Konferenz hinein brachte P. Grüber die Nachricht von den brennenden Synagogen. Grüber wurde gebeten und bevollmächtigt, Hilfsmaßnahmen für die Juden zu versuchen.

Mit seinem Brief an Visser't Hooft in Genf vom 13. 12. 1942 bereitete Asmussen den *geistlichen* Akt des Stuttgarter Schuldbekenntnisses vor.

Obschon Visser 't Hooft und auch Karl Barth „herzlich froh" über dieses Zeichen gewesen sind, ist doch die Antwort von Pfarrer Freudenberg (der als verabschiedeter Legationsrat im Auswärtigen Amt mit mir an der KiHo studiert hatte) ein erstes Zeichen für die dann nach „Stuttgart" entstandenen Differenzen. Freudenberg schrieb am 11. 1. 1943 aus Genf an Asmussen, daß er bei aller Zustimmung nicht die Sorge verhehle, daß die einseitige Betonung des priesterlichen Amtes zu Kurzschlüssen im ökumenischen Gespräch führen könne, ebenso die Aussage, daß die Schuld der Welt entzogen werden müsse[203]; ein erstes Wetterleuchten für die dann 1945 ausbrechenden Gegensätze.

„Hätte man jetzt nur so etwas wie unseren Hans Asmussen!" Dieser Satz in Martin Fischers oben vorgelegtem Brief vom 8. 7. 1945, unmittelbar nach Kriegsende, zeigt, daß Asmussen seit etwa 1941, als die Freunde aus der VKL Fritz Müller und Otto Fricke und viele andere Mitstreiter durch Militärdienst und wegen der zunehmenden Behinderungen der Arbeit in der BK entzogen waren, immer wichtiger wurde als Stabilisator und Bewahrer des Begonnenen. Konukiewitz sagt mit Recht: „Die verständliche Freude [s. c. über das Ende einer kurzen Haft im Sommer 1937] über die neu gewonnene Freiheit konnte nicht darüber hinwegtrösten, daß nach Barth mit Niemöller ein weiterer engerer Weggefährte ausgeschaltet war und Asmussen als eine der wenigen theologischen Säulen übrig blieb."[204]

Scholder bemerkt mit Recht: „Spätestens seit 1941 war sich die nationalsozialistische Führungsspitze wegen der ideologischen Renitenz der Kirchen über die Notwendigkeit der Vernichtung des Christentums in Deutschland im klaren."[205] Aber gerade aus diesem Grunde fragte Asmussen, was denn nun eigentlich verteidigt werden solle: die APU? Barths politische Sicht? Recht und Sitte? Nachdem innerhalb der BK sein Barmer „Vortrag" als „Programm der BK" spätestens seit 1936 praktisch unberücksichtigt geblieben, vergessen oder gar in Vergessenheit gebracht worden war, sah er mit zunehmender Besorgnis, daß man „nicht die Kosten überschlagen habe, um den Turm zu bauen, und daß man nicht sitze und ratschlage, ob man dem Feind, der mit 20000 anrücke, mit 10000 begegnen könne" (Luk. 14,28–33). Das war keine Resignation. Im Gegenteil: Gerade damals rief er auf zu einem gesteigerten Selbstbewußtsein des Volkes Gottes als heiliger Priesterschaft, „die nämlich Herrschaftsfunktionen auf Erden versieht. Sie nimmt teil an der Regierung der Welt, weil sie, wie ein echter König das tut, das Volk versöhnt und es damit erst lebensfähig macht".[206] Asmussen kalkulierte – im Unterschied zu vielen Freunden – ein, daß die zunehmende Isolierung und die wachsende Überwachung immer mehr den Kampf auf das Durchhalten einzelner – wie in Schützenlöchern – Kämpfender verlagerte: Jeder mußte seinen eigenen Weg gehen: Bonhoeffer, Lilje, Gerstenmaier, er, – ohne Möglichkeit, den anderen um der Gefährdung willen zum Mitwisser zu machen. *Barths gefährliche Deutung, daß sich Asmussen damals in die Innerlichkeit und Kontemplation zurückgezogen habe, erwies sich schon vor 1945, erst recht aber danach als Ächtung, an der Asmussen bis zu seinem Tode schwer zu tragen hatte.* In seinem Beitrag zur Festschrift zu Asmussens 65. Geburtstag bemerkt Eugen Gerstenmaier mit Recht: „Es sah weniger gefährlich aus, aber ich schätze, daß es für Hans Asmussen im Persönlichsten bitterer und angreifender war als der Kirchenkampf."[207]

9. Wichtige Grundsätze für den Neubau der Kirche

Wir kommen zurück auf das, was für Asmussen für den Neuanfang des Neubaues der Kirche 1945 vordringlich war:

Die normative Kraft des Faktischen

Er hatte aus der Kirchengeschichte gelernt, daß es keine „reine" Erscheinung der Kirche gibt. Sie zu postulieren bleibt das Charakteristische der „Katharoi" – der Ketzer. Er war zeit seines Lebens davon überzeugt, daß die *Kritik an der Volkskirche und ihrer Bürokratie,* die ihn mit Barth und Niemöller von 1934–1936 zur Forderung der Ablösung dieses Systems vereinigt hatte, *berechtigt war.* Als er schon innerhalb der BK damit nicht durchkam, – als die Zuordnung zu den „intakten" Landeskirchen und ihren Bischöfen diesen Weg unmöglich machte, stellte er sich jedoch ein auf das „Faktische", in welchem er trotz der Bedenken den Heiligen Geist wirkend wußte. *Das veranlaßte ihn, dem Kompromiß von Treysa I 1945 zuzustimmen und die „Legalität" des dort Beschlossenen zu verteidigen und es als Fundament für den Weg auf die Kirchwerdung hin zu verwenden.* Ihm ist wesentlich zu verdanken, daß die Bildung der „Vereinigten-Evangelisch-Lutherischen-Kirche" – VELKD – eine Bildung *„innerhalb"* der EKD blieb (s. S. 191–195, 214 u. 247). Dabei teilte er, der Lutheraner, etwa Bischof Meisers Bedenken gegenüber theologischen Verlautbarungen im Reichsbruderrat, welche die Gefahr einer „vierten" Konfession am Horizont erscheinen ließ. 1947 gründete Asmussen mit anderen den *„Detmolder Kreis" der Lutheraner in Unionskirchen,* der sich dann *als Organ den „Theologischen Konvent Augsburger Konfession" in Fulda gab.* Auf diesem Wege wurde erreicht, – und das war Asmussens Absicht – daß in hervorragenden theologischen Veröffentlichungen Grundelemente zur kirchlichen Erneuerung von der Bindung an das lutherische Bekenntnis aus erarbeitet und vorgelegt wurden: Erfüllung seiner Forderung in der Barmer „Theologischen Erklärung", daß die Bekenntniskonvente von ihrem Bekenntnis aus die anstehenden Fragen der Kirchwerdung aufarbeiten sollten.

Die Finanzhoheit der Gemeinden

Über die Zeit vor Treysa 1945 schreibt Konukiewitz: „Asmussen hatte sich [auf dem gemeinsamen Weg nach Treysa] [Anfang Juli 1945] von Wurm und seiner Begleitung getrennt und sich im Auftrage Wurms „auf einem klapprigen Motorrad" in seine *schleswig-holsteinische Heimatkirche* aufgemacht, um dort die Bedingungen für eine Neuordnung zu sondieren ... Der beabsichtigte *Aufbau einer „Gemeindekirche"* war genau der Weg, den Asmussen befürworten konnte, und so ließ er sich für die Mitarbeit gewinnen, ohne auf die Ausübung seiner Vollmacht zu bestehen."[208]

„Gemeindekirche", nicht strahlende hierarchische Institution, – Gemeinde derer, die Leib Christi sind und denen das Wunder, daß sie auferstehen und selig werden dürfen, wichtiger als alles andere ist, diese zu fördern war Asmussens innerstes Motiv. Und aus diesem Grunde das Ringen um die Apostolizität des Amtes und um den Gottesdienst! Asmussen verstand es als den „Kairos", als die Gottesstunde der Jahre 1934–1945, daß allgemein erkannt wurde, daß der oben beschriebene „Geistliche Besitzstand" der evangelischen Christen als erhaltendes und das geistliche Leben förderndes und bewahrendes Gefäß die Kirche braucht, und zwar die Kirche in ihrer Sichtbarkeit.

Unmittelbar nach Niemöllers Verhaftung am 1. Juli 1937 schrieb Asmussen die Broschüre „Her zu uns, wer dem Herrn angehört".[209] Darin führt er aus: „Die Kirche erlebt eine gesegnete Zeit. Denn sie wird gedemütigt. Alle ihre Stützen und Krücken werden zerschlagen. Sie kann vor ihrem Auftrag je länger, je weniger fliehen. Sie muß „ja" zu ihm sagen, ohne Vorbehalt und Künstelei, – oder sie muß untergehen . . . Wenn die Kirche das tut, dann ist sie frei, dann merkt sie auch die Fesseln, die man ihr anlegen will, wie ein gesunder Körper auf Krankheitskeime reagiert."[210] „Die" Kirche: Die Freude an der auf dem Weg der BK entdeckten Freiheit! Das hatten damals die sich auch noch „Kirche" nennenden staatskirchlichen Behörden und die, sich dem Weg der BK versagenden Vereinigungen wie der Evangelische Bund und die Pfarrervereine und mit ihnen etwa 4/5 der Pfarrerschaft nicht miterlebt, was bis heute nachwirkt. Anfang 1938 sah es Asmussen „als eine der hauptsächlichen Aufgaben an, die durch die staatskirchlichen Verknüpfungen *ursächlich bedingte Verschlingung der finanziellen Belange zu entwirren*, die vermeidbar wäre, wenn schon die Väter *auf eine vollständige Trennung von Staat und Kirche gedrungen hätten*."[211]

Asmussen war der am längsten im Blick auf seinen Unterhalt disziplinierte Pfarrer – nämlich vom 15. Febr. 1934 bis zum Zusammenbruch 1945! Er war, wie wir „illegalen Jungen Brüder", im Blick auf den Lebensunterhalt von den Spenden der BK abhängig und hat mir gegenüber oft seine Genugtuung geäußert, damit ein wahrhaft freier Mann zu sein.

Als ich 1945, schon nach dem Zusammenbruch, im Auftrage der BK Schulpforta übernahm, versuchte der Naumburger Superintendent, mich damit in die Knie zu zwingen, daß er mich nur als „Hilfsprediger" titulierte und mir kein Gehalt zahlte, bis das Konsistorium in Magdeburg auf Veranlassung Asmussens eingriff und mich zum „Provinzialpfarrer" ernannte. Der Superintendent konnte unsere „Freiheit" vom Druckmittel Geld nicht verstehen.

Als auf eines der *Grundrechte* in allen Kirchen wies Asmussen immer wieder auf *die „Finanzhoheit" der Gemeinden* hin. Noch kurz vor seinem Tode mahnte er mich, dieses Grundrecht zu vertreten und bei jeder Gelegenheit darauf zu verweisen. In seinem, im Frühherbst 1945 erstellten Memorandum über das Verhältnis der BK zur EKD hatte er unter VI festgestellt: „Die Bekennende Kirche achtet das Recht jeder Gliedkirche der EKD *um der Liebe willen, da sie nicht glaubt, daß der Zentralismus Verheißung hat*". Zentralismus mit immer ausgedehnterer Bürokratie: Das fürchtete er genau so wie Niemöller. Und aus diesem Grunde verstand er – genau wie Niemöller – die in Treysa entstandene EKD als Provisorium, freilich dann in immer schärferem Gegensatz zu Niemöller, als „Provisorium mit Legalität". Sein Ziel war, daß die Zentralen, ob „Bischofssystem" oder „Leitendes-Geistliches-Amt-System", nicht durch Übertragung der Finanzhoheit an sie eine gefährliche – und *auch das geistliche Leben der Gemeinden reglementierende zentrale finanzielle Machtposition erhielten*. Im nächsten Abschnitt werden wir noch einmal auf seine Mahnung zu sprechen kommen, nicht zu vergessen, daß die Grenzen der Landeskirchen vom Reichsdeputationshauptschluß Napoleons herrühren. In der Bildung der nordelbischen Lutherischen Kirche hat die Revision dieser Gegebenheiten begonnen.

In diesem Sinne versuchte er, das Instrument der „Kanzlei der EKD" zu entbürokratisieren und einen Ort für deren Arbeit zu finden, der es ermöglicht hätte, daß die theologischen Oberkirchenräte jeder ein in der Nähe gelegenes Dorf als zu verwaltende Pfarrstelle zugewiesen bekommen hätten. Er dachte an Darmstadt und beauftragte mich 1947, Sondierungsgespräche mit dem Darmstädter Stadtbaurat Prof. Grund zu führen.

Asmussen verschloß sich selbstverständlich nicht der Notwendigkeit, um eines gerechten Finanzausgleiches willen in der allgemeinen Not, auch im Blick auf die zerstörten Bauten, *auf Zeit* den Zentralen gewisse Rechte der Finanzhoheit der Gemeinden zu übertragen. Dabei sollte aber festgehalten werden, daß die Finanz*hoheit* bei den Gemeinden blieb und daß die Zentralen davon nur *Abgaben* erhielten.

Für die Kirche in Hessen und Nassau z. B. wollte Asmussen die Bildung zweier oder dreier Prälaturen vorschlagen, – mit jeweils einem kleinen Büroapparat, da er die Kirchenvorstände als befähigt und verantwortlich genug verstand, ihrem Geldwesen allein vorzustehen.

Ich selbst hatte in Schulpforta 1945 bei Einführung des „Kirchnotgeldes" folgende Erfahrung gemacht: Wir erhielten, wie überall in Deutschland, die Aufforderung, die Gemeindeglieder für diese zweite Kirchensteuer zu veranlagen. Mein geistlicher Vater und Nachbar, Pastor Bertheau in Bad Kösen, und ich haben keine Veranlagung durchgeführt, sondern im Gottesdienst zur *freiwilligen* Abgabe zum Besten der Versorgung der Pfarrwitwen und ähnlicher Notstände aufgefordert, mit dem Erfolg, daß wir – auf die Seelenzahl umgerechnet – etwa 40% mehr als die übrigen Gemeinden erhielten.

Vor Beginn der Währungsreform hatte ich mit einigen anderen ehemaligen „Illegalen" vorgeschlagen, auf die Wiedereinführung der Kirchensteuer zu verzichten, – dafür aber die Gemeindeglieder aufzufordern, sich neu bei den Pfarrämtern in die Kartei einzutragen mit der Angabe, wieviel man monatlich abgeben wolle – mit der Möglichkeit für Mittellose, keinen Betrag einzutragen. Nach zwei Jahren sollte dann nur noch beerdigt werden, wer sich eingetragen hatte.

Ich bin durch meine dreieinhalb Jahrzehnte dauernde Tätigkeit als Pfarrer der Offenbacher Friedenskirchengemeinde darin bestärkt worden, daß die Gemeindeglieder zu Spenden aktiviert werden können, wenn sie das Spendenziel kennen. Wir haben praktisch ohne landeskirchliche Gelder die zerstörte Kirche wieder aufgebaut, Läutemaschinen für die 4 Glocken, eine Turmuhr und eine Orgel beschafft, einen Kindergarten errichtet und in Rod am Berg im Taunus ein Landheim mit 2 Häusern gebaut, das sich ohne Zuschüsse kostendeckend selber trägt.

Die Entwicklung ist anders verlaufen. Nicht nur die Vertreter der alten Bürokratien, sondern auch „Preußen" wie Dibelius und Niemöller, konnten sich von der, von Asmussen und Fiedler schon in Barmen 1934 beanstandeten Trennung von sichtbarer und unsichtbarer Kirche nicht lösen. So wurden nach Treysa 1945 die früheren Landeskirchen mit ihren Verwaltungen praktisch als endgültig und nicht nur als Provisorium neu institutionalisiert. Diese Lösung ist endgültig geworden, da der Neuanfang in eine Fülle von Gesetzen und Verordnungen eingegossen werden mußte, die kaum mehr rückgängig zu machen sind.

Da in diese Entwicklung auch die Arbeitsweise der Kanzlei der EKD eingeordnet werden mußte, und Asmussen weder willens noch geeignet war, Vorsteher einer Verwaltung in diesem Sinne zu sein, sind hier mit die Gründe dafür zu suchen, daß auch Ratsmitglieder, die mit ihm im theologischen Gegensatz zu Niemöller, Barth und Diem standen, sich den Bemühungen aus diesem Lager nicht widersetzten, Asmussen das Amt des Präsidenten der Kanzlei der EKD zu nehmen. Wir kommen auf seine Entlassung später zurück.

Nach der, auch von Niemöller nicht gewünschten Restaurierung der alten Landeskirchen mit ihren Verwaltungen begann eine Entwicklung, in der das Leben der Gemeinden von außen nach innen und nicht von innen nach außen geformt wurde.

Vorbehalte gegen eine voreilige Erstellung von Kirchenordnungen

Aus den bisherigen Ausführungen ist verständlich, daß Asmussen fürchtete, daß für Landeskirchen wie für die EKD bereits Kirchenordnungen erstellt würden, ehe die Grundlagenfragen abgeklärt waren. Der Brief von Propst Dr. Hans Böhm an mich vom 28. 11. 1945 zeigt, daß man auch in Berlin zunächst klären wollte, wie die „Ämter der Landessuperintendenten und vor allem des Bischofs zu bevollmächtigen und zu begrenzen seien".

Im nachstehenden Brief Asmussens an Bischof Stählin, Oldenburg, vom 23. 2. 1948 (noch vor seiner Entlassung als Präsident geschrieben) sind die Gründe für Asmussens Vorbehalte deutlich dargestellt.

„KANZLEI DER EVANGELISCHEN KIRCHE IN DEUTSCHLAND

14a SCHWÄBISCH GMÜND, den 23. 2. 1948
KÖNIGSTURMSTRASSE 26

Herrn
Bischof D. Dr. Stählin
Oldenburg
Amalienstr. 6

Hochwürdiger Herr Landesbischof!
Lieber Bruder Stählin!

...

...

Aber Hinderungen dieser Art müssen ja nun einmal still hingenommen werden. Man muß darunter gehen und Geduld haben. Im übrigen kann man vielleicht schon jetzt sagen, daß Gott seine eigenen Ziele dabei hat, wenn er die Dinge sich entwickeln läßt. Trotzdem habe ich es, zusammen mit Bischof Wurm für notwendig gehalten, daß wir den Brüdern des Detmolder Kreises das große Opfer zumuten, sich für den Tag vor der Ratssitzung noch einmal in Kassel zu versammeln. Warum es vor der Ratssitzung sein muß, bedarf sicher keiner weiteren Begründung.

Ich halte es geradezu für eine Gefährdung der gesamten EKD, wenn jetzt eine Verfassung durchgepaukt werden soll. Möglich ist, daß in der allgemeinen Ermüdung eine Verfassung durchkommt, die den Status legalisiert, wie er vor 1933 war. Dieses halte ich aber nicht für wünschenswert. Für unmöglich halte ich es, daß eine Verfassung beschlossen wird, welche die Hauptprobleme, die augenblicklich in der EKD in der Luft liegen, wirklich zur Lösung bringt. Als Hauptprobleme sehe ich die folgenden:

1. das konfessionelle Problem, soweit es den Lutherrat betrifft,
2. das konfessionelle Problem, soweit es die Lutheraner außerhalb des Lutherrates betrifft,
3. die Geltendmachung des Amtes im Aufbau der EKD.

Bei dem allen scheint es mir von fundamentaler Bedeutung zu sein, daß es gelingt, die EKD in ihrem eigenen Gefüge endlich als ein oekumenisches Glied zu begreifen und also nicht den Versuch zu machen, innerhalb der Oekumene einen Körper entstehen zu lassen, für den es auf der ganzen Welt nichts Entsprechendes gibt. Die Zeiten sind nun wirklich reif, in denen wir auch für Innerdeutschland oekumenisch zu denken verpflichtet sind.

Bejaht man diesen Grundsatz, dann hat man bei allen Entwicklungen innerhalb der EKD die Frage vor Augen, wie sich die einzelnen Körper der Oekumene angliedern bzw. eingliedern, und von der Oekumene her erscheint es in besonderem Maße unmöglich, die Unions-Lutheraner von der Vertretung im Weltluthertum ausgeschlossen sein zu lassen. Allerdings sieht man von der Oekumene her auch deutlich, daß die Verschmelzung von Lutheranern und Reformierten in unseren Unionskirchen eine fruchtlose ja sterile Angelegenheit ist. Die einzige Kirche, die Entsprechendes versucht hat, ist die evang. und reformierte Kirche Nordamerikas, von der feststeht, daß sie für eine Weiterentwicklung des amerikanischen Kirchentums keine Fruchtbarkeit an den Tag gelegt hat. Wir müssen auf Wege sinnen, auf denen etwa die lutherischen und die reformierten Kirchenkreise in Westfalen in ihrem Rechtsverband bleiben, aber sich als konfessionelle Körper klar abheben.

Kommt es jetzt zu einer Verfassung der EKD, dann wird es sehr schwer sein, die Entwicklungen, die zweifellos im Gange sind, im Gange zu behalten. Das ist vor allem deshalb so, weil die lutherischen Kirchen mit Recht oder Unrecht eine Neigung haben, sich autark abzuschließen. Wir können für die Klärung der konfessionellen Verhältnisse in den Unionskirchen auf Aktivität von Seiten der lutherischen Kirchen so gut wie gar nicht rechnen.

Hierbei erscheint mir eine Beobachtung von Bedeutung zu sein. Ich habe den Eindruck, daß innerhalb des Lutherrates eine gewisse Parität besteht zwischen München und Hannover, wobei ich in Hannover eine gewisse Liberalität gegenüber den konfessionellen Problemen zu beobachten glaube. Hannover selbst hat keine Theologie – anders als Bayern – und seine Fakultät ist barthianisch. Im Unterschied von Bayern gehen von Hannover kaum Impulse aus in konfessioneller Hinsicht. Der geistliche Lebensstrom ist hier im Unterschied von Bayern mit der konfessionellen Bewegtheit nicht identisch. Das sage ich ohne allen Vorwurf, aber bitte zu erwägen, ob es nicht tatsächlich so ist.

Dieses alles ist ein Ausdruck dafür, daß wir keine Lösung der konfessionellen Fragen haben, die diesen Namen verdient. Wenn wir jetzt zu festen Formen kommen, wird die Frage selbst unter der Decke wie ein Feuer weiter schwelen. Es ist sehr unpopulär, dies auszusprechen. Es ist auch sehr unpopulär, nicht mit Begeisterung einer schnellen Lösung der Aufgabe der Ordnung zuzustreben. Aber ich glaube, daß wir diesen Mut haben müssen.

Diejenigen Kräfte nämlich, die eine schnelle Lösung der Ordnung der EKD wünschen, sind nicht nur desinteressiert an der Lösung der konfessionellen Frage, sondern müssen wünschen, daß die konfessionelle Frage weiterhin ungelöst bleibt. Daß dieses keine Unaufmerksamkeit ist, sondern ein Teil des verfolgten Planes, sieht man sehr deutlich an dem Antrage des Bruderrates, in die Ordnung der EKD eingebaut zu werden, gleichsam als Garant für die Einheit. Es will mir scheinen, daß dieser Antrag, wie weniges andere, die Situation blitzartig erleuchtet. Auch sind gewisse Anzeichen dafür vorhanden, daß an diesem Antrage die Geister sich scheiden werden, so daß eine Klärung eintritt. Denn keine Landeskirche kann den Einbau des Reichsbruderrates wünschen, wenn sie nicht expansive Tendenzen verfolgt und ihre eigenen Grundlagen für so wichtig hält, daß sie sie auch anderen Landeskirchen mitteilen möchte.

Nimmt man nun hinzu, daß dieser selbe Kreis, der eine schnelle Lösung der Ordnungsaufgabe erstrebt, zu gleicher Zeit sich auch politisch sehr stark gebunden hat, indem er nach dem Osten tendiert, dann scheint mir das Bild der Dinge, in denen wir leben, noch klarer zu werden. Man sieht dann noch deutlicher, daß es kein Zufall ist, wenn eine Neigung besteht, neben die geordneten Organe der EKD und der Landeskirchen ein unkontrolliertes und unkontrollierbares Organ zu setzen, von dem man die Bewegung – theologisch gesprochen: das jeweilige Ereignis – erwartet. Politisch ausgedrückt heißt das, daß erneut der Versuch gemacht wird, der Partei einen festen Platz im Staatsgefüge zu geben.

Ich bin sehr im Zweifel, ob der Bruderrat weiterhin an einer schnellen Lösung der Verwaltungsaufgabe interessiert ist, wenn er sieht, daß sein Antrag auf einen starken Widerstand stoßen wird. Aber ob das geschieht, läßt sich heute noch nicht mit Bestimmtheit sagen. Man wird die Entwicklung der nächsten Wochen abwarten müssen, bevor man in dieser Richtung klare Einsichten haben wird.

Dem Detmolder Kreise fällt die Aufgabe zu, sich darüber Gedanken zu machen, was er zu tun gedenkt, sowohl, wenn es zur Bildung einer Grundordnung der EKD kommt, als auch wenn diese Grundordnung noch einige Zeit auf sich wird warten lassen.

Kommt es jetzt zum Erlaß einer Grundordnung, dann werden wir einer solchen nur dann beistimmen können, wenn sie den lutherischen Gemeinden außerhalb der VELKD eine geordnete Vertretung innerhalb der EKD gewährt. Dieses würde nach meinem Dafürhalten geschehen können durch einen geordneten und verfassungsmäßig eingebauten Konvent. Kommt es jetzt noch nicht zu einer Ordnung der EKD, dann müssen wir die Frage der aktiven und passiven Abendmahlsgemeinschaft erneut aufgreifen. Aber wie mir scheint, wird das nicht genügen. Wir müssen darüber hinaus fähig werden, auszusprechen, was uns das besondere Lutherische für die Gegenwart zu sein scheint. Dieses ist, wenn ich recht sehe, bisher nur repristinativ geschehen. Wir aber können uns mit repristinativen Erkenntnissen nicht begnügen, sondern müssen darum ringen, zum Ausdruck zu bringen, welches die lutherische Antwort für den heutigen Tag ist. Ich glaube, daß Du ein gutes Werk tun würdest, wenn Du auf unserer Tagung in Kassel (sc. Detmolder Kreis) für ½ Stunde das Wort nehmen würdest.

Wenn ich selber dazu etwas sagen darf, so erscheinen mir folgende Gesichtspunkte wesentlich zu sein:

1. Ich bin seit langem nicht mehr sicher, ob die fast zum Dogma gewordene These, daß die Reformierten und die Lutheraner dasselbe meinen, wenn sie Rechtfertigung sagen, richtig ist. Die überkommene Symbolik scheint mir das auch zu empfinden, wenn sie immer wieder auf die Gesetzlichkeit der Reformierten verweist. So wie die Symbolik dies dargestellt hat, scheint es mir nicht zu stimmen; wohl aber glaube ich, daß die reformierte Verkündigung den Glauben und die Werke viel näher zusammen sieht, als die lutherische Verkündigung das tun kann. Daneben stärkt sich in mir die Überzeugung, daß die Rechtfertigungsbotschaft der Reformation von uns darum so schlecht gehört wird, weil wir nicht in einer entsprechenden Not stehen wie die Reformation, wenn sie die Befreiung von den Werken verkündigte.
2. Es scheint mir ganz klar zu sein, daß die lutherische Botschaft im Unterschied von der reformierten die geschichtliche Kontinuität der Kirche viel stärker sieht. Wir könnten uns nicht damit einverstanden erklären, die Kirche nur als Ereignis zu sehen. Das „Ist" der Kirche müßte von uns viel stärker in den Vordergrund gestellt werden, als es in der reformierten Botschaft geschieht, wahrscheinlich so stark, daß darum gemeinsame Kirchenkörper im Grunde unmöglich sind.
3. Damit hängt auch die lutherische Abendmahlslehre zusammen, bei der es nun aber auch so geht, daß wir nicht frei sind, sie einfach zu repristinieren. Es ist eine betrübliche Tatsache, daß wir nach meiner Kenntnis in Deutschland kein Kirchengebiet haben, von dem man sagen kann, es sei durch das lutherische Abendmahlsverständnis geprägt. Ich glaube, mich hinsichtlich Bayerns nicht zu täuschen, wenn ich sage, daß der Abendmahlsbrauch dort viel mehr pietistisch ist als lutherisch, weshalb ja auch in Bayern das Abendmahl viel mehr als Anhängsel erscheint denn als ein Kern des christlichen Gottesdienstes.
4. Ganz notwendig scheint es mir auszusprechen, worin die historische Mission der Kirche besteht. Ich glaube zu der Erkenntnis gekommen zu sein, daß das sog. Wächteramt der Kirche nur eine Seite der Sache ist. Wenn ich in meinem Büchlein „Die Kirche im Heilsplan Gottes" ausführte, daß die Kirche der Siegeszug Christi durch die Welt ist, so möchte ich auch hier zum Ausdruck bringen, daß die historische Mission der Kirche zunächst einmal darin besteht, daß sie als Kirche da ist. Dies scheint mir dadurch bestätigt zu werden, daß die Staaten es nicht gut ertragen können, daß die Kirche „Kirche" bleibt. Das haben sie schon in der Reformationszeit nicht gekonnt und haben darum aus den Kirchen einen staatlichen Verwaltungssektor gemacht. Sofern man die barthianische Bewegung als reformiert ansprechen kann, – ob das möglich ist, ist mir nicht ganz klar, – zeigt sich ja in ihr deutlich, daß sie eine ganz klare Neigung hat, die Kirche nicht Kirche sein zu lassen. Bedarf es doch nur einer kleinen

Nuancierung, um wieder bei Rothe anzukommen, der die Kirche im Staat überflüssig machen wollte.

Ich möchte Dir dieses alles als Anregung senden. Ich selber bin gewillt, meine ganze Kraft in die Klärung dieser Dinge zu stellen. Wir werden in Kassel darüber sprechen müssen, wann nun endlich unsere Auseinandersetzung und unser Zusammensetzen mit den Lutheranern aus der VELKD geschehen soll. Ich zweifle nicht, daß wir bei ihnen offene Ohren finden werden.

Ich sende diesen Brief, obschon er kein offener Brief ist, zur Vorbereitung unserer gemeinsamen Besprechung an eine Reihe anderer Persönlichkeiten.

Mit herzlichem Gruß! Dein gez. Hans Asmussen."[212]

In seinem bereits mehrfach erwähnten Brief an den Bruderrat vom 8. 7. 1946 beanstandete Niemöller die vorschnelle Herausstellung eines „Bischofs" in Oldenburg. Heinz Kloppenburg, später aktivster Vertreter der Niemöllerschen Sicht der Friedensinitiativen, schrieb mir noch aus Oldenburg, wie oben wiedergegeben, am 3. 11. 1945: „Wir haben eine sehr schön verlaufene Synode gehabt, ... die eine geradlinige Fortsetzung unserer Bekenntnissynoden darstellte. Daß Hermann Ehlers vom altpreußischen Bruderrat *jetzt unser leitender Jurist geworden ist,* wird Dich genauso freuen, wie wir froh darüber sind". Das besagt, daß die Formung der oldenburgischen Landeskirche mit Stählin als Bischof, – und Kloppenburg, Ehlers und Osterloh als Oberkirchenräten zu diesem Zeitpunkt – im Unterschied zu Niemöller – von Kloppenburg noch ohne Vorbehalte begrüßt worden war.

Die Aktualität der Vorbehalte Asmussens gegen voreilige Fixierung von Kirchenordnungen kann aus folgendem Beispiel ersehen werden: Kurz nachdem Wolfgang Sucker 1964 nach Niemöllers Pensionierung das Amt des Kirchenpräsidenten der Ev. Kirche in Hessen und Nassau übernommen hatte, holte er mich zu einem zweistündigen Gespräch nach Darmstadt. Er wollte mit mir meinen 1949 in der Ev. lutherischen Kirchenzeitung auf Bitten der Professoren Schlink und Kinder verfaßten kritischen Kommentar zur Kirchenordnung der EKHN besprechen. Dabei erklärte er, auch nach seiner Meinung sei diese KO vorschnell verfaßt und verabschiedet worden. Eine Änderung sei aber nun nicht mehr möglich, da diese KO die Rechtsgrundlage aller Gesetze und Verordnungen geworden sei. Ich hatte beanstandet, daß die anonyme Gemeinde, um deren geistliches Leben es selbstverständlich gehen müsse, als fundamentales *Ordnungselement* in Anwendung gebracht worden sei.

Die Aufgabe der BK bei der Neuordnung

Nachdem Martin Niemöller, aus seiner Haft befreit, mit seiner Frau in deren Ausweichquartier in Leoni am Starnberger See wieder zusammengekommen war, hat Hans Asmussen die beiden dort aufgesucht. In der Andacht, die er der Familie hielt, betonte er, wie er mir später erzählte, die geistliche Notwendigkeit, *daß nun die BK das Salz nach Matth. 5,13* sein müsse, das seine lebensnotwendige Kraft daran erweise, daß es in der Speise aufgehen wolle.

In diesem Sinne veröffentlichte Asmussen im Frühherbst 1945 – nach der Versammlung in Treysa – eine Stellungnahme mit 12 Abschnitten über die Aufgabe der BK nach Bildung der EKD (Asmussen war ja Vorsitzender des Reichsbruderrates geworden und Mochalski dessen Geschäftsführer). Die *„Salz"-Aufgaben* sind darin klar profiliert und stellen den Versuch dar, in der mit Bildung der EKD durch Treysa entstandenen Lage die in seinem Barmer „Vortrag" bereits entworfenen Grundsätze – nach Durchgang durch die harten Jahre – zur Geltung zu bringen. Da heißt es in Abschnitt VIII: „Die Bekennende Kirche weiß, daß die Ordnung der EKD, wie sie von der Kirchenversammlung in Treysa beschlossen ist, *vorläufig* ist. *Die Bekennende Kirche steht jedoch entschlossen innerhalb dieser Ordnung,* obwohl in ihr die Ziele der BK nicht voll erreicht sind. *Sie achtet den Rat der EKD als ihre rechtmäßige Leitung"*. Einleitend stellt Asmussen fest: *„Die BK sieht den Kirchenkampf der letzten 12 Jahre als beendet an"*.[213] In Abschnitt VI stellt Asmussen fest: „Die Bekennende Kirche achtet das Recht jeder Gliedkirche der EKD um der Liebe willen, *da sie nicht glaubt, daß der Zentralismus Verheißung hat. Sie kann aber nicht vergessen, daß keine dieser Gliedkirchen aus geistlichen Notwendigkeiten entstanden ist, sondern vielmehr den Erfordernissen der Politik ihre Grenzen und weithin auch ihren Charakter verdankt"*. Asmussen hat zeit seines Lebens darauf hingewiesen, was z. B. für die Entwicklung auch der Konfessionen der Augsburger Religionsfriede 1555 bedeutete – mit seinem schlimmen Grundsatz: „Cuius regio eius religio". Und er erinnerte immer wieder daran, daß die Landeskirchen *ihre Grenzen durch Napoleons „Reichsdeputationshauptschluß" vom 25. 2. 1803* verordnet bekamen. Er fährt dann fort: „Die Bruderräte der Gliedkirchen sind gehalten, diese Unterschiede [sc. der aus der besonderen Konfession herrührenden Verpflichtungen und der von den einzelnen Landeskirchen her kommenden Bindungen] allen, die es angeht, zum Bewußtsein zu bringen".

Dieser Sicht *widersprachen Martin Niemöller* und mit ihm die, welche der württembergischen „Sozietät" zugehörten, vor allem ihr Wortführer Her-

MANN DIEM, – von KARL BARTH unterstützt. In dem schon einmal erwähnten Schreiben Martin Niemöllers an den „Reichsbruderrat" vom 8. Juli 1946 steht:

„... Die Bekennende Kirche hat in Treysa *darauf verzichtet*, die Legalität (nämlich der Konferenz der Kirchenführer) anzuzweifeln, sondern hat einen Versuch mit einer gemeinsamen Vereinbarung gemacht... Die letzte Konvention in Treysa bedeutet ja wohl, daß der Rat auf Antrag von Pfarrer Asmussen die mit der Konvention von Treysa hinfällig gewordene Kirchenführerkonferenz als *offizielles* Organ wieder aufleben zu lassen versucht, während der Reichsbruderrat dann in den folgenden Tagen als *inoffizielles* Organ ohne Teilnahme des Rates eine Tagung halten durfte. Der Reichsbruderrat ist heute eben nicht mehr der „stärkste Träger" jener Konvention ... Dann ergibt sich die *alles andere in den Schatten stellende Frage: Was ist eigentlich heute die EKD mit ihrem Rat und wohin führt ihr Weg?* Es ergibt sich die weitere Frage: *Welch einen Auftrag hat die Bekennende Kirche in Treue gegen den Weg, den sie geführt wurde,* heute als vordringlich und wesentlich anzuerkennen und zu vertreten? ... Ob nicht notgedrungen heute aus Barmen dieselben Folgerungen gezogen werden müssen, wie sie auf der Synode von Dahlem 1934 gezogen werden mußten? Muß nicht die EKD in aller Form zur „Ordnung" gerufen werden, d.h.: muß nicht der Reichsbruderrat darauf dringen, daß die Ordnung der Kirche, statt in der Kanzlei zu versteinern, von den Gemeinden her wahrgenommen wird, damit die Hemmungen beseitigt werden, die nun seit Jahr und Tag die evangelische Kirche daran hindern, Kirche zu sein. Muß deshalb nicht auch der *Reichsbruderrat* sich darauf besinnen, daß seine Aufgabe nicht damit getan ist, daß er von Zeit zu Zeit eine Aussprache hält, daß er vielmehr eine *Verantwortung trägt, der weder der Rat noch die Kirchenführerkonferenz gerecht werden kann, wenn nicht der Reichsbruderrat das ihm anvertraute Wächteramt wieder wahrnimmt ...*".[214]

In diesem Zusammenhang muß auch der schon erwähnte *Brief Karl Barths an Martin Niemöller vom 29. Juni 1946*[215] – also wenige Tage vor der oben stehenden Stellungnahme Niemöllers geschrieben – zur Kenntnis genommen werden:

Abschrift

Bonn, Schloßstr. 14, Brit-Zone
(22a), 29. Juni 1946

Herrn
Pfarrer Martin Niemöller, D. D.
Schloß Büdingen (Hess.)

Lieber Martin Niemöller!

Ich danke Dir, daß Du mir Deinen Brief an Hans Asmussen vom 22. Juni 1946 zugänglich gemacht hast.

Es wundert Dich vielleicht – vielleicht auch nicht! – wenn ich Dir vor allem sagen möchte, daß er mir richtig tröstlich gewesen ist, weil ich daraus ersehe, daß wir die Lage wieder einmal im Resultat gleich oder doch höchst ähnlich sehen. Wenn ich das so ohne weiteres voraussetze, habe ich es letzten Donnerstag in Siegburg riskiert, als Du dort ausbliebst, ohne weiteres mit einem Vortrag über Dein Thema „Reformation oder Restauration?" für Dich in die Lücke zu springen, mit der den 500 Pfarrern und Pröpsten zu Anfang kühn gegebenen Versicherung, sie könnten auf Dich zählen, daß ich ihnen in der Substanz genau dasselbe sagen würde, was Du ihnen auch gesagt hättest. Das ist (gegenüber 1933 etwa) ein Fortschritt, der doch gewiß nicht nur auf unser Verhältnis, sondern auch aufs Ganze gesehen, als positives Symptom gewertet werden darf.

Dabei überhöre ich den Ton der Klage und den Unterton der Resignation durchaus nicht, der durch Deinen Brief geht. Ich könnte ihn sofort auch in meiner eigenen Tonart aufnehmen. Und er ist mir jedenfalls lieber, als die mich etwas krampfhaft berührende Zuversichtlichkeit, in der andere Stellen – nicht zuletzt auch der Adressat Deines Briefes – von irgendeiner hohen Warte herunter ihre Verlautbarungen von sich geben. Es ist schon Anlaß da, einige langgezogene Seufzer von sich zu geben und ohne den mir mehr als begreiflichen Wunsch, lieber nicht weiter in diesem Ding sein müssen, kann man gewiß nicht aufrichtig und dann auch nicht wirksam faktisch doch an diesem Ding sein!

Die Art, wie man Dich in Berlin, in Bayern, in Frankfurt, in Treysa und seither von Stuttgart und Umgebung aus in Ehren kalt zu stellen und unschädlich zu halten versucht hat, ist in der Tat verräterisch dafür, wie die Dinge in der EKD doch immer und nun auch aufs neue stehen. Ich sehe auch das leise Lächeln, Achselzukken und Kopfschütteln, mit dem auch die uns Nahestehenden unter den letztes Jahr an die Macht Gekommenen so ganz behutsam ein wenig Distanz zwischen sich und Dich setzen. Du mußt nur nicht vergessen, daß es wahrscheinlich seit es eine Kirche gegeben hat, zur Eigentümlichkeit der jeweils regierenden Kirchenmänner gehört hat, sich gegenüber Leuten wie Du, ungefähr dieses Verhaltens und Verfahrens zu bedienen. Auch in den besten Fällen! Es ist klar wie die liebe Sonne, daß Du ihnen – und nun eben wirklich nicht nur Hans Meiser, sondern auch Hans Asmussen und wohl auch noch manchem anderen ecclesiastischen Hans bis zutiefst in die BK hinein – unheimlich und unbequem bist und daß es irgendeine Ecke in ihrer Seele gibt, in welcher sie wohl wünschten, es stünde zu Dachau oder anderwärts ein wunderschönes Gedächtniskirchlein, zu welchem sie alle Jahre einmal wallfahren und wo sie dann – heiliger Martin, bitt für uns arme Sünder! – etliche Horen zu Deinen Ehren singen könnten, statt daß Du in Deinem so bedauerlich ramponierten Auto immer noch im Lande herumfährst und taktlose Dinge sagst, die sie dann mit ausbaden müssen. Vielleicht, lieber Martin, wären Du und ich auch so geworden, wenn uns der liebe Gott nicht in Gnaden davor bewahrt hätte, anders als „stellvertretend" wie Du so schön heißest, auf dem kirchenregimentlichen Schachbrett zum Zug zu kommen. Bin ich nicht auch aus der Liste des Bruderrates, auf die ich doch letzten Sommer in Frankfurt fast pompös wieder aufgenommen war, clam-heimlich wieder ausgelöscht worden. Und Du solltest erst sehen, wie man in meinem schweizerischen Vaterlande in weitem Bogen um mich herumzukommen weiß! Wir wollen darüber nicht in Gram versinken, weil es wirklich mehr zum Humor als zur Tragik der Kirchengeschichte gehört, daß es so laufen muß.

Darf ich Dir bei dem Anlaß einmal andeuten, wie ich die Situation grundsätzlich und also abgesehen von allen sachlichen und persönlichen Einzelheiten sehen zu müssen meine?

Mir drängt sich – nicht erst seit ich hier wieder aus der Nähe dabei bin, aber hier allerdings mit verstärkter Wucht – die Feststellung auf, daß wir bis auf diesen Tag an der falschen Weichenstellung zu leiden haben, die sich die BK in den nun so weit zurückliegenden, aber mir und sicher auch Dir noch immer beunruhigend präsenten Tagen und Wochen nach der Dahlemer Synode im November 1934 hat gefallen lassen. Du weißt noch: VKL, Marahrens, Liquidation aller wichtigen Dahlemer Beschlüsse usw. Wie war es denn? Wir hatten in *Barmen,* wie wir meinten, aufgrund der Schrift und im Sinn aller reformatorischen Bekenntnisse, die von der Kirche als solcher so vorher noch nicht realisierte und ausgesprochene Erkenntnis von der alleinigen Autorität und von der völligen Genügsamkeit des Herrn Jesus Christus als des Hauptes seiner Gemeinde gemeinsam realisiert und ausgesprochen. Und dann waren wir in Dahlem zu bestimmten Anfangsaussichten auf das gekommen, was jene Erkenntnis für das Leben des irdischen Leibes jenes himmlischen Hauptes, für die Gemeinde und für die Gemeinden als die konkreten Gestalten dieses Leibes bedeuten möchte. Es waren Anfangsaussichten, und sie betrafen nun eben den damals gebotenen Kampf der Kirche gegen DC und Reichskirchenregierung. Aber es waren Aussichten, auch sie aus der Schrift, auch sie in Übereinstimmung mit allen reformatorischen Bekenntnissen gewonnen. Was nachher, in jenen fatalen Novemberwochen 1934 – ohne weitere Synode, sondern in jenen nächtlichen Tumulten im St. Michael-Hospiz zu Berlin – entschieden wurde, war dies, daß *Dahlem invalidiert* wurde, Barmen aber zu den

„intakten" „unantastbaren" *Papieren* rutschte. Kam nicht alle Misere der folgenden Jahre bis hin zu all den Dingen, die Du dann nur noch vom KZ und ich nur noch von der Schweiz her erlebt haben, davon her, daß man in Dahlem so gut wie in Barmen vor Gott und den Menschen Bekenntnis abgelegt hatte, um nachher gerade in dieser Sache: im Bekenntnis zum Leben und zu der Ordnung des *Leibes* Christi in der uns damals auferlegten *Kampf*situation nicht mehr zu dem, was man eingesehen und ausgesprochen hatte, stehen zu wollen. Und was geschah dann? Dann begann man gerade hinsichtlich der Frage nach dem *Leibe* Christi nach allen Seiten auszuweichen, nach allerhand – sagen wir es ruhig: bequemeren Ersatz für das nach Dahlem Preisgegebene zu suchen. Dann begann man ihn auch zu finden: die Intakten nun erst recht in ihren Landeskirchentümern, die Lutheraner aufs neue und nun erst recht in ihrer Konfession, die Berneuchener nun erst recht in ihren Mysterien und Bruderschaftsgeheimnissen. Nun entdeckten Gefangene in ihren Zellen (ich denke nicht zuletzt an unseren Freund Hans Asmussen) allerhand Wunder der einsamen Kontemplation und Anbetung. Nun führte die in den Gemeinden ganz neu gemachte Erfahrung von der Kraft des Abendmahles weiß Gott – mein Kollege Schlier hat mir dies neulich verständlich zu machen versucht – ausgerechnet dazu, daß man den Abendmahlsstreit des 16. Jahrhunderts wieder ausgrub und mit Grabesstimme (schon mitten im 2. Weltkrieg!) zu verkünden begann, es hänge der volle Trost des Evangeliums im Abendmahl davon ab, daß man es beileibe nicht mit einem Reformierten zusammen empfangen müsse. Kurz: damals, hinter dem auf Dahlem folgenden Versagen sind die Elemente dessen entdeckt oder neu entdeckt worden, was heute als das, was Du „Restauration" nennst, so strotzend geworden ist. Jawohl: strotzend: waren es doch lauter in ihrer Weise schöne und rechte, wichtige und ehrwürdige Dinge, auf die man sich damals zurückgezogen – aber eben im Verhältnis zu dem in Dahlem Erkannten und Bekannten *zurückgezogen* hatte. Nicht, daß jene Dinge übel oder auch nur unbeachtlich waren oder wären, macht ihre Geltendmachung heute so verhängnisvoll, sondern dies, daß sie damals aus einem schlechten Gewissen heraus auf den Plan kamen, daß sie in einem Moment, wo man in schlichtem Gehorsam in der Frage des Leibes Christi versagt hatte (darin, worin sie damals gestellt oder auch schon beantwortet war!) *vorgeschoben* wurden und die Gemüter als richtiges Quidproquo in Anspruch nehmen durften. Kann man sich wundern, daß Barmen unter diesen Umständen nun eben zu dem teils von konventionellen Verbeugungen, teils von einem gewissen Überdruß, teils einfach von Vergessenheit umgebenen Papier geworden ist, als daß es einem in den heute gepflogenen Gesprächen entgegentritt. Wie sollte man an der Barmer Frage nach dem *Haupte* Jesus Christus noch ehrlich und intensiv beteiligt sein, wo man in der Frage nach seinem *Leibe* im entscheidenden Augenblick versagt hat und nun mit verdächtiger Geschäftigkeit jenen Surrogaten nachgehen muß?

Und kannst Du Dich wundern, wenn Du Dich (mitten in der BK, um von den anderen nicht zu reden!) in einer Welt vorfindest, die für das, was Du „Reformation" nennst, keineswegs empfänglich ist? Eine sich selber im Sinn von Dahlem treu gebliebene Kirche müßte heute in voller „Reformation" begriffen sein. Statt dessen war es ganz selbstverständlich, daß in allen deutschen Landen, als 1945 anbrach, kirchliche Koalitionsregierungen gebildet wurden, in denen die BK (weithin nur mürrisch anerkannte) Spitzengruppe, aber eben doch nur eine Gruppe bildet. Eine solche Koalitionsregierung ist ja auch Euer „Rat der Evangelischen Kirche", nur daß dort der Mann der intakten Landeskirche [sc. Bischof D. Wurm] auch wirklich die Spitze, Martin Niemöller aber nur der dekorative und praktisch ausgeschaltete „Stellvertretende" ist. Und das Gesicht und das Gehaben einer solchen Koalitionsregierung hat ja wahrlich, nach dem, was ich in Frankfurt mit eigenen Augen gesehen, auch das, was sich heute noch der Bruderrat der BK nennt ... Wie konnte und wie kann es anders sein, als daß sich dann in sämtlichen kirchlichen Gremien bis hinunter zu den Gemeindepresbyterien auf Grund des Koalitionsprinzips gebildet haben, wobei es sich erst recht wird zeigen müssen, ob, wenn erst ordentliche Wahlen stattgefunden haben, die BK nicht wieder gänzlich ins Hintertreffen gerät. Die *innere* Kraft, das zu verhindern, hat sie, soweit ich sehe, nicht und kann sie auch nicht haben, nachdem es ihr ja mit Dahlem und darum auch mit Barmen doch nicht so ernst gewesen ist, wie sie vorgab, nachdem nun so viele ihrer besten Leute längst dazu übergegangen sind, ihr Herz an jene Allotria zu hängen.

Du kannst Dich insbesondere nicht darüber wundern, Dich in einer kirchlichen Welt vorzufinden, in der Du mit Deiner mit Recht so in den Vordergrund geschobenen Botschaft in der Schuldfrage so merkwürdige Erfahrungen machst. Eine von einem im Sinn von Dahlem und also in Ernstnahme von Barmen geführten Kampf herkommende Kirche könnte, müßte und würde heute zweifellos vom ersten Augenblick an auf diese und auf die damit zusammenhängende positive Frage nach der künftigen Verantwortlichkeit des deutschen Menschen gestoßen sein. Sie würde dann nüchternere und klarere Worte als die zu Stuttgart ausgesprochenen gefunden, und sie würde diese Worte vor allem nicht nachträglich durch so viele direkte und indirekte Retraktationen abgeschwächt haben, sie würde nicht so eilig zu Beschwerden über die Anderen übergegangen sein. Die Stuttgarter Erklärung mußte den fatalen Geschmack von Beiläufigkeit und Vorläufigkeit haben, sie konnte dem deutschen Volke gegenüber den Klang innerer Notwendigkeit nicht haben, weil die Kirche, in deren Namen sie gesprochen wurde, zwar aus allerlei Kämpfen, aber nicht aus jenem, dem ihr einst aufgetragenen, einst von ihr anerkannten Kampf herkam. Was sollen wir nun tun, lieber Martin? Ich denke doch vor allem: nun eben doch nicht resignieren, nun eben doch nicht in irgendeinen Zorneswinkel gehen. Die Dinge sehen freilich auch nach meiner Sicht wüst aus. Vor allem darum, weil es den Leuten auf allen ihren Ausweichgleisen so schrecklich wohl ist, weil sie – ob sie nun Christian Stoll oder Wilhelm Stählin oder ... Hans Asmussen heißen – zu uns anderen Sterblichen wie vom Berg der Verklärung herunterreden und als die Dummen ansehen, die von den von ihnen so eifrig gepflegten Herrlichkeiten keine Ahnung haben, so daß von Rechts wegen sie *uns* zur Rechenschaft zu ziehen und zur Buße zu rufen hätten. Was kann man da machen? Ob es gelingen könnte, die Mannschaft noch einmal zu einer umfassenden Überlegung des Weges „von Barmen bis Treysa" – nach neuester Version hätte er zwar in Altona begonnen – aufzurufen, bei der dann aber über die Episode vom November 1934 nicht nur gemunkelt werden dürfte. Vielleicht ist die Hauptsache doch die, daß wir uns nicht müde machen lassen, unser Sprüchlein heute, nach der Sintflut, zu sagen, wie wir es auch vor der Sintflut, auch im November 1934, gesagt haben. Verzeih das unschöne Bild: Du insbesondere – ich kann ja in dieser Sache nur als eine Art zweifelhaftes Ehrenmitglied mitwirken – Du insbesondere darfst Dich nicht verdrießen lassen, auch fernerhin die kräftig zubeißende Laus im dicken, allzudicken Pelz dieses Tieres zu sein. Es ist traurig genug, daß Dir nun nach so vielen Lagerjahren keine harmonischere Tätigkeit geschenkt sein kann. Aber so scheint es nun der Wille Gottes mit Dir zu sein, und es wird Dir im Himmel wohl belohnt werden, wenn Du Dich nun dazu hergibst, daß der alte, und wie Du wohl weißt, uns allen im Grunde tief erquickliche Martin Niemöller weiterzufahren nach dem Gesetz, nach dem Du angetreten ...

Mit herzlichem Gruß! Dein

gez. Karl Barth"

Asmussen kannte auch den im Oktober 1945 bei der *Wipkinger Tagung* von *Karl Barth* gehaltenen *Vortrag: „Die evangelische Kirche in Deutschland nach dem Zusammenbruch des Dritten Reiches". Dieser Vortrag war das Programm,* aus dem ersichtlich war, in welche Richtung Karl Barth seinen Einfluß auf die Entwicklung in Deutschland geltend machen würde. Wo Asmussen in seinem Brief an Visser't Hooft vom 13. 12. 42 vor der *„Drachensaat"* gewarnt hatte, wenn man die „Frage nach der Schuld der Propaganda überläßt", *analysiert nun Barth die „Schuld der Deutschen"* in ihrem Nationalismus seit Bismarck als Wurzel des NS – in konsequenter Anwendung seiner Sicht von „Evangelium und Gesetz". Was wir oben aus Fritz Liebs Buch „Rußland unterwegs" zitierten, erscheint hier wieder: „... Die Kirche in Deutschland würde sich mit der nun brennenden Frage auseinandersetzen müssen: Ob sie als Kirche des Evangeliums auf den freien Glauben oder als Kirche einer wandelbaren Weltanschauung und Moral auf die Interessen und die Macht einer bestimmten Gesellschaftsklasse begründet ist. England und Amerika werden vielleicht nicht verhindern können, daß die Tage der Herrschaft dieser Klasse nun wenigstens auf dem europäischen Kontinent gezählt sind."

Kritisch beurteilt Barth die Kirchenführerkonferenz in Treysa, – und vor allem die Bildung der CDU. Und schließlich greift er Helmut Thielicke, wie oben schon dargestellt, und besonders Hans Asmussen an, wegen der Betonung von „gottesdienstlicher Liturgie“ und „Feier des Sakramentes des Altars“ als des Bereiches, „in welchem man der Gewalt der Dämonen besonders wirksam widerstanden zu haben und widerstehen zu können behauptet“.

Dieser Wipkinger Vortrag Barths und seine Entschlossenheit, seinen fraglos bedeutenden und faszinierenden Einfluß in dieser Richtung ins Spiel zu bringen, belastete das Ringen um die Neuordnung von Kirche und Staat mit einer schweren Hypothek. Von diesem Vortrag über die erwähnten Differenzen mit Niemöller führt ein gerader Weg zum sogenannten „Darmstädter Wort des Bruderrates der Evangelischen Kirche in Deutschland zum politischen Weg unseres Volkes“ vom 8. Aug. 1947 – und dessen Kommentierung durch Barths Freund Hermann Diem, nach deren Veröffentlichung Barth schrieb, nun sei der Rubikon endlich überschritten, – hier sei es zu einer Wendung gekommen, hinter die es kein Zurück mehr geben könne; die evangelische Kirche in Deutschland habe auf einmal einen merkwürdigen Vorsprung vor den Kirchen der ganzen übrigen Welt gewonnen. Beim oekumenischen Rat in Genf beurteilte man das Darmstädter Wort als eine der wichtigsten Feststellungen, die von irgend einer Kirche in den vergangenen Jahren überhaupt getroffen wurde, – die BK sei damit als Bahnbrecher der Vielzahl der Kirchen des Westens weit voraus. Es kann nicht nachdrücklich genug auf die kritische Untersuchung und Bewertung der Folgen des „Darmstädter Wortes“ hingewiesen werden, die der damalige Vizepräsident der Kanzlei der EKD D. Erwin Wilkens am 31. 1. 1978 dem Rat der EKD unterbreitete und die im Aufsatzband „Zukunft aus dem Wort“ zum 65. Geburtstag von Helmut Class erschienen ist.[216] Diese Hypothek belastet die EKD bis in unsere Tage.

Wir müssen noch einmal auf den *Wipkinger Vortrag* zurückkommen. Er war aus den geordneten, wenn auch ein wenig eingeschränkten Verhältnissen der Schweiz heraus in das Elend Deutschlands hinein gesagt. Der Krieg war damals *vor gerade erst fünf Monaten* zu Ende gegangen. Von der Bildung eines deutschen Staatswesen oder gar der Bundesrepublik konnte nicht einmal geträumt werden. In den drei westlichen Besatzungszonen wurde die Bildung demokratischer Parteien erst einen Monat *nach* Barths Vortrag erlaubt! In der sowjetischen Besatzungszone dagegen war der Prozeß zur Bildung der SED bereits im Gange. *Am 26. Juni 1945* gründeten

Andreas Hermes mit Robert Tillmanns, Otto Heinrich von der Gablentz, Rudolf Pechel, Ferdinand Sauerbruch, Theodor Steltzer und Paul York von Wartenburg u. a. die Berliner CDU. Tillmanns – evang. – sagte in einer Grundsatzrede 1951, daß die CDU nicht die „einfache Fortsetzung" früherer Parteien [z. B. des Zentrums] darstelle: „Sie ist nach 1945 *als neue Kraft* in das politische Leben Deutschlands getreten ... Sie verdankt ihren Ursprung *echter politischer Neubesinnung,* geboren im Schmelztiegel der Katastrophe von 1945."[217] Ich besitze noch den Aufruf des Landesverbandes Sachsen-Anhalt der CDU vom 11. 10. 1945, – der Zeit also, in der Barth in Wipkingen sprach –, wo „allen Anfeindungen zum Trotz" man sich um die Mitbestimmungsmöglichkeit im Aufbau der SBZ bemühte – u. a. mit dem Schwerpunkt des von den Kommunisten bereits wieder – wie bei den Nazis – beanstandeten Religionsunterrichtes. Ich erinnere an meinen im Anhang wiedergegebenen Bericht über die Lage in Schulpforta an Asmussen, Böhm und Kloppenburg vom 15. Nov. 1945. Über die damalige Erschwerung des Lebens im Blick auf die elementarsten Bedürfnisse der Ernährung und der Fortbewegung, auch der „leitenden" Brüder, vermittelt der, auf S. 30 erwähnte Brief von Propst Dr. Hans Böhm aus Berlin vom 15. 9. 1945 einen lebendigen Eindruck. Nach einem Dank für meinen Brief vom 14. 8. 1945 schreibt er:

„Wie freut man sich doch über jeden, der nach diesem furchtbaren Zusammenbruch wieder auftaucht ... In Berlin gibt's reichlich Arbeit, und es fehlen die jungen tüchtigen Männer. Es fehlt auch sonst mancherlei, so z. B. ein Auto, mit dem man fahren könnte. Ein Leiterwagen, auf dem man gezogen wird [Hans Böhm hatte im 1. Weltkrieg ein Bein verloren] und ein einbeiniges Rad ist kein Ersatz für ein Auto. Da auch das Telefon weithin noch fehlt, kann vieles nicht so getan werden, wie es müßte ... Bei der Kirchenführerkonferenz in Treysa habe ich fast alle Koniferen der Bekennenden Kirche angetroffen. Unter anderem auch Hans Asmussen, der in zünftigem Lederanzug und Ledermütze den Neid aller nicht kraftfahrenden Leute erregte. Ich fand ihn ebenso munter und frisch wie unseren Freund Martin Niemöller, der ja, wie Sie wohl gehört haben, zum stellvertretenden Vorsitzenden der neuen *VKL* (Vorsitzender ist Wurm) gewählt worden ist, – während Hans Asmussen die Kirchenkanzlei übernimmt. Wenn Sie sich ranhalten, können Sie bei ihm noch einen Posten als Kanzlist oder als Portraitmaler für alle, die Kanzlei besuchenden Größen erhalten! Sie würden auf diese Weise mit Sicherheit in die Geschichte der Kirche eingehen. Die gesamte Kirche Deutschlands wartet immer noch auf die Vollendung Ihres bebilderten Skatspiels ..."[218]

Dieser Brief zeigt die äußere Not, verbunden mit befreiendem Humor, aber auch den Gesamteindruck, den Treysa bei ihm hinterlassen hat. Hans Böhm schrieb zur gleichen Zeit nach Treysa an Bischof Bell Chichester und bat um Hilfe für die schlesische Bevölkerung.[219]

In diese Bemühungen, einen *Standort für die Kirche unter den obwaltenden politischen Umständen zu finden, greift Barth mit seinem Vortrag ein.* Zum Ziel im Raum des Politischen sagt er:

„Die Versuchung wird nicht klein sein, sich zur Durchsetzung gewisser kulturpolitischer (z.B. schulpolitischer) Postulate mit der sozialen Reaktion zu verbinden. Was soll man davon halten, daß sich die kirchlichen Protestanten nun vielfach mit dem ehemaligen katholischen Zentrum den beiden (!) Linksparteien gegenüber zu einem „christlich demokratischen" Block zusammenschließen? Wird die evangelische Kirche Realismus genug aufbringen, um die Bedenklichkeit, um nicht zu sagen, den Trug einer solchen Gruppenbildung zu durchschauen?".

Wie gesagt: In diesem Oktober 1945 hatten die westlichen Besatzungszonen noch keine Parteien zugelassen. Anders die russische Zone: Die „zwei" Linksparteien? Das können also nur die Sozialdemokraten und die Kommunisten gewesen sein. Beachtete Barth willentlich nicht die historische Leistung Kurt Schumachers, die SPD gegenüber der KPD klar abzugrenzen und sich der damals im Gang befindlichen Bildung der SED zu widersetzen?!

Diese Anfrage an Karl Barths Behauptungen findet ihr Gewicht in der Rede von Otto Dibelius, die er am Vorabend der Deklaration des Schuldbekenntnisses, am 17. Okt. 1945, in der Gemeindeversammlung im Furbachsaal in Stuttgart nach der Eröffnungsansprache durch Karl Hartenstein über die Lage im Osten und Nordosten Deutschlands gehalten hat.[220]

Barth blieb Zeit seines Lebens bei der in Fritz Liebs Rußlandbuch vollzogenen *grundsätzlichen* Unterscheidung zwischen der „Diktatur des Nationalsozialismus" als des absolut Bösen – und der „Diktatur des Proletariats" im Marxismus, auch trotz der Brutalität in seiner Verwirklichung in Rußland seit 1917. Das *„Darmstädter Wort" von 1947* spricht es im 5. Absatz aus: „Wir sind in die Irre gegangen, als wir übersahen, daß der ökonomische Materialismus der marxistischen Lehre die Kirche an den Auftrag und die Verheißung der Gemeinde für das Leben und Zusammenleben der Menschen im Diesseits hätte gemahnen müssen. Wir haben es unterlassen, die Sache der Armen und Entrechteten gemäß dem Evangelium von Gottes kommendem Reich zur Sache der Christenheit zu machen ..."[221]

Es ist zur Kenntnis zu nehmen, daß Friedrich-Wilhelm Marquardt in seinem Buch „Theologie und Sozialismus – Das Beispiel Karl Barths"[222] den Nachweis zu erbringen sucht, daß Barth von Anfang bis zum Ende eine ungebrochene Sicht vertreten habe. Helmut Gollwitzer schreibt in der Einleitung zu diesem Buch: „Mit diesem Buch, umstritten schon vor seinem Erscheinen, werden in einer neuen Weise zwei Fragen beantwortet, die Karl Barths Lebenswerk uns aufgibt und die jeden, der auf dieses Werk sich ernsthaft einläßt, immer wieder beschäftigen: die Frage nach der Einheit in Barths Theologie durch die verschiedenen Epochen seines Denkens hindurch – Barth hat sie trotz mancher Retraktationen im Einzelnen stets behauptet – und die Frage nach der Einheit seines theologischen Denkens und seiner politischen Stellungnahmen – Barth hat auf sie solchen Wert gelegt, daß er gegen diejenigen, die ihm theologisch, aber manchmal nicht politisch folgen konnten, das Mißtrauen aussprach, sie hätten ihn vielleicht auch theologisch nicht verstanden."

Es werden nur wenige Fachgenossen sein, die beanspruchen können, als Kenner des gewaltigen Lebenswerkes Barths zu gelten. Nach Gollwitzer sind es jedoch offensichtlich nicht wenige und nicht unbedeutende Theologen, die die beiden oben skizzierten Fragen stellen. Gibt nicht Barths Biograph E. Busch im Kapitel VI,4 im Abschnitt „Politischer Gottesdienst"[223] selbst Anlaß zu solcher Frage, wenn er berichtet von einem „radikalen(!) Neuguß" der Ethikvorlesung von 1928 im Jahre 1941 und Barth zitiert: „Ethik ist Ethik der Gnade oder sie ist nicht theologische Ethik"? In der Vorlage der „Denkschrift des Freiburger Bonhoeffer-Kreises" spricht Helmut Thielicke ausführlich darüber und stellt fest: „Barths Denken hat dann unter dem Druck des Nationalsozialismus so etwas wie eine „Kehre"(!) durchgemacht, die sich seit der Schrift „Rechtfertigung und Recht" (1937) mehr und mehr auszuwirken begann. Hier suchte er die ethikhemmende absolute Diastase von Zeit und Ewigkeit durch ein neues Analogieprinzip (analogia fidei bzw. relationis) zu überwinden und damit eine Basis für die Entfaltung theologischer – speziell auch theologisch-politischer – Ethik zu gewinnen ..."[224] Das Problem hat ein bis heute folgenschweres Gewicht, weil an Barth die Frage gestellt werden muß, ob er bei der Formulierung der Barmer Thesen nur taktisch verfahren ist, wenn Carsten Nicolaisen in „Der Weg nach Barmen" auf Grund seines beeindruckenden Quellenstudiums für die Morgenstunden des 31. Mai 1934 resümiert: „Die acht Männer [der ‚Schlußberatungskommission'] haben jeden Satz gründlich geprüft und dabei so gut wie alle von lutherischer Seite vorgebrachten Bedenken berücksichtigt. Wie sehr es auch Karl

Barth darum ging, zu einem Konsens mit den Lutheranern zu kommen, wird daran deutlich, daß er während einer Beratungspause die fünfte These [sc. über den Staat] weitgehend umformulierte".[225] Hat Asmussen sich geirrt, als er in der Zusammenarbeit mit Barth die tief greifende Kritik an dessen Grundansatz zurückstellte, wie er sie am 21. 7. 1925 seiner damaligen Braut gegenüber geäußert hatte, daß Barth „weniger als Sören Kierkegaard darum wisse, daß (in Christus) das Endliche das Unendliche fassen kann"?[226] Ich meine, daß weder Barth taktiert noch Asmussen sich geirrt hat, als beide Männer als Freunde die Geschicke der Kirche bis 1936 im Sinn der 5. Barmer These einmütig gestalteten.

Und so klafft in Barths großem theologischen Werk ein unüberbrückbarer Gegensatz: zwischen seiner Stellung in „Theologische Existenz Nr. 1" – und seiner Verbindung von Marxismus und Reich Gottes; – zwischen der Absage an *alle* Ideologien und seiner Geschichtstheologie; – zwischen seinem Interesse an den im Dritten Reich verfolgten Christen und politisch verfolgten Nichtchristen, vor allem den Kommunisten, – und sein geflissentliches Schweigen über die Christenverfolgungen in Rußland, Albanien, – auch im russisch besetzten Teil Deutschlands, wo ja nach Angaben der Fritz-Erler-Gesellschaft nach 1945 in den wieder benutzten KZ's der Nazis allein gegen 400 Sozialdemokraten ums Leben kamen, als sie sich der Bildung der SED widersetzten. Und wie unbeteiligt ordnet er den 1945 dort begonnenen Kampf der Christen um den Religionsunterricht ein als nur „gewisse kulturpolitische, z. B. *schulpolitische* Postulate"! Ist es nicht auf Barths Einfluß zurückzuführen, daß Martin Niemöller, der einst 1937 im Gefängnis von Moabit gefordert hatte, jede Verhandlung mit den NS-Behörden zu unterlassen, *solange nur einer* von der BK in Haft sei, später auf die verfolgten Christen im Osten, wie auch auf die nach Tausenden gehenden politischen Häftlinge in der DDR nicht mehr ansprechbar war?

In diesen Zusammenhang gehört eine wichtige Stellungnahme des, durch seinen Widerstand gegen die NS-Besatzung Norwegens bekannten Bischof Eivind Berggrav (Oslo) vom Herbst 1945. Berggrav hielt es beispielsweise für unmöglich, „offizielle Verbindungen mit der Sowjetkirche" im Rahmen des Weltrats der Kirchen aufzunehmen. Dafür nannte er folgende Gründe: „Dieses ist sogar unheilvoller, wenn man die Tatsache betrachtet, daß sich die Sowjetkirche in allen politischen und halbpolitischen Fragen mit dem Staat identifiziert und sich so als politisches Werkzeug benutzen läßt. Die Kirche steht der Regierungspolitik stets zu Diensten, ohne selbst eine persönliche christliche Überzeugung zu vertreten."[227]

Überträgt man einmal ganz schlicht die Postulate aus Barths Geschichtsphilosophie auf die Zustände während des Dritten Reiches, dann hätten 1938 Daladier und Chamberlain in München recht gehabt, als sie zur Verhinderung eines Krieges dem Diktator nachgaben und so Entspannung zu erreichen versuchten. Bedingung dafür wäre gewesen, den in Gefängnissen und KZ's Schmachtenden zuzumuten, sich von den Mördern auslöschen zu lassen, damit der andere Teil der Menschheit von einem Krieg verschont bleibe.

Das bedeutet noch lange nicht, daß man den Krieg als Mittel der Befreiung will! In meiner Gemeinde in Offenbach a.M. lebt seit 3 Jahrzehnten die Witwe des am 9. April 1945 mit Bonhoeffer, Canaris, Oster u.a. hingerichteten Generalstabsrichters des Heeres Dr. Karl Sack. Der Gemeindepfarrer seiner Geburtsgemeinde Bosenheim, Dr. Stephan Dignat, hat anläßlich der 40. Wiederkehr des Todestages 1985 eine Gedenkschrift veröffentlicht mit Stellungnahmen verschiedener Verfasser, darunter auch von Dr. Armin Boyens – Bonn. In seinem Kapital „Protestanten im Widerstand" (S. 70ff.) zitiert er Ernst Wolf, der die BK als eine „Widerstandsbewegung wider Willen" bezeichnet hat und fährt dann fort: „Dennoch liegt im Empfinden des totalen Staates ein richtiges Gespür dafür, daß zwischen der kirchlich gemeinten Opposition und dem politischen Widerstand eine, wenn auch nicht sofort greifbare, Beziehung bestand. H. Rothfels [in seinem Buch „Die deutsche Opposition gegen Hitler" Fischer 1968, S. 48] hat eine gute Beschreibung für diese unzweifelhaft vorhandene Beziehung gegeben, wenn er sagt: „Vom Standpunkt geschichtlicher Würdigung liegt es nahe zu fragen, ob die *Kirchen* nicht dadurch, daß sie innerhalb ihres *eigensten Bereiches* sich zur Wehr setzten, *die Kräfte des aktiven Widerstandes mit einem härteren Kern und einer schärferen Schneide versahen, als irgend eine äußere Revolte hätte tun können.*"[228]

Asmussen sah mit zunehmender Sorge, daß es Barth und Lieb und ihren Freunden gelang, die Schneide stumpf zu machen, mit der so viele, zu denen heute in besonderer Weise A. Sacharow gehört, sich der Diktatur im Osten erwehren wollten und wollen. Bis 1947 versuchte er, dies den Verantwortlichen in der EKD mündlich und brieflich deutlich zu machen. Danach war er auch in der Öffentlichkeit der warnende Mahner vor der Gefahr, daß die Kirche zum bewußten oder – durch Schweigen – zum unbewußten Helfer der kommunistischen Strategie werden könnte. Hinter vorgehaltener Hand stimmten ihm viele Kirchenmänner zu. Aber sie fürchteten den Bannstrahl des großen Schweizers. Der von Fritz Lieb erfundene und von Barth seit dem Wipkinger Vortrag reichlich verwendete Slogan ‚Antikommunismus sei nicht christlich', erzeugte eine allgemeine Unsicherheit. Der Versuch, mit der Orthodoxie *an Stelle* der Römisch-katholischen Kirche eine Oekumene aufzubauen, machte auch Gegner

Barths im lutherischen Lager blind. Sie überspielten die Tatsache, daß die Orthodoxie *dogmatisch* die Verwerfung des Protestantismus als Häresie stärker vertritt als Rom. Und sie ließen nicht gelten, wie sehr sich die Orthodoxie das nach dem mörderischen Krieg so massenwirksame Schild umhängen ließ, die Führung in der „Friedensbewegung" darzustellen. Barths Geschichtsanalyse der deutschen Schuld bestärkte MARTIN NIEMÖLLER im Verständnis, seine eigene Schuld den Kommunisten gegenüber sühnen zu müssen in dem Versuch, zwischen West und Ost zu vermitteln *und so seinen Beitrag auch für die Wiederherstellung der Einheit Deutschlands zu leisten.* Das hat er in Briefen und Ansprachen nach seiner Befreiung offen – und nachlesbar – ausgesprochen. Auch dieser, fraglos ehrliche, Versuch lähmte viele führende Kirchenmänner, zusammen und offen mit Asmussen Stellung zu beziehen.[229]

Nach dem Einmarsch der sowjetischen Truppen in Prag am 20./21. 8. 68 schrieb mir Asmussen am 7. 9. 68 – vier Monate vor seinem Tod – folgenden Brief:

„Lieber Wolfgang! Der Brief an die LBB [Ich hatte im Auftrag der „Frankfurter Gespräche" an die Landesbischöfe geschrieben] berührt einen doch tief. Kannst Du wohl die Gefühle jener Tage wieder in Dir wach rufen? Bei mir kommt es ganz allmählich. Dann denke ich: Was waren das für Zeiten?! Aber unfromm sind wir damals nicht gewesen. Zahrnt hat über mich im So-Bl geschrieben: „Die Alten nannten es Frommsein." Das ist nur gut, wenn Leute wie Zahrnt uns so sehen. Man muß dann nur beten, daß wir auch tatsächlich so sind, wie wir wünschen, daß uns die Leute sehen. – Du schreibst in Deinem Brief vom 21. 8. [NB: Asmussens 70. Geburtstag] sehr Freundliches von mir. Vieles ist zu freundlich. Sähe ich es anders, dann vergäße ich meine geistige und körperliche Kümmerlichkeit in diesen Wochen. Du kannst mich erkennen, wenn ich sage, daß mein Beten abnorm schlecht ist, trotz der Fülle von Wohltaten, die ich gerade jetzt empfangen habe. Du wirst lachen, aber im gleichen Maße mich verstehen ... Zur Lage von Staat und Kirche ist wohl dieses zu sagen: Die beiden Supermächte sind bereits da. An die Entstehung einer dritten Kraft glaube ich nicht. Die Frage scheint mir zu sein, wann die beiden Supermächte *eine* Macht sein werden. Ich habe nicht den Mut, diesen Augenblick mit herbeizuführen. Aber kann etwas Anderes dabei herauskommen als der Antichrist? Und wir werden mit knirschenden Zähnen gehorchen müssen. Gestern ging es um die Tschechei; und morgen? Trotzdem habe ich noch einen Brief an Niemöller geschrieben [Ich werde später auf ein Treffen zwischen Asmussen und Niemöller, auf dessen Bitte von mir vermittelt, im Jahr 1965 zu sprechen kommen]. Ich versuchte, sein Gewissen zu schärfen. Denn ob die Entwicklung schon über uns kommt, wie ein Wetter, so sind wir doch nicht ohne Verantwortung. Und ein schweigender Niemöller angesichts der Tschechei bleibt eine Ungeheuerlichkeit. Er wird nicht antworten; aber scripsi et salvavi animam meam. Im Grunde geht es ja in der Kirche nicht anders zu. Ich scheue mich noch, zu sagen, Rom sei dasselbe geworden wie wir. Aber ich fürchte, daß es tatsächlich so ist. Und auf dieses Fremdsein in der Kirche haben wir noch keinen vorbereitet. Müßten wir es nicht tun? Denn bis zur offenen Verfolgung ist es nur ein Schritt. Und wir werden es vielleicht gar nicht einmal merken, wenn eine außerkirchliche Macht unsere Schritte bestimmen will. Es kann über Nacht sein. – Ich möchte gern zu Walter Bauer. Aber allein am Steuer traue ich es mir nicht zu. Ich muß einen Termin abwarten, wo Doris mich fahren kann, und es W. B. paßt. – Gott segne Dich, die Deinen und Deine Arbeit. Von Haus zu Haus. Dein gez. Hans Asmussen."[230]

Innen- wie außenpolitisch ist seit spätestens 1948 die Menschheit dem zunehmenden Druck von Erpressungen ausgesetzt. Gerade um Katastrophen zu verhindern, ist nach besonnenen Menschen in allen Ebenen des öffentlichen Lebens gefragt, *die nicht erpreßbar sind* und deren Vernunft – wie es Peter Brunner oft betont hat – durch den Glauben an Christi Erlösung befreit wird dazu, mit besonnenen, angemessenen und mutigen Entscheidungen *je und dann* erfolgenden Herausforderungen zu begegnen. So verstand z. B. Hermann Ehlers, auf den ich noch zu sprechen komme, sein politisches Mandat. In *dieses* politische Mandat hat der Theologe nicht hineinzureden. Er hat aber dem Mandatsträger die Botschaft zu bringen, daß der irdische Tod nicht das Schlimmste ist! *Wer freilich den irdischen Tod als das Schlimmste versteht und lehrt, erzeugt, ob er will oder nicht, Erpreßbarkeit.* Solche Erpreßbarkeit wird gefördert, wenn aktivistische Minoritäten durch provozierend vorgetragene Postulate, die ihnen gerade wichtig erscheinen, die Thematik der ganzen Kirche bestimmen. Ihnen *muß* geantwortet werden, um Schaden zu verhüten. Das kann aber bedeuten, daß das Gespräch über viel wichtigere theologische und kirchliche Grundfragen zurückgestellt werden muß. Ich denke an die, nach 1945 *alternativ* vorgetragene These, bisher habe man die „Frage nach dem gnädigen Gott" in die Mitte gestellt. Nun habe die „Frage nach dem gnädigen Nächsten" Vorrang. 1968 besuchte mich in Offenbach der Präsident des Reformierten Weltbundes Pradervand – Zürich vor seiner Weiterfahrt zur Weltkirchenkonferenz in Upsala und sagte, er habe große Sorge, daß dort die Aktion „Brot für Brüder" die Klärung notwendiger Fragen der Lehre zurücktreten lasse. Ähnliches gilt von der Art, wie die Friedensproblematik behandelt wird.

Noch in Altona 1932 hatte Asmussen mit der Niederschrift seines Buches „Die Offenbarung und das Amt"[231] begonnen. Darin heißt es: „Wir werden . . . lernen müssen, sehr bescheiden von der Schöpfungsordnung zu sprechen und werden uns sehr hüten müssen, daß wir nicht z. B. unsere politischen Wünsche dadurch zu legitimieren versuchen, daß wir von unserem Ideal behaupten, es sei die Schöpfungsordnung ... Gegenüber der natürlichen Theologie ist ebenso Vorsicht geboten wie dem Aufgehen der christlichen Verkündigung in der Proklamation einer Liebesethik."[232] Damals wußte er sich wohl noch mit Karl Barth verbunden. Vor der Möglichkeit der *brüderlichen* Klärung der Unterschiede zwischen Luthertum und Calvinismus müsse gemeinsam „der aufklärerische und idealistische Wust" beiseite geräumt werden. „Der gemeinsame Gegner der lutherischen und reformierten Kirchen ist der weltliche Humanismus mit allen seinen Ausläufern."[233]

Wie kam es dazu, daß Martin Niemöller, der 1920 als Offizier im Freicorps im Ruhrgebiet gegen die Kommunisten angetreten war, sich so mit Barths Vorstellungen identifizierte? Ich versuche, aus dem, was ich miterlebte, zu einer Erklärung zu kommen. Ich möchte jedoch noch einmal betonen, daß ich bei aller Differenz im Sachlichen dem Mann, der mir noch Anfang 1945 einen Gruß aus dem KZ Dachau übermittelte und den Asmussen „seinen besten Freund" nannte, meine Zuneigung und Verehrung über seinen Tod hinaus bewahrt habe.

Martin Niemöller war ein leidenschaftlicher Pragmatiker, aber kein Schreibtischtheologe. Dietmar Schmidt, der Biograph Martin Niemöllers, gibt eine Äußerung von ihm im Blick auf das Theologiestudium in Münster wieder: ‚Ich hatte keine Ahnung, wer Karl Barth war! Ich wußte, der ‚Römerbrief' war da und heftig umstritten dazu, aber ich hatte keine Zeit, mich um ihn zu kümmern. Später bekam ich ihn vor die Nase. Aber ich bin nur bis Kapitel sieben gekommen, dann habe ich ihn beiseite gelegt. In so viel Spiralen zu denken, ist mir nicht gegeben ..."[234] Damals, Mitte der 20er Jahre begannen die ersten theologischen Kontakte zwischen Hans Asmussen und Karl Barth. Wir berichteten darüber. Weiter ist wichtig, daß Niemöller bis in seine KZ-Zeit hinein ein positives Verhältnis zum Soldatsein hatte, während Asmussen als Maschinengewehrschütze seine Zeit an der Front im 1. Weltkrieg mehr als ein „Muß" ertragen hat und Verständnis für Erich Maria Remarque – der einen Monat vor Asmussen geboren war – mit dessen desillusionierendem Kriegsbuch „Im Westen nichts Neues" hatte. Martin Niemöller war dann seit 1937 bis 1945 von allem, was in unserem Buch berichtet wird, ausgeschlossen. Briefzensur und Kontrolle der SS bei den „Sprecherlaubnissen" seiner Frau machten jede Information unmöglich. So mußte er sich in den 7 Jahren theologisch und kirchlich allein durchschlagen, – mit beachtlichem Niveau, wie die oben wiedergegebenen Briefauszüge – abgesehen von seiner Konversionsabsicht – erkennen lassen. In Erinnerung geblieben waren ihm die erhebenden, man kann sogar sagen, erwecklichen Jahre 1934 bis 1937, als er mit Asmussen und Barth durchdrungen war von der in *Dahlem 1934* verifizierten Forderung, *daß die „Bekenntnissynode der DEK" mit den von ihr gebildeten Organen „Rechtsnachfolgerin" der DEK war* und daß die Volkskirche mit ihrer Bürokratie abzulösen sei. Am Ende des Sommersemesters 1936 gab er mir zusammen mit Hans Asmussen den Auftrag, in der gezeichneten „BK-Wochenschau" den Ausspruch des Bischofs Marahrens zu Papier zu bringen, „er könne mit Duensing und Hoppe Pferde stehlen". Und uns, damals radikalen BK-Studenten der KiHo machte sein Diktum von den „Scheißbischöfen" Eindruck! Leider! Niemöller konnte es nicht mehr miterleben, daß Hans Asmussen – ohne Preisgabe der Aufgabe der BK – diese Sicht aus gewichtigen geistlichen Gründen modifizierte, bis er sich Bischof Wurm für das Einigungswerk zur Verfügung stellte.

Die Verantwortlichen der sogenannten „Dahlemer Richtung" in der BK, vornehmlich Asmussen, Barth und Niemöller, hatten in den Jahren 1934–1936 kein Hehl aus ihrer Sorge gemacht, daß die Bischöfe der intakten Landeskirchen unzuverlässig wären. Niemöller und Barth hatten sich bis zum Zusammenbruch von dieser Aversion nicht lösen können. Diese Aversion gegen die Bischöfe hat Niemöller offen in die Verhandlungen um die Neuordnung der EKD mit eingebracht. Ich erlebte einen scharfen Angriff Niemöllers gegen Bischof Wurm in einer Sitzung des Rates der EKD in Darmstadt 1947, in der ich als Asmussens Begleiter anwesend war. Lilje veranlaßte damals Niemöller, sich zu entschuldigen. Wie so oft verschärfte Barths Spott die Spannungen. K. Scholder gibt aus einem Brief Barths an Asmussen vom 2. 5. 34 – also vor „Barmen" – eine Passage wieder: „Vielleicht gelingt es, ... die bayrische Meise und das württembergische Würmlein zu allerhand Taten zu begeistern, aber irgend etwas Solides ... erwarte ich von den sämtlichen Leuten dieses Kalibers nicht mehr."[235]

Vor allem konnte Martin Niemöller nicht miterleben, wie Asmussen in seinem Brief an Visser t' Hooft 1942 die Aufgabe beim Zusammenbruch vorbereitete, als BK dem Willen des Herrn zu entsprechen und das Salz der Erde zu sein und so als BK ins Ganze aufzugehen wie das Salz in die Speise. Hinzu kommt, daß die unbestrittene Anerkennung des Märtyrereinsatzes von Bonhoeffer und Niemöller in den Vorstellungen des Kirchenvolkes das Märtyrium der anderen verblassen ließ: z.B. Friedrich Weissler, der Leiter der Kanzlei der VKL und Mitarbeiter des Dahlemer

Pastors Fritz Müller – im KZ Sachsenhausen von der SS am 19. Februar 1937 zu Tode getrampelt und von Asmussen – in Gegenwart der Gestapo – auf dem Stahnsdorfer Friedhof beerdigt. Fritz Müller selbst ist am 20. September 1942 von der Gestapo vergiftet worden. Über Paul Schneider – im KZ Buchenwald am 18. Juli 1939 ums Leben gekommen – berichtete ich schon. Hermann Stöhr, am 21. Juni 1940 hingerichtet, – gehört zu diesen Märtyrern der BK ebenso wie Ludwig Steil – im KZ Dachau am 17. Januar 1945 gestorben, – und Justus Perels – am 23. April 1945 ermordet, – ebenso Karl Friedrich Stellbrink, ein Lübecker Pastor, der zusammen mit drei, ihm nahestehenden katholischen Kaplänen am 10. November 1943 hingerichtet wurde.

Um Martin Niemöller zu verstehen, muß man wissen, daß er in vielen Predigten und Ansprachen nach seiner Befreiung immer wieder betonte, daß ihm während seiner KZ-Zeit immer bewußter geworden sei, welches Elend dort nicht nur die Christen, sondern vor allem auch die Kommunisten auszustehen hatten. Er hat – wohl in Erinnerung an seine Gegnerschaft gegen die Kommunisten vor 1933 – dies zunehmend mehr als seine persönliche Schuld in seiner Einbindung in die bürgerlich nationalen Vorstellungen der Deutschen empfunden. Ihm war aus diesem Grunde nicht bewußt, was Dietrich Bonhoeffer über den Unterschied zwischen einem Märtyrer Christi und einem politischen Helden bezeugte.[236]

Kann es da Wunder nehmen, wenn Niemöller sich seinem Freund Asmussen gegenüber – mit dessen Sicht von der Aufgabe der BK als „Salz" – immer mehr entfremdete und sich nur noch von Karl Barth und von dessen hartem Urteil über Hans Asmussen verstanden wußte?! Und Karl Barth hat fraglos das Seine dazu getan. Er hat im Sinn des oben wiedergegebenen Briefes vom 29. 6. 1946 gehandelt, ohne die schweren Vorwürfe gegen die anderen, vor allem gegen Hans Asmussen, auf ihre Stichhaltigkeit hin zu prüfen. Er hat sich auch weiterhin nicht vor entstellenden Einseitigkeiten gehütet. Ein Beispiel ist sein, 1952 zu Niemöllers 60. Geburtstag geschriebener Artikel „Barmen"[237], in welchem er Niemöller feiert als „den einzigen von uns, der einst bei wunderlichem Anlaß Hitler persönlich ins Angesicht widerstanden hat".[238] Hier hätte es sich gehört, das, was Karl Barth genau wußte, mit zu erwähnen, daß Hans Asmussen schon 1929 in Albersdorf mit Hitler und dessen späterem Gauleiter der NSDAP Lohse Auge in Auge aufs heftigste zusammengestoßen war, – in einer Zeit, als Niemöller noch mit der nationalen Erhebung sympathisierte![239]

Mir geht es wahrlich nicht um Aufrechnung. Und es wäre mir lieb, solches alles als geschehen in die Vergessenheit zu geben, wenn nicht, wie das „Darmstädter Wort" zeigt, die Nachwirkungen der Weichenstellung von 1945 bis in unsere Tage hineinreichen, – bis zu der Mauer des Schweigens über die Situation der Christen in der „Zweiten Welt", – und daß jeder, der dies im Sinne der „Fürbittlisten" der BK als Lob Gottes über der Würdigung durch das Martyrium verkündigt, hören muß, *er predige einen unchristlichen „Antikommunismus"*. Wir erinnern uns, daß dieser Vorwurf erstmals noch während des Krieges von Fritz Lieb jenen Kreisen in der Schweiz entgegengehalten wurde, die von der Christenverfolgung in Rußland berichteten.

Hans Asmussen wußte, welche Entwicklung vom theologischen Ansatz von „Evangelium und Gesetz" her zu erwarten war. Er mußte *abgrenzend ordnen,* weil die Gegenseite einseitig argumentierte, wo er die Öffnung der Kirche von den unaufgebbaren Grundlagen her *in Zusammenarbeit aller* erreichen wollte. Er versuchte, mit einer Denkschrift für den Bruderrat der EKD „Gesetz und Evangelium" von 9 Seiten ein grundlegendes klärendes Gespräch zu erreichen. Er schloß diese Denkschrift: „Gibt es einen Ausgleich? Das hängt auch davon ab, ob ein brüderliches Gespräch noch möglich ist". Als er in einer Sitzung des Bruderrates im März 1947 Zitate aus Barths Veröffentlichungen bringt und diese Worte noch einmal in einem Schreiben vom 9. 4. 47 belegt, übermittelt der Reformierte Bund Asmussen folgenden Beschluß: „Das Moderamen des Reformierten Bundes bedauert es aufs Schmerzlichste, daß der Präsident der Kanzlei der EKD, Pastor Hans Asmussen DD, eine Schrift gegen Karl Barth verfaßt hat, die Sachlichkeit und Brüderlichkeit vermissen läßt". Noch schärfer, auch mit Kraftausdrücken, greift ihn im Namen der Sozietät HERMANN DIEM am 18. 11. 47 an, worauf Asmussen am 1. 12. 47 mit dem erneuten Angebot eines Sachgespräches antwortet. Am gleichen Tag stellt Asmussen in einem Schreiben an den Rat fest, „Der kirchenpolitische Zweck seines (Diems) Schrittes ist der formale Antrag an den Rat, mich von meinem Amt als Leiter der Kanzlei zu entbinden".

In diesem Schreiben erwähnt er auch den „Detmolder Kreis": „Ganz ähnlich verhält es sich nun mit den Bestrebungen, die unter dem Namen „Detmolder Kreis" bekannt geworden sind. Warum soll ich es nicht aussprechen, daß ich – um deutsch zu reden – bedroht worden bin, ich sollte diese Bestrebungen aufgeben?! Warum soll es verschwiegen sein? ... Herr Pfarrer Diem macht in seinem Brief an mich den Vorwurf, es *sei die Sammlung der Detmolder die Sammlung der kirchenpolitisch Unzuverlässigen von gestern und der politisch Unzuverlässigen von heute"*. In einem „Memorandum an den Rat der EKD über die Detmolder Arbeit und die vierte Konfession" hatte Asmussen auf die Gefahr dieser Veränderung aufmerksam gemacht. Er blieb damit dem Beschluß von Barmen 1934 treu, daß die Theologische Erklärung „den Bekenntniskonventen" zur Aufarbeitung zu übergeben sei.[240]

Auf den Vorgang seiner Amtsenthebung werden wir später zu sprechen kommen. Abschließend zu den obigen Vorgängen ein Zitat aus einem Brief von Asmussen an mich vom 13. 9. 66, mit welchem er mir die obigen Dokumente zu treuen Händen übergab: *„Auf diese Denkschrift hat damals kein Ratsmitglied und kein Bruderratsmitglied reagiert".*

Mit seinen Vorstellungen, daß die BK die Aufgabe habe, das *Salz* für das Ganze zu sein, stand Asmussen nicht allein. In dieser Weise ist z.B. auf Synoden, die Heinz Kloppenburg im oben wiedergegebenen Brief an mich lobt, die evangelische Kirche in Oldenburg mit Wilhelm Stählin als Bischof und Hermann Ehlers und Edo Osterloh sowie Heinz Kloppenburg als Oberkirchenräten geordnet worden. Und in meiner Heimatkirche der Provinz Sachsen-Anhalt haben wir, – die Kommission, die in Dr. Kreyssigs Gut Hohenferchesar bei Brandenburg einen Entwurf der neuen Kirchenordnung auszuarbeiten hatten, – festgelegt, daß auf der konstituierenden ersten Landessynode die BK nicht mit dem Anspruch auftreten dürfe, nun – entsprechend Dahlem 34 – die Leitung zu verlangen. Wir wollten uns *ohne Fraktionsbildung* im Vertrauen auf Gottes Führung der Abstimmung durch *alle* Synodalen stellen. Das Ergebnis war dann – Wirkung des „Salzes" –, das eindeutige Votum *für* die Leitungsaufgaben der BK. Zu dieser Kommission gehörten: Ludolf Müller, der spätere Bischof, Dr. Lothar Kreyssig, der spätere Präsident des Konsistoriums, Johannes Hofmann, der spätere Propst von Quedlinburg, Unstrut, Inge Zippel, Johannes Anz, spätere Oberkirchenräte, und ich. Von diesen allen bin ich dann 1947 auf Anforderung durch Bischof Wurm zur Mitarbeit in der Kanzlei der EKD nach Frankfurt entsandt worden, um Hans Asmussen für dessen Aufgaben zur Verfügung zu stehen. Ähnlich erfolgte in Asmussens Sinn die Neuordnung seiner Heimatkirche in Schleswig Holstein.

Dieses Kapitel über die BK nach 1945 möchte ich mit dem Bericht über einen versöhnlichen Vorgang abschließen. Nach seiner Pensionierung 1964 bat mich in einem längeren Gespräch in Darmstadt Martin Niemöller darum, eine Begegnung mit Hans Asmussen zu vermitteln. Er sagte mir: Seit er von Hans Asmussen getrennt sei, komme er sich wie der Kapitän eines Segelschiffes vor, bei dem die Taue durchhingen. Er ließ sich von mir erinnern an eine Synode in Bethel (nach meiner Erinnerung 1948), als er Hans Asmussen das „Du" zurückgegeben habe. Das Gespräch fand am 21. Juni 1965 im Hause der Geschäftsführerin „Stiftung 20. Juli 1944", Frau Gertrud Lampe, in Frankfurt statt. Frau Lampe ist die Witwe des Volkswirtschaftlers Prof. Lampe, der zum Freiburger Bonhoefferkreis gehörte und 1948 an den Folgen der Haft bei der Gestapo verstorben ist. Über das Gespräch haben wir selbstverständlich kein Protokoll angefertigt. Es wurde von beiden Männern auch bewußt eine Klärung von Differenzen in Sachfragen vermieden. Um so mehr erzählten sie sich gegenseitig von ihren Familien. Als bei dem Gespräch Hans Asmussen einen Asthmaanfall erlitt, lief Martin Niemöller zu seinem Auto, um einen Cognac zu holen. Ich bin dankbar, bezeugen zu können, daß dieses versöhnliche Gespräch stattgefunden hat.

10. Asmussens Entlassung aus seiner Stellung als Präsident der Kanzlei der EKD

Wir lassen am besten Asmussen selbst darüber berichten und geben nachstehend seine Stellungnahme vom 18. 5. 1948 wieder. Der Schluß des vorigen Kapitels mit dem Bericht über die Begegnung von Asmussen und Niemöller am 21. Juni 1965 wertet die Stellungnahme Asmussens vom 18. 5. 48 auf als eine Darstellung der Sachfragen und entgiftet sie. Es möge auch dem Charakter einer „Sach-Darstellung" dienlich sein, daran zu erinnern, daß Bischof D. Scharf im Spätherbst 1968 Asmussen kurz vor dessen Heimgang aufgesucht und sein Bedauern über die Art seiner Entlassung ausgesprochen hat. Er kam auch zu Asmussens Beerdigung nach Kiel.
Asmussen schreibt:

Hans Asmussen DD.

Schwäb. Gmünd, den 18. 5. 1948
Oberbettringerstr. 19

Nachdem bereits vor der letzten Ratssitzung im Außenamt bekannt war, was man gegen mich beabsichtigte, nachdem bereits am 2. Mai ein nicht übersehbarer Personenkreis in Baden und Hessen – und wo sonst noch? – orientiert war, überreichte mir Herr Landesbischof D. Wurm am 3. Mai das nachstehende Schreiben.

„Lieber Freund!

Nach Deinem, Niemöllers und Meisers Abgang fand am Schluß der Ratssitzung noch eine Aussprache statt, an der sich Dibelius, Hagemann, Hahn, Held, Heinemann und Niesel beteiligten. Ich mußte daraus schließen, daß seit der letzten Aussprache im März Deine Position wesentlich schlechter geworden ist. Alle Anwesenden baten mich, Dir nahezulegen, Dich bis zur Entscheidung über die Besetzung der Stelle des Leiters der Kanzlei auf Grund der Grundordnung beurlauben zu lassen, da das erforderliche Vertrauensverhältnis nicht mehr bestehe. In finanzieller Hinsicht solle für die Übergangszeit möglichst großzügig verfahren werden.

Es tut mir sehr leid, dies mitteilen zu müssen, aber ich konnte mich der einmütig an mich gerichteten Bitte nicht entziehen.

gez. Th. Wurm"

Meine Antwort, die allen Ratsmitgliedern zuging, lautete:

„Herr Landesbischof D. Wurm teilt mir unter dem 2. 5. mit: Nach der letzten Sitzung haben sechs Ratsmitglieder ihn aufgefordert, mir nahe zu legen, mich bis zur Entscheidung über die Besetzung der Stelle des Leiters der Kanzlei auf Grund der Grundordnung beurlauben zu lassen."

Dies geschah
ohne Beschluß des Rates
ohne daß ich die Vorwürfe kenne
ohne daß ich gehört bin
nachdem wir zwei Tage zusammen waren
nachdem die Vorlage für den Kirchentag verabschiedet war, aber unmittelbar vor dem Kirchentag.

Alles das ist ungewöhnlich und nicht überzeugend.

Schon einmal haben zwei Ratsmitglieder in meiner Abwesenheit – als ich in Amerika war – den Antrag auf meine Entfernung aus dem Amte gestellt, ohne vorher oder nachher mit mir darüber zu sprechen. Über viele andere ungute Dinge, die in den letzten Jahren dies ungute Ergebnis vorbereiteten, will ich hier schweigen.

Art und Ergebnis aller dieser Handlungen ist nicht gegen den Vorwurf geschützt, daß hier mit der Person vor allem eine Sache zum Schweigen gebracht werden soll. Karl Barths Wipkinger Vortrag, der unmotivierte öffentliche Angriff Niemöllers gegen mich vom Frühjahr 1946, meine Abwehr des Barthschen Angriffs, Entstehung und Verlauf der Detmolder Bewegung sind die Stadien, die zu diesem Ergebnis geführt haben.

Was hier an mir geschehen ist, ist nicht recht.

Ich trete am 1. 6. 48 einen Urlaub an.

gez. Asmussen"

Da die betreffenden Ratsmitglieder es vorziehen, weder im Rate selbst, noch in meiner Gegenwart über diesen Gegenstand zu sprechen, will ich aussprechen, was mich in meiner Amtsführung belastet hat und was zu diesem Ergebnis führte.

I.

Die Gefährdung der Einheit der EKD hat zu Spannungen geführt, die noch nicht beseitigt sind und auch durch die neue Grundordnung nicht beseitigt werden.

1. Die Bestrebungen des Lutherrats waren eine Gefährdung der Einheit. Diese Gefahr ist durch die tätige Mitarbeit von Landesbischof Meiser beseitigt worden.

2. Die Gefährdung durch die Front Barth-Niemöller war und ist viel größer, wenn es auch gelungen ist, in der Propaganda den Eindruck zu erwecken, als ob hier die eigentlichen Garanten der Einheit wären.

3. Niemöller hat bereits auf der ersten Bruderratssitzung nach dem Zusammenbruch den alten Gegensatz zwischen intakten und Bruderratskirchen aufgerissen. Er hat in einer großen Zahl von Versammlungen vor Pfarrern und in der breiten Öffentlichkeit diesen Gegensatz vertieft. Viele besorgte Briefe legen davon Zeugnis ab. Ein Presbyter aus dem Rheinland schreibt:

„In Pastor Niemöllers Vortrag wurde die nicht bestreitbare Tatsache der Zerrissenheit der Evang. Kirche in Deutschland in fast beängstigender Weise sichtbar gemacht. Wenn ich ihn recht verstanden habe, so schreibt er diese Uneinigkeit und Unmöglichkeit der Einigung in besonderer Weise dem Verhalten der Kirchenleitungen der großen Luth. Landeskirchen zu. In sehr scharfer Form stellte Pastor Niemöller die Gegensätze heraus: Hier die Luth. Landeskirchen, die sich zur sog. „Bekenntniskirche" zusammengeschlossen hätten, dort die „Bekennende Kirche", welche Glieder der verschiedenen Richtungen umfasse. Er sagte u. a. auch, daß sich in der letzten Zeit eigenartigerweise die Zahl der Evang. Bischöfe dauernd vermehre, obwohl die Arbeit um den Bau der Evgl. Kirche in Deutschland keinen Schritt weitergekommen sei."

4. Niemöller selbst formuliert einmal in einem Brief (28. 11. 46), es drohe eine Gefährdung durch einen kirchenrechtlich verstandenen Kirchenbegriff, „wie er von Meiser mehrfach eindeutig vertreten wurde, der eine Autorität der Kirchenleitung an die Stelle der in Barmen feierlich proklamierten einen Autorität des fleischgewordenen Wortes Gottes für die Kirche Jesu Christi zu setzen versucht".

Darüber hinaus steht fest, daß er mehrfach gedroht hat, er werde in die intakten Kirchen gehen, um die Gemeinden (auch gegen den Willen ihrer Kirchenleitungen) zu dem von ihm für richtig gehaltenen Wege aufzurufen. (Zuletzt geäußert lt. Nachricht durch Bischof Meiser in Karlsruhe gelg. der Sitzung des Verfassungsausschusses.)

Karl Barth schrieb bereits 1945

„Wer heute, wie das vorkommt, nun ausgerechnet diese „Kräfte" – gemeint sind die namentlich genannten Bischöfe – des deutschen Protestantismus hochschätzt und unterstützt, der lobt damit, was die Vergangenheit betrifft, diejenigen, die die ernstlich und entschieden Kämpfenden dauernd im Stich gelassen haben, ihnen dauernd in den Rücken gefallen sind, – und der fördert, was die Zukunft betrifft, die Restauration, um nicht zu sagen die Reaktion in der deutschen Kirche, den Konfessionalismus, den bischöflich-konsistorialen Bürokratismus und last not least den deutschen Nationalsozialismus, der, wenn irgendwo in der Kirche, dann eben in diesen „Kräften" seinen gefährlichen Rückhalt haben wird."

Es handelt sich also um dieselbe Linie. Es tritt nur die politische Diffamierung hinzu.

Karl Barth ist kein Privatmann. Seine Teilnahme an Treysa war vom Bruderrat erzwungen. Niemöller forderte seinerzeit, daß Barth in der Schweiz sein Vertreter sei, bis er selbst in die Schweiz reisen könnte.

Karl Barth ist mit Recht dahin verstanden worden, daß man von der Schweiz aus den so kritisierten Kreisen der Kirche keine materielle Hilfe senden solle. Das hat Hellstern mehrfach ausgesprochen. Fett wurde abhängig gemacht von Gesinnung.

5. Diese Linie ist propagiert durch den Schweizer Pressedienst, durch die Sozietät und durch den Unterwegskreis, denen gegenüber sich weder Niemöller noch der Bruderrat je distanziert hat.

6. Eine besondere Note bekam Niemöllers Kirchenpolitik durch seinen Kampf gegen die Bischöfe. Das Entstehen neuer Bischofsämter karikierte er mit Busch: Jedes legt noch schnell ein Ei, und dann kommt der Tod herbei. Das ist mehrfach belegt. Aus einer Aktennotiz über eine Rede Niemöllers:

„Die Herausstellung der *Landesbischöfe* ist ein letzter, vergeblicher Versuch, die alte Kirche, das Kirchenrecht, die Jesuitenkirche zu retten. In der Evang. Kirche kann es keine Hierarchie, kein Recht des Landesbischofs auf jede Kanzel geben. Das Wächteramt über die Kirche hat nicht ein Bischof, sondern die Gemeinde. Wo ist in Deutschland ein Bischof Stimme der Gemeinde geworden? Treysa war nicht Kirche, es hätte nicht mit einer Abendmahlsfeier schließen können. –

Will der *Rat* Restauration oder Renovation? Ich wollte D. Meiser nicht im Rat haben: vielleicht hätte ich nicht nachgeben und ihn auch nicht als einen unter zwölfen zugestehen sollen."

Über Bischof Dibelius schrieb Niemöller:

„Die erste große Enttäuschung waren die Zustände im Osten mit der Selbsternennung von Dibelius zum Bischof aller Preußen."

7. Man kann also nicht von gelegentlichen Entgleisungen reden. Es handelt sich um eine klar profilierte Linie. Der Rat war durch das Vertreten dieser Linie von Anfang an gehemmt. Er zerfiel mehr oder weniger deutlich in zwei Lager. Niemöl-

ler und seine Freunde haben wohl gemeint, ich solle diese Linie mitsteuern. Daß ich es nicht getan habe, hat sowohl er wie seine näheren Freunde mir sehr übel genommen. Ich erhebe den Anspruch, den für mein Amt einzig möglichen Standpunkt vertreten zu haben, nämlich einzutreten für die Einheit der EKD und damit die von Barth und Niemöller angegriffenen Teile der EKD zu decken. Die Darstellung, als handele es sich bei meinem Widerstand gegen diesen Kurs um persönliche Konflikte mit Barth und der Sozietät, ist eine propagandistische Entstellung. Es ist ehrenvoll, daß dies einer der Gründe meiner Entfernung aus meinem Amte ist. Alle, die mir ihr Mißtrauen ausgesprochen haben, müssen uns sagen, wo sie gestanden haben, als die EKD so aufgerissen wurde. Was angesichts aller dieser Reden die Parole von der Einheit der EKD wert ist, muß man nicht erst aussprechen. Diese Parole von dieser Seite ist unerlaubte Propaganda.

II.

Die Gefährdung der Lehrgrundlage der EKD hat zu Spannungen geführt, die noch nicht beseitigt sind.

1. Die Gefährdung der Lehrgrundlagen der EKD geschieht *durch dieselben Kräfte,* welche die Einheit der EKD durch ihre Kirchenpolitik gefährden. (Siehe unter I)

2. Barths *Tauflehre* tastet an die Grundlagen der EKD. Bischof Dibelius hat berichtet, daß junge barthianische Pfarrer in Berlin bereits ihre Kinder nicht mehr taufen lassen.

3. Barths Lehre von *Evangelium und Gesetz* ist in keinem bei uns geltenden Bekenntnis begründet. Sie widerspricht dem lutherischen Bekenntnis. Sie ist belangreich für die ganze EKD, weil sie die Grundlage bildet für die von ihm und seinen Freunden geforderte öffentliche Arbeit der Kirche.

4. In dieser Lehre liegt seine *Schweigsamkeit* begründet, die er und seine Anhänger gegenüber öffentlichem Unrecht nach dem Zusammenbruch an den Tag legen und von anderen fordern. Vielen Pfarrern und Christen ist das zum Ärgernis geworden.

5. Das Wort des Bruderrates zum *politischen Weg unseres Volkes* hat uns in neue Spaltungen hineingerissen. Es war nicht mit dem Rate vorbesprochen. – In jüngster Zeit haben diejenigen Kreise des Bruderrats, die dafür verantwortlich sind – viele Bruderratsmitglieder waren gegen jene Erklärung – sich zu diesem Gegenstand vorsichtig geäußert, ohne die Bedenken zerstreuen zu können.

6. Die Konsequenzen dieser neuen politischen Theologie werden bei Barth sichtbar: Seine freundliche Einstellung zum neuen Totalitarismus ist mit Barmen nicht vereinbar. Von der Schweizer Bundesverfassung schreibt er: Dieser unser politischer Charakter ist, „vergleichbar dem Alpenglühen, ein *Widerschein* von dem uns und dem ganzen Abendland verkündigten Evangelium von Jesus Christus, eine Bestätigung seiner Auferstehung von den Toten.“ An anderer Stelle sagt

er: „Hat die Kirche eingesehen, daß im Materialismus des Marxismus etwas steckt von der Botschaft von der Auferstehung des Fleisches?" Man segelt mit vollen Segeln in die Bindestrich-Theologie hinein. Für den Osten optiert zu haben, kann man schwer in Abrede stellen.

7. *Bultmanns* Irrlehren sind in den Vordergrund gedrängt durch die wortlose kirchenamtliche Stellungnahme Niemöllers.

8. In der Annahme, daß die EKD in den ökumenischen Symbolen, in dem Gemeinsamen der reformatorischen Bekenntnisse und in Barmen eine Lehrbasis habe, habe ich mein Amt zu führen gesucht. Ich habe mich in dieser Meinung getäuscht. Die EKD hat keine wirksame Lehrbasis. Wer die Botschaft vom leeren Grabe für ein Märchen hält, wird kirchenamtlich herangezogen zur Ausbildung, wer dagegen streitet, muß von seinem Amte abtreten.

9. Es hat sich gezeigt, daß der Rat – aus welchen Gründen auch immer – zu den Grundfragen des Glaubens nicht reden kann. Es steht gar nicht nur zur Frage, ob der Rat sich kompetent erachtet, zu den Bultmannschen Irrlehren Stellung zu nehmen. Es hätte ja genügt, wenn er einfach allen aufgekommenen Zweifeln gegenüber die Grundlagen des Glaubens bekannt hätte. Er konnte es nicht und machte damit die Frage dringlich: *Ist die EKD nicht viel weiter davon entfernt, Kirche zu sein, als irgendeiner meint?*

III.

Die Gefährdung der Landeskirchen und der Konfessionen in der EKD ist nicht beseitigt. Sie hat die Tätigkeit des Rates überschattet.

1. Die Selbständigkeit der Landeskirchen ist bedroht durch einen Kirchenbegriff (Kongregationalismus), der mit Notwendigkeit zu einer Einheitskirche führt, in welcher eine Richtung herrscht, ohne Legitimation und ohne Verpflichtung zur Rechenschaft. Die Jahre 1945 bis 1948 haben deutlich gemacht, daß das Bischofsamt ein besserer Schutz der Freiheit in der Bindung ist, als Räte und Bruderräte, die letztlich zur Bindung der Freiheit an die jeweilig herrschende Meinung führen.

2. Das Vorhandensein einer entschlossen geführten Gruppe bringt jeden in Gefahr, der gruppenlos zu sein sich bemüht, wie ich dazu durch mein Amt verpflichtet war. Hätte ich Meiser oder Sommerlath so widerstanden, wie ich Barth und Niemöller entgegentrat, wäre ich wohl kaum aus meinem Amte entfernt.

3. Wir sind in der großen Gefahr, daß nicht die amtlichen Autoritäten führen, sondern daß „kalte" Autoritäten entstehen, die durch die Wucht der Person oder durch die Beherrschung der kirchlichen Propaganda die Dinge steuern.

4. Es stehen sich heute gegenüber eine unorganisierte Gruppe – das dürfte die Mehrheit der EKD sein –, die durch die Konfession hindurch zur Einheit will, und eine organisierte Minderheit, die an den Konfessionen vorbei die Einheit der EKD erhofft. Die Erfahrung meiner drei Amtsjahre in der Kanzlei ist: Die lutherische Konfession in der EKD ist in Gefahr.

Das ist besonders deutlich geworden an der Reaktion meines Flensburger Vortrages über Luther. Er trug mir die bittere Feindschaft Niesels und einen Antrag auf Amtsentfernung durch die Sozietät zu, den 2 Ratsmitglieder hinter meinem Rücken aufnahmen, ohne vorher und nachher mit mir darüber zu sprechen.

Über Christus herrscht offenbar Lehrfreiheit, Luther *muß* als geistiger Ahnherr Hitlers angesehen werden.

5. Die Detmolder Bemühung ist aus dem Bestreben erwachsen, ein klärendes Gespräch zwischen den Konfessionen herbeizuführen. Die Reformierten haben sich durch amtliches Schreiben dem Gespräch verweigert.

6. Der Rat war zu einem Gespräch über die konfessionelle Frage in seiner Mitte *nicht fähig*. Das war der Anlaß zu den Detmolder Bemühungen. Trotzdem wurden seine Mitglieder von Anfang an an den Gesprächen beteiligt. Es ist kein Schritt ohne den Vorsitzenden getan worden.

7. Der Weg, den Detmold eröffnet, bietet die Möglichkeit, in ruhiger Entwicklung 80% der evangelischen Gemeinden Deutschlands in einer wahrhaft kirchlichen Gemeinschaft zusammen zu fassen. Der Weg, der Niemöller vorschwebt, trägt die Keime neuer Spaltung in sich. *Das Wort von der vierten Konfession ist voll berechtigt.* Bericht über eine Rede Niemöllers:

„*Wir brauchen* nicht konfessionelle Kirchen auf der Grundlage der Bekenntnisse des 17. Jahrhunderts, sondern eine *evangelische einige Kirche* auf Grund des *Bekenntnisses von Barmen*. Eine evangelische Kirche darf sich nicht „*lutherisch*" nennen, gegen Luthers Verbot, und sich so von den anderen evangelischen Kirchen scheiden."

8. Daß ich mich entsprechend den Grundlagen von Barmen und Treysa für die Selbständigkeit der Kirchen einsetzte, daß ich in Flensburg mich gegen die politische Hetze gegen Luther wandte, daß ich in der Detmolder Bemühung die lutherischen Gemeinden sammelte, das ist einer der wesentlichen Gründe meiner Entfernung aus meinem Amte. Man vergleiche Niemöllers Crailsheimer Vortrag mit meiner Rede in Flensburg.

IV.

Unsere Zusammenarbeit im Rat ist dadurch dauernd auf das Ärgste gefährdet, daß Niemöller eine *Form des Umgangs* beansprucht, die in der Gemeinde unmöglich ist.

1. Niemöller antwortete auf meine Denkschrift über die vierte Konfession

„Lieber Hans Asmussen!

Ich erhalte zu meiner Überraschung heute Dein Schreiben vom 15. März an die Mitglieder des Rates mit einem Memorandum „an den Rat der EKD über die Detmolder Arbeit und die vierte Konfession".

Lieber Hans Asmussen: vielleicht darf ich Dich noch einmal so anreden, es wird nun definitiv das letzte Mal gewesen sein; – dieses Memorandum ist eine Teufelei.

Ich habe in der vergangenen Sitzung nicht von einer vierten Konfession gesprochen, sondern davon, daß es innerhalb der Evangelischen Kirche in Deutschland Gemeinden und Christen gibt, die sich weigern, im Rahmen ihres Gespräches als lutherisch, reformiert oder uniert sich anreden zu lassen. Hieraus machen Sie, sehr verehrter Herr Präsident, eine Feststellung: „Man *will* aber eine neue Konfession". Ich stelle hierzu fest, daß ich leider nicht in der Lage bin, Sie für so töricht zu halten, daß dieses Hinüberspielen einer Feststellung auf einen Programmsatz zufällig oder von Ihrer Intelligenz unbemerkt erfolgt sein sollte.

Sehr geehrter Herr Präsident! Diese „kleinen" Korrekturen, dieses leichte Umbiegen der Wahrheit in eine Form, die Ihren propagandistischen, kirchenpolitischen und sonstigen Zielen dienen mag, ist nun freilich nichts Neues mehr. Ich habe in Ihren Kampf gegen Karl Barth, wo Sie die gleiche Methode verfolgt haben, mich nicht eingemischt. Ich habe mich aus der Auseinandersetzung mit Hermann Diem, wo Sie die gleiche Methode verfolgt haben, draußen gehalten. Ich kann mich aus der Auseinandersetzung mit mir, die ich nicht gesucht habe, leider nicht draußen halten. Ich stelle fest, daß dieselbe Unwahrhaftigkeit, die an dieser Stelle Ihres Memorandums, auch für den Dümmsten verständlich, zum Ausdruck kommt, auch in Bezug auf die Sache Bultmann, die Sozietät, den Unterwegs-Kreis, kurz und gut auf alles, was Ihnen nicht paßt und nicht nach Ihrer Pfeife zu tanzen gewillt ist, festzustellen ist. Ich halte darum jede weitere persönliche Auseinandersetzung zwischen uns, so sauer mir das nach reichlich einem Jahr eines krampfhaften letzten Versuches fällt, für sinnlos. Ich kann eine Unterhaltung nur da führen, wo ich ein Gegenüber habe, dem ich wenigstens die subjektive Wahrhaftigkeit nicht von vornherein abstreiten muß. Ich muß leider heute feststellen, sehr geehrter Herr Präsident: an Ihre subjektive Wahrhaftigkeit kann ich nicht mehr glauben, und es tut mir weh, daraus die Konsequenzen ziehen zu müssen.

gez. D. Niemöller"

2. Ich antwortete:

Lieber Martin Niemöller!

Deinen Brief vom 25. 3. betr. mein Memorandum habe ich gelesen. Ich weise ihn nach Form und Inhalt zurück, da er ungehörig ist.

Es wäre besser, wenn Du auf die Sache eingingest. Denn es kann Dir nicht verborgen sein, daß es sich um ein Anliegen handelt, welches viele mit mir für sehr wesentlich halten. Du selbst willst weder uniert noch reformiert sein. Daß Du Dich als Lutheraner weißt, wirst Du nicht glaubhaft machen können, nachdem Du nun seit 1945 so nachdrücklich gegen das Luthertum gekämpft hast. Ähnlich stehen viele andere. Das läßt sich aktenmäßig beweisen. Niemand kann in Abrede stellen, daß sich damit eine neue Situation für die EKD ergibt, die nur drei Konfessionen kennt.

Ich begrüße Dich
gez. Asmussen."

3. Es ist unberechtigt zu sagen, dieser sein Brief sei durch meine Denkschrift veranlaßt. Denn es existieren viele Briefe dieser Art, z. T. ohne jeden Anlaß, und nicht nur an mich.

4. Es gibt keinen sachlichen oder moralischen Gesichtspunkt, der solche Briefe rechtfertigt. Warum führen eigentlich Briefe dieser Art nicht dazu, Niemöller das Vertrauen aufzusagen? Warum gibt es keine Stelle, die den Empfänger solcher Briefe in Schutz nimmt?

5. Kann es verantwortet werden, daß wir im Rate nicht zur Besprechung über die Dinge des Außenamtes kommen. Seit 1945 ist das Außenamt entgegen allen Traditionen, vor allem der BK, völlig ohne Einsicht des Rates. Briefe von Auslandspfarrern zeugen davon, wie schwer sie an dieser Führung tragen. Ein weittragender Brief Niemöllers an die nordamerikanischen Kirchen, der unser Verhältnis zum Luthertum Nordamerikas belastet, ist im ganzen Ausland bekannt. Der Rat weiß von nichts.

6. Kann es verantwortet werden, daß seit 1945 eine große Zahl von Interviews und öffentlichen Äußerungen Niemöllers unser Verhältnis zum deutschen Volke, aber auch zu den Besatzungsmächten ungünstig beeinflußt?

7. Ich habe versucht, diese Dinge im Rate zur Sprache zu bringen. Ich habe Niemöller viele Male um Auskunft über Zeitungsäußerungen gebeten. Alles war umsonst.

8. Jeder im Rate weiß um diese Dinge. Sie haben eine unfreie Atmosphäre geschaffen. Inwiefern kann es eigentlich das Vertrauen stören, wenn jedenfalls einer sich bemüht, diese Dinge zur Sprache zu bringen?

V.

1. Ratsbeschluß laut Protokoll vom 21. und 22. März 1946 3b. Die Herrn Pastor Asmussen erteilte Beauftragung mit der Leitung der Kanzlei gilt für die ganze Amtsdauer des Rates.

2. Darstellung Niemöllers über seine Äußerung im Rate: „So lange wir hier im Rat sind, wird der Rat sein Vertrauen Dir nicht entziehen". – 19. 7. 46. –

Aus einem Briefe Niemöllers:

„Ich habe die Brüder gestern auf meine Äußerung im Rate der EKD verwiesen, wonach ich – und in diesem Falle also öffentlich – erklärt habe, so lange wir selber den Rat der EKD bilden, Dich als Leiter der Kanzlei haben und halten wollen."

3. Ich habe keinen Antrag auf Beurlaubung gestellt. Ich nehme, wie das jedem Behördenleiter zusteht, einen Urlaub am 1. 6. 48. Alle Initiative liegt auf Seiten der Ratsmitglieder, die die Initiative bisher ergriffen haben.

4. Der nahe Kirchentag hätte so wie so die Herren, welche jetzt die Initiative ergriffen haben, an das Ziel ihrer Wünsche gebracht. Wenn sie so lange nicht warten konnten, muß ich dahinter eine Absicht vermuten. Der gewählte Weg überzeugt mich noch weniger als alles Vorhergehende von der Richtigkeit des von dieser Gruppe beschrittenen Weges.

5. Fühlte man sich durch mich bedrückt, so hätte der offene Weg gemäß Matth. 18 zur Verfügung gestanden. Man hat ihn mit Betonung nicht gewählt. Daraus werden schädliche Folgen erwachsen. Ich habe jetzt meine Sache gesagt. Lieber hätte ich sie von Mann zu Mann gesagt. Man hat das – nicht zum ersten Male – nicht gewollt. Ich möchte abschließend warnen vor der Meinung, als seien die oben dargestellten Schwierigkeiten behoben dadurch, daß man mich entfernt. Ich kann nicht verschweigen, daß ich es für unbillig halte, bei auftretenden Schwierigkeiten, die den ganzen Kreis betreffen, sich ein Opfer zu suchen. Nun ist es geschehen, und jeder wird an seinem Orte die Schwierigkeiten tragen müssen, die sich daraus ergeben.

gez. Asmussen DD."[241]

11. Der weitere Weg

So ist also Hans Asmussen gegangen, – richtiger: gegangen worden – ohne bis zu seinem Tode eine klare Begründung dafür zu erhalten. Ich ging mit ihm. Mir wurde zwar angeboten, in der Kanzlei zu bleiben und Oberkirchenrat zu werden. Aber mir widerstrebte es, unter solchen zu arbeiten, die während der NS-Zeit zu dieser Behörde gehörten und die mit verantwortlich waren für die Disziplinarurteile gegen Brüder und Schwestern der BK wie z. B. gegen Hans Böhm.

Es liegt nahe, an die berühmte Karikatur in der englischen Zeitschrift „Punch" nach der Entlassung Bismarcks am 20. 3. 1890 zu denken: „Der Lotse verläßt das Schiff". Es ist etwas Wahres an diesem Vergleich. Aber er trifft doch nicht. Wohl hat Gerstenmaier mit der erwähnten Feststellung recht, daß dies alles bei Asmussen im Persönlichsten tiefer ging als alle Anfeindungen durch den NS. Aber auf Asmussen kann angewendet werden, was in seinem fiktiven Brief an Franz von Sales Albino Luciani, der spätere Papst Johannes Paul I., schrieb: „Es gibt nun zwei Arten von Gottesliebe: eine, die aus Seufzern, frommen Klagen und schmachtenden Blicken himmelwärts besteht, und die andere, die mannhaft und frei ist, der Haltung Christi verwandt, als er am Ölberg sagte: „Nicht mein, sondern dein Wille geschehe." Das allein ist die Gottesliebe, die ihr empfehlt ... Selbst ein nicht gelungenes Werk hat Wert, wenn es aus Liebe zu Gott getan ist. Das Gewicht des Kreuzes, das man getragen hat, hängt nicht von seinem Gewicht ab, sondern von der Art und Weise, wie wir es getragen haben ..."[242]

Asmussen hat sich in den zwanzig Jahren von seiner Entlassung als Präsident der Kanzlei der EKD bis zu seinem Tod nicht in den Schmollwinkel zurückgezogen, sondern hat sich – unter veränderten Bedingungen – im Sinn des in seinem Barmer „Vortrag" entworfenen Programmes weiter bemüht, dem Protestantismus zur Kirchwerdung zu helfen.

Die Übersicht über sein umfangreiches literarisches Werk in diesen zwei Jahrzehnten ist am besten im 2. Band von Georg Zenks „Asmussen Biographie" „Evangelisch in Katholizität"[243] in der dort gegebenen Bibliographie nachzulesen:

Dort werden allein für diesen Zeitraum 124 Titel aufgeführt. Diese Veröffentlichungen zeichnen sich aus durch aktuelle Bezüge, da Asmussen bis zuletzt versucht hat, im Sinne seiner Erkenntnisse Einfluß auf das Geschehen zu nehmen.

Ich nenne aus dem breiten Spektrum einige Titel, die diesen Versuch Asmussens erkennen lassen: Das Sakrament – 1948 + 1957; – Warum noch lutherische Kirche? (Ein Gespräch mit dem Augsburgischen Bekenntnis) 1949; – Der Herr der Welt – ein kleines Kind – Weihnachtspredigten aus 17 Jahrhunderten – 1949; – Abendmahl und Messe – 1949; – Das Heil und das Wohl – 1950; – Maria, die Mutter Gottes – 1950 (mit 3 Auflagen: 1951, 1960, 1973); – Theologie und Physik – 1950; – Rom – Wittenberg – Moskau – 1951 + 1956); – Der Römerbrief – 1952; – Das Geheimnis der Liebe – 1952 und 1973; – Ansprache an Arbeiter 1952; – Lehrrecht oder Lehrzucht? – 1954; – Eine Antwort an Pius XII. zum 400jährigen Gedächtnis des Augsburger Religionsfriedens – 1955; – Einübung im Christentum – 1955 – (Neufassung seiner „Christenlehre", die 1936 bei Vandenhoeck & Ruprecht erschienen war und 6 Auflagen erreichte, – gleichzeitig Vorbereitung seiner im Auftrag der VELKD 1968, in seinem Todesjahr erschienenen wichtigen Schrift für die Beter: „Christliche Lehre anstatt eines Katechismus"); – Weihnachten – 1955; – Fünf Fragen an die katholische Kirche – 1956; – Vom rechten Gebrauch des Gewissens in politischen Dingen – 1956; – Brauchen wir einen Papst? – 1957; – Das Amt der Bischöfe nach Augustana 28 – 1958; – Über die Macht – 1960; – Der Christ in der politischen Verantwortung – 1960; – Das lutherische Bischofsamt – 1961; – Krieg und Frieden – 1961; – Tradition (Von der Landeskirche Schleswig-Holsteins bis zur Urkirche) – 1962; – Kirchenleitung als Dienst an den Gemeinden – 1962; – Asmussen-Zahrnt „Ich frage Sie ..." Ein Briefwechsel über die moderne Theologie – 1965; – Unsere Toten in der Hand Christi – 1965; Epistelpredigten – 1965; – Das Dogma von der Heiligen Schrift – 1966; – Der tote Gott – 1967.

Diese schriftstellerische Arbeit hätte an sich schon genügt, um die genannten 20 Jahre als fruchtbar, erfüllt und segensreich zu bewerten. Aber

Asmussen ließ es dabei nicht bewenden. Er ließ sich von seiner Heimatkirche rufen und übernahm für einige Jahre das Kieler Propstamt, – mit der Last, auch finanziell den Wiederaufbau der zerstörten Kirchen und Gebäude zu ermöglichen.

Ein Beispiel aus dieser Zeit: Asmussen rief eines Tages bei mir an, um mit mir folgendes Problem durchzudenken: ein aus der Kirche ausgetretener Reeder hatte ihm angeboten, das Geld für den Neubau des Turms der Nicolai-Kirche zu spenden – unter der Bedingung, mit der dafür auszustellenden Quittung Steuerermäßigung zu erhalten. Wir haben es miteinander damals als erlaubt beurteilt.

Ich selbst habe nach dem Ausscheiden aus der Kanzlei für dreieinhalb Jahrzehnte bis 1984 die Offenbacher Friedenskirchengemeinde übernommen.

Außer diesen Tätigkeiten, er als Propst und ich als Gemeindepfarrer, haben wir an dem, aus dem „Detmolder Kreis" entstandenen „Theologischen Konvent Augsburger Bekenntnisses – Fulda" mitgearbeitet. 1954, im 20. Jahr der Barmer Theologischen Erklärung, gründeten wir mit Lackmann und Fincke, zu denen dann Huhn und Baumann hinzukamen, die „Sammlung", und riefen 1963 die „Frankfurter Gespräche" ins Leben, als die Vereinigung der meisten Bruderschaften und Gebetskreise in Deutschland.

Asmussens innere Einstellung in diesen 20 Jahren hat er in einem Brief an mich vom 30. 3. 66 so dargestellt:

„Lieber Wolfgang! Eigentlich müßte ich einen Vortrag machen. Aber nach meinem gestrigen Gespräch mit Dir [über meine Vorlage zum 5. Frankfurter Gespräch am 28./29. 3. 66 über „Die Bibel und die Wahrheit"] will ich diesen Brief erst schreiben. Mein Glückwunsch bleibt bestehen ... Denn ein Mann braucht die Erfahrung von Erfolgen. Das gehört so etwas zum Bilde Gottes. Mißerfolge sind darum immer auch eine religiöse Sache, – wehe, wenn sie es nicht sind.

Nun, Du wirst nach dem neuen Schritt in die Kirche auch Mißerfolge haben. Aber man kann sie vermindern, wenn man vorsichtig wandelt, aber nicht „diplomatisch wie die Schweine", was meine plattdeutsche Muttersprache „swinplietzsch" nennt ... Die größte Gefahr von außen droht Dir aus ..., was z. T. am Volkscharakter liegt, z. T. daran, daß die Führer dort eine Hausmacht haben, – Du nicht. *Es hat mich auf meinem Wege gereizt, keine Hausmacht zu haben.* Daher kommen viele Mißerfolge; *aber auch die große Freiheit, die ich habe. Vielleicht bin ich der freieste Kirchenmann mit Namen in Deutschland. Das ist ein bitterschwerer Weg. Aber er lohnt sich. Du mußt diesen Weg nicht gehen; aber Du kannst es tun, wenn Du willst.* Meine Stellung zu Dir ist klar. Ich bin keine graue Eminenz, sondern ein Teilhaber Deiner Freuden und Leiden. Du weißt, wo ich wohne, und wie weit meine Kraft geht; aber auch, daß meine Bereitschaft, „Nein" zu sagen, noch lebt, wenn auch mehr gebändigt als früher. Du bist durch mich nicht gebunden, sondern mir gegenüber ganz frei. Wenn ich das schreibe, will ich damit keinen Rückzugsweg offen halten. Ich möchte damit eine Erfahrung aussprechen, die ich oft gemacht habe. *Die gewährte und gebrauchte Freiheit im beiderseitigen Verhältnis löst die Gebundenheit nicht auf, sondern begründet sie. Unfreie haben keine echte Bindung an den anderen.* Und treue Leute wirst Du jetzt brauchen können. Da ich kein Prophet bin, weiß ich nicht, wie es weiter geht. Aber ich rate, so zu verfahren: mache kleine, aber sichere Schritte. Lasse andere mitreden, aber lasse sie nur so weit mitregieren, daß nur Du regierst . . . Du mußt mindestens das erreichen, daß Du im Rat der Brüder allein ebenso viel Gewicht hast, wie jede andere Gruppe für sich. Der nächste Versuch wird sein, Dich einzubuttern. Das darf nicht passieren. Merkst Du das, dann ziehe Dich wie eine Frau etwas zurück, gerade soweit, daß man Dich nicht packen kann, aber immer noch gerne möchte. Dann bleibt Dein Wert erhalten. Lerne also von den Frauen! Und hüte Dich vor der Theologie von . . . Er kann nicht mitmachen, was Ihr (bei diesem 5. Frankfurter Gespräch) beschlossen habt. Dieser recht weltliche Brief kommt von Herzen aus Glauben. Von Haus zu Haus! Dein alter gez. Hans Asmussen.

Heute geht es meiner Frau etwas besser, die letzte Woche war böse".

Wenn doch Martin Niemöller verstanden hätte, was von Asmussen gemeint war mit der Aufgabe der BK, als „Salz" im Ganzen als die die Speise erst genießbar machende Würze aufzugehen, – wie es sich in den Landeskirchen von Sachsen-Anhalt und von Schleswig-Holstein nach 1945 als wirklich effizient erwiesen hatte!

Dort hatte die BK vor den Verhandlungen der Synoden über die Neuordnung nicht von vornherein den Anspruch auf die Führungsrolle erhoben. In der Kirchenprovinz Sachsen war das in ganz besonderer Weise auf den Einfluß von Dr. Lothar Kreyssig zurückzuführen. Die BK hatte sich der freien Entscheidung der, zum größten Teil nicht zur BK gehörenden Synodalen gestellt, – mit dem Ergebnis, daß ihr nun von der großen Mehrheit der Synodalen das Vertrauen ausgesprochen und ihr die Führungsaufgaben übertragen wurden. Dagegen berichtete mir Otto Fricke von der Neuordnung in Hessen und Nassau, daß hier die BK mit dem Anspruch auf die Leitungsämter vor die Synode getreten sei.

In seinem schon mehrfach zitierten Brief an Mochalski vom 8. 7. 46 wünscht M. Niemöller sich folgende Zielsetzungen:

1. Die Treysaer Bildung der EKD solle ein Provisorium sein.
2. Die Kirche solle von der Gemeinde her aufgebaut werden.
3. Die Schaffung von bischöflichen Leitungsämtern solle nicht vorschnell vollzogen werden.

4. Man müsse sich vor hierarchischer und liturgischer Romantik hüten.
5. Bürokratischer Formalismus und bürokratische Herrschaft müsse vermieden werden.
6. Das Evangelium muß in den Raum des Politischen hineinwirken.

Der Leser wird unschwer entdecken, wie verwandt – in der Formulierung – seine Wünsche dem waren, was wir als Asmussens Zielvorstellungen erkannten.

Indem aber Niemöller für die Verwirklichung dieser Wünsche es ablehnte, sie in der Art des „Salzes" zu erreichen, – und sich von Barth – siehe z. B. den Brief vom 29. 6. 46 – darin bestärken ließ, daß die BK dies zu beanspruchen und als Institution fortzubestehen habe, *half er mit zu einer Entwicklung, die gerade das Gegenteil von dem, was erforderlich war, bewirkte, die nämlich das Provisorium von Treysa als „endgültig" zementierte.* Das bedeutete, daß im Grunde nun die DEK von vor 1933 mit allen Konsequenzen wieder hergestellt wurde. Und das ist bis heute das Faktum, – mit allen Konsequenzen! Denn das bedeutet:

1. Die 4/5 der deutschen Pfarrerschaft, die sich dem Ruf der BK versagt hatten – einschließlich des Evangelischen Bundes und der Pfarrervereine – konnten nun auf diesem Weg über einen immer demokratistischer werdenden Parlamentarismus als „Mehrheit" in den Synoden ihre *restaurativen Vorstellungen* verwirklichen.
2. Die *Universitätstheologie* erhielt wieder ihren alten protestantischen Stellenwert, nämlich das *Lehramt* inne zu haben, – nicht die Pfarrer und Bischöfe *im Vollzug* der Heilszueignung.
3. Damit wurden Pfarrer und Gemeinden *den theologischen Strömungen* bis zur „Gott-ist-tot-Theologie" und bis zur „Theologie der Befreiung" *ausgeliefert.*
4. *Die Trennung von sichtbarer und unsichtbarer Kirche* wurde als Grundtheorie wieder praktiziert, – so, daß die Bürokratie als Exekutive der als Parlamente arbeitenden Synoden sich in ungeahnter Weise ausbauen und vermehren konnte und nun die eigentliche Macht hat.
5. *Damit wurde der Kampf der Bekennenden Kirche zu einer Episode* abgewertet. Kirchenpräsident Hild als jüngerer Theologe hat dies in der oben wiedergegebenen Bewertung der BK als einer Minderheit folgerichtig aus der durch Niemöller mit veranlaßten Entwicklung beschrieben.
6. *Die 4/5 der Pfarrerschaft* einschließlich der nicht zur BK gehörenden Vereinigungen haben *die geistliche Erweckung im Kirchenkampf nicht miterlebt.* Sie erfuhren nicht den Segen des Martyriums als Charisma, als Gnadengabe. Sie hatten keinen Anteil am Ringen um die Ordination und

damit um die gültige Apostolizität. Sie gehörten nicht zu denen, die aus der Sehnsucht nach der Kirche – von Barmen und Dahlem an – sich *mit der BK* um die Kirchwerdung des Protestantismus bemühten.

7. Somit konnte wieder *das Wohl dem Heil vorgeordnet* werden, – mit allen Konsequenzen des Ersatzes der Heilszuwendung durch Aktionen der Mitmenschlichkeit und politisierender Demonstrationen.

Asmussen, der 1934 durch einstimmigen Synodalbeschluß beauftragt worden war, mit seinem „Vortrag" wie ein Architekt das zu bauende Gebäude einer Kirchwerdung des Protestantismus zu entwerfen (wir erinnern uns, daß Barth sich zu diesem „Vortrag" bekannte, da er zu seinen Vorstellungen passe wie der Deckel zum Topf), wurde entlassen, *ohne daß der Barmer Beschluß durch einen neuen Beschluß aufgehoben wurde.* Und so wurde – unter der Behauptung, daß „Barmen" die Grundlage sei, – ein anderes Gebäude, als es die Barmer und Dahlemer Synodalen erhofften, errichtet: die Wiederherstellung der DEK von vor 1933! Die in der Geschichte einmalige Gelegenheit einer Stunde „Null" war vertan, – einer Stunde „Null" mit der Möglichkeit eines gediegenen Neuanfangs, – gediegen, weil ein theologisches, rechtliches und gemeindliches Instrumentarium in zwölf Jahren erarbeitet, erprobt und durchlitten war, auch wenn es gewiß noch viele Fragen offen ließ und auch gewichtige Gegensätzlichkeiten im Gepäck hatte. *Aber es waren ja durch Gottes Fügung alle Gesetze der DEK automatisch außer Kraft gesetzt. Luther hatte, wie wir sahen, mit der Verbrennung des Kanonischen Rechtes versucht, eine solche Stunde „Null" für die Reformation herbeizuführen!*

Die Folgen dieses verpaßten Augenblicks liegen wie eine schwere Last auf uns. Peter Brunner, ein im Weltluthertum geachteter Theologe – einer unserer großen Lehrer im Kirchenkampf und in den Jahrzehnten danach, am 24. 5. 81 heimgegangen, – schrieb mir handschriftlich am 10. 6. 69:

„Lieber Herr Pfarrer! Für die freundliche Zusendung des Berichtbandes über die „Frankfurter Gespräche" und das Wort „Die Güte Gottes" danke ich Ihnen bestens. Ich brauche Ihnen nicht zu versichern, wie ich dem, was in diesen Dokumenten zur Sprache kommen will, in vieler Hinsicht nahe stehe. Vielleicht kann auf solche Tätigkeit, wie sie Ihnen und den hier zu Wort kommenden Gruppen am Herzen liegt, in der Tat heute nicht verzichtet werden. Ich für meine Person fühle mich freilich bis jetzt noch nicht frei, mich irgendwo „anzuschließen", wenn ich auch jederzeit bereit bin, nach Kräften Rede und Antwort zu stehen, wenn und wo ich dazu aufgefordert werde. Wenn ich Pfarrer wäre, würde ich vielleicht anders handeln müssen. Doch werde ich den Eindruck nicht los, daß der laute Markt der Publikationen nur einen geringen Beitrag – wenn überhaupt einen Beitrag – zur

Erneuerung der Kirche leisten kann. Manchmal frage ich mich, ob nicht schon die Zeit gekommen ist, in der unsere einzige Zuflucht das Gebet ist, freilich nicht nur das Gebet des einzelnen, sondern das der Bruderschaft. Daß Bruderschaften wachsen, scheint mir heute fast die einzige Hoffnung für die Kirche Gottes zu sein. Doch das sind – ich gebe es zu, – einsame Schreibtischgedanken eines alten und älter werdenden Mannes, der für sich selbst nur noch sehr wenig an irdischer Zukunft vor sich hat. Ich wollte Ihnen mit diesen Zeilen auch nur danken für Ihre Freundlichkeit. Mit herzlichem Gruß! Ihr gez. Peter Brunner".[244]

In einem längeren Grundsatzgespräch zwischen Martin Niemöller und mir am 30. 1. 50 in Wiesbaden hat er mir gegenüber gesagt, er selbst sei der Richtigkeit seines persönlichen Weges noch nie so gewiß gewesen wie eben. Als ich darauf antwortete, daß doch die Brüder der Bekennenden Kirche *Schlink* und *Brunner* einen ganz anderen Weg gingen und ein anderes Verständnis der Kirche hätten als er, sagte Niemöller, beide seien gefährlicher als die VELKD. Sie befänden sich auf dem geraden Weg nach Rom. Sie hätten ihre Theologie zu ihrem Gott gemacht. Er sei für einfaches Schriftverständnis unter Leitung des Heiligen Geistes.

Aus dem Verständnis heraus, daß die BK weiter existieren müsse und Ansprüche zu stellen habe, resultiert auch, daß Niemöller wie Barth sich dem Erfordernis verschlossen, von ihren Positionen her nicht mehr Privatleute zu sein. Sie nahmen sich das Recht, was immer sie im Augenblick als richtig oder als notwendig erkannten, öffentlich zu äußern. Da Niemöller als Leiter des Kirchlichen Außenamtes und als Kirchenpräsident eine Schlüsselstellung auch im Blick auf die Publikationsmöglichkeiten inne hatte, die denen, die eine andere Sicht hatten, nicht zur Verfügung standen, band er den ganzen, ihm anvertrauten kirchlichen Bereich an seine Äußerungen.

Karl Barth hatte zwar, – wir berichteten es, – am 14. 11. 54 den „vor Zorn über seine Ansichten bebenden Theologen Eberhard Müller und Hans von Campenhausen geantwortet: „Warum tragen Sie Ihre Ansicht nicht in der gleichen (christlichen) Verbindlichkeit vor?"[245] Aber das war eine rhetorische Feststellung. Asmussen hatte ihm – und seinen Freunden in der „Sozietät" – gleich nach 1945 immer wieder angeboten, in das verbindliche Gespräch über die *sachlichen* Differenzen einzutreten: in den genannten ausführlichen Dokumentationen über „Gesetz und Evangelium", über den „Weg der BK in der EKD", über das „Schuldbekenntnis", über den „Detmolder Kreis". Aber Asmussen erhielt auf diese Angebote nicht einmal eine Antwort! Mir erging es ebenso mit meinem langen Brief aus der Ostzone an Karl Barth vom Juli 1946.[246] Das von mir mit ihm im Frühjahr 1947 geführte Telefongespräch bewies, daß Barth eine Unterrichtung ablehnte, „da er Bescheid wisse".

Es ist mir nicht fraglich, daß Martin Niemöller bona fide handelte. Als wir das Versöhnungsgespräch mit Hans Asmussen, das am 21. 6. 65 stattfand, vorbereiteten, schrieb er mir am 9. 12. 64:

„Lieber Bruder Lehmann! ... Über mein Verhältnis zu Hans Asmussen habe ich niemals mit einem Dritten gesprochen. Für mich ist die Sache ziemlich eindeutig: Auf meinen letzten Brief an Hans Asmussen habe ich keine Antwort von ihm, sondern nur eine Postkartenantwort durch seinen damals „männlichen" Sekretär aus Kiel erhalten. Damit war jedenfalls die unmittelbare Verbindung zu Ende. Wenn sie wieder hergestellt werden kann, so werde ich mich freuen und Gott danken; aber ich müßte zunächst einmal wissen, was Hans Asmussen eigentlich gegen mich hat. Auf einer Kirchensynode in Bethel gab er mir zu verstehn, daß er mich für wortbrüchig hielte, weil ich ihm einmal versprochen hätte, so lange ich das Kirchliche Außenamt leiten würde, würde ich mich dafür einsetzen, daß er auf keinen Fall aus der Leitung der Kirchenkanzlei der EKiD entfernt würde. Tatsächlich habe ich nicht einen einzigen Schritt getan, um ihn aus der Kirchenkanzlei zu beseitigen. Vielmehr ging dieser Schritt von einem anderen Bruder der Bekennenden Kirche aus; und den habe ich Hans Asmussen damals auch ausdrücklich genannt. Was daraus geworden ist und was daraus noch werden kann, habe ich längst dem Himmlischen Vater anheim gestellt. Ich möchte Sie aber gern informieren und auch um Ihre – wenn irgendwie mögliche – Vermittlung in dieser Angelegenheit bitten ... Es wäre mir schon lieb, wir könnten noch vor dem 2. Januar wenigstens ein kurzes und informierendes Gespräch miteinander haben. Das wird freilich erst nach dem 27. Dezember möglich sein. Könnten Sie u. U. Dienstag, den 29. Dezember 1964 morgens um 9 Uhr in das Verwaltungsgebäude unserer Kirchenleitung nach Darmstadt ... kommen? Es wäre mir sehr lieb! ... Mit herzlichen Grüßen für eine gesegnete Advents- und Weihnachtszeit! Ihr gez. M. Niemöller."

Über dies Gespräch habe ich oben berichtet. Wenn ich im folgenden auch über harte Auseinandersetzungen zwischen Martin Niemöller und mir etwas sagen muß, so bleibt mir doch die Gewißheit, daß uns zeit unseres Lebens die Frage der Emmausjünger miteinander verbunden hat: „Brannte nicht unser Herz?"

Wir wenden uns nun wieder dem Sachverhalt zu, daß Niemöller und Barth sich nicht in die Grenzen rufen ließen, nun nicht mehr „Privatleute" zu sein, sondern der Meinung waren, subjektiv das Recht zu besitzen, ja, es als Pflicht dem Gewissen gegenüber zu verstehen, was ihnen gewichtig erschien, frei zu äußern.

Die Neue Zürcher Zeitung vom 9. 3. 84 berichtete nach Niemöllers Tod in einer, seinen Einsatz durchaus würdigenden Weise: „... in der Bundesrepublik geriet Niemöller in den fünfziger Jahren in scharfen Konflikt mit der Politik der Adenauer-Regierung ... Niemöller war in der Wahl seiner rhetorischen Mittel durchaus nicht zimperlich. Die Ausbildung von Bundeswehroffizieren bezeichnete er einmal kurzerhand als Schule für Berufsverbrecher ..."

In dem Gespräch am 30. 1. 50 in Wiesbaden, in dem die schon erwähnte Beurteilung von E. Schlink und P. Brunner als „gefährlich" erfolgte und in welchem sein Argwohn der Theologie gegenüber sichtbar wurde, lehnte Niemöller im Blick auf das Schriftverständnis der Kirche „Normen" ab. Er vertrat die Meinung, daß Ungewißheit bleiben müsse. „Norm" sei der Glaube. Es könne vorkommen, daß etwas, was mir heute Erkenntnis sei, morgen beim Lesen anders aussehen könne. Der Kanon sei schon in seiner Studentenzeit für ihn als der schwache Punkt deutlich gewesen. Für ihn sei der Kanon nur Hilfe, nicht bindend. In der Schrift sei für ihn bindend, „was Christum treibe". Abzulehnen sei, was dem innersten Kern des Evangeliums widerspreche. Wenn z. B. heutzutage ein neues Evangelium aufgefunden würde, das dem innersten Kern des Evangeliums entspreche, so sei eine Aufnahme eines solchen Evangeliums in den Kanon durchaus möglich.

„Was heute Erkenntnis ist, kann morgen ganz anders aussehen". Das hat Niemöller uns zugemutet, nämlich ihm Freiheit für solche wechselnden Standpunkte zu geben. Vom U-Boot zur Kanzel, von den Konversionsabsichten zum Gegner des Katholischen, vom Offizier zum Pazifisten. Aber er bedachte nicht, wie sehr diese Unberechenbarkeit mit dazu beitrug, daß das, was er nie wollte, eintrat: daß es zu keiner Erneuerung der Kirche, sondern zur Restaurierung des Alten kam.[247]

Da die EKD eben nicht mehr als Provisorium verstanden wurde, konnte nicht einmal miteinander geprüft werden, was gemeinsamer *unaufgebbarer* Grund dieser Kirche sei. Die Formel z. B. „allein die Schrift" ist solange Leerformel, als die Auslegung abhängig ist vom Ausleger. So trat dann – man muß sagen, wie schon vor 1933 gehabt – alternativ an die Stelle des Glaubens*inhaltes* die Gläubigkeit *als das Proprium des Protestantismus,* – bis zu der vom Direktor des Konfessionskundlichen Instituts Lell am 3. 9. 67 gemachten Feststellung, das Festhalten an Lehrinhalten durch die Bekenntnisbewegung sei „typisch katholisch".

Damit ist das Stichwort gegeben, was den weiteren Weg von Asmussen und seinen Freunden so erschwerte: *katholisch.*

In der Tat waren die Schwerpunkte im „Vortrag" von Asmussen auf Sichterweiterung in Richtung auf „die eine heilige, *allgemeine*, christliche und apostolische Kirche" hin angelegt. Daß dies zumindest in den Jahren bis 1937 die innere Erneuerung in der BK bestimmte, zeigen – einmal von seiner Konversionsabsicht abgesehen – die oben wiedergegebenen Auszüge aus Niemöllers Briefen an seine Frau aus dem KZ Sachsenhausen im Jahr 1940. Inhaltlich deckten sich Niemöllers Ansichten mit Asmussens, 1939 erschienenem Buch „Die Kirche und das Amt", ein Buch, das sich allgemeiner Zustimmung erfreute als Ausdruck des damals gemeinsam Erkannten.

Das „Katholische" war in Sicht gekommen, – vorsichtig, tastend, entdeckend, aber anders als vor 1933, als noch zwangsläufig jeder über die andere Konfession ein vorgefaßtes Klischeebild hatte. Alfred Rosenberg, Hitlers Chefideologe, schrieb damals gegen die Bekennende Kirche das Buch „Protestantische Rompilger".

Wir hatten begonnen, uns gegenüber dem Feind gemeinsam zu dem einen Herrn der Kirche als zu unser aller Ursprung zu bekennen. So beteiligten sich an dem schon erwähnten Hauskreis bei Dr. Kill in Bonn von 1936–1943 z. B. auch der reformierte Pfarrer Lic. Niesel, neben Kloppenburg, Harbsmeier, Asmussen. Im Berliner Kreis um Superintendent Bronisch-Holtze begegneten sich 1936 Günther Dehn und der später hingerichtete Abt Joseph Metzger. Diese Begegnungen waren nur möglich innerhalb der Bekennenden Kirche. Denn sie erwuchsen aus der gemeinsamen Angefochtenheit. Sie waren gesegnet durch gemeinsame Märtyrer – man denke an die vier in Lübeck hingerichteten Zeugen. Sie waren damit gefeit vor theoretischem Theologisieren. Sie erlaubten jedem, seine *eigene* Konfession darzustellen, und zwar auch mit den eigenen Fehlern, und darauf zu verzichten, den Vertretern der anderen Konfession deren Fehler aufzuzählen. Wir begegneten einander mit Vertrauen, nicht mit Mißtrauen. So konnten wir beginnen, wichtige *Inhalte* wie *Ordination, Sakramente, Heilszueignung, Schriftauslegung* und *Liturgie* jeweils als *besonderes Thema* – und doch unter Berücksichtigung der Verschiedenheit auf Grund der jeweiligen Bezugsrahmen anzupacken. Nach dem Krieg haben die Lutheraner im „Theologischen Konvent Augsburger Konfession" beispielhaft weitergearbeitet, – nun ganz auf die Erneuerung der Lutherischen Kirche ausgerichtet. Ich denke an die Veröffentlichungen von Peter Brunner, Edmund Schlink, Ernst Kinder, Friedrich Karl Schumann, Wilhelm Maurer, Wilhelm Stählin, Heinz Dietrich Wendland, Otto Perels, Ernst Sommerlath, Eugen Rose, Paul Reinhardt, Erwin Wilkens, Fried-

RICH HÜBNER und vieler anderer: Lehr-*Inhalte*, die für die praktische Arbeit in Gemeinden und Landeskirchen zu bewahrenden Flußbetten wurden, in denen die Wasser der Gläubigkeit fließen konnten: Voraussetzung dafür, daß nun auch die Begegnung mit der Katholischen Kirche sich entwickelte aus dem Zustand der Erstberührung zur Klärung, Profilierung, Abgrenzung und Annäherung.

Diese Bewegung war Barth und seinen Freunden, vor allem Hermann Diem, suspekt. So hat dann Barth in seinen Vorträgen – Wipkingen–Göttingen–Darmstadt–Oldenburg – dieses Ringen um Lehrinhalte abgewertet und als das für den Neubeginn Erforderliche allein die *gläubige Bewegung* – er nannte es „Ereignis" – innerhalb der Gemeinden als den Schutz vor dem Selbstverständnis des Luthertums gefordert. Das geschah von dem Mann, der mit der Niederschrift seiner umfangreichen Dogmatik so beeindruckend die Lehr-„Inhalte" darstellte. So konnte es nicht ausbleiben, daß er für diese, seiner Meinung nach gefährliche Entwicklung Hans Asmussen als den Hauptschuldigen herausstellte, – als den Mann mit katholischen Neigungen. Und da die notwendige Sachklärung unterblieb, wurde es dann für viele, auch für viele, die Barth ablehnten, aber selbst die Sachklärung nicht vollzogen, zum willkommenen Anlaß, im negativen Image dieses Mannes eine Rechtfertigung dafür zu finden, um auch ohne Grundlagenklärung die EKD als solche als Hort des „reformatorischen Erbes" zu bejahen.

Das Image des konfessionellen Vaterlandverräters blieb an Asmussen bis zu seinem Tode haften. Und wir, seine Freunde hatten und haben daran bis heute zu tragen. Denn nun diente es nicht so sehr dazu, sich der römisch-katholischen Kirche gegenüber abzugrenzen, sondern in erster Linie dazu, die nun neu institutionalisierten Landeskirchen zu verteidigen, eben als Hort dessen, was in jeweils widersprüchlichem Verständnis dieses „reformatorischen Erbes" als „Theologie der Kirchenordnungen" festgeschrieben wurde.

Die Last, die uns bedrückt, stellt sich im Praktischen wie folgt dar: Der deutsche Protestantismus in unseren Tagen erlebt eine Erschütterung, die bis in seine Grundlagen hinein reicht. Hans Asmussen hatte Recht, als er, wie wir sahen, feststellte, daß die zwölf Jahre „Kirchenkampf" nicht ausgereicht hätten, anwendbar eine einmütige Beschreibung dessen, was Kirche sei, zu gewinnen. Aus diesem Grunde riet er, für die sich neu bildenden Landeskirchen noch keine „Kirchenordnungen", sondern zunächst nur „Kirchenverfassungen" zu erarbeiten. Damit wollte er einen Rechtsrahmen geschaffen wissen, der ein faires und langfristiges Aushandeln von Problemen um die Grundlagen der Kirche sichern sollte. Denn die Probleme standen seit der Reformation, zum Teil sogar seit der Scholastik an, und waren noch nicht genügend behandelt und profiliert worden.

Leider hat man diesen Rat in den Wind geschlagen. Denn die dann doch nach 1945 formulierten Kirchenordnungen fixieren theologische Vorstellungen, die unschwer die begrenzten Einsichten ihrer Verfasser erkennen lassen. Diese Vorstellungen sind – sicher in bester Meinung – nun zum Fundament geworden, während sie in ihrer Sache bestenfalls Teilerkenntnisse aussprechen. Das gilt z.B. für die Beschreibung von „Gemeinde" oder die Beschreibung von „Leitung", – oder für das seit Bultmann brennende Problem des Verhältnisses von Heiliger Schrift und Gemeindetradition.

Somit haben wir als Klammer für den in seinen Grundlagen erbebenden deutschen Protestantismus – und bei dem müssen wir zunächst als die in ihn hinein Geborenen bleiben – keine Verfassungen, wie sie Asmussen gefordert hatte. Wir haben im Grunde *als Klammer nur umfangreiche Kirchenverwaltungen.* Diese haben eine große Bedeutung. Denn in den fast 40 Jahren seit dem Neubeginn mußte eine unübersehbare Fülle von verbindlichen Entscheidungen zur Sicherung des Rechts und der Finanzen getroffen und in Gesetzen festgelegt werden. Da aber eine anwendbare Beschreibung der Einbindung der Verwaltungsvorgänge in das Wesen der Kirche fehlt, folgt die Verwaltung zwangsläufig wieder, wie in den Zeiten vor 1934, weltlichen Strukturen. Der Klammercharakter der Verwaltungen hat den Protestantismus zusammengehalten, – wie Eberhard Fiedler in seinem, oben zitierten Referat bei der Barmer Synode 1934 für die Zeit *vor* Barmen nachweist.

Wenn die Kirchensteuer – ein Privileg der westdeutschen Kirchen – *in Fortfall käme,* würde es der derzeitige Protestantismus schwer haben, sein Erscheinungsbild so zu beschreiben, daß seine Mitglieder sich zu Spenden motiviert verstehen. Er würde es schwer haben, Pfarrer, Mitarbeiter und Gebäude sowie eine zentrale Verwaltung von freiwilligen Beiträgen zu bezahlen und gleichzeitig missionarische und diakonische Aufgaben, die über die eigene Gemeinde hinausgehen, wahrzunehmen. Denn die jüngere Generation will nur noch für etwas zahlen, was ihrer Ansicht nach lohnt. Innerhalb des Körperschaftsrechtes ist die Kirche als Körperschaft arbeitsrechtlich ein „Tendenzbetrieb". 1971–1972 gehörte ich einer Theologenkommission des Rates der EKD an, die die künftige kirchliche Versorgungsregelung der Geistlichen prüfen sollte. Für deren Arbeit hatte mir der frühere Kirchenvorsteher meiner Gemeinde, Kultusminister a.D. und Verfassungsrichter Prof. Dr. Erwin Stein geraten, für das mit der BfA anstehende

Problem mit dem Begriff „Tendenzbetrieb" die arbeitsrechtliche Stellung der Kirche zu beschreiben.

Je einleuchtender und überzeugender eine Körperschaft ihre Tendenz darstellt, desto williger sind ihre Mitglieder, sie finanziell, auch z. T. mit größeren Beträgen, zu tragen und zu fördern.

Dem deutschen Protestantismus als Ganzem fehlt zur Zeit eine solche einleuchtende und überzeugende Tendenz. Es fehlen Markierungen und Wegzeichen. Ich denke an die Hauptveranstaltung der Christen, an den Gottesdienst. Wo wird der Bevölkerung klar gesagt, daß die Teilnahme am Gottesdienst ewiges Heil vermittelt und die Verachtung des Gottesdienstes Ursache zu ewigem Unheil sein kann? Ist die Heilsvermittlung kausativ oder nur kognitiv? Ist die Beteiligung am Gottesdienst heilsnotwendig oder ohne Gewicht für die Gewinnung des Heils? Die Vorstellungen darüber sind widersprüchlich – und folgerichtig die Darstellung einer Fülle damit zusammenhängender Lebensäußerungen. Der Rückgang der kirchlichen Trauungen signalisiert das gebrochene Verhältnis zur Christuserlösung überhaupt. Die widersprüchliche Darstellung der Christuserlösung als Bezugsrahmen für das gesamte Leben lohnt offensichtlich für viele nicht mehr, um sich daran zu orientieren.

Die Christuserlösung als Bezugsrahmen ist zwar rechtlich in keiner Landeskirche in Frage gestellt. Die Grundartikel aller Kirchenordnungen binden das kirchliche Leben an die Heilige Schrift in ihrer normativen Auslegung durch die altkirchlichen Bekenntnisse, durch die Augsburger Confession und z. T. durch die Theologische Erklärung von Barmen. Aber das Verständnis und somit die Anwendung dieser Grundlage unterscheidet sich je nach den Tendenzen der verschiedenen Gruppierungen, – und dieser Unterschied ist heute so stark, daß die Christuserlösung als lebensnotwendiger und somit auch das Opfer lohnender *einheitlicher Bezugsrahmen für die Gemeindeglieder weithin nicht mehr erkennbar* ist.

Solange durch die anonyme Kirchensteuer, ohne persönliche Opfer, noch eine Klammer gegeben ist, die eine Einordnung des einzelnen in religiöse Dienstleistungen anbietet, bleibt die innere Krise verborgen. Aber sie schwelt wie unter einer Decke und kann zum offenen Feuer werden. Auch die Verwendung der zentralen Rechenzentren läßt die lebensnotwendige Finanzhoheit der Einzelgemeinden und die daraus resultierende Zusammengehörigkeit von Geld und Glauben immer schwächer und unvollziehbarer werden und entmündigt praktisch die Kirchenvorstände. Die Verlautbarungen derer, die Schlüsselpositionen in den Kirchenleitungen und in den Medien innehaben, erwecken den Eindruck einer immer noch vorhandenen Gesamtgröße. Aber für viele treue Gemeindeglieder ist ein Teil dieser Verlautbarungen bereits durchsichtig als nur persönliche Meinung des Sprechers oder der hinter ihm stehenden Gruppe. Ich denke z. B. an die Anfragen aus dem Kreis der „Bekenntnisbewegung" bis hin zu ihren Vorbehalten den Kirchentagen gegenüber. Die Krise kann nicht geleugnet werden.

Mit den Ausführungen über Probleme des Verwaltungsrahmens unserer Landeskirchen in seiner Bezogenheit auf die ungeklärten Lehrfragen sollte Asmussens Sorge um zu schnelle Verabschiedung von Kirchenordnungen verdeutlicht werden.

Durch diese Entwicklung wurden Asmussen und seine Freunde zunehmend isoliert. Auch auf dem „Markt der Publikationen", den Peter Brunner so traurig beschrieb, verschwand nach und nach der Name „Hans Asmussen", so daß mir in der letzten Zeit viele junge Theologen begegnet sind, die noch nie von Asmussen und seinem Werk gehört haben. Ganz ähnlich ist es um die uns freundschaftlich verbunden gewesene katholische Schriftstellerin Ida Friederike Görres erschreckend still geworden.

Da der Ruf, der Asmussen anhing, einer Ächtung nahe kam, scheuten sich viele, die durch die Entwicklung in unserer Kirche besorgt waren, sich offen zu ihm zu bekennen. Wie oft habe ich dabei erleben müssen, daß man mir hinter vorgehaltener Hand sagte, daß man im Grunde wisse, was Asmussens Werk bedeute. Aber bei der Prägung des Erscheinungsbildes der EKD, vor allem aber auch durch die Pressedienste, bei denen die politischen Aktionen weitaus den größten Teil der Meldungen ausmachen und Berichte über geistliche Vorgänge, die von Natur aus nicht spektakulär sind, zurücktreten, hüllten sich die, die besorgt waren, lieber ins Schweigen. Wie oft mußte ich anhören, daß man vom „guten Hans Asmussen" sprach, der gescheitert sei.

Ich erlebte dies z. B. bei einer der Visitationen, die in den 50er Jahren in der EKHN noch durchgeführt wurden (ich selbst gehörte der Visitationskommission für die Darmstädter Gemeinden an). Nach Beendigung der Visitation rief der Visitator bei mir an, um mir zu berichten, wie positiv die Beurteilung meiner Gemeinde ausgefallen sei, um abschließend zu sagen, daß mich das sicher erfreuen könne *bei dem Ruf, den ich als Freund Asmussens in der Landeskirche habe.*

Ein weiteres Beispiel: Vor meinem Ausscheiden aus der Kanzlei der EKD hatten die Professoren Kinder und Schlink mich gebeten, in der „Evangelisch-Lutherischen Kirchenzeitung" einen Artikel mit der Beurteilung der *Theologie der neuen Kirchenordnung der EKHN* zu schreiben. Der Artikel erschien dort am 15. 9. 1949, S. 266. Ich hatte in diesem Artikel 3 Gesichtspunkte geltend gemacht, die m. E. folgenreich werden könnten:

1. Der KO liege ein, den Congretionalisten nahe kommendes Verständnis des Bekenntnisses als bekennende Aktion, als Ereignis zu Grunde.
2. Der Souverain sei die anonyme Gemeinde.
3. Die übergeordneten Dienste seien im Blick auf die Vollmacht, von der her ihre Autorität abzuleiten, zu profilieren und zu begrenzen sei, ungenügend beschrieben und schrieb dazu: *„Der Weg von einer Autorität aus dem persönlichen Glauben heraus zu autoritativem Handeln aber ist ein unheimlich kurzer"*.

Als ich 1949 bat, mich in die EKHN aufzunehmen, wurde dies mit Hinweis auf diesen Artikel abgelehnt. Erst durch Intervention von dem, auch hessischen,

Prof. PETER BRUNNER, der andeutete, daß er davon in den Kreisen des Weltluthertums berichten würde, wurde mein Antrag positiv entschieden.

Kirchenpräsident SUCKERS Beurteilung der Kirchenordnung in dem erwähnten Gespräch nach seinem Amtsantritt – und MARTIN NIEMÖLLERS Ablehnung der VELKD, in unserem Gespräch am 30. 1. 1950, läßt erkennen, daß nur schon eine kritisch-sachliche Stellungnahme zur Standortbestimmung einer Landeskirche innerhalb der EKD genügte, um als *Gegner* abgestempelt zu werden.

Als wir die „Sammlung" gegründet hatten, veranstalteten wir von der „Sammlung" „Wintervorträge" an der Frankfurter Universität, die sich eines erstaunlichen Zuspruches erfreuen konnten. Die FAZ berichtete am 25. 1. 1958 darüber unter der Überschrift „Über tausend Menschen besuchten die Evangelisch-katholischen Gespräche". Pfarrer Fincke und ich hatten die evangelischen Pfarrer in Frankfurt und Offenbach dazu eingeladen. Daraufhin erhielten wir folgenden Brief der „Kirchenleitung" – nicht des „Kirchenpräsidenten" – vom 24. Jan. 1958:

„Sehr geehrter Herr Pfarrer, lieber Bruder Fincke! Mir (!) geht Ihr Einladungsschreiben vom 8. Jan. 1958 an die evangelischen Pfarrer in Frankfurt a. M. und Offenbach zu. Zu meinem Erstaunen sehe ich, daß die „Sammlung", die in diesem Einladungsschreiben wieder einmal ein „tiefes Verlangen" bezeugt, christliche Gemeinschaft über die Konfessionsgrenzen hinüber zu verwirklichen und zu bestätigen, ausgerechnet Herrn Prof. D. SOMMERLATH zu einem Referat bittet, der die Abendmahlsgemeinschaft innerhalb der evangelischen Christenheit in Deutschland ablehnt (N.B. Prof. Sommerlath, Leipzig, war Leiter des „Lutherischen Einigungswerkes" und Teilnehmer am ersten Abendmahlsgespräch der EKD im September 1947 in Frankfurt-Niederrad) ... Ich möchte in aller Offenheit und Brüderlichkeit an Sie die Frage richten, ob es sich tatsächlich mit Ihrer geistlichen Haltung verträgt, als Pfarrer in einer Kirche Dienst zu tun, die den Ihnen bekannten Grundartikel ihrer Kirchenordnung vorangestellt hat und ob es nicht ehrlicher und sauberer wäre, wenn Sie und Ihre Freunde aus Ihrer Einstellung, deren subjektive Berechtigung Ihnen natürlich niemand bestreitet, die Folgerung zögen, sich in einer anderen Kirche nach Dienstmöglichkeit umzusehen, mit der Sie in Ihrem eigenen Grundverständnis nicht von vornherein in Widerspruch stehen; ich meine, daß man in einem solchen Fall getrost einmal die Frage nach der Bedeutung der Abraham-Lot-Geschichte ernsthaft stellen sollte.

Mit freundlichem Gruß! Ihr gez. D. Niemöller".

Wir haben mit einem ausführlichen Schreiben am 15. 2. 1958 geantwortet, in welchem wir natürlich das Ansinnen der Emigration ablehnten und unter anderem feststellten: „Es geht der „Sammlung" nicht darum, eines der bestehenden Kirchentümer, etwa ein extremes Luthertum oder den Katholizismus, zu fördern, sondern überall in Richtung auf die neutestamentliche Ganzheit zu wirken".

Ich habe im Laufe der 50er Jahre, aber auch nach Arbeitsbeginn der *„Frankfurter Gespräche"* in den 60er Jahren, ähnliche Rügen aus Darmstadt erhalten, z. T. von Oberkirchenräten, Briefe ohne Anrede und Gruß, mit der Anweisung, Bericht zu erstatten und dies zum Teil zeitlich determiniert, – oder nach dem 7. Frankfurter Gespräch über „Ordination und Lehrverpflichtung", wo von mir, dem Schriftleiter, eine Entschuldigung für das, von den Vertretern der Gebetskreise verabschiedete und dem EPD am 14. 3. 1967 übergebene und dort am 15. 3. 1967 veröffentlichte Kommuniqué abverlangt wurde.

Wir schauen zurück. Die EKD war also als endgültige Institution und nicht nur als Provisorium etabliert und die Wegstrecke der Bekennenden Kirche *war damit zwangsläufig zur Episode abgewertet.* „Episode": das bedeutete eine Bestätigung für den *Protestantismus vor 1933*, von welchem 1927 Otto Dibelius festgestellt hatte, daß es zu den schweren Opfern der Reformation gehöre, „daß es seit Luthers Tagen im evangelischen Deutschland *keine Kirche mehr gebe*". Es war nur folgerichtig, daß die 4/5 der Pfarrerschaft mit ihren Vereinigungen, *welche die Erweckung zur Kirchwerdung in der BK nicht miterlebt hatten*, die Ergebnisse dieser Erweckung ignorierten. Es war also folgerichtig, daß der *„Evangelische Bund"* sich nun als der offiziöse Sprecher der Protestanten gegenüber Rom anbot und dabei unberücksichtigt sein ließ, – ja mangels Miterleben sein lassen *mußte*, was uns im Kirchenkampf auf dem Wege zur Kirchwerdung an Begegnungen, Erkenntnissen und Fortschritten geschenkt worden war. Der „Evangelische Bund" war in der, in Barmen 1934 verabschiedeten „Erklärung zur praktischen Arbeit der Bekenntnissynode der DEK" angesprochen worden als *„freier Verband"*.

Das Recht zur Bildung „freier Verbände" ist ein unbestrittenes Recht innerhalb des Protestantismus. Dieses Recht haben wir für uns in Anspruch genommen.

Asmussen wäre ein schlechter Sachwalter seines, ihm in „Barmen" gewordenen Auftrages gewesen, wenn er der Entwicklung in der EKD tatenlos zugesehen hätte: seines Auftrages, der beinhaltete, Planer und Architekt einer Kirchwerdung zu werden, die aus dem, in allen evangelischen Gemeinden ständig gebeteten Glaubensbekenntnis die Konsequenz zieht und es aus einem Lippenbekenntnis zum dynamischen Vollzug und zur Realisierung in Sichtbarkeit werden läßt: „Ich glaube eine heilige, allgemeine, christliche und apostolische Kirche". Dieses Bekenntnis war in der Tat vor 1933 zu einem „Ideal" abgeschwächt worden, – zu einem Ideal der „unsichtbaren" Vorstellung – und als „Prinzip" – vermeintlich als „das Prinzip des reformatorischen Erbes" – beste Waffe gegen die Katholische Kirche, weil in *Sachfragen niemals faßbar,* und auch bei exegetischen oder dogmatischen Zugeständnissen ein dies immer wieder entschärfender Rückzugsraum: die Freiheitsbehauptung der „fides, qua creditur", *der Gläubigkeit,* in ihrer, von den Reformatoren so nie vertretenen Abwertung der „fides, quae creditur", des *Glaubensinhaltes. Daß die „fides qua" und die „fides quae" einander bedingen und eins ohne das andere sektiererische Entartung ist, war – das kann man sagen – eine der Binsenwahrheiten, die allen Verantwortlichen der BK gemeinsam war.*

Zu den Glaubens-*inhalten,* zur „fides quae", gehörten aber nun mittlerweile Wahrheiten und Erfahrungen, die vor 1933 so nicht bestanden: Daß die Kirche Säule und Fundament der Wahrheit zu sein hat, – daß wir die Zerrissenheit des Leibes Christi nicht resignierend als unvermeidbares Schicksal hinnehmen dürfen und müssen, – daß unsere Kirche, die sich reformatorisch nennt, nicht einmal in Übereinstimmung steht mit der Kirche der lutherischen Reformation, – daß die Mitte des geistlichen Lebens die Messe, der Gottesdienst mit eingeschlossenem Hl. Abendmahl ist, – daß die Leitung einer Kirche an ein Bekenntnis gebunden sein muß, – daß die Kirche nicht erst 1517 begonnen hat, – daß die Märtyrer, unsere Märtyrer des Kirchenkampfes z. B., eine der wichtigsten Gnadengaben des Hl. Geistes sind, – daß die großen Schätze der vorreformatorischen Kirche nicht billig preisgegeben werden können: das Mönchtum: welche Bruder- und Schwesternschaften mit z. T. gemeinsamen monastischem Leben sind seit den 20er Jahren bei uns entstanden!, – die apostolische Wahrheit des Bischofsamtes, – daß die Gnade uns begegnet in den geschaffenen Wirklichkeiten, – daß die Glaubenssätze als letztverbindliche Wahrheit für diese Erdenzeit auszusprechen sind. Vor allem gehörte dazu die uns auf den Leib gerückte Frage nach dem *Petrusamt. Vor 1933 war diese Frage uninteressant,* – höchstens als Struktur der sowieso abgewerteten „sichtbaren" Kirche verwendet als der negative Beweis für die Richtigkeit der „unsichtbaren, idealistischen und von den niederen Gefilden des Geschaffenen nicht berührbaren" Kirche, – als negativer Beweis immer wieder erhärtet durch den Hinweis auf die Renaissance-Päpste. Da der Protestantismus vor 1933 als ganzer nicht berührt war von der Frage nach dem „Antichristen", – darüber wurde höchstens in pietistischen Kreisen nachgedacht, – war eben auch Melanchthons „Traktat über den Primat des Papstes" nur noch ein, den Kirchenhistoriker interessierendes Stück der Literatur.

Nun aber waren wir in der Brutalität der Diktaturen – in West und Ost – mit der Frage nach dem „Antichrist“ *existentiell* konfrontiert worden, – mit antichristlichen Verhaltensweisen, die Niemöller aus dem Gefängnis heraus uns andere ermahnen ließen, mit keiner NS-Behörde zu verhandeln, solange nur einer der BK-Leute in Haft wäre. *Denn mit dem Antichrist kann nicht verhandelt werden!*

Und so wurden wir zwangsläufig an die Frage geführt, was es um dieses Amt sei, das sich „Nachfolger Petri“ nennt, und das der genannte Traktat als Papst-Amt als das des Antichristen behauptet. Oscar Cullmann, der reformierte Baseler Exeget, hatte inzwischen sein Aufsehen erregendes Buch „Petrus–Jünger–Apostel–Märtyrer“[248] vorgelegt – mit den vorangestellten Leitworten „Credo in unam sanctam catholicam et apostolicam ecclesiam“, – und „Du bist Fels, und auf diesem Felsen werde ich meine Kirche bauen“, – und „Aufgebaut auf dem Grunde der Apostel und Propheten“, – und „Ich bitte für die, welche glauben durch das Wort der Apostel“. Im Theol. Wörterbuch zum NT haben er und Joachim Jeremias in den Artikeln „Petrus“ und „Schlüssel“ in ähnlicher Weise als Ergebnis vorgelegt, daß Luthers Auslegung: „Fels sei der Glaube“ – nicht den Sachverhalt treffe, sondern *daß eine persönliche Beauftragung durch den Herrn den Simon zum Petrus gemacht habe.*

Weiter hatte Bischof Wurm vom Eisenacher Kirchentag aus 1948 ein Grußtelegramm an den „Bruder auf dem Bischofssitz in Rom“ gerichtet. Und später hatte Bischof Dibelius dem Papst einen Höflichkeitsbesuch abgestattet.

Faktisch wurde damit ein Schlußstrich gezogen unter das Urteil, der Papst sei der Antichrist. Karl Barth hat es in seinem letzten Buch „Ad limina apostolorum“ noch einmal unmißverständlich ausgesprochen: *Der Papst ist nicht der Antichrist.*

Die Sammlung

Dem Recht der Bildung „freier Verbände“ entsprechend, sind Asmussen, Lackmann, Fincke und ich im 20. Jahr nach „Barmen“ am 2. Sonntag nach Epiphanias 1954 mit einem *„Sendschreiben im Jahrhundert der Kirche“* an die „Öffentlichkeit“ getreten und haben das lähmende Schweigen über die genannten Wahrheiten, – „katholische“ Wahrheiten – gebrochen und zur Neubesinnung aufgerufen. In diesem Schreiben haben wir auch den Satz gewagt: „Was erlauben wir uns eigentlich, wenn wir die Sorge um das Petrusamt den Altphilologen und Historikern überlassen? Es ist eben unser Unglaube, daß wir die Kirche nur irdisch sehen und also ihr Mysterium nicht erkennen und darum mit den Heiligen und vollendeten Gerechten nicht mehr zusammenleben."[249]

Die Wirkung dieses Briefes war groß. Als erstes wurde ich vom Stellvertreter des Kirchenpräsidenten B. Knell meiner Beauftragung, Vertreter der „Luth. Konferenz in Hessen und Nassau" bei dem Fuldaer „Theol. Konvent Augsburger Konfession" zu sein, enthoben. Und Martin Niemöller ließ mir durch den Offenbacher Dekan ausrichten, ich müsse „mir überlegen, ob ich in der EKHN weiter Pfarrer sein könne".

Unsere, quantitativ kleine Aktion war dem zu vergleichen, wenn beim Stapellauf eines Schiffes der kleine Hemmblock weggeschlagen wird und das Schiff nun zu gleiten beginnt.

Wir haben dem 1. Rundschreiben noch 6 weitere Briefe „Im Jahrhundert der Kirche" folgen lassen: Ostern 54, – 17. 2. 56, – 18. 8. 56, – Advent 56, – Vorfasten 57, – und 16. 5. 57, – und eine abschließende Übersicht, in der wir in 12 Abschnitten darstellten, daß wir unter „katholische Wahrheiten" allgemein-christliche Wahrheiten verstünden, ohne welche die Kirche nicht gehorsam und vollmächtig ihren Auftrag an der Wahrheit des Evangeliums und an der Einheit der Christenheit ausrichten kann.

Wir hatten gewußt, daß wir einen Weg begonnen hatten, auf dem uns zunächst massive Ablehnung begegnen würde. Das bekam Pastor Max Lackmann besonders zu spüren. Lackmann, Freund von Hermann Kunst, dem späteren Bischof, war Häftling im KZ Dachau gewesen, zusammen mit Ernst Wilm und dem dort am 17. Januar 1945 ums Leben gekommenen Ludwig Steil. Sie waren in den harten Arbeitseinsatz im Moor gestellt, ohne die gewissen Erleichterungen, die – zu unser aller Beruhigung – dort Martin Niemöller zuteil geworden waren.[250] Lackmann wurde aufgrund unserer Aktion 1958 von der westfälischen Kirchenleitung diszipliniert und in den Wartestand versetzt. Aus seinem Bericht über das abschließende Gespräch mit dem, auch aus der BK kommenden Präsidenten Lücking am 3. 1. 1959 ist folgende Äußerung symptomatisch für die ganze Art, wie man in Hessen und in Westfalen mit uns fertig werden wollte: Lackmann berichtet: „Auf meine Frage, warum darf ich nicht meine katholischen Theologumena vortragen (wie Löwenich die seinen)? Antwort: *Sie sind Pfarrer und nicht Professor – das ist der Unterschied*".

Aufgrund der Briefe sammelte sich schon bald ein großer Kreis von Interessierten und von solchen, die mit uns den Weg gehen wollten. Wir gaben diesem Kreis den Namen *„Sammlung"*. Schon bald stieß Gustav Huhn zu uns, der Leiter der Landvolkschule *Burg Fürsteneck* bei Hünfeld, wohin wir nun – bis auf einige Ausnahmen – zu Jahrestagungen einluden. Nachdem wir zunächst im Schwabenverlag 1958 den Sammelband *„Katholische Reformation"*[251] (3 Auflagen und eine amerikanische Ausgabe) veröffentlicht hatten, folgten, ebenfalls im Schwabenverlag, als Berichtsbände über die Jahrestagungen: 1959: „Die Erbsünde" – mit dem Hauptreferat von Prof. Ernst Kinder, – 1960: „Abendmahl und Opfer" mit den Referaten der Professoren Peter Meinhold und Erwin Iserloh, – 1961: „Die Kirche – Volk Gottes" mit den Referaten von Prof. Backes, dem Ausbildungsleiter der Hamburger Luth. Kirche Lic. Helmut Echternach, und dem Prof. Heinrich Gross, – und schließlich nach einer Tagung *über das Bischofsamt* 1963, an der besonders intensiv Stiftsrat Dr. Hans Dombois mitgearbeitet hatte, der Sammelband *„Das Amt der Einheit – Grundlegendes zur Theologie des Bischofsamtes"*, von Pfarrer Ernst Fincke herausgegeben mit Beiträgen von Bischof Stählin, Prof. Karl Rahner, Pastor J. H. Lerche und Abt Laurentius Klein OSB.

In der gleichen Reihe und im gleichen Verlag erschienen außerdem: Ernst Kinder: „Was ist eigentlich evangelisch?", – Heinrich Fries: „Das Gespräch mit den evangelischen Christen", – M. Lackmann: „Ein Hilferuf aus der Kirche für die Kirche", – und von demselben: „Verehrung der Heiligen".

In unseren Rundbriefen hatten wir uns ausdrücklich zu dem disziplinierten württembergischen Pfarrer und Freund Bischof Haugs, Richard Baumann, bekannt, da in dem Prozeß gegen ihn keine Sachauseinandersetzung erfolgt war, sondern er aufgrund eines für seinen Fall verabschiedeten Lehrzuchtgesetzes wegen Verlassens des „reformatorischen Erbes" verurteilt worden war. Der Marburger Rechtshistoriker Dr. E. Kaufmann hat die juristische Fragwürdigkeit dieses Verfahrens zunächst in der „Juristenzeitung" 1960, Nr. 2, S. 50ff. – und dann in dem Buch „Glaube – Irrtum – Recht" – 1961[252] erschienen, – nachgewiesen. Es gelang uns, bekannte Persönlichkeiten aus dem evangelischen wie katholischen Lager zur Mitarbeit zu gewinnen. So war eine Sitzung unseres Leitungskreises mit dem *Rat der Michaelsbruderschaft* von großer Bedeutung, insofern, als nach dem Gespräch der Rat der Michaelsbruderschaft 1955 im Staudaverlag die wichtige Dokumentation „Credo ecclesiam" veröffentlichte. Zu uns bekannte sich auch offen Kirchenrat D. Karl Bernhard Ritter – Marburg, Mitbegründer der Michaelsbruderschaft. Von katholischer Seite nahm an allen Tagungen Pater, dann Abt Dr. Laurentius Klein teil, – und an mehreren Tagungen Professor, später Bischof und Kardinal, Dr. Hermann Volk. Anfang 1960 sonderten sich Max Lackmann und Gustav Huhn ab und bildeten den „Bund für evangelisch-katholische Wiedervereinigung". Asmussen, Fincke und ich verstanden das Anliegen, sahen es jedoch zunächst als Aufgabe an, die Katholiken zu veranlassen, sich zu dem *gesamten Spektrum des Protestantismus* zu verhalten. 1963, bei Konzilsbeginn, erklärten wir die Arbeit der „Sammlung" für beendet.

Der Weg der „Sammlung" und die Reaktion auf ihre Appelle ist lehrreich für eine Beurteilung der inneren Situation im Protestantismus bis zum heutigen Tage.

Wir hatten keine „Hausmacht". Das gab nicht nur vielen in unserem eigenen Kirchenwesen ein gutes Gewissen, über uns zur Tagesordnung hinwegzugehen und uns zu ignorieren. Sondern es führte auch dazu, daß die führenden Organe der katholischen Kirche es unterließen, mit uns das Gespräch zu suchen. Wir hatten den Eindruck, daß es in beiden Lagern Kräfte gab und gibt, die beruhigt sind, wenn alles beim Alten, beim „status quo", bleiben kann. Man hat dann das gute Gewissen, den eigenen Standort nicht mehr überprüfen und eventuell neu begründen oder gar ändern zu müssen. Asmussen hatte immer wieder versucht, die Verantwortlichen in der Katholischen Kirche dazu zu bringen, sich für das Geschehen bei uns mit verantwortlich zu wissen, – wie natürlich auch umgekehrt. Ich erinnere an das oben dargestellte Gespräch mit P. Bea in Rom wegen der Aufforderung zur „Rückkehr". Aber es fing schon damit an, daß die Katholiken nicht entdeckten, was mit „Barmen" begann, – daß sie nicht aufhorchten, als die Frage um die Vollmacht zur Ordination zentrales Thema des Kirchenkampfes wurde, – als eine „Vorläufige Kirchenleitung" in Dahlem gebildet wurde, – als Pfarrer und Gemeinden von sich aus, und nicht nur durch die leitenden Theologen der BK veranlaßt, das Heilige Abendmahl häufig (und nicht nur zweimal im Jahr als Anhängsel) *innerhalb* des Gottesdienstes feierten, – als wir des echten Martyriums gewürdigt wurden.

Als wir 1954 öffentlich auf diese Wahrheiten aufmerksam machten, fehlte uns eine „Hausmacht", die auch die Kurie zum Aufhorchen hätte bringen können.

Das tat uns leid, nahm uns aber nichts von unserem Freimut, die „Wahrheiten" jetzt und so aussprechen zu müssen.

Asmussen wies damals immer wieder darauf hin, daß im Verhältnis der beiden Konfessionen es nicht nur um theologische Fixierungen, sondern um „Kirchentümer" gehe, – um Kirchentümer, *die sich zueinander „verhalten" müßten*. Bei einem längeren Gespräch, zu dem mich 1959 Kardinal Bea anläßlich einer von mir in Rom gehaltenen Rüstzeit bat, waren wir uns miteinander darüber einig, daß dieses „sich zueinander verhalten“ nicht in der Struktur des alten „Völkerbundes“ oder der „Uno“ erfolgen dürfe. Aus diesem Grunde bemühte sich damals Kardinal Bea darum, zunächst einmal die Heilige Taufe als Fundament und Ausgangsgeschehen für die weitere Bemühung um die Einheit in Verträgen mit den einzelnen Kirchen in Geltung zu bringen.

An der Jahresversammlung der „Sammlung“ 1961 nahm von Seiten der Mitarbeiter beim Weltkirchenrat der reformierte Professor aus Lausanne, JEAN LOUIS LEUBA, teil. Thema war: „Kirche – Volk Gottes“. In seiner lebhaft zustimmenden Beteiligung an der Aussprache sagte er – in Anwendung der in seinem Buch „Institution und Ereignis“ vorgelegten Erkenntnisse – das „Petrusamt“ könne seinem Auftrag am besten entsprechen, wenn es auf Befehlsgewalt verzichte, wohl aber die anderen Kirchen um sich versammele. In derselben Jahresversammlung sagte Kirchenrat KARL BERNHARD RITTER in der Aussprache: „Wenn der Papst nicht der Antichrist ist, dann“ – und führte danach den Satz in großer innerer Bewegung nicht weiter.

Bei der Zusammenkunft des Rates der „Michaelsbruderschaft“ mit dem Leitungskreis der „Sammlung“ machte Dr. DOMBOIS darauf aufmerksam, daß für ökumenische Annäherung der Kirchen der jeweils geltende *Traditionshintergrund* berücksichtigt werden müsse, der kirchen-, theologie- und geistesgeschichtlich uns – evangelisch und katholisch – *zunächst an den Raum des westlichen Patriarchen binde,* – und nicht an den östlichen Patriarchen. Wir entdeckten auch, – und Kirchenpräsident Hild stimmte dem auf einer der Zusammenkünfte der „Frankfurter Gespräche“ zu –, daß wir miteinander noch an unaufgearbeiteten Hypotheken aus der Zeit der Scholastik zu leiden haben: Daß der Universalienstreit uns noch belastet, – und daß in der Scholastik nicht beachtet wurde, daß der *„doctor“ in seiner Beauftragung Teil der „doctrina“ ist,* – und daß nur unter dieser Voraussetzung die einzelnen Quaestionen oder loci der doctrina abzuhandeln seien: Das Geheimnis der Rabbinen, die in ihrer Person Teil der von ihnen gelehrten Weisheit waren, – und die Prototyp der „Apostel“ sind.

Wir entdeckten, daß in Bultmanns Anwendung der „Existentialen Interpretation“ etwas von der Bedeutung des Vorzeichens vor der Klammer um eine Lehraussage in diesem Sinne anklang, – so, wie Bultmanns Mahnung, die neutestamentlichen Aussagen als uns *von der Urgemeinde tradiert* zu verstehen, Ansatz bot, um das Verhältnis von Schrift und Tradition aus Einseitigkeiten konfessioneller Polemik zu befreien.

Als Haltung in der Begegnung der Konfessionen, die der Nachfolge Christi entspricht und die darum Verheißung hat, zum Frieden zu dienen und die Einheit zu fördern, *wagten Asmussen und wir, seine Freunde es, uns ins Leben der anderen Konfession hineinzubeten, ja, uns in deren Leben zu verlieren, ohne zu konvertieren.*

Eine der Schlüsselstellen für dieses Verhalten ist Johannes 6,38–40. Godet sagt dazu: „Indem Jesus seine vollkommene *Folgsamkeit* gegen das Vorhaben des Vaters bezeugt, läßt er die Schuld der Verwerfung auf die Ungläubigen selbst zurückfallen und richtet damit die letzte Aufforderung an ihr Gewissen."[253] Dieselbe, den Stachel der Sünde entschärfende Haltung bestätigt der Herr der Palästinenserin, die anerkennt, daß die Juden die „Kinder" sind – und ihr Volk die „Hündlein" – und die dann das helle und Frieden schaffende Wort spricht: „Ja, Herr! Aber dennoch essen die Hündlein von den Brosamlein, die von ihren Herren Tische fallen."

Ein solches Verhalten öffnet das Herz des anderen. Das haben wir in den Begegnungen mit den Katholiken seit 1936 erfahren. Das war auch die – nicht enttäuschte – Erwartung, die Asmussen aufgrund *der geistlichen Dimension des Stuttgarter Schuldbekenntnisses* hegte.

Wir – der Leitungskreis der „Sammlung" – verstanden uns als Sachwalter dessen, was mit Asmussens „Vortrag" in Barmen seit 1934 in Bewegung gekommen war. Die Entwicklung war damals auch Asmussen nicht bewußt; Asmussen hatte im „Vortrag" gesagt: „Es erhebt sich die Frage, wie wir uns unsere Bekenntnis- und Arbeitsgemeinschaft in Zukunft denken. *Wir können darauf nur antworten, daß wir das nicht wissen und nicht den Mut haben, Gott in sein Weltregiment hineinzupfuschen . . . Wir trauen ihm zu, daß er es herrlich hinausführt.*"[254]

Wir hatten „A" gesagt und waren bereit, dem, was als „B" daraus folgte, uns hinzugeben: Der Gnade der Sichterweiterung.

Ohne Asmussens Mithilfe wäre in Treysa die EKD nicht zu Stande gekommen. Ihm war es zu verdanken, daß sich die Lutheraner mit ihrem "Kirche" fördernden Bekenntnisgut als konsolidierende Gemeinschaft der Mitarbeit nicht versagten. Ich weiß aus persönlichen Gesprächen mit Hans Asmussen, und später auch mit Bischof Hans Meiser, wie intensiv Asmussen gewissermaßen als Bote Bischof Theophil Wurms mit seinem Motorrad in der Zeit vor „Treysa" unterwegs war, um die Bildung einer gesonderten „lutherischen Kirche" in Deutschland zu verhindern. Und die Gründung des „Detmolder Kreises" 1947, die ihm zu verdanken ist, sollte ja helfen, die Sorgen der Lutheraner vor einer „vierten Konfession" zu zerstreuen und ihre Mitarbeit in der EKD zu erleichtern.

Als aber: *„Einheit der EKD"* und Zustimmung zu ihr gewissermaßen *als „Glaubensbekenntnis" gefordert* wurde – in Überspringung der erst noch von den Bekenntnissen her aufzuarbeitenden Differenzen –, *war der Konflikt vorprogrammiert.* Es rächte sich, daß zunehmend mehr – es war ein Prozeß – die Gründung der EKD nicht als Provisorium festgehalten und geduldig ertragen wurde, sondern daß man, auch auf Seiten der Lutheraner, sich bequemte, den leichteren Weg mitzugehen und das Gebilde als endgültig und eben in seinem „So-sein" als Hort des „reformatorischen Erbes" zu akzeptieren.

So konnte es nicht ausbleiben, daß von der Leitung derjenigen Landeskirchen, die eine solche geistliche Qualität der „EKD-Einheit" „unbeschadet" der Geltung der reformatorischen Bekenntnisse zur Bekenntnisgrundlage in ihren Grundartikeln festgelegt hatten – „die Evangelische Kirche in Hessen und Nassau" und „die Evangelische Kirche von Westfalen" – nun zugegriffen und wir Glieder des Leitungskreises der „Sammlung" zur Rechenschaft gezogen wurden.

Über das, was Max Lackmann widerfuhr, berichtete ich bereits, – desgleichen über Niemöllers Warnung an Fincke und mich, den Lutheraner Prof. Sommerlath in Frankfurt sprechen zu lassen. Gravierender war dann folgender Vorgang: In der Synode der EKHN war am 24. 4. 1959 von Prof. Dr. Schleiermacher in fairer Weise und ohne negative Reaktion oder Beschlußfassung über die „Sammlung" berichtet worden. Der Kirchenpräsident Niemöller hat aber *nach Abschluß dieses Tagesordnungspunktes* den Fragenkomplex noch einmal aufgegriffen und erklärt, daß die Angelegenheit *für die Kirchenleitung nicht abgeschlossen sei* und deshalb um Aushändigung der Unterlagen ersucht. Es wurde uns ein Verfahren in Aussicht gestellt, gegen das wir – unterstützt vom Präses der Offenbacher Dekanatssynode OSt. Dir. Dr. Grünewald – den Präses der Landessynode R. Anw. Dr. A. Wilhelmi um Schutz baten. In einem, ein halbes Jahr zuvor geführten persönlichen Gespräch mit ihm erklärte uns Dr. Wilhelmi am 7. 8. 58, daß es am 4. 8. 58 zwischen ihm und Niemöller zum Bruch gekommen sei, da Niemöller erklärt habe, die „Atombombe sei die Objektivierung der Sünde" und er, Wilhelmi, als Mitglied der CDU und in Zustimmung zu deren Bejahung der Bundeswehr wohl gegen die Atombombe sei, aber eine besondere Waffe nicht als „die Sünde" bezeichnen könne. Dann sei ja zwischen ihnen beiden keine Abendmahlsgemeinschaft möglich.

Von der bereits im August 1958 uns zu Ohren gekommenen Absicht, uns von dem *Theologischen Ausschuß der Synode* verhören zu lassen, war dem Präses der Synode nichts bekannt.

Die dann als „Gespräch" und nicht „Verhör" gekennzeichnete Verhandlung des Theol. Ausschusses mit uns am 7. 7. 59 begann mit dem Vorwurf, wir wären von der Verbalinspirationslehre ausgegangen. Unsere Entgegnung, wir gingen von Bultmanns Verständnis von Tradition der Gemeinde aus, wurde eigentlich nur von den, uns sachlich widersprechenden Dr. Schleiermacher und Prof. Steck verstanden und für eine menschlich liebenswürdige Diskussion genutzt. Anderen Vorwürfen, wir sähen die Kirche als „Heimat" an – und sie sei doch „Ereignis", – wir verträten die Erbsündenlehre und das Kirchenjahr, konnten wir schnell parieren.

Die Sache ging aus wie das Hornberger Schießen. Aber wir waren gezeichnet, wie es der Bericht über meine Visitation beweist.

In dem allen wußten wir uns von treuen Freunden verstanden. Ehe wir 1957 als Abschluß der Rundbriefe „Im Jahrhundert der Kirche" die Zusammenfassung in 12 Artikeln herausgaben, hatte ich Dr. Lothar Kreyssig um Rat gefragt, ob wir so vorgehen sollten. Er schrieb mir mit Briefkopf „Evangelische Kirche der Union – Der Präses der Synode" am 3. 7. 57 aus Berlin:

„Lieber Wolfgang

... innigen Dank für das feine Zeugnis treuen brüderlichen Geistes. Wenn es um unseren Abend Licht sein möchte, so wird es uns vielleicht auch geschenkt werden, aus den echten Verbindungen, die Du als Bleibende beschreibst, eine gute und stetige Freude aneinander zu haben. Der Sache nach bin ich etwas erschrokken über Deine Mitteilung, daß Du meine Zustimmung zu dem Druckstück als hinreichenden Grund ansiehst, den Rundbrief in der bisherigen Form herausgehen zu lassen.

Ich habe oft genug und eindeutig erprobt, daß mein theologisches Unterscheidungsvermögen wirklich laienhaft unzureichend ist. Die Kehrseite dieses Fehlers ist eben der Vorzug, daß ich mich an ungeschützter, herausfordernder Redeweise unbekümmert freuen kann. Wenn ihr bereit und einig seid, *solche Freude unbedarfter Leute über das Getöse wütender Schriftgelehrter zu setzen, das auch innerlich durchzuhalten, so mag es hingehen ...*

Ganz liebe Grüße! Immer Dein gez. Lothar Kreyssig."

Bedrohungen kamen also von Männern solcher Kirchenleitungen, die das von ihnen erbaute Haus der Landeskirchen angegriffen sahen. Ich weiß nicht, ob ihnen bewußt war, welchen Grundideen sie sich unterworfen hatten. Es waren folgende: Kirche „ereignet" sich. Ort des Ereignisses ist die Gemeinde. Dies „sich ereignen" ist eng verbunden mit den, dem Reiche Gottes nahestehenden Zielen des Sozialismus. Gottesdienst ist ein Dienst unter anderen Diensten. Die Leitung obliegt der Synode. Die mit leitenden Diensten Beauftragten sind dies nur auf Zeit. Sie sind ihrem

Gewissen verantwortlich. Entscheidungen fallen durch Beschlußfassung in einem leitenden Rat des Gremiums.[255]

Auf die Affinität dieser Grundsätze zum Raum des Politischen kommen wir später zu sprechen.

Daß aber das System als solches negativ reagieren muß, wenn es Rechenschaft über seine Struktur geben soll, liegt auf der Hand. Wenn dagegen zu erwarten ist, daß inhaltliche Abweichungen zur Rechten oder zur Linken, die freilich beunruhigen, die aber das System als solches – aus welchem Grunde immer – unberührt lassen, wird mit dem Hinweis auf Toleranz und Pluralität keine Maßnahme ausgelöst.

Niemöllers Warnung an Fincke und mich, den Lutheraner Prof. Sommerlath in Frankfurt reden zu lassen, deckt ein weiteres, – und wohl aktuelles – Problem auf: das sogenannte *„Territorialprinzip"*. Es besagt, daß ein Evangelischer, der aus einer lutherischen Kirche umzieht in eine Stadt, die im Gebiet einer ausgesprochen unierten Landeskirche wie z.B. der Pfalz liegt, automatisch Glied dieser Kirche wird. Es entscheidet das *Territorium, nicht das Bekenntnis.*

Im „BVG-Urteil über die badische Kirchenbausteuer" vom 14. 12. 65 heißt es: „. . . denn Landeskirchen im Sinne der ursprünglichen Bedeutung des Begriffs gibt es seit dem Verbot der Staatskirche (Art. 137, Abs. 1 WRV) nicht mehr. Insbesondere haben die früheren Landeskirchen nicht mehr den Rechtscharakter von Gebietskörperschaften mit der Macht, jemanden, der in ihr Gebiet eintritt, einseitig ohne Rücksicht auf seinen Willen einzugliedern. Vielmehr hat schon die Weimarer Reichsverfassung ihre territoriale Grundlage durch eine reine Personalfrage ersetzt" (S. 56).[256]

Im Kirchenkampf wurde das Problem aktuell, wenn ein Christ zu einer Gemeinde mit einem DC-Pfarrer oder einem Reichskirchenausschußpfarrer gehörte und sich *um seines Bekenntnisses, d. h. um seiner Seligkeit willen in die Gemeinde eines BK-Pfarrers umpfarren ließ.* Dasselbe Problem besteht heute in Gemeinden mit Pfarrern, die vorwiegend Mitmenschlichkeit oder politische Postulate verkündigen. Ich erinnere nur an Vorgänge in Berlin, die den, aus der zentralen Gruppe der BK herkommenden Superintendent Wulf Thiel zur Herausgabe der „Berliner Kirchenbriefe" veranlaßten.

Asmussen hatte frühzeitig auf dieses Problem aufmerksam gemacht, als er noch im Kirchenkampf immer wieder vor dem Schaden warnte, den der *Augsburger Religionsfriede von 1555* angerichtet habe. Aus diesem Grunde half er 1947 zur Bildung des „Detmolder Kreises". Er wollte an Hand des Problems der Lutheraner in Unionskirchen zu Regelungen und Abmachungen helfen, die die Situation in der nun einmal so gewordenen EKD entkrampfen und das Territorialprinzip entschärfen sollten.

Dabei ging es Asmussen in seinem Verständnis von „Bekenntnis" vorwiegend um dessen Bedeutung als Belebung und Erbauung geistlichen Lebens, – und erst in zweiter Hinsicht um den Schutz- und Rechtscharakter. Mit etwas vom Ersten, was ich 1936 als Student von ihm hörte und lernte, war sein Hinweis darauf, daß die drei ökumenischen Bekenntnisse: das apostolische, das nicaenische und das athanasianische, – *Gebete* sind: Dankopfer an Gott, – mit Beschreibung der *einzelnen*, im Heilswerk Gottes in Christus uns geschenkten Gnaden. Davon sah er auch die späteren, in Form von Lehraussagen erstellten Bekenntnisse wie die Augsburger Konfession durchstrahlt und bestimmt.

Bekenntnis als Auferbauung durch die begründete Freude am ewigen Leben: Was damit angeboten wird, ist in einer besonders schönen und ergreifenden Weise am „*Freudenspiegel des ewigen Lebens*" zu erkennen, den der Unnaer lutherische Pastor Philipp Nicolai 1598 veröffentlicht und in dem er seine bedeutenden Lieder „Wie schön leuchtet der Morgenstern" und „Wachet auf, ruft uns die Stimme" vorgelegt hat. Reinhard Mumm gebührt das Verdienst, dieses Buch als Faksimiledruck 1963 veröffentlicht zu haben.[257] Ich nenne einige Kapitelüberschriften, die die *Fülle* der Freude in der Verschiedenheit der Gaben als Hilfe für unser irdisches Leben beschreiben: „Sechs Eigenschaften des ewigen Lebens", – „Gleichheit der Gemüter", – „Erkenntnis untereinander", – „Wahre Treue zwischen Gott und Menschen", – „Liebliches und holdseliges Gespräch", – „Was Engel und Menschen im Himmel untereinander tun", – „Die vollkommene Einheit zwischen Gott und seinen Kindern", – „Trost für Witwen und Waisen, – für sterbende Christen, – für die Prediger, – Trost wider der Gottlosen Glück, – Trost in allerlei leiblichen Anfechtungen."

Es würde der Kirche wohl anstehen, für ihre Verlautbarungen in der Öffentlichkeit sich Themen aus dem Katalog solcher geistlichen Schätze auszusuchen. Aus meiner eigenen Erfahrung meiner zeitweiligen Tätigkeit in der Wirtschaft sowie aus Begegnungen mit Wirtschaftlern und Politikern kann ich versichern, daß sich dort, wo ich aus Takt höfliche Zurückhaltung üben wollte, erstaunlich schnell Türen auftaten, wenn das Gespräch auf das Beten, auf die Vergebung in der Absolution, auf die Bedeutung der Heiligen, auf das, was die Alten die „Sterbekunst" nannten, kam. Für Menschen in Politik und Wirtschaft sind solche Themen attraktiv, weil sie dem Alltag einen tröstlich hellen Rahmen vermitteln. Sehr vergröbert ausgedrückt: sie warten darauf, daß wir, unserer Sache gewiß, die Praktiken und Effizienzen des Heilsgeschäftes Jesu Christi ihrer Gebundenheit in das Weltgeschäft gegenüber vertreten und anbieten. Dagegen sind Themen, die als vermeintlich aktuell der Kirche aufgenötigt werden, für die, die die Unbarmherzigkeit der Geschäfte um des Gemeinwohles willen Tag aus Tag ein zu verantworten und zu ertragen haben, zunehmend uninteressanter, weil sie keine helfende Alternative zu bieten haben und den Willen vermissen lassen, Verantwortung für alle Folgen zu übernehmen.

Eine Kirche, die als „die heilige Kirche" betend geglaubt und als „fröhliche Kindermutter" (Ps. 113,9) geliebt werden kann, soll *bis in ihre sichtbare Erscheinung* hinein Ausdruck solch freudigen Bekenntnisses sein. Bei allen schwerwiegenden Differenzen haben Asmussen und Barth in gleicher Weise als Ziel die Gestaltwerdung des *„Leibes Christi"* genannt.

Selbstverständlich hat die EKD Anteil am Wesen des Leibes Christi. Aber als Institution ist sie für ihr Zusammenhalten angewiesen auf ein *Bekenntnis-Minimum.* Das ist als Anmarschwegstrecke auf das Ziel der „Fülle" hin zu tolerieren – von Asmussens Sicht der *„normativen Kraft des Faktischen"* her z. Z. auch gar nicht anders zu machen.

Wenn aber die Institutionalisierung der EKD oder der Landeskirche zu einer „Glaubensnorm" erhoben wird, werden sich immer wieder Übergriffe ereignen, in denen Minoritäten, die sich vom Bekenntnis und vom Glaubensvollzug her kritisch äußern, von den Leitungsorganen her majorisiert werden. Das gilt in nicht geringerem Maß für Verlautbarungen und Aktionen des Weltkirchenrates, die von den Kirchensteuerzahlern, ob sie wollen oder nicht, mit finanziert werden. Nicht umsonst hat der Schweizer Pfarrer EUGEN VOSS die große Informations- u. Hilfsorganisation *„Glaube in der zweiten Welt"* ins Leben gerufen.

So wurde die „Sammlung" als „freier Verband" in ihrer Erscheinung wie in den in ihr entstandenen Dokumentationen so etwas wie ein Prüfstand dafür, wie viel oder wie wenig „Barmen" und „Dahlem" den deutschen Protestantismus stimuliert haben.

IV. Die Gedanken sind frei

Ein Zwischenspiel mit Episoden, Bildern und Briefen

Im Ablauf dieses Buches folgt nun ein „Zwischenspiel". Es soll durch kurze anekdotische Berichte – Stories – dem Leser etwas von der Atmosphäre des „Kirchenkampfes" vermitteln. Die Geschichtsforschung ist angewiesen auf sorgfältiges Quellenstudium von Fakten und Dokumentationen. Die Geschichte vollzieht sich aber gleichzeitig in den Herzen. Und die Herzen sollen im „Zwischenspiel" zu uns sprechen.[1]

Im letzten Kapitel „Kirche und Politik" lassen wir Hans Asmussen noch einmal zu Worte kommen in der Entfaltung des vierten Schwerpunktes seines Barmer „Vortrages".

Berlin war der Ort der teuflischen Spinne. Hier war die Mitte ihres Netzes, von der aus sie auf Beute lauerte. Von hier aus spann sie ihr Fangnetz über Deutschland und dann über ganz Europa.

Berlin war aber auch der Ort, in welchem der Rausch anfänglicher Begeisterung für Hitler schon früh einer Ernüchterung Platz gemacht hatte, welcher der trockene Berliner Humor in seiner Abneigung gegen jeden Überschwang entgegenkam. In Berlin blühte auch der politische Witz, gegen den die Diktatoren machtlos waren.

Das bedeutete, daß die, die den Widerstand riskierten, gerade in Berlin von einer Bevölkerung umgeben und getragen waren, die die Spinne aus der Nähe beobachtete und den Mut nicht verlor und sich immer wieder vor ihren Angriffen zu bewahren wußte.

In ganz besonderer Weise gilt dies von den Bekennenden Gemeinden in Berlin. Sie bewährten sich, indem sie sich mit Hingabe und Mut dem geistlichen Aufbruch seit „Barmen" geöffnet hatten. Sie standen nicht nur zu ihren Pastoren, wenn diese äußerlich und innerlich angefochten waren. Sondern sie ermöglichten und bargen auch mutig und opferbereit die

Synoden, Konferenzen und Aktionen der Bekennenden Kirche aus dem ganzen Reichsgebiet und vermittelten denen, die nach Berlin anreisten und sich verständlicherweise wegen der Nähe der Spinne unbehaglich fühlten, etwas von der Berliner Schnodderigkeit und Überlegenheit.

Sie ermutigten die Verantwortlichen der Bekennenden Kirche und des Widerstands, den Berliner Spruch als Ausdruck der Würde des menschlichen Herzens in einer Diktatur zu nehmen: „Ist der Ruf erst ruiniert, lebt man gänzlich ungeniert".

Es ist für die weitere Entwicklung der Geschichte der Bekennenden Kirche bis 1945 und ebenso für die Zeit danach folgenreich gewesen, daß Karl Barth bereits ab Juli 1935 nicht mehr in Deutschland war und daß er das, was „Berlin" nun in den folgenden Zeiten bedeutete, nur aus Berichten seiner Schüler und Freunde zur Kenntnis nahm und so bewertete, wie wir es oben mit seinem Urteil über die BK im Jahre 1938/1939 berichteten.

Für diesen Berliner Geist möge ein Briefauszug Zeugnis geben. In die Zeit einer schweren Erkrankung meiner Wirbelsäule schrieb mir Hans Asmussen am 16. 7. 1938: „. . . daß Gott Sie uns nur recht kräftig erhält! Es ist gut, wenn er einen Zeugen unter uns leben läßt, an dem man sieht, daß die Sonne auch dann scheint, wenn die Wolken sie verdunkeln . . .".

*

1936: Der altpreußische Bruderrat hatte beschlossen, für uns Theologiestudenten der Berliner Kirchlichen Hochschule – KiHo – ein Konvikt einzurichten. Hermann Ehlers, einst begeisterter VDST-ler (Verband deutscher Studentenschaften), hatte vermittelt, daß dafür das alte VDST-Haus zur Verfügung gestellt wurde. Es stand – hinter dem Dom – an der Spree in der Burgstraße, in nächster Nähe des durch Fritz Reuter bekannten Gasthofes „König von Portugal". Ich wurde zum Senior ernannt. Nachdem es gelungen war, durch Spenden der Berliner BK-Gemeinden das Konvikt einzurichten, veranstalteten wir eine festliche Einweihung, bei welcher neben Ehlers das gesamte Dozentenkollegium erschien: Asmussen, Vogel, Albertz, Niesel, Dehn, Osterloh, Harder, Chambon und andere. Dabei war ein Wettbewerb mit Verleihung eines Ordens vorgesehen, durch welchen der Erkennungspfiff der Berliner BK-ler festgelegt werden sollte. Den Preis erhielt Wilhelm Niesel, ein echter Berliner, für den Vorschlag: „Die Gedanken sind frei!" Welch ein Zusammengehörigkeitsbewußtsein hat uns dieser Pfiff in den nun immer dunkler werdenden Jahren gegeben!

1940: Im Deutschen Theater in Berlin wurde Büchners Stück „Dantons Tod" aufgeführt. Man munkelte, daß Joseph Goebbels von Gustav Gründgens verlangt habe, dieses Stück in den Spielplan zu nehmen und die Regie zu führen. Gründgens selbst hatte die Rolle des Polizeichefs Saint-Just übernommen. Er trug eine schwarze, an die der SS erinnernde Uniform. Wir, die Verantwortlichen für die verbotenen „Jungenwacht-Kreise", saßen nebeneinander: neben mir Hermann Ehlers, dann Justus Perels, Karl Stracke und noch ein oder zwei andere aus dem Kreis. Als dann die Passage kam, in welcher Saint-Just – Gustav Gründgens – dem Sinne nach – zu sagen hatte – und Gründgens sprach die Worte mit eiskalter Schärfe: „Wir wissen, daß wir Verbrecher sind. Aber wehe dem, der uns dies sagt!", stieß mich Hermann Ehlers an und flüsterte: „Merken Sie etwas?!"

*

1940, als ich Hans Asmussen portraitierte, schrieb er mir folgendes Gedicht, das die vergnügten Unterhaltungen über unsere „Heimatländer" nachempfinden läßt: er ein Schleswig-Holsteiner, ich, ein Thüringer aus Bad Kösen:

„Mein Vikar an dem Schreibtisch saß
und meisterte ein neu Versmaß.
Die Runen hatte er zur Hand,
das macht sein teures Heimatland.

Die ersten, die den Wald bewohnten
und über jedem Thüring thronten,
die liebten sehr ein gut Gedicht,
dazu auch ein Knoblauchgericht.

Sie saßen an dem Tor der Saale
in ihrem schönen Vätersaale.
Sie tranken voller Mäßigkeit
des Flusses Wasser allezeit.

Vor allem in dem Dorfe Kösen –
als man noch gar nicht konnte lesen,
liebt man vor Zeiten Wassersflut
und auch ein glattes Versmaß gut.

Ganz anders lebten da die Norden,
die an dem Meere stark geworden;
Sie dichteten mit vielem Geist
und tranken ihn auch allermeist."

*

Asmussen Smend Mochalski Böhm Saß Lehmann

1939 hatte Asmussen wieder das Fahrrad benutzt. Ich zeichnete zu seinem 41. Geburtstag den oben abgebildeten „Radfahr-Stoßtrupp der BK"

1936: Unter den Studenten im Konvikt war ein Rheinländer mit Namen „*Neuhaus*". Er vertrat in Diskussionen in radikalster Weise die Ansicht, daß durch den Sündenfall in der Schöpfung von Gott nichts mehr zu spüren sei. Mir ist noch ein Gespräch mit ihm im Gedächtnis, in welchem er die Meinung vertrat, der 104. Psalm beschreibe den Zustand vor dem Sündenfall. Als ich darauf aufmerksam machte, daß im 26. Vers von „Schiffen"

Meine Rückmeldung aus einem Urlaub 1939 bei Asmussen

gesprochen werde, die es vor dem Sündenfall nicht gegeben habe, tat er das mit einer Handbewegung ab. Neuhaus ist – ich glaube im Jahr 1937 – aus der BK ausgetreten und zur SS gegangen. Es könnte sein, daß es sich

Asmussen hatte mir von seinem Landserdasein 1916–1918 als Maschinengewehrschütze erzählt. Darauf zeichnete ich ihn, wie er als Koch seines Zuges bei einem überraschenden feindlichen Fliegerangriff daneben schoß

Nach einem kurzen Treffen von Heinz Kloppenburg und Hans Asmussen 1944 in Berlin

bei Neuhaus um den späteren Sturmbannführer der Gestapo gehandelt hat, der wesentlich beteiligt war an den Verhören nach dem 20. Juli 1944. Eugen Gerstenmaier berichtet in seinem Buch „Streit und Friede hat seine Zeit" verschiedentlich von ihm, besonders auf S. 198: „Es war Lic.(!) Dr. Neuhaus ... und war einmal Theologe, Religionslehrer gewesen und hatte seine wissenschaftlichen Sporen als Alttestamentler verdient".

*

Nach Ausheilung einer Wirbelsäulenfraktur begann ich 1938 mein Vikariat bei Pastor Asmussen. Er hatte mich in der Nähe des Innsbrucker Platzes in Berlin Schöneberg bei befreundeten Juden einquartiert, die mich in einem Nebenraum des Badezimmers unterbrachten, da ich noch weiterhin, statt in einem Bett in einer Gipsmulde schlafen mußte. Nach kurzer Zeit fand ich gegenüber dem Sportpalast im 2. Hinterhof im Erdgeschoß ein Kämmerchen bei einer Polin – eine Wohnung, die in ihrer Unscheinbarkeit für meine Tätigkeit geeignet war.

Hier suchte mich eines Nachts der Vikar von Pastor Heinrich Held, Wolf Disselhoff, auf. Er hatte ein Auto voll mit BK-Schriften, die wir noch in der Nacht bei Berliner BK-Pfarrern unterbrachten. Dabei erzählte er mir verschiedene Begebenheiten, die den Geist der inneren Freiheit der Bekennenden Kirche widerspiegeln.

Pastor Heinrich Held hatte in seinem Studierzimmer auf dem Sofa die Stapel eines zu verteilenden Rundbriefes der BK ausgebreitet, als Gestapobeamte zur Beschlagnahme dieses Rundbriefes erschienen. Held, eine beeindruckende Erscheinung (bei Vorladungen trug er gern einen steifen schwarzen Hut, Glacé-Handschuhe und einen eingerollten Stockschirm), bat die Beamten freundlich, Platz zu nehmen, rief dann seinen Küster und wies ihn an, die Drucksachen mitzunehmen und „an ihren Platz zu bringen". Dann wandte er sich den Beamten zu, und als diese nach dem zu beschlagnehmenden Rundbrief fragten, erklärte er ihnen sein Bedauern: die Schriftstücke seien nicht mehr in seinem Haus.

Ein anderes Mal hatte Wolf Disselhoff einen wichtigen Brief im Nachttisch der Pfarrfrau versteckt. Bei der dann folgenden Hausdurchsuchung führte er die Gestapo vom Keller bis zum Dachboden durch alle Räume. Zuletzt öffnete er das Schlafzimmer und fragte: „Wollen Sie vielleicht noch unter den Nachttopf der Frau Pastor sehen?" Da hätten die Gestapoleute abgewinkt und seien gegangen.

Von Praeses Paul Humburg berichtete er, daß dieser so liebenswürdige Mann bei Hausbesuchen durch die Gestapo den Beamten zunächst immer eine Erfrischung anbot und sich dann genauestens über deren Familien und das Ergehen der Kinder erkundigte und mit ihnen seelsorgerliche Gespräche führte. Davon seien die Beamten im allgemeinen so betroffen gewesen, daß sich einige von ihnen gegenüber ihrer Gestapoleitstelle weigerten, sich künftig zum Verhör zu Pastor Humburg beauftragen zu lassen.

Wolf Disselhoff ist leider im Krieg gefallen.

*

Am Abend des 9. Januar 1941 fand ich bei der Post die längst erwartete Vorladung zum Arbeitsamt für die Dienstverpflichtung auf den nächsten Tag, den 10. Januar 41, 10 Uhr vor. Ich war wegen meiner Kinderlähmung vom Militärdienst befreit. Da ich die von der Gestapo veranlaßte Dienstverpflichtung erwartet hatte, war durch Vermittlung des in den „Jungenwachtkreisen" besonders aktiven Horsternst Behrendt im Oberkommando des Heeres – OKH-Wa-J-Rü-Mun – am Mathildenkirchplatz – ein Arbeitsplatz für mich vorbereitet. Noch in der Nacht zum 10. 1. 41 stellte mich Oberst Jungk als „Munitionssachverständigen" ein und fragte am nächsten Morgen in eigener Person telefonisch beim Arbeitsamt an, was sie mit einem Angestellten des Heeres beabsichtigten. Von da an blieb ich bis zum Kriegsende unbehelligt.

*

1942 hatte unsere OKH-Abteilung von der Truppe Beanstandungen über eine, in Italien gefertigte Flakmunition wegen Rohrkrepierern erhalten, die unsere eigenen Soldaten in Gefahr brachten. Ich erhielt den Auftrag, in Wien mit der Leitung des Boehlerkonzerns und mit dem italienischen Industriellen Verhandlungen über eine Fertigungsaufsicht durch den Boehlerkonzern zu führen. Als ich in den Verhandlungen immer mit „Herr Ingenieur" angesprochen wurde, enthüllte ich in einer Pause meinen eigentlichen – und noch ausgeübten – Beruf. Daraufhin lud ein leitender Herr – Jahrgang 1914 wie ich – mich ein, mir am nächsten Tag das Werk „Enzesfeld" zeigen zu dürfen. In der Halle mit den Riesenpressen erklärte er mir, dies sei *sein* Gottesdienst: den von Berlin erteilten Auftrag so als Fertigungsstraße einzurichten, daß auch nach Monaten der Zeitablauf stimme. Ich antwortete ihm, daß mich seine Hingabe an die Arbeit beeindrucke. Aber eine größere „Macht" vollziehe sich, wenn ich mit wenigen alten Frauen ein Heiliges Abendmahl feiere. Er schwieg und widersprach nicht. Nach einiger Zeit erzählte er mir aus seiner, in einer katholischen Gemeinde erlebten Jugendzeit.

*

Durch das OKH erhielt ich einen Personalausweis mit der Überschrift „Das Reichskriegsministerium". Als Hans Asmussen mit den anderen Dozenten der Ki Ho 1941 zu 9monatiger Haft verurteilt worden war, war er von der Gestapo in eine große Gemeinschaftszelle eingesperrt worden. Gesundheitlich ging es ihm auf Grund seines Asthmas, das er sich im 1. Weltkrieg zugezogen hatte, nicht gut. Als wir das erfuhren, ließ ich mir von seinem Arzt ein Attest ausstellen und ging dann in die Gestapozentrale in der Dirksenstraße am Alexanderplatz und verlangte unter Vorzeigen meines Ausweises „Das Reichskriegsministerium", zum Leiter der Kirchengestapo Chantré – einem hessischen Pfarrerssohn – geführt zu werden. Es war das einzige Mal, daß SS-Leute vom Wachpersonal mich mit erhobenem Arm grüßten! Das Gebrüll von Chantré über mein Erscheinen, ohne daß ich durch Vorzimmer geschleußt war, werde ich nicht vergessen! Aber er nahm das Attest entgegen und hat mir nichts getan.

*

Im OKH widerfuhr uns vier Theologen der BK – Vikarin Klara Hunsche, Herbert Mochalski, Wolf-Dieter Zimmermann und mir – viel Gutes. Mein Arbeitskollege im gleichen Zimmer war ein echter Berliner: Paul Jaeger, der mir, wenn ich kirchlich etwas zu unternehmen hatte, immer sagte: „Wolfgang! Geh nur! Ich werde schon irgend einen Grund nennen, wenn nach Dir gefragt wird." 1943 kam ein neuer Gruppenchef, Oberst von Bülow. Als er erfuhr, wer ich in Wahrheit war, sprach er mich im Toilettenraum an, wo niemand mithören konnte, und gab mir für den Kampf der BK „als alter Frontoffizier" den Rat: „Lehmann! Immer elastische Front!" – In der Gruppe war auch ein Sportreferent des „Völkischen Beobachters", durch den ich Karten zu Sportveranstaltungen geschenkt bekam. Als wir einmal Nachts gemeinsam Luftschutzdienst hatten, offenbarte er sich mir als Mitarbeiter der Gestapo. Als ich ihm sagte, daß er doch wisse, daß ich zur BK gehöre, antwortete er, daß er dies wisse. Er sei aber nur zur Beobachtung der Offiziere in dieser Dienststelle.

*

Im Dezember 1939 kam ein Anruf vom Gestapokommissar Kümmel, Pastor Asmussen solle in die Dirksenstraße kommen. Asmussen lag in dieser Zeit krank zu Bett. Als ich Kümmel dies erklärte, ordnete er an, daß ich an Asmussens Stelle kommen solle. Als ich bei ihm erschien, drückte er sein Bedauern aus, meinen Chef nicht sprechen zu können. Er habe eine erfreuliche Mitteilung zu machen: das seit zwei Jahren über Asmussen verhängte Reichsredeverbot sei aufgehoben. Das habe er ihm selbst sagen wollen, *um auch einmal eine Freude in seinem Dienst zu erleben!*

*

Besonders fröhlich wurde es im Hause Asmussen, wenn der ihm befreundete Pastor Hans Treplin aus Hademarschen zu Besuch nach Berlin kam. Er wurde in seiner Heimat Dithmarschen „Hans-Pastor" genannt. Man kannte ihn aber so gut wie überall in der deutschen Bekennenden Kirche als einen frommen, furchtlosen Heiligen mit der Gabe köstlicher Originalität. Aus einem seiner Traktate gegen den NS-Deutschglauben, wohl im Jahre 1934, einige Sätze: „Postwurfsendung an alle Haushaltungen! . . . Ein Rektor aus Wesselburen spricht für die Deutsche Glaubensbewegung! – Heiko! Was sollen wir tun? Hingehen oder nicht? Wir entscheiden uns für das erstere: anhören und dann sofort die Antwort in der Kirche. Sie kommen. Wir sind bereit. Der Posaunenchor empfängt sie, daß es in den Sommerabend über das Dorf hin und in die offenen Fenster des Saales schallt: ‚Wer will ein Streiter Jesu sein und nicht ein Widerchrist?', ‚Erhalt uns, Herr, bei deinem Wort' und ‚Ein feste Burg ist unser Gott'. Das war ein guter Anfang. Unsere Bekenntnisgemeinde hatte sich vorher in der Kirche versammelt und ging nun geschlossen in den Saal. Da kämpfte denn der deutschgläubige Wesselburener wie ein Wulf Isebrand aus Dithmarschen . . . erst im Schafsfell . . . dann mit Wolfsnatur . . . und bleckenden Zähnen der klaren Feindschaft gegen den guten Hirten und dessen Herde . . . Nachdem er also 1 1/2 Stunden mit den schartigen Waffen des städtischen Freidenkertums gestritten, war es allmählich 10 Uhr geworden. Da läutete von der nahen Kirche feierlich und mächtig unsere alte Kirchenglocke. Im Nu war der Saal geleert und die Kirche bis zum letzten Platz gefüllt. Gewaltig schallte es in die Nacht: ‚O Heiliger Geist, kehr bei uns ein', und vier Pastoren der Bekenntnisfront legten vor der großen Gemeinde kraftvoll Zeugnis ab nach dem Wort des Apostels Paulus: ‚Ich schäme mich des Evangeliums von Christo nicht . . .'. Zuletzt wurde Wulf-Isebrand noch Gelegenheit gegeben, das Wort zur Erwiderung zu ergreifen. Aber er schwieg . . . O Wesselburener . . . Vielleicht packt der allmächtige Gott Dich noch einmal an beiden Schultern, schüttelt Dich durch und durch und wirft Dich in den Klei, daß Dir Hören und Sehen vergeht . . . Die Kirche von Hadebuskmersk hat uns an jenem Abend gegen den

Überfall der Heiden geschützt, und Holstein hat noch immer das Brennesselblatt im Wappen." – Einmal fragte Hans-Pastor einen: „Warum kommst du gar nicht mehr zur Kirche?" „Ach", meinte der, „wie hebbn dat nun so schön mit Radio und bruk'n gorni mehr no Kirch to lopen." Da sagte der Pastor: „Ja, dat is ja ok schön so. Ja, dann lot di man ok dörch Radio beerdigen." Der andere war ganz erstaunt über diese Möglichkeit, sagte dann aber: „Ne, dat will ick doch nich."

*

Am 3. Nov. 1939 war Pfarrer König aus Weisel ins KZ Sachsenhausen überstellt worden. Wir waren seinetwegen in großer Sorge, da er an Schwermut litt. Seine Frau war im März 1940 in Berlin, um bei der Gestapo in der Prinz-Albrechtstraße vorstellig zu werden. Ich hatte den Auftrag, sie dorthin zu begleiten. Aus dem Brief, den sie mir danach am 3. Mai 1940 schrieb, einige Sätze, die ein eindrückliches Zeugnis für die Haltung der um des Glaubens willen Verfolgten geben: „Lieber Herr Vikar! Erst heute kommt ein ganz herzlicher Dankesgruß zu Ihnen, es stürmte so viel auf mich ein, daß ich beim besten Willen nicht eher zum Schreiben kam. Ich muß Ihnen noch einmal von ganzem Herzen für all Ihre freundliche Hilfe und alle tröstliche Aufmunterung danken. Ich sehe uns noch im Pschorrbräu sitzen, ich so unbefriedigt und enttäuscht von meinem Besuch in der Albrechtstraße, und Sie so fröhlich allerlei Positives sehend, was ich bis dahin nicht erkannt hatte. War *das* eine Hilfe für mich! Es ist ja auch so: wir haben ja nur Gottes Handlanger zu sein. *Wie Er* seinen Plan weiter ausführt, bleibt Ihm ja ganz überlassen. Doch dürfen wir Ihm das Größte zutrauen und es glauben, daß Er *über* Bitten und Verstehen helfen wird. Heut ist mein lieber Mann 1/2 Jahr im Lager!! Ob ich doch wohl was versäumt habe, daß ich die mitgegebene Adresse an Major Schako (NB. Sch. gehörte zu den ‚Jungenwachtkreisen') nicht benutzt habe? Nun kommen einem allerlei Versäumnisgedanken, die einen beschweren ... Ich darf doch wohl auch Sie und Herrn Pastor Asmussen recht herzlich bitten, mit zu überlegen und zu beraten, was am besten noch zu tun wäre ... Das Versprechen, gleich meinen Brief durchzugeben, hat der Beamte (sc. der Gestapo) gehalten. Hoffentlich hat er auch alles, was ich ihm sagen durfte sonst, im Sinn und Gedächtnis behalten und vielleicht sogar auf sein Herz genommen. Ob man so etwas hoffen darf? Aber Gott kann ja die Menschenherzen lenken und unter Seine Befehle stellen!

Mein lieber Mann schrieb vom 1. 4. ‚In der Frage Wegmeldung von dort hast Du mich gewiß verstanden. Da muß der Herr das erste Wort sprechen; Er weiß ja allein, wie Er mich noch in seinem Dienst gebrauchen will. Noch bin ich ja hier. Und ich muß jetzt oft denken: es muß alles ausreifen, und gerade in den Führungen Gottes mit Seinen Kindern; Er übereilt nichts und tut auch keine halbe Arbeit. Für uns heißt es nur: *folgen*, jederzeit für seinen Ruf bereit sein! – Ostern habe ich in dankbarer Freude verleben dürfen. Euch allen Römer 8,32, ein herrliches Wort! Gottes Wort ist mir in Herz und Sinn; ich wiederhole jetzt stückweise alles, was ich in Frankfurt lesen durfte, und habe Segen daran. Wie oft mahnt die Schrift zur Geduld!" Und dann fährt Frau König fort: „Es ist arg schwer, inmitten der so plötzlich und diesmal so besonders lieblich entfalteten Frühlingspracht zu denken, daß unsere lieben Gefangenen durch hohe Mauern gänzlich davon ausgeschlossen sind. Ob Gott da auch für einen Ausgleich sorgt?! Ich möchte es glauben! Mein lieber Mann schrieb für Ingelein zum Geburtstag den Vers: ‚Meine Sonn' ist deine Gnade und dein Wort der Himmelstau, der mich nähret und erquicket, gleich der Blume auf der Au!" – Darin liegt ein *solcher* Trost. Und es ist wunderbar, auch ohne die Bibel haben zu dürfen (!), so gestärkt zu werden durch Gottes Wort! Wir ahnen wohl gar nicht annähernd, wie nahe Gott seinen einsamen Kämpfern kommen mag. Bitte grüßen Sie Asmussens allesamt *sehr* herzlich und dankbar. Auch in Dahlem, sehr leid tat's mir, Herrn Pfarrer Gollwitzer nicht kennen gelernt zu haben . . ."

*

Anfang des Krieges oblag mir neben meiner Arbeit bei Hans Asmussen und der Leitung der Jungenwachtkreise auch das mir von Edo Osterloh übergebene Studentenpfarramt des Berliner BK. Außerdem erhielt ich den Auftrag, für unseren an der Front befindlichen Pastor Richter seine BK-Gemeinde in Berlin Tempelhof zu betreuen. Die Gemeinde war von den DC aus der Kirche gewiesen worden und kam in der Wohnung von Frau Richter in der Parkstr. 35 zusammen, – die wiederum bei einer loyalen Lehrerin in Untermiete wohnte. Ähnlich ist es damals vielen BK-Gemeinden in Deutschland ergangen. Noch bevor ich am 10. 1. 41 meinen Dienst im OKH begann, machte ich einen Besuch bei den rheinischen Jungenwachtkreisen. Dabei war ich um einen Gottesdienst gebeten worden, der in Hilden stattfand, wo die BK-Gemeinde sich einen Pferdestall als Kirche und Gemeinderaum eingerichtet hatte. Ich erinnere mich noch gern an die Begegnung mit Pastor WALTER POSTH, dem für das Rheinland der gleiche Auftrag übertragen war, wie mir für Berlin. An der Zusammenkunft nahmen auch die Zwillingsbrüder GIESEN teil, – der eine ein Arzt, der andere der Pastor der nach dem Krieg neben der Leitung der Berliner Stadtmission bekannt wurde als einer der leitenden Männer des Kirchentages. Und zu dem Führungskreis gehörte der Kaufmann KURT SCHMIDT, – in den Jungenwachtkreisen bekannt als „Kuschmi". Unter den Jungen war auch meiner Erinnerung nach JOHANNES RAU, der derzeitige Ministerpräsident von Nordrhein Westfalen.

Die Bibelstunden der BK-Studentengemeinde fanden in der Krypta des Berliner Doms – an den Särgen der Hohenzollern – statt: ein unser Geschichtsbewußtsein stimulierender Platz!

Den ersten größeren Luftangriff auf Berlin erlebte ich im Jungenwachtkreis in Berlin-Lichtenrade, – in einem ungeschützten Souterrain des Diakonissenhauses, das der BK-Pfarrer Dr. BRANDENBURG leitete, – ein Balte, der nach dem Krieg das Werk „Licht im Osten" in Kornwestheim übernahm. Sein Sohn Traugott hat als Theologiestudent mit Asmussen, Lilje und mir Pfingsten 1941 in Kloster Alpirsbach die Sitzung der „Gesellschaft für evangelische Theologie" miterlebt, in der Prof. BULTMANN sein Entmythologisierungsprogramm verkündete, über das ich oben berichtete.

Nach meinem Dienstantritt im OKH war es nicht einfach, abends nach Dienstschluß den vier, über ganz Berlin verteilten Aufgaben gerecht zu werden, besonders als dann so gut wie regelmäßig nachts die Alarme waren. Als ich Asmussen gegenüber einmal beklagte, daß ich kaum mehr Zeit für mein tägliches Gebet fände, riet er mir, auf der morgendlichen Radtour ins OKH das Vaterunser zu beten. Und in der Tat: es war ein guter Rat, der mich verstehen ließ, weswegen unsere Vorfahren davon sprachen, daß ein Weg „ein Vaterunser lang" sei. Bei der Bitte „Dein Reich komme" fuhr ich fast regelmäßig an einer Baustelle der SS in der Kaiserstraße vorbei, wo KZ-Häftlinge Frondienst taten, die ich fürbittend in das Kommen des Reiches Gottes einschloß.

Ich war mittlerweile nach Schmargendorf gezogen und wohnte in der Nähe der Villa des Reichsaußenministers von Ribbentrop. Bei einem Bombenangriff war ein dort befindliches Frauenkrankenhaus getroffen worden. Es war befreiend, zu erleben, wie nun die Berliner von der Bewachungsmannschaft Ribbentrops die Öffnung seines Hauses zur Unterbringung der Kranken forderten: Entladung der eigentlichen Einstellung der Bevölkerung zu den Nazis!

Aus der Tempelhofer Zeit aus dem Jahre 1942 zwei Erlebnisse:

Unter den 3 Sternträgern unserer BK-Gemeinde war ein Herr Guttmann. Als er zum Transport in das KZ Theresienstadt beordert war, hielt ich der Familie am Vorabend einen Abendmahlsgottesdienst, mit dem er sich rüsten wollte, solange er noch am Leben sei, unter den Juden im KZ Jesus Christus zu bezeugen. Auf seinen Wunsch sangen wir knieend „Harre, meine Seele!".

Zu den Gemeindegliedern gehörte ein Polizeibeamter Fritz Pliefke. Er hat als BK-Mann im Polizeipräsidium niemals seinen Glauben verleugnet. Eines Tages wurde er von seinem Vorgesetzten aufgefordert, aus der Kirche auszutreten. Als er und ein katholischer Kamerad sich weigerten, wurden sie zunächst mit der Pistole bedroht. Dann wurde ihnen angekündigt, daß sie bei Weigerung nach Polen zu Judenerschießungen abkommandiert würden. In dem schweren seelsorgerlichen Gespräch mit ihm lag mir zunächst nahe, ihm zu raten, aus der, sowieso von den Nazis beherrschten offiziellen Kirche auszutreten und bei der Bekennenden Kirche zu bleiben. Dann wurde uns aber unter Gebet klar, daß er damit vor seinem Vorgesetzten den Herrn Christus verleugnet hätte. Und so nahm Herr Pliefke den mir schwer gewordenen Rat ab, im Glauben an Christi Schutz fest zu bleiben und in Kauf zu nehmen, beim Erschießungskommando, wenn es überhaupt so weit komme, den Dienst zu verweigern – in der Bereitschaft, dann sein Leben für den Herrn hinzugeben. Er ist dann zum allgemeinen Dienst nach Norwegen versetzt worden. Als er nach dem Krieg als Angehöriger der Polizei in schwere Haft zunächst bei den Norwegern und dann in einem Bonner Lager der Engländer genommen wurde, konnte ich ihn 1946 frei bekommen. Sein Dankbrief vom 11. 10. 46 ist ein tief beeindruckendes Zeugnis seines Glaubens.

*

Bei einer Sitzung der Kodlab im Herbst 1938 war beschlossen worden, unter Führung von Dr. Reinhold von Thadden-Trieglaff mit einer Kommission bei dem Reichsjustizminister Gürtner wegen Martin Niemöller vorstellig zu werden. Ich bekam den Auftrag, mit dem Büro des Ministers Ort und Zeit für die Besprechung zu vereinbaren. Zu Niemöllers Dahlemer Gemeinde gehörten der oberste Richter des Heeres Dr. Sack (mit Bonhoeffer am 9. 4. 45 hingerichtet), der Reichsfinanzminister von Schwerin-Krosigk, und als Nachbar Niemöllers dieser Dr. Gürtner. Ich ließ mir von Frau Niemöller ihre Visitenkarte geben und ging am nächsten Tag früh 7 Uhr zu Gürtner, weil mir Frau Niemöller berichtet hatte, daß er um diese Zeit am Gartentor im allgemeinen selbst die Brötchen ins Haus holte. Ich traf ihn auch an und wurde nach Vorzeigen der Visitenkarte ins Haus gebeten. Als ich mein Anliegen, die Kommission anzumelden, vorgetragen hatte, winkte er müde ab und fragte, weswegen die Herren gerade zu ihm kommen wollten. Niemöller sei doch persönlicher Gefangener des Führers. Ich erwiderte, er sei doch für die Justiz zuständig und dies sei eine Frage des Rechts. Darauf zeigte er auf den ovalen Tisch und sagte, hier habe er am Tage zuvor mit Großadmiral Raeder überlegt, was sie in Niemöllers Sache tun könnten. Er habe verschiedentlich mit dem Führer darüber gesprochen, aber er könne doch nicht immer wieder „bei dem Mann" abgewiesen werden. Ich bat ihn dann, mir zu sagen, wie ich zum Adjutanten des Führers Jüttner kommen könne, um die Kommission dort anzumelden. Darauf erhob er sich, erklärte, das könne und wolle er nicht, und entließ mich mit „Heil Hitler".

*

Zur Tarnung gegenüber der Postzensur unterschrieb ich wichtige Briefe mit dem Bild des Genfer Sees: lac Leman:

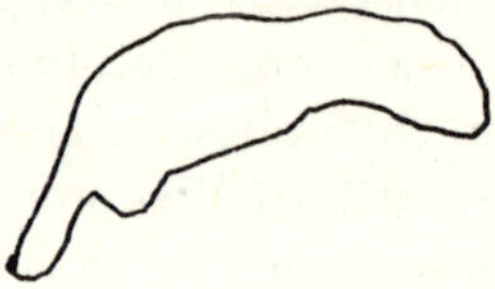

*

Martin Niemöller, – Anfang 1937 aufgenommen– in der Hand Karl Barths Buch „Credo“, – zu meiner Ordination am 1. Nov. 1940 in Niemöllers St. Annenkirche mir von Frau E. Niemöller mit der Widmung überreicht: „In herzlicher Glaubensverbundenheit – Ihre E. Niemöller“

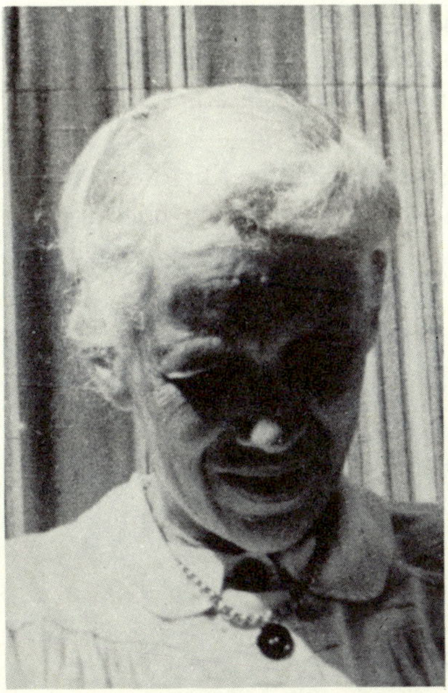

Martin Niemöllers Frau Else, 1944 aufgenommen in Leoni – Starnberger See, dem Ausweichsquartier der Familie

Im Dezember 1940 begleitete ich Frau Niemöller zum zweiten Mal zur Sprecherlaubnis mit ihrem Mann in das KZ Sachsenhausen. Es war die vierte Advents- und Weihnachtszeit, welche die große Familie ohne den Mann und Vater begehen mußte. Man kann sich vorstellen, wie schwer es Frau Niemöller fiel, sich zusammen zu nehmen, als wir in den bedrückenden Warteraum im Kz geführt wurden. Dann öffnete sich die Tür. Martin Niemöller, in Sträflingsuniform, wurde von einem SS-Wachtmann hereingeführt, und sein Gruß – mir unvergeßlich – war: „Else! Heute wird Gefühl aufs Eis gelegt!".

*

Wir waren oft überrascht, wie nahe – um das Bild des Krieges zu verwenden – unsere vordersten Schützengräben denen des Gegners waren. 1936 wollte Göring für seine beiden, in Niemöllers Gemeinde lebenden Neffen Riegele als Erzieher einen Theologiestudenten der Bekennenden Kirche haben. Ich kam mit einem anderen Studenten der Ki Ho in die engere Wahl, die für diesen entschieden wurde. Der Kommilitone erlebte in dieser Tätigkeit Erstaunliches, bis dahin, daß er von Göring mit auf den Obersalzberg an Hitlers Tafel gebracht wurde.

*

Ab Sommersemester 1936 zeichnete ich in Niemöllers und Asmussens Auftrag „BK-Wochenschauen" auf Schrankpapierrollen, die z. T. noch erhalten sind und als Zeitzeugnisse dienen können. Daraus nachstehend 3 Proben:

1. Hans Asmussen und Edo Osterloh versuchten beide, Karl Heinz Bauer 1936 als persönlichen Vikar zugewiesen zu bekommen. Ich zeichnete sie als miteinander kämpfende Hähne.

2. Martin Niemöller veranlaßte mich, den Ausspruch von dem hannover'schen Landesbischof Marahrens, er könne mit 2 Pastoren „Pferde stehlen", zu Papier zu bringen.

3. Zum Semesterende 1936 zeichnete ich das Dozentenkollegium der Ki Ho – mit Asmussen als Gründungsrektor.

Während der Sitzungen der Kodlab begann ich 1938 mit Zeichnungen der Köpfe führender Leute der BK für ein Skatspiel, das jedoch bis auf die 8 folgenden Karten unvollendet geblieben ist. Das Mitglied der VKL Pastor Dr. Hans Böhm erwähnt in seinem Brief vom 14. 8. 45 an mich dieses Skatspiel (s. o. S. 204).

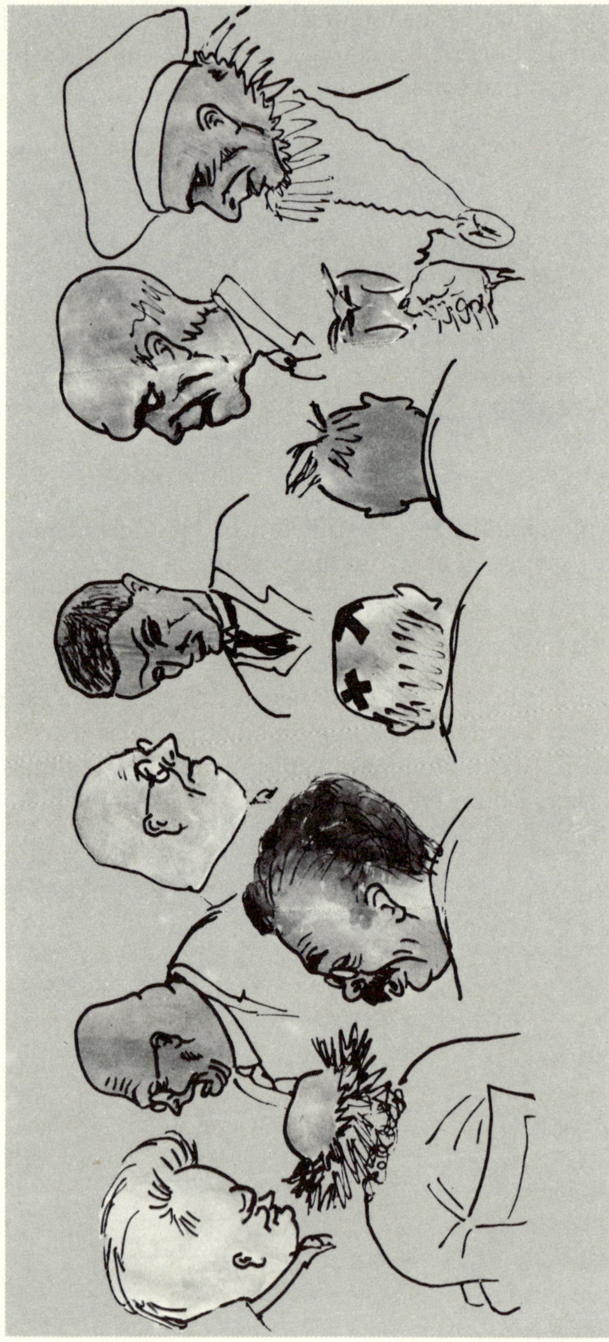

Edo Osterloh
AT; nach dem Krieg
Kultusmin. i. Schl. Holst.

Günther Dehn
Systematik

Martin Albertz
NT-Jülicher Schüler

Franz Hildebrandt
jetzt Professor
in Cambridge

Wilhelm Niesel
„der Eiserne"-Dogmatik

Heinrich Vogel
Systematik

Joseph Chambon
Kirchengeschichte

Günther Harder
Kirchengeschichte

Helmut Gollwitzer
Dogmatik

Hans Asmussen
Gründungsrektor

Theophil Wurm

Bischof der ev.-luth. Kirche in Württemberg

Martin Albertz

Superintendent in Berlin-Spandau –
lic.-Mitglied der Vorläufigen Leitung der DEK-VKL –,
Dozent an der „Ki Ho"

Hermann Ehlers

Rechtsberater des Preuss. Bruderrats, Leitungsmitglied der verbotenen „Schüler-Bibelkreise“ (BK) (auf seine Veranlassung übernahm ich 1939 diese Arbeit für Berlin), Freund des am 23. 4. 1945 hingerichteten Justus Perels

Ludwig Steil

Pastor in Holsterhausen, Mitgl. des westf. Bruderrats (einer der fröhlichsten Brüder in der „Kodlab“ – Konferenz der Landesbruderräte –), am 11. 9. 44 verhaftet, am 23. 12. ins KZ Dachau überführt, dort am 17. Jan. 1945 an Typhus gestorben

WILHELM NIESEL

Pastor, lic., Dozent an der „Ki Ho", Mitglied des Preuss. Bruderrats,
– von uns „Wilhelm der Eiserne" genannt, –
Erfinder des Pfiffs der „Ki Ho": „Die Gedanken sind frei . . ."

August Marahrens

Bischof der ev.-luth. Kirche von Hannover,
Abt zu Loccum

Hans Meiser

Bischof der ev.-luth. Kirche in Bayern

Fritz Müller

Pastor in Berlin-Dahlem –
Mitglied der Vorläufigen Leitung der DEK-VKL –;
nach Vergiftung durch die Gestapo am 20. Sept. 1942 gestorben

Heinrich Vogel

Pastor in Dobbrikow –
Mitglied des Preuss. Bruderrats –
Dozent an der „Ki Ho" – Dichter, Komponist

Am 16. 7. 44 schrieb mir Frau E. NIEMÖLLER nach einem Besuch ihres Mannes in Dachau:

„Lieber Herr Pastor, als ich das letzte Mal bei meinem Mann war, hat er mir herzliche Grüße für Sie aufgetragen. Er braucht jetzt mehr denn je das Gedenken seiner Freunde. Es ging ihm körperlich das vorletzte Mal gar nicht gut. Aber das letzte Mal war er wieder frischer. Unser Herr Jesus Christus schenke uns weiter Kraft zum Durchhalten. In herzlicher Verbundenheit grüßt Sie vielmals Ihre gez. E. Niemöller."

*

Erstaunlich war, wie Martin Niemöller in seiner Gefangenschaft an allem Anteil nahm, was er über seine Frau von unser aller Ergehen erfuhr. So hatte sie ihm bei der Dezember-Sprecherlaubnis 1944 in Dachau berichtet, daß ich am 7. Dezember 1944 geheiratet hatte. Daraufhin erhielt ich unter dem 1. Januar 1945 von Frau Niemöller folgenden Brief:

„Lieber Herr Pastor! Mein Mann hat mich beauftragt, Ihnen seine herzlichen Segenswünsche zur Vermählung zu übermitteln. Auch ich wünsche Ihnen viel Glück und viel Segen. Mehr kann ich heute nicht schreiben. Ihre gez. E. Niemöller."

*

Aus einem Brief Asmussens aus Schwäbisch-Gmünd an mich vom 2. 9. 43:

„Mein Lieber! Du hast geschrieben, und ich antworte erst heute. Auch war ich in Berlin, aber habe weder Dich noch Muchel (sc. Herbert Mochalski) gesehen ... Heute kommt die Nachricht, daß die Engländer auf dem Festland gelandet sind. – Soweit ich kann, arbeite ich an einer Arbeit über das Priestertum. Etwa ein Drittel ist fertig. Württemberg macht uns viel Arbeit. Am meisten aber in den letzten 3 Wochen mein Haus. Du weißt, daß ich die 4 kleinen Scheiche hier habe [„Scheich" war der Deckname für das Mitglied der VKL Pastor Dr. HANS BÖHM – Berlin]... Sobald ich kann, schreibe ich an Tante Kr. Grüße sie inzwischen. Ich finde, daß sie wegfahren soll. [NB. „Kr." war Exz. FR. KRAKER VON SCHWARZENFELS, eine Haushofmeisterin von Kaiser Wilhelm II. Ich wohnte damals bei ihr. In ihrem Haus traf sich der „Gertrud Bäumer-Kreis", zu dem unter anderem der frühere Kronprinz von Sachsen, der Jesuit „Pater Georg", gehörte.] Vor allem grüße mir Muchel und die Gemeinde Tempelhof, wer mich dort kennt. Dich und Muchel begleite ich täglich mit meinen Gebeten. Dein getreuer H."

*

Aus einem Brief Asmussens aus Schwäbisch-Gmünd an mich vom 18. 11. 43:

„... Ja, du hast Recht! Gott führt uns merkwürdige Wege. „Wie lange soll Dein Knecht warten?!", sagt Ps. 119, und ich sage es täglich viele Male mit. Dabei weiß ich, daß Gott mehr Ursache zur Ungeduld mit mir hat, als ich mit Ihm ... Mit dem neuen Kirchenjahr will ich anfangen, meine tägliche Bibellese mit schriftlichen Bemerkungen zu begleiten. Ob ich es wirklich ein Jahr durchhalte?! Dann werde ich einen guten Schritt gemacht haben. Ich bin in Sorge, daß ich die Verbindung mit Herbert [sc. Mochalski] etwas verliere. Es ist meine Unzulänglichkeit. Ich muß es besser machen. Nur weiß ich nicht, wie? Sage ihm einen *sehr* herzlichen Gruß ..."

*

Aus Asmussens Weihnachtsbrief aus Schwäbisch-Gmünd an mich vom 15. 12. 43. Im November war unsere Dienststelle des OKH in Berlin ausgebombt und nach Wittenberg verlagert worden:

„... Wir sind begreiflicherweise recht in Sorge gewesen um Dich ... Wie es nun mit Dir nur werden mag?! Zweifellos muß man in der Verlagerung Deiner Arbeit in einen anderen Ort eine Führung sehen, die beachtet werden will ... Das Drama ist wohl noch kaum zu Ende gespielt. Wir haben alle nicht geahnt, daß die Wartezeit noch so lange für uns dauern würde. Und wer will sagen, wie lange es noch dauern wird. Welche Geduldsproben werden uns noch auferlegt werden?! Es ist uns gut. Denn dadurch will sich der Herr immer mehr in uns verklären. Ich sehe noch gar nicht durch, wie es im Neuen Jahre mit meiner Arbeit aussehen wird. Ich habe an meine Firma geschrieben und werde wohl im Januar einmal hinfahren, um alles zu besprechen [Generaldirektor Stapelfeld der Rüstungsfirma Deschimag hatte Asmussen als „Privatsekretär" angestellt, – eine Tarnstellung, die es Asmussen ermöglichte, mit „Kurierausweis" sich ungehindert durch Deutschland zu bewegen. Diesen Brief schrieb er mir genau 1 Jahr nach der Absendung des geheimen Briefes an Visser't Hooft in die Schweiz mit seiner Stellungnahme zum Schuldproblem. In dieser Zeit erfolgte die Fertigstellung der „Denkschrift" des Freiburger-Bonhoeffer-Kreises] ... Wir haben vor, über Weihnachten uns mit großem Nachdruck den Hausgottesdiensten zu widmen. Gott wolle es segnen. Es wäre alles für uns gewonnen, wenn wir wirklich zur Anbetung kämen ..."

*

Drei Wochen nach dem mißglückten Attentat auf Hitler schrieb mir Asmussen aus Schwäbisch-Gmünd am 17. 8. 44:

„... Eines weiß ich und will es wissen bis zu meinem letzten Atemzuge: Christenkreuz hat seine Maße und muß endlich stille stehn. Wenn der Winter ausgeschneiet ... also wird auch ... *wer's erwarten kann*, erfreuet. In dem Wochenpsalm dieser Woche ist mir seit meiner Haft besonders eindringlich der Vorwurf: „Sie warteten nicht auf seinen Rat“ (Ps. 106,13). Laß uns beide denn zusammenhalten im Warten auf seinen Rat ... Augenblicklich ist Freund Smend bei uns. Wenn er wüßte, daß ich Dir schriebe, sollte ich sicher vielmals grüßen. Dein gez. Hans Asmussen u. Frau.“

*

Im Herbst 1944 lag auf Asmussen die schwere seelische Last, daß er damit rechnen mußte, wie die Freunde vor Freislers Volksgericht gestellt zu werden, – daß er von Folterungen und Hinrichtungen wußte, – und daß er unverrückt das Ziel vor Augen hatte, im Zusammenbruch kirchliche und politische Restauration zu verhindern und den Neubeginn so zu prägen, daß der Prozeß der Kirchwerdung, in Barmen einst programmatisch entworfen, nun Gestalt gewinne und die Zukunft eröffne. Auch in dieser schweren Zeit behielt er seinen Humor und dachte an manches vergnügte Geplänkel um meine Abstammung aus einem alten Forstgeschlecht und um meine Bemerkung, daß die in Berliner Geschäften verkauften Tomaten kein „Aroma“ wie die im eigenen Garten gepflückten hätten. Aus diesem Herbst 1944 nachstehend ein Brief vom 12. 10. 44 und eine Postkarte vom 17. 11. 44:

„Mein Lieber! Seit langem bin ich Dir schuldig, daß ich „Laut gebe“ (Der Ausdruck ist doch waidgerecht?). Aber ich kenne mich oft selbst nicht wieder. Doris hat mir neulich einmal die Leviten gelesen: „Als Herr Lehmann noch bei uns war, warst Du immer so lustig, und nun ist es so anders.“ Sie hat ganz recht, und ich gebe mir Mühe, daß es wieder so sei wie früher. Aber mit der Mühe, die man sich gibt, ist es nicht getan. Und, weißt Du, ich bin hier eigentlich ohne Freunde, mit denen ich mich aussprechen kann. Wie lange ist es her, daß ich einmal Skat spielte?! Meine Frau und die Kinder dauern mich. Morgen soll meine Frau wieder zum Arbeitsamt; bisher war sie eingesetzt, hatte aber keine Arbeit. Jes [Asmussens ältester Sohn] wurde Montag KV geschrieben. Der Arzt äußerte bei der Untersuchung, er könne und dürfe auf den Herzfehler, den er gar nicht in Abrede stellte, keine Rücksicht nehmen. Aber es ist im Verhältnis ja nur wenig, was Gott über uns kommen läßt. Wir haben so viel zu danken für alles, was hinter uns liegt, daß billig jede Klage verstummen sollte. Der Herr hat jetzt jeden Tag gegeben, den wir zusammen waren, – und es waren deren viele, – wenn er es jetzt anders macht, so soll doch sein Lob immerdar in unserem Munde sein. – Wir hatten vor, Dir zwei

Päckchen zu senden, eins mit Tomaten, die wir selbst gezogen hatten und einen leeren Karton mit Aroma. Aber nun darf man keine Päckchen mehr schicken. Darum mußt Du aufs Aroma verzichten. Alle lassen Dich herzlich grüßen, Du Lieber! Dein H."

1941 war Asmussens Neffe Pastor Wolfgang Saß eingezogen worden. Bis dahin hatte er Niemöllers Pfarrstelle in Dahlem betreut und hatte auch an den Vorbereitungen zu den Besuchen Frau Niemöllers 1940 anläßlich der Konversionsabsichten ihres Mannes (s. o.) teilgenommen. Am 17. 11. 44 schreibt mir nun Hans Asmussen:

„Heute morgen kam die Nachricht, daß Wolfgang Saß (wann?) in Rußland gefallen ist. Der Berichter, ein badischer Pfarrer, hat noch kurz vorher vice versa mit ihm das hl. Sakrament gehalten. Dabei hat W. gesagt, daß er die Ewigkeitslieder so gerne habe. Auf die Einrede des Kollegen, soweit sei er noch nicht, hat W. gesagt: Es wäre ihm gewiß, daß die Ewigkeit reine Freude sei, mehr als die Erde geben könnte. Requiescat in pace et lux aeterna luceat ei. Du weißt, was er mir bedeutete. ‚Zu Dir, mein Gott, will ich mich gänzlich wenden und tragen, was mir auferlegt ist, o süßer Christ.' Gedenke meiner und vor allem der kl. Frau (Weinheim . . .). Ich ziehe daraus den Schluß, daß ich die Zeit besser auskaufen will als bisher, im Anbeten, Bezeugen und Gutes tun! Wie schön, wenn ich Dich jetzt sehen könnte. Aber es geht nicht. Karl Heinz ist vermißt [sc. K. H. Bauer, 1936 Vikar von Asmussen], Wolfg. gefallen; Herbert [sc. Mochalski] und Du sind noch da. Gott erhalte Euch! Dein H."

*

Angesichts der Schlußphase des Krieges schrieb Asmussen am 6. 2. 45 folgenden Rundbrief an seine Freunde:

„Meine lieben Freunde! In diesen Tagen des erschwerten Postverkehrs laufen eine solche Fülle von Briefen und Karten bei uns ein, die alle schnell beantwortet sein wollen, wenn ich noch hoffen darf, daß die Antwort Euch erreicht. Darum greife ich zu dem wenig schönen Mittel des Durchschlages. Denn sonst könnte ich nicht fertig werden. Auch habe ich Euch allen in mehr als einer Hinsicht das Gleiche zu sagen. Darum nehmt bitte mit diesen Zeilen so vorlieb.

Uns alle bewegt die große Sorge, was uns die nächsten Wochen bringen und ob wir sie überleben werden. Ich brauche nicht erst zu sagen, wie berechtigt diese Sorge ist.

Wir alle wissen auch, was dieser Sorge entgegenzusetzen ist. Ich kann Euch darin nichts Neues sagen. Aber laßt Euch bitte den Bruderdienst gefallen, daß ich es Euch doch sage. Denn dadurch, daß ein anderer es uns zuruft, wird es uns gewisser.

Wir wissen nicht, ob wir die kommenden Wochen überstehen werden. Uns ist nicht versprochen, daß wir am Leben bleiben. So müssen wir uns bereiten, vor unseren Herrn zu treten, es komme, wie es will. Je ernster und ruhiger wir das tun, desto größer ist die Verheißung, welche darauf liegt, auch für dieses Leben. Laßt uns, wo wir können, Frieden machen und unsere Dinge bereinigen, damit wir nicht in die äußerste Finsternis geworfen werden, bis wir bezahlt haben den letzten Heller.

Laßt uns aber auch fröhlich sein auf das Erscheinen unseres Herrn vor unseren Augen, wenn er uns von dieser Erde abberufen will. In seinem Blicke wird Trost sein für alles, was wir hier an Angst bis jetzt durchlebt haben und noch durchleben werden. In seinem Anblick wird auch Gemeinschaft sein. Ob wir am Leben bleiben oder ob wir dahin müssen wie alles Fleisch, wir gehen nicht auseinander. Wir bleiben alle ganz nahe beieinander. Und diejenigen, welche gewürdigt werden, vor sein Angesicht zu treten, die werden dort fürbittend für alle eintreten, die noch auf Erden sind. Und wer auf der Erde verbleibt, der wird fürbittend für die stehen, welche ihm vorangegangen sind, daß Gott ihnen einen Ort der Erquikkung, der Ruhe und des Friedens gnädig verleihe. So werden wir ungeschieden sein, – in Ihm.

Mit Sorgen denken wir an unsere Kinder, und an alle, von denen wir glauben, daß sie uns auf dieser Erde noch nötig haben. Laßt uns nicht vergessen, daß auch von ihren Haaren keines fällt ohne den guten und freundlichen und gnädigen Willen unseres Vaters im Himmel. Wir müssen es ganz fest ins Herz fassen, daß Gott ihnen kein grausamer Gott ist, sondern sich Mühe gibt, es ihnen gut zu machen. Manche von Euch haben mich auch gebeten, sich zur Verfügung zu halten für die Ihren, wenn die Eltern einmal nicht mehr sind. Ich sage allen, die mich darum fragen, daß ich tun werde, was in meinen Kräften steht, wenn es so weit kommt. Ich sage das nicht aus Gleichgültigkeit und obenhin. Ich sage das, weil ich in solchem Ansuchen nur eine Frage Gottes an mich sehe, ob ich seinen Geboten gehorchen will. Und das möchte ich gerne. Aber ich bin auch gewiß, daß ich meine Kinder auf Euch verweisen kann, wenn ich einmal nicht mehr sein sollte. Wir sagen uns mit solchen Worten ja viel mehr, als wir einmal durchstehen können. Aber wir geben uns solche Versicherung im Glauben, den Gott nicht wird zuschanden werden lassen. So wird es wohl gehen. Ich halte es aber nicht für richtig, wenn wir uns mitreißen lassen in eine Art Weltuntergangsstimmung, so logisch das sein mag. Wird die Welt für uns untergehen, dann wird mit demselben für uns das Reich Gottes anbrechen, und wir werden selig sein. Laßt uns dem Teufel dieses Schnippchen schlagen, daß wir in einem Augenblick, wo tausende und Millionen Sünder verzagen, unsere Häupter erheben.

Laßt uns aber auch nicht vergessen, daß Gott noch auf dieser Erde lebendig ist. Er kann uns erretten, – gewaltiger Weise! Unser Gott kann wirklich große Dinge tun. Ich weiß, daß Ihr das ebenso erfahren habt, wie ich und die Meinen. Das wollen wir darum nicht vergessen. Haltet Euch so, als ob wir bald abscheiden müßten! Aber haltet Euch auch so, als ob Gott noch große Dinge durch Euch auf dieser Erde vollbringen wollte! Wir möchten alle gerne leben. Das vereint sich sehr gut mit der Hoffnung auf die ewige Herrlichkeit! Gott ist ein solcher Gott, daß er, was an ihm liegt, tut, daß wir auch mit Leben und Gutem gesättigt werden. Es entfalle nur niemandem von uns sein Herz!

Ich hoffe, daß dies nicht der letzte Brief ist, den ich Euch schreibe. Ich hoffe auch zu Gott, daß ich Euch noch wiedersehen werde. Ich habe ihn oft darum gebeten. Wenn er es aber anders will, so will ich ihn dennoch fröhlich ehren. Helft mir dabei!

Auf jeden Fall aber will ich Euch allen danken für alles, was ich von Euch erhalten habe. Mir ist vor Gott jedes gute Wort, jeder freundliche Blick und jede Zigarette, die ihr mir gabet, wichtig. Denn das alles hat mir mehr, als Ihr wissen könnt, gezeigt, daß Gott gütig ist. Und Ihr habt mir mehr gegeben als gute Worte, freundliche Blicke, Zigaretten und Essen und Trinken!

Solltet Ihr meinen, daß es jemanden wohl tun könnte, auch diesen Brief zu lesen, dann steht dem von meiner Seite aus nichts im Wege.

Laßt uns getrost sein!

Euer gez. Hans Asmussen."

Die Familie 1947

Hans Asmussen Doris Asmussen Frau Elsbeth Reimer Jes*

* als Pastor in Kiel 1960 an Kinderlähmung gestorben

V. Kirche und Politik

Der vierte Schwerpunkt in Asmussens „Vortrag"

Asmussens Auslegung von Offenbarung 5

1942: Die Partei setzte zum Endkampf gegen das Christentum an. Der sinnlose Krieg stand unter den Vorzeichen des unabwendbaren Zusammenbruchs. Berlin und andere Städte verfielen im Bombenregen. Der Würgegriff der Gestapo wurde unheimlicher. Die Menschen fragten nach dem Sinn allen Geschehens.

In diesem Jahr hielt Hans Asmussen in der Johanneskirche in Berlin-Lichterfelde eine Predigt über Offenbarung 5.[1] Dieser Text war für ihn zeit seines Lebens der Rahmen, innerhalb dessen er Heilsgeschichte und Weltgeschichte verstand.

Zum biblischen Text: Der Seher Johannes hat folgende Vision: Die Weltgeschichte ist in ihrem Wesen, ihrem Ablauf und in ihrem Sinn für die Menschheit und für die Engelmächte (Eph. 3,9) undurchschaubar. Sie erscheint als eine Buchrolle, die mit 7 Siegeln versiegelt ist. Diese Versiegelung ist so unheimlich, daß der Seher Johannes weint, „weil niemand *würdig* erfunden ward, das Buch aufzutun und zu lesen noch hinein zu sehen".

Nur „der dialektische Materialismus meint als einziger, er könne die Geschichte insgesamt und als *einen* Wurf sehen und darlegen", bemerkt Asmussen in seinem Buch „Über die Macht".

In diesem Augenblick kam das Lamm und nahm das Buch aus der rechten Hand des, der auf dem Stuhl saß. Und da es das Buch nahm, da fielen die vier Tiere und die vierundzwanzig Ältesten nieder vor dem Lamm . . . und sangen ein *neues* Lied und sprachen: „Du bist würdig, zu nehmen das Buch und aufzutun seine Siegel; denn du bist erwürgt und hast uns Gott erkauft mit deinem Blut . . ."

Immer wieder hatte Asmussen vor jeder Art von Geschichtsphilosophie gewarnt, – besonders nach dem Zusammenbruch, wenn etwa aus Kreisen, die Barth nahe standen, gesagt wurde, Gott habe als Gericht den Deutschen die Waffen aus der Hand geschlagen.

Man lese nur einmal nach, was Barth in der Sonderausgabe von „Unterwegs" vom 1. 11. 1950 in diesem Sinn über sein und Niemöllers und Heinemanns Nein zur „Remilitarisierung Westdeutschlands" schreibt. Dann wären also die Russen anerkannt, weil sie gesiegt haben?! Und hätte nicht die Schweiz auch bestraft werden müssen? Ich sprach 1981 in Pontresina einen ehemaligen Schweizer Offizier, der erlebt hatte, wie deutschen Juden vom Schweizer Militär der Grenzübergang verwehrt wurde. Und während meiner Tätigkeit im OKH hatte ich 1942 mit einem Vertreter der Firma Oerlikon bei Zürich zu verhandeln, der mir sagte, eine Woche zuvor habe er den Engländern die gleichen Uhrwerkzünder verkauft wie die, die er uns liefern sollte!

Zurück zum Text Offb. 5: Asmussen wies in seiner Predigt darauf hin, daß die Öffnung jedes einzelnen Siegels die Auslösung von apokalyptischem Elend *bis zum Wegnehmen des Friedens, und zwar durch Gott,* bedeute. Er zeigte, was in der Lehre von Gesetz und Evangelium besage, daß außer in Jesus Christus Gott der erschreckend „unbekannte Gott" ist, der den Propheten Amos (3,6) sagen läßt: „Ist auch ein Unglück in der Stadt, das der Herr nicht tue?" In seinem Galaterkommentar geht Asmussen näher auf diese Frage ein.

Die Lichterfelder Gemeinde tröstete Asmussen, indem er die Grundaussage dieses Textes hervorhob: *Noch ehe* die Siegel geöffnet werden, wird Christus als der Beherrscher dieses chaotischen Geschehens *angebetet.* Er erweist sich nach Joh. 16,4 eben darin als Beherrscher, daß er die Geschehnisse prophezeien läßt. Und die Christus anbeten – also die gottesdienstliche Gemeinde –, werden an dieser königlichen Beherrschung des Weltgeschehens beteiligt!

Mit in diesem Sinn erleuchteten Augen betrachtet Asmussen alles historische Geschehen. Was dann im einzelnen darüber zu sagen ist, bleiben *„Anmerkungen"*. Deshalb nennt Asmussen auch das, was er über den Kirchenkampf zu sagen hat, *„Anmerkungen"* zur jüngsten Kirchengeschichte.[2]

Das also ist der Bezugsrahmen, in dem wir das Schlußkapitel „Kirche und Politik" verstehen sollten.

Zwischen Es'chaton und Apokalypsis

– Hinweise auf Rahmen und Struktur des Politischen –

Zunächst drei Worte, deren Sinn, auch in abgeleiteter Form, das Geschehen seit 1933 bestimmte. Man kann auch sagen: drei Worte, die Asmussen und Barth einten und trennten, mit allen Konsequenzen für die gesamte Entwicklung des Protestantismus bis in unsere Tage:

„Polis": das griechische Wort für „Stadt", und zwar Stadt als „Gemeinwesen", – im Unterschied zu „Asty", das Wort für Stadt als „Ansammlung von Gebäuden".

„Eschaton": das griechische Wort für „das Letzte".

„Apokalypsis": das griechische Wort für „Offenbarung", – und zwar vor allem: Offenbarung über den „Ablauf der Geschichte".

Asmussen wie Barth hätten es als von der Sache der Königsherrschaft Christi her als nicht durchführbar abgelehnt, wenn man das Ansinnen an sie herangetragen hätte, eine „Lehre vom Staat" zu schreiben. Ihr lokal und konfessionell, auch altersmäßig wohl verschiedener Anmarschweg auf die „Barmer Theologische Erklärung" hin war darin aber gleich, daß, wodurch und wie auch immer, sie sich zu der Verkündigung der Allherrschaft Christi in *allen* Bereichen der Welt, – also auch allen Bereichen des „Gemeinwesens", – also auch des „Politischen" – gerufen wußten. Dafür kann – sieht man vom Bezugsrahmen ab – Fritz Liebs oben zitierte Feststellung als Formel dienen, daß „Staat" eine Abstraktion ist.

Obschon Barth nach 1938, besonders nach 1945, immer wieder die sogenannte lutherische „Zwei-Regimenten-Lehre" für die Fehlentwicklung im Verhalten der Protestanten zum Politischen verantwortlich machte, ist die Ursache doch stärker in der aus Aufklärung und Idealismus resultierenden und oben ausführlich untersuchten Trennung von sichtbarer und unsichtbarer Kirche zu suchen.

Die praktische Auswirkung dieser Irrlehre wurde vor aller Augen sichtbar, als die sogenannte „kirchliche Mitte" im Kirchenkampf in Rückversicherung durch die These von der unsichtbaren Kirche sich nicht in die beiden „Lager" (BK und DC) „ziehen" ließ, sondern eine „selbständige Position einnahm": Also eine Position, von der man behauptete, daß sie mit Politik nichts zu tun habe, – und die doch in verhängnisvoller Weise „politisch" war, indem sie zu der brutalen Politik des NS schwieg und sie somit tolerierte.

Asmussen stand ohne Einschränkung hinter dem Satz Karl Barths in „Theologische Existenz 1", in dem dieser feststellt: „Ich bemühe mich, ... *als wäre nichts geschehen*, ... Theologie und nur Theologie zu treiben. ... Ich halte dafür, das sei auch eine Stellungnahme, jedenfalls eine kirchenpolitische *und indirekt sogar eine politische Stellungnahme.*"

Hierzu gehört, noch einmal an die Feststellung von H. Rothfels im Erinnerungsbuch an Dr. Karl Sack zu erinnern: „Vom Standpunkt geschichtlicher Würdigung liegt es nahe zu fragen, ob die Kirchen nicht dadurch, daß sie innerhalb ihres eigensten Bereiches sich zur Wehr setzten, die Kräfte des aktiven Widerstandes mit einem härteren Kern und einer schärferen Schneide versahen, als irgendeine äußere Revolte hätte tun können."

In seiner 1933 erschienenen Schrift „Politik und Christentum" schreibt Asmussen: „Das ist gerade das Absonderliche der Kirche, daß sie sich wesentlich aus einem göttlichen Akt herleitet, welcher nicht mit dem Akt der Schöpfung identisch ist und auch gar nicht in das Schöpferwalten eingeordnet werden kann. Es steht allerdings ein Staat vor der entscheidenden Frage, ob er in seinen Bestand und in sein Wesen eine Institution aufnehmen will und kann, welche auf einer Funktion beruht, die wesentlich anderer Herkunft ist als alle anderen Funktionen, welche staatsbildend sind. *Diese Frage ist so schwerwiegend, daß hier in der Tat der Bestand des Staates auf dem Spiele steht.*"[3]

Hermann Ehlers – als Bundestagspräsident und als Christ in politischer Verantwortung – sagte auf dem Stuttgarter Ev. Kirchentag 1952: *„Die Dinge, die uns beschäftigen, haben keine Ewigkeitsbedeutung.* Das verkünden nur die Gewaltherrscher. Menschliches Handeln ist vorläufig. *Wir warten auf etwas anderes.* An dem Tage, da Christus kommt, werden am Bahnhof noch die Morgenzeitungen verkauft. Und in ihnen steht nichts von seiner Wiederkunft. Es wird aber viel darin stehen von Parlamentsdebatten, von Kriegen, Waffenstillstandsverhandlungen, die nicht zu Ende kommen ... *Für uns ist Politik ein Dienst, ... eine Frage der praktischen Bewährung der Herzen.*"[4]

„Die Dinge, die uns beschäftigen, haben keine Ewigkeitsbedeutung": damals war *Gustav Heinemann* wegen Gründung der Bundeswehr als Innenminister zurückgetreten. Und Hermann Ehlers hatte der Wiederbewaffnung zugestimmt – im Wissen, daß wir unser politisches Gemeinwesen nur unter dem Atom-Schild der USA leben und ausbauen konnten: *auch diese,* fraglos beunruhigende, *Sicht* – um der Wiederkunft Christi willen – *ein „Ding ohne Ewigkeitsbedeutung"!*

Bischof D. Wölber hat in seiner Gedenkrede für Hermann Ehlers in Bonn am 4. Oktober 1984 erwähnt, daß Hermann Ehlers eine biblische Meditation über das Auferstehungsgeschehen mit dem Titel überschrieben hat: „Ostern als politisches Ereignis", – und daß es darin heißt: „Die Verantwortung, die die Menschen für sich, für ihre Mitbürger, für die Gemeinschaft des Volkes tragen, muß eine andere sein, wenn sie nicht meinen, daß mit dem Tode alles aus ist . . ."

Was wir in den Zitaten von *Barth, Rothfels, Asmussen* und *Ehlers* vorlegten, kann als Zusammenfassung für den bisherigen Inhalt des Buches, besonders in der Abhandlung über das Verhältnis von „Heil und Wohl", dienen – *und zwar im Blick auf das Verhältnis von Kirche und Politik.*

Es muß nun noch versucht werden, die Bezugsrahmen für die Entwicklung dieses Problems nach 1945 darzustellen und übersichtlich zu machen, nachdem in den einzelnen Kapiteln immer wieder der aktuelle Bezug zu den dargestellten Entscheidungen, Erklärungen und Aktionen schon angedeutet worden ist.

Die beiden diesem Kapitel vorangestellten Begriffe „Eschaton" und „Apokalypsis" sind biblische Grundlagen für den Bezugsrahmen, ohne den das Verhältnis von Kirche und Politik und von Politik und Kirche verfehlt wird. In den 200 von Asmussen und Barth negativ beurteilten Jahren vor 1933 wurden diese Begriffe „eschatologisch" und „apokalyptisch" in der Schultheologie – bis auf Ausnahmen – als anachronistisch abgewertet. Was sollte man damit auch anfangen, wenn man die „eigentliche" Kirche als „Idee", als „Ideal", als „Bild" – und somit als „unsichtbar" verstand, – von den „Niederungen" des Leiblichen und der lastvollen Geschichte des „Sichtbaren" unberührt!

Als aber nun, mit der Barmer Bekenntnissynode beginnend, *die Gemeinde* zur Orientierung und zur Gewinnung eines Standorts nicht nur nach Theologie fragte, sondern *Theologie „erfaßte"*, – und als die Theologie mit Asmussens und Barths Ruf ernst machte, daß Theologie nur als Funktion der Kirche verstanden und betrieben werden könne, da füllten sich diese beiden Begriffe mit Leben.

Sie wurden in ihrem Verhältnis zueinander begriffen im Bild eines Koordinatenkreuzes: Das „Eschatologische" in der senkrechten, das „Apokalyptische" in der waagerechten Dimension: *eschatologisch:* mit Christi Heilswerk bekommt alles, was der Mensch im Glauben oder im Abfall denkt, redet und tut, eine *letzt*gültige Abstempelung zum Heil oder zum Gericht. Drei Beispiele:

1) ein Becher Wasser im Namen Jesu gegeben wird im Himmel wohl belohnt werden; 2) ein Leid – als Kreuz in Jesu Nachfolge gestellt – wird, wir lasen es bei

Bonhoeffer – zum stellvertretenden Leiden für die Welt; und 3) wenn einer einen der kleinen Jünger Jesu „ärgert" – so übersetzt Luther das griechische Wort „skandalizei" –, so wäre ihm besser, daß er nie geboren wäre.

apokalyptisch: die Weltgeschichte ist nur als Teil der Heilsgeschichte zu begreifen – *und vom Christen in politischer Verantwortung auch nur so mitzugestalten.* „Nur so": das aber ist nun die Schwierigkeit in der Darstellung des Bezugsrahmens. Zunächst grundsätzlich noch eine allen differierenden Ausformungen gemeinsame Grundlage: In 1. Kor. 15 wird eine geschichtliche *Entwicklung* verkündigt, die mit Christi Auferstehung beginnt, die dann darstellt, wie Christus in Stufen sich alle Feinde unterwirft, zuletzt den Tod, bis er schließlich das Reich dem Vater übergibt. In den Endzeitreden des Herrn – Matth. 24 par. – bereitet er die Seinen darauf vor, wie notvoll diese Zeit der Unterwerfung aller Mächte unter Christi Herrschaft ist, – und rüstet seine Gemeinde zu für den Augenblick ihrer größten Not: den des befristeten Auftretens des *Antichrist.* Das verkündet als Buch im Ganzen das letzte Buch der Bibel, das Buch der „Apokalypsis", der Offenbarung des Johannes.

Dieser Ablauf der Geschichte auf die Wiederkunft Jesu Christi hin ist nun wohl in seiner Grundrichtung als Waagerechte zu zeichnen, aber nicht so, daß – wie Sekten es versuchen – Zeiten und Orte dieser Linie zu übertragen und abzuhaken wären auf erfaßbare Geschehnisse, sondern mehr in der Art, daß im Buch der „Offenbarung" die Geschichte im Ganzen transparent gemacht wird: *im Erlöschen der Liebe, in der Zunahme der Ungerechtigkeit,* aber eben auch, daß bis in die Stunden des Jüngsten Tages hinein „Apfelbäumchen gepflanzt", „Morgenzeitungen verkauft, Parlamentsdebatten geführt, Kriege erlitten und beendet werden", wie Hermann Ehlers es formulierte: *die Dinge verlieren ihren Ewigkeitswert.* Aber gerade damit wird ermöglicht, daß Politik als Dienst und als Frage der praktischen Bewährung der Herzen vom Christen in der politischen Verantwortung ausgeübt werden kann und ausgeübt wird, ohne daß die Nöte das Thema der Verkündigung der Kirche werden! Thema der Verkündigung der Kirche bleibt als Konstante die Anbetung des siegreichen Lammes!

Wir sagten, daß es keine eigengesetzliche Weltgeschichte gibt. Sie ist in der Gewalt Christi gerade dort, wo es den Akteuren nicht bewußt ist, und muß sich in der Heilsgeschichte vollziehen. Die Kausalgesetze sind zwar noch nicht aufgehoben, aber relativiert, oder besser: in Christi Maßstäbe hinein „verfremdet", – so wie die über 1000 A. T.-Zitate im N. T. nicht mehr von ihrem „Sitz im Leben", von ihrer ursächlichen Entstehung her zu verstehen sind, sondern nur noch in ihrer „christologischen Verfremdung".

Die historisch-kritische Methode der Darstellung der Geschichte hat kein Instrumentarium und keinen Wertmaßstab, um solch ein eschatologisches Ereignis wie die Gebete der Monika zu erfassen und zu werten. Sie ist gebunden an die Gesetze der Kausalität und bewertet nach Erfolg und Mißerfolg, vielleicht auch nach Nützlichkeit und Schaden.

Nach dieser historisch-kritischen Methode haben die Kreise des Bürgertums – Marx sagt: der Bourgeoisie – Geschichte gelernt und gewertet. Marx wie Hitler entdeckten, daß hier Bürgertum und Kirche verwundbar waren, – wie Siegfried am Rücken dort, wo ein Lindenblatt eine kleine, aber tödliche Öffnung im sonst unverwundbaren Drachenblutpanzer gelassen hatte.

Marx wie Hitler erkannten, daß das Bürgertum wie in einem Traum lebte, – in einem Traum allerdings, der beunruhigt war durch die Qualen des Industrieproletariats, – durch die Gewitter des 1. Weltkrieges –, durch den Bolschewismus, durch Inflation und Arbeitslosigkeit. Ein Traum der Hilflosigkeit, da den Bürgern Geschichte beigebracht war als Kette von Zufällen mit Ursache und Wirkung, aber ohne Ziel, – es sei denn man erträumte mit Schiller eine Welt des Ideals und des Bildes, – oder mit *Oswald Spenglers „Untergang des Abendlandes"* ein Auf und Ab der Geschichte der Völker im Bild von Sinuskurven.

Marx und Hitler stießen in dieses Defizit des Bürgertums hinein mit der – gewaltsamen – Einbettung der geschichtlichen Fakten und der politischen Strukturen in die Gesetzmäßigkeiten eines – internationalen oder nationalen – *ideologischen Sozialismus* – mit dem Versprechen, so ein pseudoreligiöses antichristliches Paradies auf Erden zu schaffen: dem Ziel der von allem Leid befreiten „Gesellschaft" – oder des „Tausendjährigen Reiches". Marxisten und Nationalsozialisten: in ihrem tödlichen Haß aufeinander die ganze Menschheit in ihre Vernichtungsstrategie hineinziehend – und doch aneinander gebunden als Reaktion des einen auf den anderen – und doch aneinander gebunden in ihren Methoden, Grundsätzen und Zielvorstellungen. Wir zeigten freilich im ersten Teil dieses Buches, daß Marx Hitler absolut überlegen war und daß auch die, die ihn ablehnen, nicht an seiner Analyse der menschlichen Motivationen und der Phänomene der „Arbeit" und des „Kapitals" im Zeitalter der Industrialisierung und nun der technologischen Revolution vorbeikommen, – auch und gerade die Christen in der politischen Verantwortung nicht! Hitlers Sicht und Handeln war im Vergleich zum Marxismus ein brutales Machwerk von Stümperei, aber in seiner Brutalität zwingender Anlaß für Männer und Frauen des „anderen Deutschland", in den verschiedenen geheimen Kreisen wie im Kreis um Gertrud Bäumer und den Kronprinzen von Sachsen Pater Georg, – wie im *„Kreisauer Kreis"*, – wie im *Freiburger „Dietrich-Bonhoeffer-Kreis"* einen *Neuanfang* zu erarbeiten und zu entwerfen, der unter der Gesetzmäßigkeit des „Eschatologischen" und des „Apokalyptischen", wie sie das Erlösungswerk Christi geschenkt hat, Politik angesichts der Herausforderungen dieses Jahrhunderts ermöglicht und gestaltbar macht.

Weltgeschichte und Politik innerhalb der Heilsgeschichte? Aufgabe derer, die nicht „von" der Welt, aber „in" der Welt sind? Eine Aufgabe, *die das N. T. in die Verantwortung der Christen gibt, ohne ihnen das Rezept etwa einer christlichen „Lehre vom Staat" vorzulegen.*

Barth entdeckte das Erzittern des Weltgefüges im Kreis um Kutter und Blumhardt d.J. und im *Programm der Sozialdemokratie.* Wir stellten es ausführlich dar. Er entdeckte es als Reformierter und als schweizer Eidgenosse, beheimatet im schweizer Demokratieverständnis. Und er entdeckte, daß Marx an Intelligenz, analytischer Argumentation und Methodik für den Weg auf sein Ziel hin Hitler und dem NS turmhoch überlegen war.

Asmussen entdeckte das Erzittern des Weltgefüges als Frontsoldat im 1. Weltkrieg, in der Not des Landvolkes Ende der Zwanziger Jahre, in der Not der Altonaer Arbeitergemeinde in den blutigen Auseinandersetzungen zwischen Kommunisten und Nationalsozialisten. Er entdeckte es als lutherischer Schleswig-Holsteiner, – konservativ – und doch in wacher Erkenntnis, wie degeneriert das Bürgertum der Weimarer Republik dahinträumte. Er entdeckte, *wie sehr zu diesem gefährlichen Traum beitrug, was wie eine unfehlbare Lehre den Protestantismus bestimmte in seiner Sicht der Trennung von sichtbarer und unsichtbarer Kirche.*

Und Barth wie Asmussen erkannten, jeder auf seine Weise, daß der politische Katholizismus, im Selbstverständnis der Partei des „Zentrums“ erkennbar, nicht die Antwort auf die Frage war, wie angesichts der Herausforderungen dieses Jahrhunderts der Christ seine politische Verantwortung wahrnehmen solle und könne.

Freilich standen beide Theologen diesem Verständnis von politischem Engagement im Katholizismus näher als jener sträflichen Abstinenz des Protestantismus politischer Verantwortung gegenüber, die Bischof Wurm in *Treysa* 1945 beschwörend sagen ließ: „Das ist die Größe dieser Stunde, daß wir Buße tun dürfen für alle Sünden der protestantischen Vergangenheit und erbitten dürfen eine evangelische Zukunft ... Die schärfste und wirksamste Kritik, die der zu Beginn des 19. Jahrhunderts erwachende Katholizismus an der evangelischen Kirche von jeher geübt hat, hat immer bei ihrer *Staatsgläubigkeit* eingesetzt, in der das *orthodoxeste Luthertum* und der *extremste Liberalismus* übereinstimmten *und aus dem der Säkularisationsprozeß hervorgegangen ist, der im Dritten Reich seinen Höhepunkt erreichte.*“[5]

Asmussen wie Barth haben den politischen Katholizismus dadurch ernst genommen, daß sie sich mit ihm in sachlicher Kritik auseinandergesetzt haben, – kritischer als der übliche Protestantismus, – aber eben beunruhigt darüber, daß dort – etwa im Kolpingwerk oder in der Enzyklika „Rerum novarum“ – die Welt der Arbeiter in das Reich Gottes einbezogen wurde.

In seiner Auslegung des Galaterbriefes (1935), auf den wir noch einmal zu sprechen kommen werden, schreibt Asmussen im Kapitel 19: „Das

Evangelium und die Harmonien der Welt" im Unterabschnitt „Der Revolutionäre und der Konservative"[6]: „Hier muß nun ein Wort gesagt werden über das Recht des revolutionären und des konservativen Elementes in der Weltgeschichte. Es ist nicht umsonst, daß die revolutionären Elemente so oft die wertvollsten Menschen sind und daß in Zeiten, wo sie stärker hervortreten als sonst, die Ökumene Zeiten der Heimsuchung zu erleben pflegt. Revolutionäre Elemente sind nämlich dann am meisten, was sie sein wollen, wenn sie die Fragwürdigkeit der Ordnungen in ihrem Grunde erkannt haben. Echte Revolutionäre sind nie Revisionisten, sie wollen nicht Besserungen an den Ordnungen anbringen, sondern sie wollen die Bedeutung der Ordnung selbst grundsätzlich erneuern ... Damit wird der Revolutionär keineswegs heilig gesprochen ... Die Stärke des Konservativen, das, was ihn vom Revolutionär trennt, ist auch zugleich seine Schwäche."

Dieses Zitat, das in Asmussens Sicht von „Gesetz und Evangelium" verstanden werden muß, soll nur zeigen, wie er das Neue, das seit 1934 werden wollte, als das konkrete Leben der Menschen – eben das Leben der Polis – in das Reich Gottes einbeziehend verstanden wissen wollte.

Am 1. 11. 47 übergab Asmussen mir eine Stellungnahme als damals „vertraulich", in der das Thema „Christentum und Sozialismus" in 25 Thesen behandelt wird. Leider ist der Verfasser nicht bekannt. Es muß aber ein Deutscher in der englischen Emigration gewesen sein, der diese Thesen, mit denen Asmussen sich identifizierte, in dem Jahre niederschrieb, in dem Attlee und Bevan in England begannen, einen demokratischen Sozialismus auf dem Wege der „Nationalisierung" durchzusetzen, – also 1945. Er muß sich intensiv mit den Versuchen unseres Zeitalters beschäftigt haben, den Sozialismus politisch und organisatorisch zu verwirklichen: mit dem „gigantischen" Werk Lenins und Stalins, – mit den antimarxistischen Versuchen Mussolinis und Hitlers, wobei festgestellt wird: „Stalins Werk hat sich bisher siegreich behauptet, doch nicht ohne Hilfe der kapitalistischen Staaten. Die englischen Anfänge sind umstritten. Ob die Rückwirkungen desselben auf Deutschland mehr den militärischen Notwendigkeiten oder den Prinzipien des Labour-Party-Sozialismus zuzuschreiben sind, ist (1945) schwer zu beurteilen." Alle diese Beobachtungen haben den Verfasser zu der kritischen Stellung gebracht, die er in diesen 25 Thesen zur Diskussion stellt. Die entscheidende Frage scheint ihm diese zu sein:

„Kann es überhaupt eine Art von Sozialismus geben, der nicht an die Stelle der Dreiheit Unternehmer-Kapitalist-Leitender Angestellter eine *säkulare Hierarchie anonymer Ämter* setzt – eine Hierarchie, die zwangsläufig

a) eine höchste Spitze hat, die alles innerviert, und die zwangsläufig b) die persönliche Freiheit der Arbeiter, der Angestellten, der Bauern, der Pfarrer und Lehrer, der Gelehrten, der Künstler usw., welche rubrikweise ausnahmslos unter die zwei modernen Zwangsvorstellungen der „Arbeit" und des „Berufes" gebracht werden, aufhebt und, unter dem Schein der Versorgung, der Betreuung, der Sicherung des Lebens, die „Arbeiter" um die freie Selbstbestimmung, um das, was den Menschen zum Menschen und das Leben lebenswert macht, betrügt?"

Die Thesen sind unterteilt in die Abschnitte: A) Der Tatbestand zur Zeit Jesu (Thesen 1–5); B) Die versäumte Stunde (Thesen 6–11); C) Das Wesen des Sozialismus (Thesen 12–17); D) Rechtsordnung der Wirtschaft (Thesen 18–21); E) Christentum und Wirtschaftsordnung (Thesen 22–25). In Abschnitt „A" wird festgestellt:

„Obschon der Spartakus-Aufstand noch im Gedächtnis der Zeit war, obwohl die sozialen Fragen der Sklavenwirtschaft, der Steuerpächterei usw. die Zeit beunruhigten, hat Jesus nie in diese Dinge eingegriffen ... Jesus verstand unter „die Armen" nicht Proletarier als Klasse, sondern die Kindlichen, die Einfältigen, ... die ihr irdisches Dasein als Gottes Willen schlicht hinnehmen, die wohl seufzen ..., wenn gewalttätiges Unrecht sie drückt, die aber nicht mit Haß und Machtwillen antworten. Der menschlichen Hilflosigkeit verkündigte er die göttliche Hilfe. Er tröstete und heilte, *aber er ballte nicht das Elend zu einer politischen Macht unter seiner Führung* ... Jesu Gleichnis vom Lohn der Arbeiter im Weinberg zeugt von völliger Verständnislosigkeit für jede Art von Sozialismus. Jesus verkündigte das Hereinbrechen einer Welt, die keine Welt der Wirtschaft, der Politik, der Zivilisation, sondern „das Himmelreich" ist, in welchem nicht irdische, sondern auferweckte und verwandelte Menschen in Äonen leben ... Nirgends (auch bei Paulus und den anderen Aposteln) ein flammender Protest gegen die Sklaverei ... *Der marxistische Sozialismus ruht auf alttestamentlichem Grunde und ist dem Geist des Neuen Testaments völlig fremd ... Der Almosen-Sozialismus der Antike und des Mittelalters sowie der Kirchen von heute hat mit dem modernen Sozialismus nicht das Geringste zu tun.* Almosen sind Sache des Erbarmens, der Eleomosyne. *Der moderne Sozialismus ist Sache der Gesetzgebung und der Politik. Almosen sind Selbst-Hingabe, sich – selbst – arm oder wenigstens ärmer machen. Sozialismus ist Anspruch, Forderung, Nehmenwollen."*

In Abschnitt „B" heißt es u.a.: „Der Sozialismus erwartet seinen Sieg von der menschlichen Klugheit und der menschlichen Macht. Sein „Weg" ist „der Fortschritt". Das Christentum erwartet das Himmelreich von der Gnade Gottes und von der Macht Gottes ... Es ist keine „Entwicklung" der Erdenwelt zum Himmelreich, *wohl aber eine „Verwandlung" der Erdenwelt in das Himmelreich denkbar.* Das Himmelreich ist nicht das Ergebnis einer natürlichen Entwicklung, sondern *ein Wunder Gottes."*

In Abschnitt „C" geht der Verfasser zunächst mit der Wortbildung „Sozialismus" – als eines „Schwindelwortes" – ins Gericht, das – wie andere – „aus der Kloake der Literatensprache" entstammenden Propagandaworte wie „Nationalismus, Internationalismus" usw. ... – *„das eben durch seine verschwommene Unverständlichkeit geeignet ist, suggestiv zu wirken"*. Weiter stellt er fest: „Die soziale Einheit wird im östlichen Sozialismus „Kollektiv", im westlichen Sozialismus „Gruppe" (group) genannt. Beide Sozialismen fassen die Einheit als eine Vereinigung von einzelnen Menschen auf, die (östlich) durch den Leistungszweck oder (westlich) durch ein gleiches Interesse zusammengeschlossen werden. In Deutschland unterscheidet man (seit Tonnies) „Gesellschaft" und „Gemeinschaft": *Gesellschaft* ist eine *Zusammenfassung* von beliebigen Individuen unter einen Zweck oder ein Interesse; *Gemeinschaft* ist eine *Einheit* seelischer Art von bestimmten Individuen: Familie, Freundschaft, religiöse Gemeinschaft usw. *Die Gemeinschaft widerstrebt der Vergesellschaftung, die Gesellschaft zersetzt die Gemeinschaft.* ... Daher kann der bis zu Ende durchgeführte Sozialismus nichts anderes sein als der organisierte Individualismus: Familie, Freundschaft, Volk, Kultgemeinschaft werden zerrissen, damit die Individuen, jedes Zusammenhaltes beraubt (nicht nur des Zusammenlebens, sondern auch der Korrespondenz, der Nachrichten beraubt), allein dem übergeordneten Zweck oder dem Interesse dienen ... Der Zweck und das Interesse werden von den Führern des sozialistischen Apparates bestimmt. ... *Die Wirtschaft zu sozialisieren ist auf keine andere Weise möglich als so, daß man an die Stelle der Unternehmer Ämter setzt.* Ämter sind nur möglich als eine geordnete Amtshierarchie, da sonst der Kampf der Ämter untereinander ihre Funktionen hemmen würde. *Über einer Vielzahl von Ämtern bildet sich notwendig eine Ämterpyramide mit einem höchsten Amt ... So wird jeder Sozialismus, wenn er auch ideologisch die höchsten Ziele der Menschheit zu wollen meint, unvermeidlich zu einer Ämtertyrannei.* Gegen den Kapitalismus können sich die Ausgebeuteten durch Zusammenschluß in Verbänden (Gewerkschaften) und durch Streiks zur Wehr setzen. Gegen den amtlich durchorganisierten Sozialismus können sich die Organisierten gar nicht zur Wehr setzen. *An die Stelle des Klassenkampfes tritt der Klassengehorsam* ... Mit Christentum hat eine sozialistisch aufgebaute Welt ebensowenig zu tun wie andere Wirtschaftsformen."

In Absatz „D" wird zunächst kritisch die Entwicklung zum Kapitalismus untersucht. Der heutige Kapitalismus unterscheidet sich – vereinfacht ausgedrückt – von der vorkapitalistischen bürgerlichen Wirtschaft darin, daß an die Stelle des Aufstiegs vom Lehrling über den Gehilfen zum Meister es wohl einen „analogen, aber nicht wesensgleichen Aufstieg auf Grund persönlicher Leistungen gibt". Dieser Aufstieg führt aber nicht zur wirtschaftlichen Selbständigkeit, „sondern ist immer nur eine Stufe innerhalb des Werkes". Die nicht aufsteigende *Masse der Arbeiter ... ist also am Schicksal ihrer Arbeit nur negativ, nicht positiv interessiert. Hier ist die Entwicklung des Rechtes hinter der Entwicklung der Wirtschaft zurückgeblieben.* ... Statt einer erdachten „sozialistischen" Wirtschafts- und Lebensform ... *soll man das Wirtschaftsrecht fortbilden:* man soll Unternehmungen, die sich über das wirtschaftliche

Gewerbe hinaus entwickeln, unter ein *Recht der Arbeitsgemeinschaft* stellen, das eine rechtliche Mitverantwortlichkeit am Unternehmen und einen rechtlichen Mitgewinn am Gesamtertrag gewährleistet. Die *Lebensform* entwickelt sich aus dem *Leben: die Mammutwerke der sogenannten Massenwelt.* Die *Rechtsform* aber, welche die Gerechtigkeit in dem sonst rechtlosen Lebensvorgang wahrt, ist aus der *Rechtsvernunft* zu setzen. Eine Wirtschaftsform „entwickelt" sich (ein medialer Vorgang), aber das Recht wird von Menschen „gesetzt". Das „Recht" gibt dem Vorgang die *ethische Form.*

In Absatz „E" geht der Verfasser zunächst vom Grundproblem „Gesetz und Evangelium" aus, das wir nachstehend behandeln werden: „Gerechtigkeit der Menschen untereinander nach *Menschenart* ist auch *Forderung* Gottes als des Schöpfers. *Aber es bleibt die Spannung zwischen Gott und Mensch: der gerechte Mensch ist als Gerechter noch nicht gerecht vor Gott, und Gottes Gerechtigkeit erscheint dem menschlichen Urteil oft als Ungerechtigkeit. So kann auch der Ausgebeutete und Versklavte auf Erden sehr wohl ein Synergos theou (Mitarbeiter Gottes) und ein Synkleronomos (Miterbe Christi) sein.*

Die gerechte Wirtschaftsordnung kann also nicht das Himmelreich auf Erden sein; sie ist nur, was sie ist: gerecht. Das Himmelreich kann kein Erdenreich werden, weil das Irdische nur ein Grenzgebiet des Himmels, und zwar ein verderbtes, ist, nämlich: *gefallene Schöpfung.*

Die Ungerechtigkeit der Menschen kann aber Gerechtigkeit Gottes sein, so daß der Unrecht Leidende der Selige ist . . . Man darf also die gerechte Wirtschaftsordnung nur im Namen der *irdischen* Gerechtigkeit, *nicht im Namen Jesu Christi* fordern, zumal man dadurch leicht in die Gefahr gerät, die Gerechtigkeit zur politischen Propaganda, das ist: zur Lüge – zu entwürdigen und im Namen Gottes zu mißbrauchen . . . Besitz ist ebenso wie Armut *Versuchung* (Matth. 4). . . . Besitz und Armut werden dem Christen nicht zu *Mächten,* sondern zu *Aufgaben.* . . . Ein von *Christen* entworfenes und durchgeführtes *Wirtschaftsrecht* als Rechtsordnung der großen Unternehmungen in der technisierten Massenwelt (Werkerwelt) kann nicht jener unmenschlichen und lieblosen Härte verfallen, die zu vermeiden der von *Ideologen* erdachte und politisch erzwungene Sozialismus als Lebensordnung *unserer gesamten menschlichen Existenz nicht im Stande ist.* . . . Das Christentum des Heiligen Geistes, und freilich nur dieses, ist die einzige „*Macht*" (dynamis), die den Abglanz der „*Herrlichkeit Gottes*" (doxa tou theou) auch über das Leben der täglichen Arbeit und des täglichen Brotes ausbreitet und es von der *grausamen Härte der „Natur"* zu reinigen vermag. . . . Die seelischen Surrogate des technisierten und industrialisierten Massenvergnügens (Film, Rundfunk usw.) sind nur *Apparat,* der an das nothafte Dasein *bindet:* listige Mittel der Versklavung, Opium für die betrogene Masse, Aufpulverung der Instinkte mit nachfolgender Abstumpfung und Verhärtung, Massendegeneration . . . Kapitalismus und Sozialismus sind zwei Arten der Sklaverei, entstanden in einer christusfremden, naturanbetenden Welt. *Beide* haben ihren Grund in feurigen Maschinen und eiskalten Herzen . . ."[7]

Diese Studie ist, wie gesagt, 1945 entstanden, – von erstaunlicher Aktualität bis in unsere Tage hinein! Sie ist mir von Asmussen 3 Monate nach Erscheinen des *„Darmstädter Wortes"* des Reichsbruderrates im November 1947 übergeben worden. Ich wiederhole den oben schon zitierten wichtigen 5. Absatz dieses Darmstädter Wortes, mit welchem – im Unterschied zum „Stuttgarter Schuldbekenntnis" – die politische Schuld der Deutschen ausgesprochen wird: „Wir sind in die Irre gegangen, als wir übersahen, *daß der ökonomische Materialismus der marxistischen Lehre* die Kirche an den Auftrag und die Verheißung der Gemeinde *für das Leben und Zusammenleben der Menschen im Diesseits hätte gemahnen müssen"*.

„Das Leben und Zusammenleben der Menschen": das ist, was unter dem Namen „Polis" gefaßt und gestaltet werden sollte: so als Staatspolitik, Wirtschaftspolitik, Kulturpolitik.

Asmussen sah seit 1936, daß Barth als Bezugsrahmen, welcher Grundsätzliches, Strukturelles, Methodisches und Verpflichtendes für das „Leben und Zusammenleben" bestimmt, die theologische Zuordnung von „Evangelium und Gesetz" – und nicht, wie Luther, von „Gesetz und Evangelium" vertrat. Asmussen sah seit dieser Zeit, daß diese theologische Vorschaltung im Augenblick des Zusammenbruchs des Dritten Reiches zu schwersten Gegensätzlichkeiten führen mußte.

Um Asmussen hier zu verstehen – und so: um alles zu verstehen, was in diesem Buch von Asmussens Wirken bezeugt wird –, lassen wir ihn in einigen Zitaten aus seinem „Galaterbrief" zu Worte kommen, – dem 1935 erschienenen und *Karl Barth gewidmeten Buch,* mit dem er den Freund aufrufen wollte, rechtzeitig *mit ihm* das für Kirche und Welt entscheidende Problem „Gesetz und Evangelium" zu klären. In der Deutung von Gal. 3,10–14 sagt er zunächst, daß Gott zwei Wege zum Heil vorlegt: den Weg des Gesetzes Gottes – und den Weg des Evangeliums Gottes.

„Es gibt also zwei Wege zum Heil. Nur ist der eine ungangbar. Denn niemand hat die Kraft, ihn zu beschreiten. Es ist darum wohl verständlich, wenn die tiefsten christlichen Denker in den verschiedensten Formen *von dem doppelten Willen Gottes* gesprochen haben. Es ist das Bekenntnis zur Unergründlichkeit der göttlichen Majestät, wenn man die verschiedenen, aus der Schrift gewonnenen Erkenntnisse *unvermittelt nebeneinander* stehen läßt. Zwar wird damit der die Welt und ihre Menschen bedrückende Gegensatz in Gott hineinverlegt. Aber eben das ist offenbar schriftgemäß. Es ist derselbe Gott, der spricht: „Der Gerechte wird seines Glaubens leben", und der uns anweist: „Wer das tut, wird dadurch leben". Das Leben aus Tun und das Leben aus Glauben kann sich beides, allerdings mit verschiedenem Recht, auf göttliches Wort berufen. Es verhält sich damit ebenso wie mit dem Leben überhaupt: Der Gott, der unser Leben will, ist derselbe Gott, der unseren Tod will. Das ist die „Dialektik" Gottes: Es ist sein „Ja" und „Nein" zu dem Geschaffenen. Daß wir so reden müssen, ist teils Ausdruck unseres verfinsterten Verstandes. Wir sind Gott so fern, daß alles, was von uns über ihn gesagt wird, widersinnig erscheint. Sind wir soweit, daß wir ohne Widersinn von Gott reden können, dann haben wir Gott schon vermenschlicht. Aber es ist doch mehr als Ausdruck unserer Finsternis: Denn die Schrift redet so. Es ist, soweit die Schrift so spricht, Bekenntnis zum Vater *und* zum Sohn. Es ist Bekenntnis zur Pluralität des Einen Gottes. Es ist Verkündigung von Gesetz *und* Evangelium. Es ist Ausdruck des *Glaubens, daß der zürnende Gott Erlöser ist.* ... „Christus wird ein Fluch für uns." Der Sohn des Vaters, Gott von Ewigkeit, wird von Gott selbst zurückgestoßen ... Es kann kein Zweifel bestehen, daß die Schrift das Wesentliche am Ereignis des Kreuzes *in einem innergöttlichen Vorgang* erblickt ... Die Botschaft von Gesetz und Evangelium redet von Gott in widersprechender Weise. *Sagt man sie so, daß für Menschenaugen diese widersprechenden Aussagen durch irgendeine Synthese vereint werden, entleert man* die Botschaft von Gesetz und Evangelium –" (S. 111/112).

Die Gefahr der „Synthese" – der simplen Auflösung des Widerspruchs in Gott – erzeugt die „terribles simplificateurs", die in unseren Tagen ausgewogenes politischen Handeln verunmöglichen. Asmussen stellt sie im „Galaterbrief" so vor:

„(Bei diesen) wird die kirchliche Predigt vorgestellt als an die natürliche Ordnung anknüpfend und diese überhöhend. Es wird mit Leidenschaft versucht, die im Raum der gefallenen Welt geschehenen Taten Gottes *auf einer Ebene zu verstehen mit seinem erlösenden Handeln.* Der sich selbst widerstreitende Gott ist ihnen unbekannt. Das „Gottgewollte" wird *unzweideutig* und *normativ* verstanden ... Dabei muß folgerichtig das Verhältnis der Kirche zur Welt *unter dem Gesichtspunkt der Verständigung* geschaut werden. Denn folgerichtig wird die Welt *nicht als Feindin des erlösenden Gottes, auch nicht als die das Gesetz Gottes mißverstehende* verstanden, sondern man sieht in gewissen Regungen der Welt Verständnis für das Gesetz und Bereitschaft zum Glauben an den erlösenden Gott. „Wenn ihr die Erlösung nur richtig nahegebracht wird, wird *diese* Welt mit beiden Händen zugreifen.[8] Erst durch das Kreuz kommt der Segen zu den Menschen. Erst so setzt die christliche Bewegung sich durch. *Gott schaltet nicht einfach um von Zorn auf Gnade.* So schalten auch die Menschen nicht einfach um von Gottesfeindschaft zu Gottesfreundschaft. Gottes Zorn über die Menschen und des Menschen Feindschaft gegen Gott sind Krater, die ausbrennen wollen. *Der Krater des Zornes Gottes ist ausgebrannt im Todesleiden Christi. Die Gottesfeindschaft des Menschen brennt aus, wenn die Welt die Knechte Gottes schmählich erledigt* ... Die trinitarische Botschaft ist Lehre, soweit sie Zeugnis von Gesetz und Evangelium ist. Aber da sie trinitarische und nicht nur dialektische Botschaft ist, ist dafür gesorgt, daß die trinitarische Botschaft nicht in erlernbare Lehre aufzulösen ist. ... Daß es *mir* gilt . . ., muß man dem Heiligen Geist überlassen . . . Das Wort kann nicht von Gott gelöst werden" (S. 113–115).

Eine im orthodoxen Luthertum unreflektiert festgehaltene „Auflösung in erlernbare Lehre" sah Asmussen in der Formel für die christliche Existenz in der Welt: Der Christ sei gleichzeitig gerecht und Sünder – „simul iustus simul peccator". Gewiß: Luther hat diese Formel angesetzt gegen jede Art von Selbstgerechtigkeit. Aber ein Christ, der politische Verantwortung übernommen hat und dem für sein politisches Handeln nur ein Instrumentarium mit der Möglichkeit von Kompromissen und Irrtümern und Fehlern zur Verfügung steht, darf durch das „simul peccator" nicht verunsichert werden in seiner Freiheit, Entscheidungen, die gerade so um der Sache und um der Situation willen notwendig sind, zu treffen. Man denke nur an die einsamen Entscheidungen, die einem Richter täglich abverlangt werden! Oder man denke an einen Christen, der zum Einsatzkommando der Polizei im Frankfurter Bahnhofsviertel gehört! Asmussen hat diese Frage in seinem Kommentar zum „Römerbrief"[9] in der Auslegung von 5,12–21 behandelt.

„Adam (simul peccator) und Christus (simul iustus) stellen in ihrer Bedeutung für die Menschheit wohl Parallelen dar, aber nicht gleichwertige Parallelen . . . Ein Dualismus entsteht so doch nicht . . . Der Sieg des zweiten Adam (Christus) über den ersten (Adam) . . . ist ein Sieg, den Gott die Menschheit über sich selbst erfechten läßt, da sich mit ihr Gott verbunden hat." (S. 124)

„Gott läßt die Menschheit den Sieg über sich selbst (peccator) erfechten": in dieser Ermöglichung eigenen Handelns innerhalb der gefallenen Welt als „iusti", als „Gerechte", siedelt Asmussen an, was christliche Politik ermöglicht:

„Es kann darum niemand die gute Botschaft unseres Abschnittes glauben, der an der irdischen Sendung der Christenheit irre geworden ist. So gewiß Adam durch seinen Ungehorsam die Welt in Unordnung gebracht hat, viel gewisser – „so gewiß" ist zu wenig gesagt – hat Christus Kräfte der Ordnung und der Befreiung in die Menschheit gebracht und hier zur Auslösung gebracht. Es ist unmöglich, dem Marxismus gegenüber vom bösen Gewissen geplagt zu werden [wie im „Darmstädter Wort" des Reichsbruderrates unter lebhafter Zustimmung von Karl Barth], wenn man weiß, welche Segensströme vom zweiten Adam her in die Welt geflossen sind [Asmussen sah den Verfasser der vorstehenden Studie „Christentum und Sozialismus" als einen Mann an, der das auf die konkrete moderne Welt in Politik und Wirtschaft angewendet hat]. Denn diese Segensströme muß man schon leugnen, wenn man auf einen neuen Äon hin Politik zu machen vorgibt. Diese Welt aber hat uns bis zum Jüngsten Tage nichts Besseres zu bieten – was grundsätzlich besser wäre – als die Kräfte, welche die Gnade und die Gabe des zweiten Adam nicht nur für jenes, sondern auch für dieses Leben auslösen. Sorgen wir also dafür, daß diese Kräfte zur Geltung kommen, daß sie nicht paralysiert werden, daß sie vielmehr sowohl die Bosheit wie erst recht die guten Werke wirksam werden lassen" (S. 129).

Daher die Leidenschaft Asmussens, dem Protestantismus zur Kirchwerdung zu helfen, da nur so dem Christen in politischer Verantwortung der Rücken freigemacht werden kann. Ein Rückfall im Selbstverständnis des Protestantismus in die Normen und Grundsätze vor 1933 wird *zwangsläufig* zum Nährboden für Mikrobenkulturen politischer und wirtschaftlicher Ideologien!

Asmussen schließt diesen Absatz im Römerbriefkommentar mit der Feststellung: (Die Bemühung, daß in der Kirche die Kräfte Christi zur Geltung kommen und daß sie sowohl die Bosheit wie erst recht die guten Werke wirksam werden lassen) *„das hieße nämlich christliche Politik"* (S. 129).

Wir fragten nach dem Bezugsrahmen, der den Inhalt, die Möglichkeiten und die Methoden für das Handeln eines Christen in politischer Verantwortung formt und bestimmt. Wir gingen aus von den Begriffen „Polis", „Eschaton" und „Apokalypsis". Nach der Untersuchung der antichristlichen Beantwortung der mit diesen drei Begriffen angesprochenen Probleme in den pseudoreligiösen Weltanschauungen idealistischer Sozialismen wiesen wir darauf hin, daß sich mitten im Höllenbrand der Diktatur Männer und Frauen der Bekennenden Kirche in den verschiedenen geheimen Kreisen und Arbeitsgemeinschaften vorbereitet haben, wie beim Zusammenbruch grundsätzlich – d.h. theologisch – und praktisch Politik und Wirtschaft zu gestalten und darin Verantwortung zu übernehmen sei. Sie taten es alle in kritischer Abkehr von den von Bischof Wurm in Treysa angeprangerten Sünden des Protestantismus in seiner politischen Abstinenz. *Sie waren sich dessen bewußt, daß es um Neuland ging.* Dafür – das versuchten wir weiter zu zeigen – bot Asmussen als theologische Grundlage und unabdingbare Bedingung für den anwendbaren Bezugsrahmen die Deutung des Zusammenhangs „Gesetz und Evangelium" an.

Was daraus folgt für „anwendbare christliche Politik", hat er in vielen Veröffentlichungen – eigentlich von Anfang an, aber seit 1945 breiter entfaltet – dargestellt. Ich nenne davon sein Buch „Über die Macht",

„Krieg und Frieden"[10] und „Der Christ in der politischen Verantwortung".[11]

Der Christ in der politischen Verantwortung

Letztere Studie ist besonders geeignet, der Aufgabe, der ich mich mit meinem Buch gewidmet habe, eine Art Zusammenfassung zu geben.

Asmussen nennt als Ausgangspunkt seines Büchleins:

„Die folgenden Blätter machen den Versuch aufzuzeigen, wo in unserem *Glauben* der Ort für die Politik ist. Damit soll der Weg geöffnet werden für das christliche Handeln in der Politik. ... Das christliche Handeln ist ebenso wie die christliche Gesinnung ... ein Abgeleitetes. *Es ist ein Irrtum, wenn man glaubt, unsere Gesinnung und unser Handeln seien der Anfang unserer christlichen Existenz.* Meist wird das so vorgestellt, als beginne es mit des Menschen Gesinnung und mit seinem Handeln, als folge daraus seine Gläubigkeit ... Der Weg, den wir gehen müssen, ist in umgekehrter Richtung beschreitbar. *Richtig verstanden hat der Inhalt unseres Glaubens eine solche Macht, daß er die Gläubigkeit, die Gesinnung und das Handeln in sich schließt ...*" (S. 5) ... „Nach dem Neuanfang von 1945 war es vor allem die CDU, welche sich selbst und andere zwang, sich mit diesem Gegenstand zu befassen. Die CDU wäre nicht blamiert, wenn sich herausstellen sollte, daß sie erst langsam lernen muß, was eigentlich das C in ihrem Namen bedeuten kann und soll ... Je mehr die SPD ... Beziehungen zu ... den Kirchen erstrebte ..., desto akuter mußte die Frage werden, worin denn eigentlich noch der „christliche" Unterschied zwischen der CDU und SPD bestand ... Man kann *nicht* mehr zurückkehren zu der *Grundposition des Bismarckschen Zeitalters,* welches Christentum und Politik in einer wurzelhaften Entfernung voneinander sah ... *Aber* auch jeder Versuch, die Politik ... *in den Dienst der Kirche stellen zu wollen, wie die Bemühungen des alten Zentrums verstanden werden mußten, muß als undurchführbar gelten.* In Deutschland sind Wünsche dieser Art merkwürdigerweise am häufigsten bei den *Barthianern* anzutreffen. Mögen sie auch noch so sehr gegen jede Klerikalisierung Sturm laufen. Sie sind von allen politischen Menschen *diejenigen, welche im heutigen Deutschland Bonifaz VIII. am ähnlichsten sind. Sie behalten sich das Gericht über jede politische Bemühung „aus Gottes Wort" vor.* Das verstehen sie aber ebensowenig wie Bonifaz VIII. als ein *Wechselgespräch* zwischen den politischen und den kirchlichen Kräften, sondern als höchst *einseitige* Bannflüche oder Segenssprüche [Das eben ist die Folge der Umdrehung von „Gesetz und Evangelium" in „Evangelium und Gesetz"]. Die Einführung des Christlichen in die Politik muß *nach allem, was wir erlebt haben,* notwendig ein *Zwiegespräch* zwischen den kirchlichen und politischen Kräften sein. *Und das wäre etwas Neues!*"

Wieder muß erinnert werden an die Rede von *Bischof Wurm* in Treysa. Wie auch immer die eingangs wiedergegebene Kundgebung „Ein Wort zur Verantwortung der Kirche für das öffentliche Leben (Kirchenkonferenz von Treysa)" anzusehen ist: *inhaltlich* entspricht sie der Rede Wurms. Das „Neue" im Verständnis des politischen Handelns der Christen hat *problemlos* evangelische Männer und Frauen die Verantwortung bei der Bildung der „neuen" Partei CDU übernehmen lassen. Es muß als politische Diffamierung gewertet werden, wenn Karl Barth in seinem *Wipkinger Vortrag* vom Okt. 45 ausführt: „Was soll man davon halten, daß sich die kirchlichen Protestanten nun vielfach mit dem ehemaligen katholischen Zentrum den beiden (!s. o.) Linksparteien gegenüber zu einem „christlich demokratischen" Block zusammenschließen? Wird die evangelische Kirche Realismus genug aufbringen, um die Bedenklichkeit, um nicht zu sagen *den Trug* einer solchen Gruppenbildung zu durchschauen? ... Ich sah mich mit Erstaunen vor der Tatsache einer Art Bewegung, die dort in den letzten 10 Jahren (1945 gesagt, also ab 1935!) offenbar mächtig um sich gegriffen hat. Daß sie das Feld behaupten und beherrschen wird, denke ich freilich nicht. Es handelt sich nach meinem Eindruck wesentlich um eine klerikale [damit sind Asmussen und Meiser gemeint] Angelegenheit, hinter die vorläufig nur Bruchteile der Gemeinden sich zu stellen willens sind".

Ich gekomme zurück auf Asmussens Feststellung, daß das nach 1945 offen geführte Zwiegespräch zwischen kirchlichen und politischen Kräften über die „Einführung des Christlichen in die Politik" *etwas Neues war*. Im Verborgenen hat dieses Zwiegespräch in den verschiedenen, oben aufgezählten Kreisen viel früher begonnen.

Asmussen führt weiter aus:

„... daß das Christliche in der Politik möglichst wenig personalistisch verstanden werden darf. Wenn die CDU sich „christlich" heißt, so wäre das eine unerträgliche Überheblichkeit, wenn damit eine Aussage gemacht werden sollte, welche die Personen charakterisiert, die in der CDU tätig sind. Das könnte dann nur so verstanden werden, als sollte gesagt werden: Die Christen trifft man bei uns an! [Gerade das ist in der Treysaer „Kundgebung" unmißverständlich abgewehrt] ... Dennoch darf das personalistische Element nicht ganz übersehen werden ... Eine Partei, welche Abgeordnete in ihren Reihen duldet, welche keiner christlichen Gemeinschaft angehören, ist sicher weniger christlich als andere, welche es darin anders halten. Es ist z. B. bei der bekannten Formulierung der SPD, sie wolle „die Partnerin" der Kirchen sein, nicht überzeugend, daß es sie durchaus nicht stört, wenn ein beachtlicher Prozentsatz ihrer Abgeordneten aus der Kirche ausgetreten ist" (S. 8) ... „Sicher ist politisches Handeln häufig mit den Regeln der Redlichkeit nicht in Einklang zu bringen. Jedoch hat das meist seinen Grund darin, *daß alle Politik auf den Kompromiß angewiesen ist.* Der Kompromiß aber hat notwendig die

Eigenschaft, daß er dem einen als Halbwahrheit erscheint, dem anderen aber schlechthin als Unwahrheit".

Da „die Christlichkeit der Politik" nicht nach dem „christlichen Charakter einer Handlung eingeschätzt werden" darf, deutet der Pragmatiker Asmussen mit dem Wort vom unausweichlichen Kompromiß die harten Realitäten im politischen Alltag, – vor allem im Alltag einer politischen Partei in der modernen Demokratie an. Er wußte, daß die von der Kirche in die Politik „entlassenen" Glieder sich nun im kalten Wasser freischwimmen müssen. Die Kunst des Schwimmens muß nach Regeln erfolgen, die allgemein in der Demokratie üblich und notwendig sind. Die Christen in politischer Verantwortung müssen erfahren, daß

> „christliche Gesinnung und christliches Handeln keineswegs in jedem Fall qualifiziert wird durch gesteigerte Sittlichkeit. Christliche Gesinnung und christliches Handeln sind vielmehr für sich betrachtet gar nichts anderes als eine Form von Moralität, wie sie bei allen höherstehenden Menschen gefunden werden kann".

Die Männer und Frauen des politischen Widerstands bekannten sich als Christen zu der Notwendigkeit, Hitler – und mit ihm gegebenenfalls andere – töten zu müssen, um politische Brutalität zu beenden. Selbst Barth und Lieb sprechen in dem Buch „Rußland unterwegs" – wie oben dargestellt – von der Befreiung Europas „durch die Rote Armee", wobei Amerikaner und Engländer „Helfer" (!) gewesen seien. Und noch 1947 ließ Karl Barth sich in Uniform und mit Gewehr fotografieren, – Gewehr, das nur Sinn hat, wenn man damit totschießen kann! Wenn nun, wofür Gott nicht genug zu danken ist, wir in einem Staat leben dürfen, der über 40 Jahre lang solche schwersten und härtesten politischen Entscheidungen den Verantwortlichen nicht mehr abfordert, so ist doch der Alltag, wie wir darstellten, eines Christen z. B. als Richter oder als Einsatzpolizist an den Zwiespalt gefesselt, daß *ein kleineres Übel gewagt werden muß, um ein größeres zu verhindern*. Schon in den Vorlesungen der Kirchlichen Hochschule der BK in den 30er Jahren wurde von allen Dozenten, auch den reformierten, als die einfachste Formel für die christliche Lehre von der Aufgabe des Staates dies gelehrt: seine Aufgabe sei es, mit kleineren Übeln größere Übel zu verhindern.

Um die politische Existenz im christlichen Glauben zu fundieren, stellt Asmussen in drei großen Abschnitten den christlichen Glauben dar und flicht, indem er die Erkenntnisse aktualisiert, das ein, was sich an Maximen daraus ergibt:

1. *Der Glaube an Gott den Vater* (S. 11 ff.)

Er geht aus von der Gottesebenbildlichkeit des Menschen. „Ding und Mensch sind heute und hier nicht notwendig. Sie sind da und sind so da, weil Gott sie geschaffen hat ... Die Ereignisse laufen nicht wie ein Uhrwerk ab. Hinter jeder „Entwicklung" und hinter jeder Menschentat steht ein höchstlebendiger Gott ... Dem christlichen Glauben muß als gewiß gelten, daß der Mensch nach Gottes Willen die Erde mit Menschen füllen und sie sich untertan machen soll. Das verleiht der Geschichte das Gesicht des Fortschritts, an dem wesentliche Züge bleiben, *obschon* der Kosmos durch die Sünde entstellt ist ... Jene Theologen, die mit Lukas und Paulus (in der Bejahung der Schöpfung Gottes in Ap. Gesch. 17,26–28) im Streit liegen, sind nicht umsonst die gleichen, welche sehr leicht dem Kommunismus positive Züge abgewinnen. Für den Kommunismus ist es ja charakteristisch, daß er den Kosmos und die Menschheitsgeschichte frei von Gott nimmt ... *Es ist offenbar nicht ausreichend untersucht, ob die Heil-losigkeit der Welt zugleich auch Gottlosigkeit ist* ... Wenn man das Heil von der Schöpfung trennt ..., wird man auf diese Weise frei, die geschaffenen Dinge ebenso zu behandeln wie ein Atheist, der sie auch ohne Gott nimmt ... Gottes schaffende Hand hat nicht für Rußland mit der Revolution von 1917 aufgehört zu schaffen ... Und der Prophet Amos spricht (3,6): „Ist auch ein Unglück in der Stadt, das der Herr nicht tut?" [Dem roten Reiter in Offenbarung 6,4 „ward gegeben (!), den Frieden zu nehmen von der Erde". Wie hilfreich für die Situationen, in denen der Politiker entscheiden muß, ist Asmussens Feststellung im Galaterbrief im Zusammenhang von „Gesetz und Evangelium", daß der Widerspruch in Gott zu suchen ist, der über die Sünde zürnt, – zürnen *muß*, und der „die Welt im Kreuzestod des Herrn mit sich selbst versöhnt"!] „Es liegt nämlich auf jedem, der Gott fürchtet, die zwingende *Ehrfurcht vor allem Geschaffenen. ... Das ist ein sehr wichtiger politischer Gesichtspunkt* ... Es folgt, daß es zulässig ist, wenn Christen im politischen Leben von allen Menschen bestimmte Taten und Haltungen verlangen, obschon sie wissen, daß eben diese Ansprüche auch an Nichtchristen gestellt werden ... Das führt zu einer Überlegung über die *Macht*, ohne welche politisches Wollen nicht möglich ist ... Es ist *üblich* geworden, die *Macht zu diskriminieren, als sei sie etwas im Grunde Unchristliches* ... Machtentsagung ... stellt immer den Ausnahmefall dar. *Der Normalfall* ist darin zu sehen, daß auch im politischen Leben der *Mensch als das Bild Gottes die Herrlichkeit der Macht darzustellen hat.* Er tut es auch dadurch, daß er in bestimmten, dem Politiker gesetzten Grenzen die Bürger zum „Guten" *zwingt.* Auch hier handelt es sich nicht um das „Gute", welches aus Glauben getan wird, sondern um jenes Gute, das *alle* Menschen tun können und sollen. Soweit der Politiker das erreicht, richtet er Gottes Bild auf Erden auf, handelnd in der Bildhaftigkeit, welche das Abbild der göttlichen Macht mit sich bringt. *Meistens wird der Fehler gemacht, „Macht" nur als „Gewalt" mißzuverstehen.* Hier soll „Macht" verstanden werden als jede Form von Vermögen, welche uns befähigt, kraftvoll Einfluß auszuüben. *Die vollkommenste Form der „Macht" in diesem Sinne ist das Wort.* Aber der körperliche Zwang ist als Randerscheinung auch nicht ausgeschlossen. Jedoch muß man nüchtern sehen, daß der körperliche Zwang nicht nur von Polizei und Militär ausgeübt wird. *Auch die Rechtsprechung ist ohne Zwang nicht zu denken. Alles dessen muß sich der Politiker nicht schämen.* Macht, und in ihrem Gefolge der Zwang, sind nicht an sich gottwidrig. Freilich muß der Politiker *ermessend* entscheiden, welche Mittel er anzuwenden gedenkt. Wenn der Bürger *freiwillig* dessen Willen tut, der ihn regiert, dann hat er einen guten Regenten. Sonst muß er durch die Gewalt in ihren verschiedenen Formen dazu gebracht werden ..." (S. 17–19). Für diese Art Erkenntnis des „Guten" zitiert Asmussen Röm. 1,19 und 2,14 und fährt fort: „Daraus folgt, daß es durchaus im Sinne des Neuen Testaments ist, in gewissen Grenzen mit Nicht-Christen zusammenzuarbeiten, da diesen wesentliche Normen des göttlichen Gebotes bekannt sein können ... Diese Normen können von der Sünde überdeckt, aber nicht ausgelöscht werden. Das ist klare Lehre der Bibel, an der zu rütteln sich für einen Theologen nicht ziemt ... Wir haben den jeweils gestellten Aufgaben gerecht zu werden. Auch ist zu sagen, daß es im Wesen der Schöpfung liegt, daß sie unserer Freiheit einen nicht geringen Spielraum läßt. Darüber (sc. iustitia civilis) wird in Art. 18 der Augsburgischen Konfession deutlich geredet ... Es gibt keine Kirche, welche den Determinismus in den Bestand der verbindlichen Lehren aufgenommen hätte. An erster Stelle wird man die Überzeugung nennen müsen, daß unter allen irdischen Werten *der Mensch* für die Politik *der höchste Wert* ist ... Einseitig auf das körperliche Wohl ausgerichtet ... *das ist die Gefahr aller bisher bekannt gewordenen Formen des Sozialismus.* Der christliche Schöpfungsglaube fordert ..., daß die Geistigkeit des Menschen seiner Körperlichkeit vorgeordnet wird ... Die politische Bemühung muß darauf aus sein, dem einzelnen den Platz freizuhalten, dessen er zur Entfaltung seiner selbst bedarf. ... In unseren Tagen (ist) die Gefahr einer Zerstörung der menschlichen Einzelheit größer ... als die Verachtung der gemeinschaftlichen Bindung. Je mehr uns die Zivilisation gepackt hat, desto weniger Fluchtmöglichkeiten vor den anderen Menschen sind noch gegeben. Die westliche Welt aber ist die Welt der Zivilisation!" (S. 22–23).

Lohn für Leistung: „Dieser Zustand ist sehr gesund" ... im Vergleich zu einem System, „in welchem statt des Lohnes in kommunistischer Weise ein Unterhalt bezahlt wird, der an das Maß der Leistung nicht gebunden ist ... Die bürgerliche Freiheit ... setzt ... das private Eigentum voraus ... Der christliche Politiker wird sich immer darum bemühen, daß das Recht unantastbar und seine Handhabung frei ist. Denn das Recht muß über der Raison sein ... Indem es „gesprochen" wird, geschieht das Recht ... *Der christliche Politiker bemüht sich darum, daß der Staat ein Rechtsstaat in diesem Sinne ist.* Auch insofern hat die Demokratie vor vielen anderen Staatsformen unleugbare Vorzüge. Sie gibt nämlich dem Worte die größte Chance. ... Sie ist die Staatsform, *in welcher man sprechen kann und darf* ... wie keine andere Staatsform gibt sie die Möglichkeit der Widerrede (dies trotz der fraglos auch hier möglichen Gefahren). *Am Worte und seiner Verwendung im politischen Leben hängt auch in weitem Maße der rechte Gebrauch der Macht.* ... Der Politiker muß sorgfältig darauf achten, daß das Gleichgewicht allezeit hergestellt ist ... Die Schöpfung in der sündigen Welt liegt in einem Zwielicht" (S. 24–26). Asmussen faßt den ersten Abschnitt wie folgt zusammen: „Das Credo von der Schöpfung verlangt beides, die Anpassung an das, was vorgefunden wird, und daraus folgend die Ehrfurcht vor dem Geschaffenen – aber ebenso die Ausnutzung der in eben dieser Schöpfung gegebenen Möglichkeiten; denn jede Möglichkeit ist eine Verpflichtung sowohl zur Prüfung wie auch zur Besserung" (S. 26).

2. *Der Glaube an Gott den Sohn*

Dieser Abschnitt wendet an, was in den beiden Kapiteln über den Zusammenhang von „Heil und Wohl" und „Sichtbare und unsichtbare Kirche" ausführlich in diesem Buch behandelt worden ist. Immer wieder weist Asmussen darauf hin, daß *bei Aushöhlung der Kirche „kirchliche Kräfte sich auf das politische Gebiet stürzen, um dort die Beschäftigung zu finden, die ihnen auf kirchlichem Gebiet abhanden gekommen ist"* (S. 28). ... Die Vergebung der Sünden, die Auferstehung von den Toten und überhaupt der Empfang der Gnade sind nicht Gegenstand politischer Bemühung ... Indem die Kirchen das Außerordentliche betreiben, setzen sie dem politischen Streben eine Grenze ... Der Politiker kann nämlich (auch) letzte Werte anstreben. Das hat Hitler im Auge gehabt, und das meinen auch die Kommunisten ... *Etwas politisch wollen heißt mit Notwendigkeit etwas Vorläufiges wollen"*.

Asmussens Formulierung nimmt fast wörtlich auf, was wir oben [S. 282] als Zitat von Hermann Ehlers wiedergaben. Dies ist die Bedingung „für menschlichen Fortschritt und für menschliche Freiheit". Asmussen kommt damit zu einer für die Zeit der technologischen Revolution und der Raumfahrt überaus wichtigen Freigabe der Forschung:

„Wer sagt denn, daß nicht etwas ganz Neues auftauchen wird, von dem heute noch niemand eine Ahnung hat? Fortschritt und Freiheit aber werden in Frage gestellt, wenn es staatlich verboten wird, nach Wegen der Menschheit zu suchen, die bisher noch niemand beschritten hat ... *Deshalb ist das Gemeinwesen glücklich zu preisen, in dem eine Kirche in jedem Augenblick und bereits durch ihr Dasein [sichtbare Kirche!] die politische Bemühung in die Vorläufigkeit verweist" (S. 30).* Jesus Christus ist in der Fülle der Zeit Mensch geworden, auf dieser Erde, innerhalb ihrer Geschichte und doch völlig anderer Art. Aus diesem Grunde „ist mit einer christlichen Geschichte zu rechnen, die sich dem sonst üblichen Zugriff entzieht". Hier schon weist er hin auf die Heiligen, von denen im dritten Abschnitt vom Heiligen Geist zu reden sein wird.

Dann „erinnert" er „an den auffälligen Zug zur *Einheit*, der das Neue Testament *wie aber auch sehr sichtbar unsere Gegenwart beherrscht* ... die Tatsache ..., daß der Zug zur einheitlichen Weltregierung in wenigen, sich widersprechenden Formen die große Politik beherrscht ... Der Mensch gleicht sich einem Lebensstil an, der ihm bisher fremd war ... So nähert sich das Empfinden aller Menschen einer

Einheitsmarke ... *Auch die Ethik der Menschen wird gleichförmig, schon deshalb, weil alte ethische Maßstäbe in Fortfall geraten.* Ja, es gibt weithin überhaupt keine ethischen Maßstäbe mehr, sofern man darunter verbindliche Gebote versteht. *Das ist sicher ein großer Schade.* ... Vergangene Jahrhunderte verstanden sich auch auf das Laster! Was anders geworden ist, ist die gemeinsame Einstimmung und Möglichkeit, Massen gleich und schnell zu beeinflussen. Jedoch darf man auch nicht übersehen, daß die Möglichkeit zum Guten gesteigert worden ist. *Der Wille zum Helfen dürfte auf der Erde noch nie so weit verbreitet gewesen sein.* Es treten die Gegensätze immer deutlicher auseinander". ... „Die Aussicht auf die wachsende Bosheit hat überhaupt nur einen Sinn, wenn diese Bosheit in nennenswerter Weise auf *Güte* trifft, *gegen die zu kämpfen mit dem ganzen Haß der Hölle sich lohnt* ... An dieser Stelle muß von dem Einheitsstreben der Christenheit gesprochen werden. ... Neu ist ... eine schnell wachsende und sich vertiefende Einsicht, *daß die Einheit der Christenheit zu ihrem Wesen gehört.* Sie kann ohne Einheit nur unvollkommen sein, was sie sein soll. Man kann sagen: *Die Gegenkirche formiert sich; die Kirche tut es auch. Damit nähern wir uns dem Ziel der Geschichte, wie es Christus und seine Apostel gesehen haben.* ... Was geht das ... den Politiker an? ... Es fehlen im Neuen Testament alle Anzeichen dafür, daß die Menschen vor die Aufgabe gestellt werden, eine einheitliche Menschheit zu schaffen ... Aber diese Menschheit wird an der Grenze der Geschichte stehen, da wo die Geschichte in die Ewigkeit übergeht. Und sie wird begleitet sein von der Entstehung einer *Gegenmenschheit, welche gegen das Ende hin als die siegende erscheinen wird*". ... „Der christliche Politiker befindet sich also in einer merkwürdigen Lage: Er sieht, daß *bestimmte christliche Lehren, die sich ohne Christus nicht denken lassen, in bedenklichem Zwielicht auftreten.* Das gilt nicht nur für die Gedanken der christlichen *Einheit.* Auch der *Frieden* und die *Freiheit* müssen hier genannt werden. Es zeigt sich, daß diese Lehren keineswegs nur christlich bestimmt auftreten. *Sie können sehr wohl auch als Idole der Hölle ihren Tribut fordern.* So sehr der Politiker es bejahen wird, *daß die Politik keine erlösende Aufgabe hat,* so daß er gut tut, *als Politiker* keine Aufgaben anzupacken, die der Kirche zukommen, *so muß er doch damit rechnen, daß gerade seine Gegner sich Ziele gesteckt haben, die ausgesprochen kirchlicher Natur sind.* Wollen sie doch bewirken, was Christus als Ergebnis seines eigenen Wirkens in Aussicht gestellt hat, *aber für den Antichristus. Würden sie das herbeiführen, dann würden sie die Hölle auf Erden schaffen. Der Friede, die Freiheit, die Einheit des Antichristen wären schrecklicher als die größten und sichtbarsten Laster und leibliche Qualen*" (S. 35).

Asmussen fragt nun: „Was soll der Politiker tun?" und fährt dann fort: „Offensichtlich reichen hier die uns überkommenen Kategorien nicht mehr aus ... Die Erlösung des Menschen durch Jesus Christus ist nicht Sache des Politikers, sowenig die politische Bemühung Sache des Kirchenmannes ist. Auf der anderen Seite begibt sich der Politiker von vornherein in eine schwächere Position, wenn er dem Gegner gestattet, nicht nur als politischer Gegner, sondern auch *als Kraft einer Gegenkirche aufzutreten. Eine Vereinigung dieser beiden Einsichten ist noch nicht gefunden. Darin liegt eine der großen Schwächen der westlichen Position*".

Danach setzt sich Asmussen mit Karl Barths Lehre auseinander, daß der Teufel und alle bösen Mächte durch Christus bereits entmachtet und nicht mehr zu fürchten seien. Wir erinnern uns an Karl Barths Spott Helmut Thielicke gegenüber, als dieser 1945 vor ihm bezeugte, wir hätten den Dämonen ins Auge schauen müssen. Asmussen verweist auf das Zeugnis der Offenbarung, nach welchem mit „wirkungsfreudigen und wirkkräftigen Mächten aus dem Abgrund" gerechnet wird, denen gegenüber – 1. Petr. 5, Vers 8–9 – nach Meinung des Neuen Testaments Harmlosigkeit nicht am Platz ist! Asmussen zitiert in diesem Zusammenhang 2. Thess. 2:

„Es regt sich bereits das *Geheimnis der Bosheit*, nur daß, *der es jetzt aufhält*, muß hinweggetan werden". Asmussen vermutet, daß „diese aufhaltende Macht im Raum des Politischen zu suchen ist ... Überall, wo die heilsame Ordnung zerbricht, werden Dämme eingerissen, welche die Mächte der Finsternis zurückhalten".

Asmussen schließt diesen Abschnitt, indem er Stellung nimmt zu einer Belastung, der ein Christ in politischer Verantwortung durch kirchliche Gruppen zunehmend ausgesetzt ist. Der Politiker in unseren Tagen hat einen anspruchsvollen und ermüdenden Alltag zu bewältigen, wenn er z. B. helfen soll, daß unsere Wirtschaft in der internationalen Konkurrenz bestehen kann, und wenn er Verantwortung dafür mit übernehmen muß, daß Arbeitsplätze weltweit durch die technologische Entwicklung verloren gehen. Der Politiker muß der Staatsverschuldung Grenzen setzen und die Bürokratie beschränken. Er muß aber gleichzeitig für eine immer spezialisiertere Produktion geeignete bürokratische Institutionen einrichten, um der Pflicht des Staates zu genügen, die sich selbst balancierende Eigenentwicklung zu schützen. 1938 besuchte ein hoher NS-Funktionär aus dem Handelsministerium Hans Asmussen, um mit ihm dies Problem durchzudenken. Es ist mir in Erinnerung geblieben, daß unser Besucher dies am Problem der Kohle verdeutlichte: Hundert Jahre zuvor habe der Handelsminister die sozialen und wirtschaftlichen Folgen der Verwertung der Kohle nebenbei in seinem Ministerium behandeln können. Nun aber habe sich die Verwertung dieses Grundstoffes aus einer kleinen Pflanze zu einem Baum entwickelt, bei dem die Fachleute der linken Zweige schon die Fachleute der rechten Zweige nicht mehr verstünden, und der für dieses Gebiet verantwortliche Politiker sei auf einen Stab von Fachleuten als Berater nur für das Gebiet der Kohle angewiesen. Das war vor 50 Jahren! Wie viel unübersehbarer ist inzwischen das Feld für den verantwortlichen Politiker geworden!

Gleichzeitig hat der Politiker, jeder Politiker, gleichgültig, welches Ressort ihm übertragen worden ist, täglich – und durch die ihm im Unterschied zum gewöhnlichen Bürger auf den Tisch kommenden ausführlichen Nachrichtendienste beunruhigt – Aktionen eines Gegners zu beobachten und zu erleben, der „auch in der Kraft einer Gegenkirche" auftritt. Als Politiker kann er in internationalen Verhandlungen mit kommunistischen Staaten nicht ständig die dort um des Glaubens willen und die dort um einer politischen Überzeugung willen Verfolgten berücksichtigen. Er bedarf aber einer Kirche, die sich als Mutter bewährt, die die Geister unterscheidet und die den Unterschied zwischen Martyrium und politischer Verfolgung bezeugt und die den Christen in politischer Verantwortung bestärkt, wenn er in besonderer Weise die Spannung zu tragen und auszuhalten hat, der er durch die apokalyptische Zunahme der „Bosheit" und Verlöschen der „Liebe" ausgesetzt ist. Wie anders hat Martin Niemöller 1937 „Kirche" verstanden, als er die BK mahnte, mit dem Regime solange nicht zu verhandeln, solange nur ein Einziger um des Glaubens willen in Haft sei!

Für den christlichen Politiker bewährt sich aber die Kirche als „Mutter" nicht, wenn sie das Aufkommen des Antichristen verschleiert und Vorstellungen und Lehren toleriert, die die Bibel in der Art der „Schwärmer" der Reformationszeit anwenden und aus dem Evangelium „Gesetz" machen. Asmussen schreibt dazu:

„Wir richten unsere Aufmerksamkeit vor allem auf drei Gruppen von Worten, von denen behauptet wird, sie seien politisch relevant. Es handelt sich um die Forderung der *Selbstentäußerung*, der *Machtlosigkeit* und des *Opfers* ... Man verweist in diesem Zusammenhang meistens auf die Bergpredigt ... Man könnte dafür auch manche anderen Worte aus den Evangelien und aus den apostolischen Briefen anführen. Es kann gar nicht in Frage stehen, daß sehr gewichtige Worte im Neuen Testament stehen, in welchen Jesus von den Seinen eine Haltung verlangt, die ein Opfer für sie bedeutet" (S. 38).

Asmussen weist dann nach, daß z.B. diese drei Verhaltensweisen in absoluter und fleckenloser Weise allein vom Sohn Gottes gelebt werden als innerste Wirkkraft seiner *freiwilligen* Aufopferung in seinem Sterben und Auferstehen.

Dieses sein Erlösungswerk ist das „*Außerordentliche*" und ist Einbruch in die Normen, in das „Normale" der „unter den Unglauben und unter das Gesetz beschlossenen" Welt (Röm. 11,32). Wenn er den Seinen nun zumutet, *freiwillig* ihm in solchem Verhalten nachzufolgen, dann will er ihnen ermöglichen, damit *„wie Lichter in der Finsternis zu leuchten"* und das *„außerordentliche Ereignis"* zur ewigen Rettung im *„unberechenbaren Auftreten seiner Jünger"* der Welt kundzutun, „so daß sie merkt, das Reich Gottes sei nahe herbeigekommen. *Alle Versuche, dieses Außerordentliche politisch wirksam werden zu lassen, ebnen es ein, da das Politische immer nur das Allgemeine und Ordentliche sein kann"*. Als einen Beweis für den gesamten Komplex lenkt Asmussen die Aufmerksamkeit auf den Abschnitt in der Bergpredigt, der das 5. Gebot „Du sollst nicht töten" in den Rahmen der Erlösung stellt und dabei sagt (Matth. 5,22): „Wer mit seinem Bruder zürnt, der ist des Gerichts schuldig; wer zu seinem Bruder sagt „Racha", der ist des Rats schuldig; wer aber sagt „Du Narr", der ist des höllischen Feuers schuldig". Asmussen schreibt dazu:

„Wehe dem Gemeinwesen, in welchem die von Jesus genannten Delikte von Staats wegen so verfolgt würden! *Wenn Polizei und Gericht untersuchen sollen, wer mit seinem Bruder zürnt, dann wäre das die Hölle auf Erden* ... (S. 39). Die Herrschaft Jesu Christi, soweit er sie nach der Himmelfahrt angetreten hat, ... ist gebunden an die Nachfolge. ... Seine Nachfolger ... predigen die gute Botschaft und verwalten die Sakramente, sie leiden und entsagen, sie beten – *und mit alledem greifen sie auf eine unberechenbare und überraschende Weise in das Weltgeschehen ein"* (S. 42).

Asmussen bietet dem christlichen Politiker damit jene, für Sachentscheidungen unabdingbare Gelassenheit an, die Hermann Ehlers sagen ließ, daß alle diese Dinge keinen Ewigkeitswert haben. Der reformierte Theologe Walter Nigg hat diese Sicht konkretisiert durch sein Buch „Große Heilige". 1938 konnte ich an einem Gespräch von Asmussen mit Reinhold Schneider teilnehmen. In diesem Gespräch ging es um dies „unberechenbare und überraschende Eingreifen" der Heiligen in die Weltgeschichte. Reinhold Schneider verbreitete sich – unter Zustimmung Asmussens – ausführlich über einige „heilige" Persönlichkeiten, die er in Büchern dargestellt hat: In seinem Buch „Das Inselreich – Gesetz und Größe der britischen Macht"[12] beschäftigt sich Schneider zunächst mit den iroschottischen Mönchen des hl. Patrick, die dann unter Columban d.Ä. und Columban d.J. den alemannischen Raum missionierten. R. Schneider zeigte uns, wie die gegenüber den von Bonifatius missionierten Gebieten fast „natürlich fromm" – bis zum heutigen Tage spürbar – gewordenen Alemannen so missioniert worden sind, daß die iroschottischen Mönche zunächst fast eine Generation lang das zu missionierende Gebiet nur „erbetet" hatten, ehe sie die Bevölkerung ansprachen. – In demselben Buch leitet R. Schneider dann die eigentliche Geschichte Englands so ein: „Am

Anfang der Geschichte Englands, des christlichen Englands, steht eine betende Frau, deren Gebet um vieles bedeutsamer war als die planlosen Kriege der Männer. Täglich schritt Berta, die Gemahlin des (heidnischen) Königs Ethelbert von Kent, gefolgt von ihrem Kaplan Liudhard ... in eine kleine Bergkirche ... In ihr betete die Königin zum Gott der Christen ..." (S. 39). – Weiter sprach der Dichter mit uns über sein Buch „Las Casas vor Karl V." und über seine Studie über die das Mittelalter segnende Polarität zwischen Innozenz III. und Franziskus von Assisi.

Exkurs: Das Stuttgarter Schuldbekenntnis

Hier müssen wir uns noch einmal mit *Asmussens Anliegen* im Akt *des Stuttgarter Schuldbekenntnisses* – Okt. 1945 – beschäftigen, von dem Konukiewitz feststellt: „daß Asmussen einen Entwurf dafür ausgearbeitet" hatte.[13] Am 13. 9. 1966 übergab mir ASMUSSEN zu treuen Händen zwei wichtige Dokumente und schrieb:

„Wurm hatte 1945 bereits vor dem Zusammenbruch den Plan, auf den erwarteten Zusammenbruch *schlagartig* mit einer Allokution sowohl der Deutschen wie auch des Auslandes zu antworten, die von Katholiken und Evangelischen *gemeinsam* erlassen werden sollte. Er hatte, wie das eine Dokument zeigt, bereits die Zustimmung des Rottenbacher Generalvikars. Mir fiel die Aufgabe zu, mit den Dokumenten herumzureisen, sobald der Zusammenbruch erfolgt war, und sie publik zu machen. Ich nahm die Dokumente zagend entgegen. Die Reise erübrigte sich dann, weil Rottenburg einen Rückzieher machte. Du kannst nun mit diesen Dokumenten tun, was Du willst. Nach meinem Ermessen sollte man diesen ersten Una-sancta-Versuch im Großen publik machen. Aber das kannst Du bestimmen. Herzlichst von Haus zu Haus! Dein H. A."

Ich gebe nachstehend diese beiden Entwürfe im Wortlaut wieder. Wurm hatte sie selbst auf der Schreibmaschine geschrieben und handschriftlich ergänzt. Zunächst:

I. „Ein Wort an unser Volk":

„Liebe Volksgenossen!

Zum erstenmal wenden sich die beiden großen christlichen Kirchen in einem gemeinsamen Wort an euch. Wir sind uns, je stärker der Druck auf die christliche Kirche in den letzten zwölf Jahren geworden ist, der inneren Verbundenheit in Christus mehr als früher bewußt geworden. An Stelle von Reibungen und Auseinandersetzungen ist vielfach auf beiden Seiten eine große Bereitschaft zu gegenseitiger Hilfeleistung getreten. Das berechtigt und verpflichtet uns, in aller Öffentlichkeit ein Wort an euch zu richten.

Der Augenblick, in dem wir das tun, ist der schwerste und ernsteste in der ganzen Geschichte des deutschen Volkes. Von einem ungeheuren und unmenschlichen Kampf ist unser Volk erschöpft und ausgeblutet, und unser Land, vor allem unsere Städte, verwüstet und zerstört. Das alles hätte vermieden werden können, wenn diejenigen, die in Deutschland die Führung hatten, ihre Macht gewissenhaft, gerecht, besonnen gebraucht hätten. *Es hat von Seiten der beiden Kirchen nicht an Versuchen gefehlt, die Regierenden an ihre Verantwortung vor Gott und vor den Menschen zu erinnern.* Aber diese Mahnungen wurden entweder *nicht* beachtet oder als Einmischung in staatliche Angelegenheiten zurückgewiesen. Gleichzeitig wurde im ganzen Volk, besonders in der Beamtenschaft und bei der Jugend, die Bekundung christlicher Gesinnung möglichst unterdrückt. Leider ließen sich viele durch das neue großsprecherische Heidentum imponieren und durch Furcht vor wirtschaftlichen und beruflichen Nachteilen zum Abfall von Christus und seiner Kirche verführen.

Heute kann jeder sehen, wohin es führt, wenn ein Volk, das früher reiche Segnungen von Christus und seinem Evangelium empfangen durfte, mit seiner besten Überlieferung bricht. Wird das erste Gebot, daß man Gott vor allem fürchten, lieben und ihm vertrauen soll, mißachtet, so gibts auch keine Heiligung des Sonntags mehr, keine Autorität der Eltern, keine Schonung menschlichen Lebens und Achtung vor menschlicher Würde, keine Unverletzlichkeit der Ehe, keine Rücksicht auf des Nächsten Eigentum, Ehre und Recht; dann ist der Begehrlichkeit nach dem, was der andere hat, Tür und Tor geöffnet und als gut gilt, was dem Menschen nützt, nicht was Gott geboten hat. Diesem *inneren* Verfall, der schon seit Jahrhunderten durch glaubenslose Welt- und Lebensanschauungen vorbereitet war, nun aber seinen Höhepunkt erreicht hat, mußte der *äußere Zerfall* folgen. Die Stätten der Gottesanbetung und die Werke der menschlichen Kunst, die mächtigen Bauten der öffentlichen Gemeinwesen und des Gewerbefleißes, die Denkmäler der Vergangenheit und der Gegenwart liegen in Trümmern, und unter diesen Trümmern und auf den Schlachtfeldern liegen unzählige wertvolle Menschen, die Gutes und Großes auf allen Lebensgebieten hätten schaffen können. Wir können nur mit dem Profeten des Alten Bundes sprechen: Ach, daß ich Wasser genug hätte in meinem Haupte und meine Augen Tränenquellen würden, daß ich Tag und Nacht beweinen möchte die Erschlagenen meines Volkes! (Jer. 9,1).

Wir sehen unsere erste Aufgabe darin, alle die tiefgebeugten, am Grabe ihres Glückes, ihrer Heimat, ihrer Habe stehenden Menschen auf den hinzuweisen, der allein den Trauernden Kraft und Trost spenden kann, auf unsern Herrn und Heiland, der uns durch sein unschuldiges Leiden und Sterben das Heimatrecht in der ewigen unsichtbaren Welt erworben hat. Aus der Zuversicht zu ihm und aus der Gewißheit einer göttlichen Leitung der Dinge erwächst aber auch die Kraft zum Wiederaufbau der zerstörten irdischen Heimat. *Nicht klagen und anklagen, sondern vergeben und helfen ist das Gebot der Stunde.* Wenn wir für das menschliche Zusammenleben die Gebote der Wahrhaftigkeit, der Gerechtigkeit, der Barmherzigkeit als für alle verbindlich beachten, dann kann auch das Vertrauen zueinander wiederkehren, das so gründlich besonders durch die häßlichen Angebereien, zerstört worden ist. Und je mehr wir derselben göttlichen Gnade trauen, die uns mitten in dem furchtbaren Geschehen über menschliche Anmaßung und Selbstüberhebung leitet und trägt, umso tatkräftiger können wir zusammenwirken, um die Wunden, die der Krieg geschlagen hat, zu heilen, soweit das möglich ist. Wir wollen auch nicht von Gott Rechenschaft fordern, warum er so Furchtbares hat geschehen lassen, sondern wir wollen in der Abkehr von ihm und von Lebensordnungen die tiefste Ursache unseres Elends erblicken. Darum muß unsere Losung sein: *„Zurück zu Christus und zurück zum Bruder"*. In dieser Losung wollen wir uns zusammenfinden! Gott der Herr segne alle, die diesen Weg gehen wollen!

gez. Landesbischof D. Wurm

handschriftlich:

(die Unterschrift von Hr. Generalvikar Kottmann ist zu erwarten)"

II. „Ein Wort an die Christenheit im Ausland":

„Es hat zu den besonderen Leiden der Christenheit in Deutschland gehört, daß in den verflossenen Jahren jeder Verkehr und jeder Austausch mit den Kirchen im Ausland, insbesondere ein offenes Wort über die Grenzen hinüber unmöglich war. Wir benützen deshalb die erste Möglichkeit, die sich heute bietet, um das Band christlicher Solidarität, dessen wir uns immer erinnerten, wieder fester zu knüpfen.

Wir wissen, daß unser *deutsches Volk* heute unter der *Anklage* steht, den furchtbaren Weltbrand, der so unendlich viel Leid und Not auf dem ganzen Erdkreis angerichtet hat, verursacht zu haben. Es sind ihm deshalb weitgehende Sühnemaßnahmen angedroht. Wir weigern uns nicht, die Schuld mitzutragen, die die führenden Männer in Staat und Partei auf unser Volk gehäuft haben; aber wir bitten zu bedenken, daß auch unser Volk durch einen unbarmherzigen Luftkrieg Jahre lang Schrecken und Verluste in ungeheurem Maß zu tragen hatte, und wir müssen ernstlich bitten, in dem Fanatismus der Anstifter des ganzen Unheils nicht die Verkörperung des deutschen Wesens zu erblicken. Jedes Volk hat seine Jakobiner, die unter bestimmten Voraussetzungen zur Herrschaft gelangen. Diese Voraussetzungen waren in Deutschland gegeben durch die Zustände, die infolge der Reparationslasten und der damit in Zusammenhang stehenden Massenarbeitslosigkeit nach dem ersten Weltkrieg herrschten. Diese Zustände erzeugten schließlich eine Verzweiflungsstimmung, und nur diese macht es erklärlich, daß ein extremer und fanatischer Nationalismus in einem Volke zur Herrschaft gelangen konnte, das einst in seinem ganzen geistigen Schaffen sich mit so viel Liebe und Verständnis in die Eigenart und die Schöpfungen anderer Völker versenkt hatte.

Wir *entschuldigen nichts* von den Grausamkeiten und Ungerechtigkeiten, die von Parteistellen und auch von manchen militärischen Kommandostellen an der Bevölkerung der besetzten Gebiete begangen worden sind. Wir haben ja manches davon im eigenen Land zu erleiden gehabt. Wir verurteilen insbesondere die Geiselmorde und den Massenmord an deutschen und polnischen Juden. *Wir Christen in Deutschland haben sehr darunter gelitten,* daß solche Dinge den deutschen Namen schändeten und die deutsche Ehre befleckten. Wir haben daraus auch den verantwortlichen Stellen gegenüber keinen Hehl gemacht, obgleich uns dies sehr verübelt wurde. Wenn die Vertreter der Christenheit im Ausland aus der Tatsache, daß kein öffentlicher Protest laut wurde, den Schluß zogen, daß wir geschwiegen hätten, so zeigt dies nur, daß sie sich – begreiflicherweise – von dem Maß der Unterdrückung der Redefreiheit unter dem nationalsozialistischen Regime keine Vorstellung machen konnten. Viele von denen, die ein offenes Wort gesprochen oder den Verfolgten tatkräftige Hilfe geleistet haben, darunter nicht wenige Pfarrer, mußten dies in den Konzentrationslagern büßen.

Wir dürfen nun aber auch unsererseits die christlichen Kirchen im Ausland bitten, darauf zu achten, daß die Siegermächte sich *nicht derselben Verstöße gegen Recht und Gerechtigkeit, gegen Barmherzigkeit und Menschlichkeit schuldig machen,* die die Welt mit Recht dem nationalsozialistischen Regime zum Vorwurf macht. *Der Glaube an die Gewalt* ist nicht bloß bei deutschen Staatsmännern verwerflich, sondern auch bei amerikanischen, englischen, französischen und russischen, und die Forderung der Denk- und Redefreiheit, der Glaubens- und Gewissensfreiheit und des Schutzes der persönlichen Sicherheit des friedlichen Bürgers sollte *in all den Ländern* gelten, die heute unter einer der alliierten Mächte stehen. Wir bitten, es verstehen zu wollen, wenn wir die Aufmerksamkeit der christlichen Kirchen in den Völkern, die diesen Krieg betont in Namen christlicher Auffassung der Menschenrechte geführt haben, auf diese Punkte richten.

Unsere christlichen Glaubensgenossen in den anderen Ländern werden mit uns einig sein darin, daß sie die zweimalige Wiederholung einer mit furchtbarer Grausamkeit geführten Auseinandersetzung zivilisierter und ursprünglich auf christlicher Grundlage stehender Völker und Staaten als eine *Folge der Gottentfremdung und Christusfeindschaft der heutigen Welt betrachten.* Eben deswegen werden sie auch eine Verhütung kommenden Unheils nicht darin erblicken können, daß Unrecht durch Unrecht überboten wird. *Wenn die Völker jetzt nicht lernen, ihre Beziehungen auf Vergebung und Vertrauen zu gründen* statt auf Rache und Vergeltung, ist *eine letzte Weltkatastrophe unvermeidlich.*

Auch darin wird zwischen uns und den Vertretern der Christenheit im Ausland Übereinstimmung herrschen, daß die großen Kriege der Neuzeit im letzten Grund aus dem Überwuchern des Erwerbssinns und der ungerechten Verteilung der irdischen Güter zwischen den Völkern und innerhalb derselben Völker entsprungen sind und daß die *christlichen Kirchen sich nicht stark genug gezeigt* haben, um der Habsucht und dem Mammonismus mit der rechten Entschiedenheit entgegenzutreten. Darum konnte ja auch die Meinung aufkommen, als ob das Christentum überhaupt keine Lebenswirklichkeit mehr besitze und nur noch in absterbenden bürgerlichen Schichten ein traditionelles Schattendasein führe. Deshalb werden wir alle in dieser Stunde darum zu flehen haben, daß Gottes heiliger Geist die Gemeinde Jesu Christi in allen Völkern und Konfessionen erneuern und zu zeugniskräftiger Bekundung ihres Glaubens und ihrer Liebe ausrüsten möge. Darin einander beizustehen und auch mit brüderlicher Hilfe einzutreten, wo Hungersnot und Seuchen auftreten oder wo besondere Notstände in der kirchlichen Versorgung und in der Gewinnung des Nachwuchses für die Diener der Kirche offenbar geworden sind, wird eine hohe Aufgabe in der nächsten Zukunft sein. Gott der Herr segne alle Bestrebungen, die die Völker und die Kirchen näher zusammenführen!"[14]

Bischof Wurm hat handschrftlich unter dem Text angemerkt: „Ich habe dieses Wort geschrieben nicht bloß als der Landesbischof von Württemberg, sondern auch als Sprecher der ganzen bekennenden Kirche in Deutschland. gez. D. Wurm."

Diese beiden Entwürfe Bischof Wurms widerlegen zunächst den in unseren Tagen erhobenen Vorwurf, die Verantwortlichen hätten in Stuttgart nicht geltend gemacht, welches Elend im Osten den Deutschen zugefügt sei.[15]

Wichtiger aber ist, daß Asmussen mit dem Akt etwas beabsichtigte, was er im Heft „Der Christ in der politischen Verantwortung" als das *eigentliche* Einwirken der Christenheit in die Weltgeschichte darstellte: Das „Außerordentliche" des Erlösungswerkes Christi nicht nur von einzelnen Nachfolgern Christi als den Heiligen, sondern *von der Evangelischen Kirche als ganzer vollziehen zu lassen: das priesterliche Opfer im Bekenntnis der Schuld,* und zwar *vor Gott,* aber – priesterlich! – zum Besten des ganzen deutschen Volkes darzubringen: „Lichter in der Finsternis der Welt".

Es ist bekannt, daß bereits kurz nach der Abgabe des Schuldbekenntnisses am 18. u. 19. 10. 45 die Fehldeutungen einsetzten, als sei hier „Kollektivschuld der Deutschen" erklärt worden. Nicht ohne Einfluß für diese Fehldeutung sind Karl Barths diverse Stellungnahmen nach seinem Wipkinger Vortrag gewesen: er verstand es als seine Aufgabe, geschichtsphilosophisch die Ursachen des Nationalsozialismus im Hang des Deutschen zu Nationalismus und Imperialismus seit O. v. Bismarck und früher aufzuspüren und diese *Analyse* als *christliche Aufgabe* zu postulieren.

Davon ist in früheren Kapiteln dieses Buches hinreichend gesprochen worden.

Asmussen dagegen hatte aus der Bedrohung heraus – und nicht wie Barth aus der Distanz heraus – bereits in dem in diesem Buch zweimal zitierten Brief an Visser't Hooft vom 13. 12. 42 vor einer solchen Aufrechnung und Analyse gewarnt, weil „sie das Unrecht häuft und eine *furchtbare Drachensaat sät, die eines Tages aufgeht*".

Um dem entgegenzuwirken, hat Asmussen bereits zu Beginn des Jahres 1946 an alle Landeskirchen eine 13seitige Dokumentation über die Absicht und das Wesen dieses Schuldbekenntnisses gehen lassen.

Er beginnt – früher als die Atomgegner es taten – mit dem Hinweis: „Weil ... die Gefahr besteht, daß wir in ein Zeitalter eintreten, in dem die Menschheit es vorzieht, mit Atombomben das ‚Gespräch' untereinander zu führen, ist es notwendiger denn je, daß die Christen einen großen Einsatz in einem brüderlichen Gespräche miteinander wagen." Er fährt dann fort: „Christen sprechen eine eigene Sprache. Sie wird nicht von jedem verstanden ... Es müssen der Welt fremde Dinge sein, wenn die Christen sagen, sie *redeten so, als gebe es außer dem Bruder nur noch Gott auf der Welt* ... Die Kirchen stehen ... vor der beachtlichen Tatsache, daß *Sieger* und *Besiegte* das Wort (sc. das Stuttgarter Wort) der Kirche *in der gleichen Weise* mißverstanden haben als ‚Wort der Tagespolitik' ... Es ist ein Gericht auf Erden, daß zwischen Feind und Freund jene letzte bitterböse Solidarität besteht ... Solange das Gericht dieser Solidarität über den Menschen herrscht, müssen die Menschen sich mißverstehen. Solange nämlich jeder *seinen Vorteil* ins Auge fassen *muß*, ohne zugleich an das zu denken, was des anderen ist, kann er den anderen gar nicht hören ... *In dieser Welt des Fluches fürchtet man nicht die Sünde und hat keinen Abscheu vor ihr* ... Hier ist eine der beliebtesten Waffen die *Enthüllung* ... deren Zauber immer stärker werden muß, weil er kraftlos zu werden droht ... *Aus dieser Welt des Fluches rufen die Kirchen heraus.* Sie sagen den Menschen: verlaßt diese Wege gegenseitigen Aufrechnens ... Das Wort der Kirche hat vor den streitenden Worten der Welt dies voraus, *daß es einfältig ist.* Und es ist in seiner Einfalt auch einfach. Es sagt zu dem Bruder aus dem anderen Volke: ‚Ich habe gesündigt' ... Es macht uns einen großen Eindruck, wenn man uns sagt: es geschieht heute nach dem Zusammenbruch so Ungeheuerliches mit unserem Volke, daß wir ihm nicht auch noch ein Bekenntnis der Schuld zumuten können. Was an Ungeheuerlichem passiert, das sehen wir wohl. Und wir können in Anspruch nehmen, daß wir die ersten gewesen sind, welche den Sieger auf diese Dinge hin angeredet haben ... (Daß weder die Presse noch jene $^4/_5$ der Pfarrerschaft, die sich von der BK distanzierten) von diesem unserem Auftreten keine Kenntnis nehmen, ... ist uns ein neuer Beweis für jene bitterböse Solidarität zwischen Sieger und Besiegtem ... Unser Wort läuft nun durch die Welt. Wer Christi Stimme kennt, den packt es.

Aber es packt ihn so, daß er im Lichte dieses Bekenntnisses seine eigene Schuld sieht. Die Welt glaubt das natürlich nicht ... Und nun muß das andere gesagt werden – mit Dank gegen Gott. Wir haben es erlebt, daß wir in Stuttgart von den Brüdern der Ökumene verstanden worden sind."

(Der holländische) Prof. H. Krämer sagte: „Wir haben mit tiefer Bewegung gehört, was die Brüder Asmussen und Niemöller uns gesagt haben. Wenn wir das mitnehmen dürfen als die Stimme des Gewissens der Ev. Kirche in Deutschland, dann wird das sein wie ein Aufruf an die holländische Kirche." Und dann folgen ähnliche Antworten vom englischen Bischof Bell von Chichester, dem amerikanischen Pastor Michelfelder, dem französischen Pastor Maury. Danach läßt Asmussen sich aus über die Mitverantwortung und die Notwendigkeit, auch für das deutsche Volk eine Erklärung abzugeben, – auch für die besonders für das Unrecht verantwortlichen Nationalsozialisten, die zu Recht vor Gericht gezogen werden.

„Aber wir verleugnen nicht, daß sie unsere Brüder sind ... *Denn der Ruf Jesu Christi geht dahin, daß wir Priester sein sollen* ... Und wir machen den Anspruch, daß unser Wort, das wir in Stuttgart gesprochen haben, eine *priesterliche Tat* war. Unser Priestertum muß sich vor Gott bewähren. *Was wir gesagt haben, muß seinem Inhalt nach gebetet werden können* ... Das Priestertum besteht im *Opfern*. ... um des *einen* Opfers willen, das am Kreuz von Golgatha gebracht worden ist. Dann werdet ihr gesegnet sein, gesegnet am äußeren und am inneren Menschen. Werdet Priester! ... Es muß das Heilige dahingegeben werden an die Welt, damit sie damit mache, was sie will ... Der Priester steht mit seinem Opfer immer an der Grenze des *„Unentwirrbaren"* ... Uns ist die Zeit von 1933 bis 1945 je länger je mehr eine unentwirrbare Zeit ... Die Verfasser der Erklärung von Stuttgart ... haben nach reiflicher und jahrelanger (!) Prüfung gefunden, daß man die ganze Heilige Schrift nicht versteht, wenn man vergißt, daß die Offenbarung des Johannes zur Bibel gehört ... Die Vielheit, die sonst die Entscheidung für Christus erschwert, ist für das deutsche Volk gefallen. *Die Entscheidung heißt ganz einfach: Das Nichts oder Christus.* ... Wer den Mut hat, seine Hinwendung zu Gott die Zukehr zur Welt sein zu lassen, der wird der Welt Gutes erweisen und ganz in der Welt stehen."[16]

Dieses Dokument Asmussens (Ende 1945 geschrieben) hat wenig Resonanz gefunden. Die Gründe sind oben dargestellt. Barths Spott über diese Priester-Gedanken und Niemöllers Weigerung, Asmussens Ruf, „das Salz der Erde" zu sein, und die Selbstrechtfertigung der Mehrheit, die sich dem Weg der Bekennenden Kirche versagt hatte, hat dazu geführt, daß bis heute – so oder so – das Stuttgarter Schuldbekenntnis mißdeutet wird.

Nach Abschluß des Nürnberger Kriegsverbrecherprozesses meldete sich Asmussen noch einmal zu Wort in der bereits erwähnten und damals viel beachteten Predigt am 6. Okt. 1946 in Schwäbisch Gmünd. Darin sagt er: „Die außerdeutsche Welt wollte eine *allerletzte Instanz* ein Urteil sprechen lassen ... Ihr müßt Gottes Recht von der Menschen Recht unterscheiden lernen. Selbst der beste Richter sitzt nicht in Gottes Rat ... Was Gott am Jüngsten Tage über das Nürnberger Urteil sagen wird, weiß ich nicht ... *Merkt ihr es nicht, daß die Menschheit mit diesem Urteil in ein unheimliches Land ihren Einzug hielt* ... Ich möchte um alles in der Welt nicht der Richter der Richter von Nürnberg sein ... *Nach dem Nürnberger Urteil muß es besser werden auf Erden. Geschieht das nicht, dann wird das Kommende viel schlimmer sein als das Vorige!* ... Die Reserven der Menschheit sind nun angegriffen ... Ich will Gottes Gerechtigkeit suchen gehen ... Auf Erden und unter Menschen sind der Richter und der Gerichtete merkwürdig stark aneinander gebunden ... Wem nun noch nicht genug Gericht gehalten ist, der wird auf seine Kosten kommen, wenn er im Jüngsten Gericht neben Göring, Kaltenbrunner und all den anderen stehen wird, um das ewige Urteil zu empfangen, das unser aller wartet. Darum will ich lieber beten als fluchen, lieber segnen als verdammen, lieber schweigen als reden ... Gott helfe den zum Tod Überlieferten in Gnaden! Sie sind alle meine Brüder! Amen!"[17]

Dieser lange Exkurs war notwendig, um zu erkennen, wie wenig Asmussen die Aufgaben eines Christen in politischer Verantwortung vom grünen Tisch aus beschrieben hat. Er hat sich, sich selbst verzehrend, mit unter die Last der Verantwortung gestellt.

Was er im Heft „Der Christ in der politischen Verantwortung" noch ausführt, kann in knappen Hinweisen aufgezählt werden. Den Absatz „Der Glaube an Gott den Sohn" beschließt er mit der Untersuchung, wie kirchliche und politische Hilfe – etwa in unterentwickelten Gebieten – sich unterscheiden und doch als ineinander verzahnt getätigt werden muß. *Sozialpolitik ist für ihn ein Stück der staatlichen Wirtschaftspolitik. Die caritative Hilfe der Kirche darf dagegen auf keinen Fall etwas Bestimmtes erreichen wollen.*

Auch im 3. Absatz „Der Glaube an den Heiligen Geist" geht Asmussen von der Untersuchung der Reiche aus, um sich dann mit der Notwendigkeit auseinanderzusetzen, daß die Kirche ihre Aufgabe verfehlt, wenn sie auf die „*Öffentlichkeit*" verzichtet, auch wenn das in Diktaturen zu Verfolgungen führt. Er beanstandet,

„daß auch Theologen die Ansicht vertraten, in einem kommunistischen Staate auf den Öffentlichkeitsanspruch der Kirche verzichten zu dürfen. *Es ist nicht einsichtig, warum sie das nicht schon im Dritten Reich proklamiert haben. Viele Tränen wären uns erspart worden. Dem Dritten Reich aber hätten wir von der Kirche dann manche Erschütterung erspart*" (S. 47). Asmussen schließt sein Büchlein: „Wirtschaft, Nachrichtenwesen, soziales Leben, Recht und Kultur bilden ein Ganzes und tun es von Tag zu Tag mehr. Es geht jetzt darum, daß die Kirche in dieser Ganzheit ihren Platz findet, ohne ihre

Andersartigkeit in Frage zu stellen. Unsere Aufgabe ist es, dieses Ganze unseres Lebens so zu gestalten, daß die Ganzheit möglichst sichtbar ist. Indem wir das tun, verteidigen wir unsere geschichtliche Existenz, verteidigen aber zugleich unsere christliche Existenz, soweit es sich um die Zweitwirkungen des Heiligen Geistes handelt. Die geschlossene Ganzheit ist Aufgabe des politischen Handelns. Sie ist aber auch Aufgabe des kirchlichen Bemühens" (S. 61).

Und noch einmal: Karl Barth

In seinem, im Text schon zitierten Brief an die Mitglieder des Rates vom 1. 12. 47 schreibt *Asmussen* auf Angriffe der Sozietät gegen ihn: „Ganz einig bin ich mit *Herrn Pfarrer Diem* darin, daß sich in der Theologie KARL BARTHS ein *Umschwung* vollzogen hat. Karl Barth selber läßt darüber keinen Zweifel und hat, wenn ich nicht irre, in Hamburg seine Entwicklung so dargestellt, daß er nach einer Schleiermacherschen Periode zu einer *Diastasentheologie* gekommen sei [eben entsprechend dem Zitat aus Asmussens Galaterbriefkommentar], die *er bis etwa zum Jahre 1939* vertreten habe. Seit 1939 habe er sich immer mehr zu einer „Synthesentheologie entwickelt", – also der Umdrehung in „Evangelium und Gesetz", für Barth nunmehr – 1939 – *„radikaler Neuguß* seiner Ethik von 1928. Ethik ist Ethik der Gnade oder sie ist nicht theologische Ethik."[18] Daraus folgert Barth für seinen persönlichen Einsatz als Soldat: „Im April 1940 ist dann ‚Rechtfertigung und Recht' samt Eph. 6 für mich ... auch in der Weise aktuell geworden, daß ich mich zum bewaffneten Hilfsdienst gemeldet habe ... bewaffneter und exerzierter Soldat ..."[19] „Die Sache der freien Eidgenossenschaft habe ich in diesen Jahren mehr als je zu lieben und zu loben gelernt. Was uns mit der Schweiz anvertraut ist, das ist *eine bestimmte Ordnung unseres Lebens ...* Sie ist weit davon entfernt, vollkommen zu sein. Aber man *kann, darf und soll verantwortlich leben unter dieser Ordnung.* Denn sie erstrebt jedenfalls eine solche *Gemeinschaft,* in der es *Freiheit* gibt, und eine solche *Freiheit,* die der *Gemeinschaft* dient ... So bin ich ... in diesen Jahren schweizerischer geworden, als ich es je gewesen war und von mir selbst erwartet hätte."[20]

Der Mann, der so spricht, – der 1940 bittet, beim Militär „nicht Bürodienst" machen zu müssen, – der sagt: „schon im Mai (1940) habe ich mich im Feuergewehr geübt ..."[21] – dieser Mann setzt seinen Einfluß ein, die Ausformung der *Bundesrepublik* unter Adenauer als Reaktion abzuwerten und nicht zur Kenntnis zu nehmen, daß hier ein *Staatswesen* entstand, in welchem – mit seinen Worten über die Schweiz – eine „Ordnung unseres Lebens" gewährleistet wird, unter der man *„verantwortlich leben kann, darf* *und soll"*, eine *„Gemeinschaft"*, in der es *„Freiheit"* gibt, und eine *„Freiheit"*, die der *„Gemeinschaft* dient". Dieser Mann versucht, das neu werdende Deutschland an den Sozialismus zu binden und es zu verpflichten, der Verteidigung seiner freiheitlichen Ordnung zu entsagen!

Die heutige Situation für den Christen in politischer Verantwortung

Eine notvolle Belastung der Geschichte ist es, daß theologisch-politische Weichenstellungen so lange nachwirken. Die idealistische Trennung von sichtbarer und unsichtbarer Kirche hat über Jahrhunderte hin den Protestantismus in Deutschland staatshörig werden und den von Bischof Wurm in Treysa als Verhängnis beklagten Säkularisationsprozeß entstehen lassen.

Als das im Widerstand im Dritten Reich entstandene „Neue" konstatierten wir mit Asmussen das „Zwiegespräch zwischen Kirche und Politik".

Für die Mitglieder des „Freiburger Bonhoeffer-Kreises" bot sich noch vor dem Zusammenbruch die Bekennende Kirche in den Theologen Wurm, Thielicke, Bonhoeffer, Dibelius, Asmussen als grundlagengebundener Gesprächspartner an. Bis Anfang der 50er Jahre konnte das auch noch für die EKD, besonders für die Lutherischen Landeskirchen, gelten. Man kann das etwa der Tatsache entnehmen, daß für die Evangelischen Studentengemeinden und für die Evangelischen Akademien aus dem Agendenwerk der VELKD das „Allgemeine Evangelische Gebetbuch" für beide Teile Deutschlands entwickelt *und allgemein benutzt* wurde: mit Formularen wie „Messe I" und „Messe II" und „Ordnung der Einzelbeichte". Als sich aber dann, wie in diesem Buch dargestellt, das Erscheinungsbild des Protestantismus änderte und in dem Polarisierungsprozeß in den Studentengemeinden und Akademien die politischen Zielvorstellungen immer stärker in die Richtung des „Darmstädter Wortes" von 1947, der „Mitmenschlichkeit" und sozialistischer Befreiungsprogramme, hin sich entwickelten, hörte die EKD *als solche* auf, Partnerin in dem Zwiegespräch mit der Politik zu werden. In Kommissionen zwar beteiligte sie sich in zahlreichen Verlautbarungen an Klärungsversuchen politischer und wirtschaftlicher Probleme; aber „Partnerin" in *Art der Selbstdarstellung der Kirche als der ganz anderen Dimensionen zugehörenden Einrichtung Gottes* ist sie dabei nicht: nicht „Diastase" im Sinn von „Barmen", sondern „Synthese" im Sinn von Barth! Die Klärung wird versucht auf dem Wege der Analyse und Wertung des Problems aus der Untersuchung der *Sachbezogenheit* heraus, –

in immer wieder feststellbarer Abhängigkeit von den Themen, die die radikalen Gruppen als derzeit vordringliche Aufgaben postulieren. Auf die Zeit Christi und der Apostel übertragen hätte damals die Gemeinde z.B. eine Denkschrift über die „Sklaverei" erarbeiten und kämpferisch zum Erfolg bringen müssen. Wir sahen die Problematik, daß solches Ansinnen sich vom Heilsgeschehen des Erlösungswerkes entfernt, in der oben erfolgten Wiedergabe der vor dem Zusammenbruch verfaßten Stellungnahme „Christentum und Sozialismus – 25 Thesen".

Der Christ in politischer Verantwortung hat es somit heute unsagbar schwer, doch noch irgendwie sich um das für ihn lebensnotwendige Zwiegespräch mit *seiner* Kirche zu bemühen. Hermann Ehlers hatte es in den fünfziger Jahren in dieser Hinsicht noch leichter.

In dem oben zitierten Brief vom 1. 12. 47 warnt Asmussen vor dieser Entwicklung: „Es muß einmal gesagt werden, *wie groß die Angst ist in weiten Kreisen der EKD.* Man spricht selbst in Kreisen der Bekennenden Kirche von „Gesinnungsterror". Die Zahl derer, die sich fürchtet, eine Meinung zu äußern, die von der „Generallinie" abweichen könnte, ist groß . . .".[22]

Der Christ in politischer Verantwortung leidet daran, daß die in „Barmen" begonnene Entwicklung der Kirchwerdung des Protestantismus in einer derartigen Polarisierung gelandet ist. Diese Entwicklung in der Kirche hat auch die Bereitschaft der Gemeindeglieder gelähmt, sich politisch verantwortlich zu wissen und mitzuarbeiten. Von 1945 bis Ende der 50er Jahre lebten nicht nur noch die Väter des Anfangs des Zwiegesprächs, – auch die Bevölkerung war weithin so motiviert, daß sie sich von diesem Zwiegespräch her zur Bewährung des *„Bürgersinns"* bereitfand. Dies wurde eindrucksvoll in der Zusammenarbeit der „Wirtschaftspolitischen Gesellschaft von 1947" mit den Kirchen bzw. mit uns Theologen bis Ende der 50er Jahre bewiesen. Und die CDU fand die Zustimmung großer Wählermassen für ihre Anwendung der Ergebnisse dieses *neu* entstandenen Zwiegesprächs.

Nun leben nur noch wenige, die die erste Stunde erlebt und danach das politische Leben gestaltet haben. Heute, ein Vierteljahrhundert nach Asmussens Schrift, hat sich die Einstellung der Bevölkerung erschreckend geändert. Nachdem auch aus der Kirche immer wieder Stimmen laut werden, daß „der erste Tod" das Schlimmste und daß „der zweite Tod" nicht zu fürchten sei (Offb. 2,11 und 20,14), ist die Mehrzahl der Bevölkerung nicht mehr willens, sich für „Bürgersinn" und damit verbundene Opferbereitschaft zu verpflichten. Stattdessen verlangt sie vom Politiker, daß die Ansprüche auf Lebensgenuß befriedigt werden. Danach verteilt sie bei den Wahlen ihre Gunst. Das Volk wird immer schwerer regierbar.

Es hat sich gerächt, daß Hans Asmussens Wirken und Werk, z.T. bewußt, unbeachtet geblieben ist. Trotzdem habe ich die Hoffnung – und lege aus diesem Grunde meine „Anmerkungen" vor –, daß noch einmal die Schwerpunkte seines Programms der Kirchwerdung gehört und aufgenommen werden: *Apostolizität, Heil vor dem Wohl, Einheit von sichtbarer und unsichtbarer Kirche* –, damit die Kirche eine „fröhliche Kindermutter" werde. Darauf warten die kranken und zum Teil schon fast toten Seelen unserer Generation. Darauf warten die, die im Raum des Politischen den Mut haben, als Christen Verantwortung zu tragen und das Volk vor solchen politischen Leitbildern zu bewahren, welche es nicht wahrhaben wollen, daß Weltgeschichte Teil der Heilsgeschichte Jesu Christi ist.

VI. Anmerkungen

Vorwort

1 Die Bekenntnisschriften der evangelisch-lutherischen Kirche. Herausgegeben im Gedenkjahr der Augsburgischen Konfession 1930. [Hrsg. vom Deutschen Evangelischen Kirchenausschuß]. Göttingen 1930.
2 Vgl. Klaus Scholder, Die Kirchen und das Dritte Reich, Bd. 2. Das Jahr der Ernüchterung 1934. Berlin 1985, S. 42ff., 71, 98ff., 108, 113, 162, 166, 171f. u.ö.
3 Bekenntnissynode der Deutschen Evangelischen Kirche Barmen 1934. Vorträge und Entschließungen. Im Auftrage des Bruderrates hrsg. von Karl Immer, Wuppertal-Barmen 1934, S. 24.
4 A. Boyens, Kirchenkampf und Oekumene 1933–1939. Darstellung und Dokumentation. München 1969.
5 W. Niemöller, Wort und Tat im Kirchenkampf. Beiträge zur neuesten Kirchengeschichte. München 1969.
6 J. Beckmann (Hg.), Kirchliches Jahrbuch 1933–1945. 2. Aufl. Gütersloh 1976.
7 K. Meier, Der evangelische Kirchenkampf. Gesamtdarstellung in drei Bänden. 2. Aufl. Göttingen 1984.
8 K. Scholder a.a.O. S. 7.
9 Ders. ebd.
10 Ders. a.a.O. S. 8.
11 Für die ältere Lit. vgl. Otto Diehn, Bibliographie zur Geschichte des Kirchenkampfes. (AGK ed. 1). Göttingen 1959
12 Vgl. die umfassende Bibliographie bei Georg Zenk, Evangelisch in Katholizität. 2 Bde. Frankfurt /M. u.a. 1977.
13 A. Smith – von Osten, Von Treysa 1945 bis Eisenach 1948. Zur Geschichte der Grundordnung der Evangelischen Kirche in Deutschland. (Arb. z. kirchl. Zeitgesch. B 9) Göttingen 1981.
14 E. Busch, Karl Barths Lebenslauf. Nach seinen Briefen und antobiographischen Texten. München 1975.
15 München 1967.
16 D. Schmidt, Martin Niemöller, Eine Biographie, Stuttgart 1983.
17 G. Sauter in: G. Besier, G. Sauter a.a.O. S. 65.
18 K. Scholder a.a.O. S. 69.
19 Vgl. unten S. 227.
20 S. unten S. 85 u. E. Konukiewitz a.a.O. S. 44.
21 G. Sauter a.a.O. S. 129.

I. Nachspiel als Vorspiel

1 Vgl. G. Besier in: ders., G. Sauter a.a.O. S. 27–29, wo die schwierige Lage eindrücklich dargestellt wird.
2 Zum Text s. unten S. 204.
3 Vgl. unten S. 178.
4 Fritz Söhlmann (Hg.), Treysa 1945. Die Konferenz der evangelischen Kirchenführer 27.–31. August 1945, Lüneburg 1946.
5 A.a.O. S. 35.
6 Vgl. Carlo Schmid, Erinnerungen. TB-Ausgabe: München (Goldmann) 1981, S. 277ff.
7 In der Stunde Null. Die Denkschrift des Freiburger „Bonhoeffer Kreises" Politische Gemeinschaftsordnung. Ein Versuch zur Selbstbesinnung des christlichen Gewissens in den politischen Nöten unserer Zeit. Eingel. v. Helmut Thielicke. Mit e. Nachw. von Philipp von Bismarck, Tübingen 1979.
8 F. Söhlmann (Hg.) a.a.O. S. 17
9 Konrad Adenauer, Erinnerungen 1945–1953, Stuttgart 1965, S. 50ff.
10 F. Söhlmann (Hg.) a.a.O. S. 102–104.
11 Text bei M. Greschat (Hg.), Im Zeichen der Schuld. 40 Jahre Stuttgarter Schuldbekenntnis. Eine Dokumentation. Neukirchen-Vluyn 1985, S. 85f.
12 Vgl. A. Smith – von Osten a.a.O., Kap. 10 u. 11.
13 Gerhard Merzyn (Hg.), Kundgebungen der Evangelischen Kirche in Deutschland 1945–1959.

II. Die Grundlagensynoden

1 F. Söhlmann (Hg.) a.a.O. S. 12f.
2 Sören Kierkegaard, Auswahl aus den Tagebüchern. Wiesbaden 1947, S. 119, 187f.
3 Karl Marx, Ausgewählte Werke, Bd. 2. Hrsg. vom Institut für Marxismus – Leninismus beim ZK der SED. Frankfurt/M. 1976, S. 129.
4 A.a.O. S. 354.
5 Karl Barth, Gesamtausgabe, Abteilung V. Offene Briefe 1945–1968. Zürich 1984, S. 202. Vgl. E. Busch, Karl Barths Lebenslauf a.a.O. S. 396.
6 E. Busch ebd.
7 A.a.O. S. 319.
8 Brief an Th. Schnyder vom 8. 6. 58 zit. nach E. Busch a.a.O. S. 397.
9 A.a.O. S. 55.
10 Erich Jäckh, Blumhardt – Vater und Sohn und ihre Botschaft, Hamburg 1923, Auszüge aus S. 122–141.
11 E. Busch a.a.O. S. 88.
12 A.a.O. S. 117.
13 A.a.O. S. 120.
14 D. Schmidt a.a.O. S. 60.
15 E. Busch a.a.O. S. 281.
16 A.a.O. S. 448
17 A.a.O. S. 6.
18 F. Lieb a.a.O. S. 421f.

19 A.a.O. S. 393.
20 A.a.O. S. 394, Hervorhebungen hier und im Folgenden vom Verf.
21 A.a.O. S. 394f.
22 A.a.O. S. 367.
23 A.a.O. S. 15.
24 A.a.O. S. 187.
25 A.a.O. S. 318.
26 A.a.O. S. 438. Spätestens hier liefert Lieb das Material für K. Barths unterschiedliche Beurteilung der Nazi-Diktatur zur kommunistischen Diktatur.
27 Neue Zürcher Zeitung vom 4. 12. 1984.
28 F. Lieb a.a.O. S. 215.
29 A.a.O. S. 297.
30 A.a.O. S. 167.
31 A.a.O. S. 343.
32 A.a.O. S. 355f.
33 Man bedenke, daß Lieb als Theologieprofessor in einem freien Land, der Schweiz, die Zuordnung des freien Polen zum bolschewistischen Machtbereich in den Beschlüssen von Jalta 1945 gutheißt!
34 F. Lieb a.a.O. S. 356.
35 A.a.O. S. 358.
36 Kirche und Märtyrer. März 1981.
37 3. Aufl. München 1985. Vgl. S. 206.
38 Zum Vortrag bei der Sechsten Wipkinger Tagung am 14. 10. 45 vgl. E. Busch a.a.O. S. 342.
39 Vgl. S. 97.
40 Ich glaube eine heilige Kirche. Festschrift für Hans Asmussen zum 65. Geburtstag. Hg. v. Walter Bauer u.a. Stuttgart u.a. 1963, S. 16. Vgl. S. 186.
41 A. Burgsmüller, R. Weth (Hg.), Die Barmer Theologische Erklärung. Einführung und Dokumentation. Mit einem Geleitwort von Eduard Lohse. 3. Aufl. Neukirchen-Vluyn 1984, S. 58.
42 S. Anm. 41.
43 Vgl. G. Besier, Zur ekklesiologischen Problematik von „Dahlem" (1934) und „Darmstadt" (1947). Historisch-theologische Überlegungen, ausgehend von einer These Klaus Scholders. In: Kerygma und Dogma 33. Jg. H. 3, 1987, S. 178–191.

III. Das Programm der Kirchwerdung

1 Wichtig für alles Folgende ist die im Vorwort (S. 21) schon erwähnte Arbeit: Enno Konukiewitz, Hans Asmussen. Ein lutherischer Theologe im Kirchenkampf. (Die Lutherische Kirche, Geschichte und Gestalten, Bd. 6). Gütersloh 1984. Das Buch mit seinem sorgfältigen Quellenstudium und wichtigen Belegen schließt eine Lücke in der bisherigen Berichterstattung über das kirchliche Geschehen und ist auch für Laien verständlich geschrieben.
2 Brief Barths an Asmussen vom 23. 5. 1934. Vgl. E. Konukiewitz, a.a.O. S. 95. K. Scholder a.a.O. S. 180, C. Niolaisen, a.a.O. S. 43f. – Es ist schon erstaunlich, wie wenig Barth später

von diesem Konsens noch Gebrauch gemacht hat. Vgl. Karl Barth, Texte zur Barmer Theologischen Erklärung. Mit einer Einleitung von Eberhard Jüngel und einem Editionsbericht hg. von Martin Rohkrämer. Zürich 1984.

3 Den Wortlaut des „Vortrags" s. bei A. Burgsmüller, R. Weth (Hg.) a.a.O. S. 41–58.

4 A.a.O. S. 46.

5 S. S. 159ff. Zu Fiedlers Vortrag vgl. Gerhard Niemöller, Die erste Bekenntnissynode der Deutschen Evangelischen Kirche zu Barmen. Bd. I: Geschichte, Kritik und Bedeutung der Synode und ihrer Theologischen Erklärung. (AGK 5). Göttingen 1959, S. 78. Text bei K. Immer (Hg.) a.a.O. S. 28ff.

6 J. Gauger, Chronik der Kirchenwirren (Gotthard-Briefe 138–145) 1. Teil 1932–1934. Elberfeld 1934, S. 79.

7 Vgl. K. Scholder a.a.O. S. 101, 206 und Peter Neumann, Die Jungrefomatorische Bewegung (AGK 25). Göttingen 1971.

8 K. Immer (Hg.) a.a.O. S. 25.

9 Vgl. G. Niemöller a.a.O. S. 56–58.

10 K. Scholder a.a.O. S. 114.

11 K. Immer a.a.O. S. 25.

12 Vgl. die Dokumente 12/35 in: Georg Kretschmar (Hg.) u. Carsten Nicolaisen (Bearb.), Dokumente zur Kirchenpolitik des Dritten Reiches. Bd. II 1934/35. München 1975, S. 277–283.

13 Eberhard Röhm, Jörg Thierfelder, Evangelische Kirche zwischen Kreuz und Hakenkreuz. Bilder und Texte einer Ausstellung. Stuttgart 1981, S. 98–101.

14 K. Scholder a.a.O. S. 337.

15 A.a.O. S. 164.

16 A.a.O. S. 12.

17 Ebd.

18 G. Besier, G. Sauter a.a.O. S. 45 Anm. 17.

19 Vgl. im Vorwort S. 17.

20 S. die Ausführungen Asmussens in: Wilhelm Niemöller (Hg.), Die zweite Bekenntnissynode der Deutschen Evangelischen Kirche zu Dahlem. Text – Dokumente – Berichte. (AGK 3). Göttingen 1958, S. 211–214.

21 E. Konukiewitz a.a.O. S. 109–120.

22 Vgl. E. Konukiewitz a.a.O. S. 214f.

23 Dietrich Bonhoeffer, Nachfolge, Berlin 1954, S. 269 Anm. 20.

24 K. Immer a.a.O. S. 24. Vgl. zum Folgenden die Darstellung bei W. Niemöller (Hg.) a.a.O. passim.

25 E. Konukiewitz a.a.O. S. 126.

26 Ders. a.a.O. S. 196.

27 A.a.O. S. 207.

28 A.a.O. S. 222f.

29 Harald Kruska (Hg.), Festschrift für D. Paul Blau. Berlin 1961, S. 21.

30 K. Scholder a.a.O. S. 84.

31 Vgl. Dietmar Schmidt, Martin Niemöller, a.a.O. S. 154–158.

32 G. Besier, G. Sauter a.a.O. S. 63–68.

33 K. Immer a.a.O. S. 16 u. 23.

34 K. Scholder a.a.O. S. 85 vgl. S. 100.

35 E. Konukiewitz a.a.O. S. 24.
36 A.a.O. S. 25.
37 A.a.O. S. 43f.
38 A.a.O. S. 44.
39 A.a.O. S. 56.
40 Karl Barth, Theologische Existenz heute! München 1933, S. 3. Hervorhebungen vom Verf.
41 E. Konukiewitz a.a.O. S. 108. Zum vielschichtigen Problem der lutherischen Kirchen wie der Lutheraner aus Unionskirchen zur BK vgl. W. D. Hauschild, Goerg Kretschmar (Hg.), Die lutherischen Kirchen und die Bekenntnissynode von Barmen. Referate des internationalen Symposiums auf der Reisensburg 1984, Göttingen 1984.
42 E. Konukiewitz a.a.O. S. 231.
43 Zur Situation der Tempelhofer BK-Gemeinde vgl. K. Scholder a.a.O. S. 47.
44 Vgl. S. 32.
45 E. Konukiewitz a.a.O. S. 241 u. 251.
46 Hans Asmussen, Vergebung der Sünden, Göttingen 1939. Die Widmung findet sich auf S. 356 in Form eines Briefes. S. S. 330–356.
47 Vgl. S. 172. Der vollständige Wortlaut des Briefes im Anhang S. 357–359.
48 E. Konukiewitz a.a.O. S. 242f.
49 A.a.O. S. 243.
50 K. Immer a.a.O. S. 16.
51 A.a.O. S. 16f.
52 H. Mulert, Konfessionskunde. Berlin 1926, S. 403.
53 E. Busch a.a.O. S. 113 u. 132.
54 E. Konukiewitz S. 73f.
55 So Asmussen im „Vortrag", K. Immer a.a.O., S. 13.
56 D. Bonhoeffer, Versuchung. 2. Aufl. München 1954.
57 Martin Luther, Ausgewählte Werke Bd. 3. München 1938, S. 668f.
58 Martin Fischer, Das Zeugnis der Verhafteten. Berlin 1953.
59 D. Bonhoeffer, Nachfolge – S. Anm. 23.
60 A.a.O. S. 13.
61 Heinrich Schmid, Die Dogmatik der Evangelisch-lutherischen Kirche. Gütersloh 1893.
62 Edmund Schlink, Theologie der lutherischen Bekenntnisschriften. 2. Aufl. München 1947.
63 Jean Calvin, Institutio.
64 Heinrich Vogel, Eiserne Ration eines Christenmenschen. München 1936.
65 Helmut Gollwitzer, Coena domini. München 1937.
66 Karl Barth Festschrift. Theol. Aufsätze. München 1936.
67 H. Asmussen, Begegnungen. W.-Barmen 1936.
68 Brief ist verlorengegangen.
69 H. Asmussen u.a. (Hg.), Rechtgläubigkeit und Frömmigkeit. Das Gespräch der Kirche um die rechte Nachfolge Christi. 3 Bde. 1938f. Berlin.
70 Vgl. die genauen bibliographischen Angaben bei E. Konukiewitz a.a.O. S. 280–283.
71 S. Anm. 69.
72 Denkschrift a.a.O. S. 108f.
73 Vgl. o. Anm. 52.
74 A.a.O. S. 411f.

75 K. Immer (Hg.) a.a.O. S. 38. Hervorhebungen vom Verfasser.

76 A.a.O. S. 61.

77 A.a.O. S. 15.

78 A.a.O. S. 72.

79 Vgl. zuletzt die wenig klärende Darstellung von Joachim Lell, Verworrene Zeit – Pflicht zur Theologie: Heinrich Bornkamm. In: Gottfried Maron (Hg.), Evangelisch und Ökumenisch. Beiträge zum 100jährigen Bestehen des Evangelischen Bundes, Göttingen 1986, S. 73–92 bes. S. 80f., wo die Barmer Erklärung (wieder einmal!) nicht erwähnt wird. Differenzierter und informativer ist die Darstellung von Walter Fleischmann – Bisten, Der evangelische Bund in der Weimarer Republik und im sog. Dritten Reich (1918–1945). In: Ders., Heiner Grote, Protestanten auf dem Wege. Geschichte des Evangelischen Bundes. Göttingen 1986, S. 85–163. Bei der Zentralvorstandssitzung des Evangelischen Bundes am 5. 10. 1934 in Breslau stand die Barmer Erklärung auf der Tagesordnung infolge von Anträgen der westfälischen und schlesischen Vorstände. Der Rücktritt des Präsidenten Conze wie die Kollektensperre der BK gegen den Evang. Bund waren direkte Folgen der Auseinandersetzung um „Barmen" (a.a.O. S. 132f.).

80 Johannes Steinbeck, Die Innere Mission der deutschen evangelischen Kirche. Leipzig 1932, S. 97.

81 S. o. S. 85, E. Konukiewitz a.a.O. S. 44.

82 E. Konukiewitz a.a.O. S. 236.

83 A.a.O. S. 237.

84 K. Immer (Hg.) a.a.O. S. 17.

85 Vgl. Wolfgang Lehmann (Hg.), Kirche im Schmelzprozeß, Wuppertal 1969, S. 47ff.

86 Heinrich Schlier, Der Brief an die Epheser – ein Kommentar. 2. Aufl. Düsseldorf 1958, S. 157 (Anm.).

87 Karl Barth, „Die Verheißung" – Lukas 1. 2. Aufl. München 1937.

88 H. Asmussen, Die Heilige Schrift. In: Ders., Sechs Kapitel zum Dogma von der Bibel. Berlin 1967, S. 24.

89 H. Asmussen, Abschrift des Vortrags im Privatbesitz Lehmann.

90 Vgl. u. S. 256.

91 K. Immer (Hg.), a.a.O. S. 14f.

92 Vgl. u. S. 119.

93 W. Lehmann (Hg.) a.a.O. S. 15f.

94 Vgl. o. S. 83.

95 R. Bultmann s. S. 103.

96 K. Immer (Hg.) a.a.O., S. 23.

97 Vgl. o. S. 95.

98 Reinhold von Thadden, der Gründer und erster Präsident des „Evangelischen Kirchentages" nach dem Zweiten Weltkrieg, erzählte uns, den Mitarbeitern der Arbeitsgruppe 4 „Diaspora" bei der Vorbereitung des 9. Evang. Kirchentages 1959 in München, er habe in Pommern bis zu seinem 16. Lebensjahr keinen Katholiken zu Gesicht bekommen.

99 Das Sakrament. Stuttgart 1957, S. 46.

100 Kurt Frör (Hg.), Confirmatio. Forschungen zur Geschichte und Praxis der Konfirmation. München 1959, S. 73.

101 A.a.O. S. 101.

102 Vg. o. S. 95.

103 Hans Asmussen, Gottesdienstlehre, Bd. I: Die Lehre vom Gottesdienst. München 1937, S. 3.
104 Vgl. dazu die wichtige Arbeit von Gustav Wingren, Gott und Mensch bei Karl Barth, Berlin 1951.
105 S. o. I Anm. 7, S. 15.
106 E. Konukiewitz a.a.O. S. 193f. Hervorhebung vom Verf.
107 Zitiert nach E. Busch a.a.O. S. 498f.
108 Vgl. o. S. 98.
109 Vgl. Anm. 103; a.a.O. S. 7, 11f.
110 A.a.O. S. 3.
111 H. Asmussen, Betet ohne Unterlaß! Von der Ordnung des Gebets. Berlin 1941, S. 41.
112 A.a.O. S. 6. Den Text des Altonaer Bekenntnisses s. bei Kurt Dietrich Schmidt. Die Bekenntnisse und grundsätzlichen Äußerungen zur Kirchenfrage des Jahres 1933. 3. Aufl. Göttingen 1937, S. 19–26.
113 Vgl. o. S. 85.
114 So verstand übrigens auch der Reformierte John Mott die „Messe" bei der Weltkirchenkonferenz 1948 in Amsterdam als *Regelfall*.
115 10 Tage nachdem er mich mit H. Mochalski als Assistent in der Dahlemer St. Annenkirche ordiniert hatte.
116 E. Konukiewitz a.a.O. S. 224.
117 H. Asmussen, Sola fide – das ist lutherisch! I Th Ex H. 49 München 1937, S. 6.
118 H. 2, Göttingen 1937.
119 H. Asmussen, Sola fide, S. 8.
120 A.a.O. S. 5.
121 A.a.O. S. 9.
122 Enno Konukiewitz a.a.O. S. 225.
123 Vgl. a.a.O. S. 232–234.
124 Ich glaube eine heilige Kirche. Festschrift für Hans Asmussen zum 65. Geburtstag. Hg. v. Walter Bauer u. a. Stuttgart, Berlin, Hamburg 1963, hier S. 101ff.
125 E. Busch a.a.O. S. 341.
126 A.a.O. S. 154.
127 A.a.O. S. 88.
128 E. Busch a.a.O. S. 419.
129 A.a.O. S. 441.
130 A.a.O. S. 333.
131 Karl Barth, Gesamtausgabe, Abt. I: Predigten 1954–1967. 2. Aufl. Zürich 1982, S. 72–80.
132 E. Busch, a.a.O. S. 409.
133 A.a.O. S. 133.
134 A.a.O. S. 90 (vgl. Anm. 124).
135 E. Busch a.a.O. S. 419f.
136 A.a.O. S. 301f.
137 München 1939.
138 D. Schmidt, Martin Niemöller; hier zitiert nach der 1. Aufl. Hamburg 1959, S. 154ff.
139 Es war der Kreis um Frau Dach mit Ernst Brandenburg, Ministerialdirektor Feierabend und Hans Bernd Gisevius.
140 D. Schmidt a.a.O. S. 172f.

141 Vgl. den Versuch von Friedrich Delekat, Die politische Predigt. (Schriftenreihe Lebendige Wissenschaft H. 2). Stuttgart 1947, bes. den Schluß S. 23.
142 E. Busch a.a.O. S. 302.
143 H. Asmussen, Wiederum steht geschrieben! Römer 13. Eine exegetische Skizze. München 1939.
144 A.a.O. S. 15.
145 Rudolf Bultmann, Das Evangelium des Johannes. (KeK 2). 10. Aufl. Göttingen 1964.
146 E. Busch a.a.O. S. 393.
147 Heinrich Schlier a.a.O. S. 21.
148 Ludwig Steil zit. nach: Werner Oehme, Märtyrer der evangelischen Christenheit. 2. Aufl. Berlin 1980, S. 154–176. S. auch S. 213; 243; 269.
149 Vgl. dazu Erich Beyreuther, Die Auflösung des reformatorischen Gottesdienstes in der lutherischen Orthodoxie des 17. Jahrhunderts. In: Evang. Theol. H. 8/9, 1960.
150 So auch im „Vortrag", a.a.O. S. 23.
151 H. Asmussen, Die Lehre vom Gottesdienst a.a.O. S. 12.
152 Hermann Dietzfelbinger, Veränderung und Beständigkeit. Erinnerungen. 2. Aufl. München 1985.
153 Reinhard Frieling zit. nach: Beiträge der lutherischen Konferenz in Hessen und Nassau, H. 5. Darmstadt 1980, S. 16.
154 Adalbert Erler, Kirchenrecht. 5. Aufl. München 1983, S. 164.
155 A.a.O. S. 180.
156 Eilert Herms, Einheit der Christen in der Gemeinschaft der Kirchen. Die ökumenische Bewegung der römischen Kirche im Lichte der reformatorischen Theologie. Antwort auf den Rahner-Plan. (Kirche und Konfession 24). Göttingen 1984.
157 Neue Zürcher Zeitung vom 30. 11. 1984, S. 38.
158 Auch Hermann Mulert hat sich vom Nationalsozialismus und von den DC distanziert und hat damit auch seinen Austritt aus dem Evangelischen Bund am 29. 3. 1933 begründet. Vgl. Fleischmann-Bisten a.a.O. S. 131.
159 Vgl. Carsten Nicolaisen, Der Weg nach Barmen. Die Entstehungsgeschichte der Theologischen Erklärung von 1934. Neukirchen-Vluyn 1985, S. 10f.
160 Vgl. Wilhelm Niemöller, Der Pfarrernotbund. Geschichte einer kämpfenden Bruderschaft. Hamburg 1973, Vorwort o. S.
161 Vgl. C. Nicolaisen a.a.O. S. 74ff.
162 Karl Immer (Hg.) a.a.O. S. 28ff.
163 Klaus Scholders Darstellung des Verhältnisses Staat-Kirche, insbesondere seit der Weimarer Reichsverfassung, a.a.O. S. 18–24, – gibt den Hintergrund zu Fiedlers Referat, Zur Bedeutung E. Fiedlers für die BK s. ders., a.a.O. S. 113, 171, 174ff., 182, 187ff. 203ff., 299, 339ff., 346.
164 Kopie des Briefes im Privatbesitz Lehmann.
165 E. Konukiewitz a.a.O. S. 173.
166 Text in: Gerhard Niemöller (Hg.), Die Synode zu Halle 1937. Die zweite Tagung der vierten Bekenntnissynode der Evangelischen Kirche der altpreußischen Union. Text – Dokumente – Berichte. (AGK 11). Göttingen 1963, S. 156–180. Auch in: Hans Asmussen, Aufsätze – Briefe – Reden 1927–1945. Itzehoe – Berlin 1963. Vgl. die Kommentare zur Barmer Erklärung von Gerhard Gloege und Hans von Soden (1936!): Gerhard Besier, Henning Gloege, Unveröffentlichte Dokumente aus der Auslegungsgeschichte

von „Barmen". In: G. Besier, Gerhard Ringshausen (Hg.), Bekenntnis, Widerstand, Martyrium. Von Barmen 1934 bis Plötzensee 1944. Göttingen 1986, S. 383–425.
167 G. Niemöller a.a.O. S. 172.
168 Vgl. o. S. 85.
169 Hans Asmussen, Theologisch-kirchliche Erwägungen zum Galaterbrief. München 1935.
170 S. E. Konukiewitz a.a.O. S. 203.
171 H. Asmussen, Maria – die Mutter Gottes. 3. Aufl. Stuttgart 1960.
172 Jean Louis Leuba, Institution und Ereignis. Göttingen 1957.
173 Emil Brunner, Das Mißverständnis der Kirche, zit. nach: Gottfried Voigt, Die Leiblichkeit der Kirche. In: Lutherische Nachrichten vom 15. 8. 1958, Berlin 1958.
174 A. Erler, Thomas Murner als Jurist (Frankfurter wissenschaftliche Beiträge). Frankfurt/M. 1956.
175 A.a.O. S.72ff.
176 Vgl. den gesamten Text Fiedlers. Die Forderungen an die Gemeinden, in: Wilhelm Niemöller, Die zweite Bekenntnissynode der DEK zu Dahlem. Text – Dokumente – Berichte. (AGK 3). Göttingen 1958, S. 220–225.
177 Paul Reinhardt, Bericht über die Tagung vom 22.–24. 3. 1954. In: Schriften des Theol. Konvents Augsburgischen Bekenntnisses H. 9, Berlin 1955, S. 126.
178 Vgl. noch einmal das Referat bei der Hallenser Synode 1937, s.o. Anm. 166, mit der wichtigen Annäherung der Konfessionen in der Abendmahlsfrage.
179 E. Konukiewitz a.a.O. S. 200–202.
180 Zu diesen Vorgängen vgl. Kirchliches Jahrbuch für die Evangelische Kirche in Deutschland 60–71 (1933–1941), begr. v. Johannes Schneider, hg. v. Joachim Beckmann, 2. Aufl. Gütersloh 1976, S. 256–266.
181 E. Konukiewitz a.a.O. S. 241.
182 Br. Asmussen an Willem A. Visser't Hooft vom 13. 12. 1942 vgl. im Anhang S. 357.
183 E. Konukiewitz a.a.O. S. 230–234.
184 K. Immer (Hg.) a.a.O. S. 21.
185 Vgl. Jörg Thierfelder, Das Kirchliche Einigungswerk des württembergischen Landesbischofs Theophil Wurm. (AKiZ, Reihe B, Bd. I). Göttingen 1975.
186 Br. Privatbesitz W. Lehmann. Hans Böhm hatte bei uns den Decknamen „der Scheich". Am 15. 12. 43 schrieb mir H. Asmussen ins OKH, daß er die aus Berlin evakuierten „Kinder des Scheichs" bei sich aufgenommen habe. – Am 4. 11. 1945 hatte Dr. Brunotte H. Asmussen die Geschäfte der Kirchen-Kanzlei übergeben. – P. Franz R. Hildebrandt wurde in Berlin Präsident des Konsistoriums.
187 Vgl. hierzu die Thesenreihe von Heinrich Vogel, Der Anfang. In: Ders., Vom Geheimnis des Lernens. Berlin 1947, S. 3–8.
188 Br. im Privatbesitz W. Lehmann.
189 Vgl. o. S. 30.
190 Br. im Privatbesitz W. Lehmann.
191 Ebd.
192 Ebd.
193 Ebd.
194 Ebd.
195 Für die Zeit der Kirchwerdung in der ersten Nachkriegszeit vgl. meinen „Lagebericht" vom November 1945 an Asmussen, Böhm und Kloppenburg im Anhang.

196 Vgl. unten S. 371. Noch einmal sei darauf hingewiesen, wie sehr sich auch H. Kloppenburg H. Asmussen noch nach Kriegsende verbunden wußte.

197 Vgl. Titel und Einleitung zu dem von mir hg. Buch „Kirche im Schmelzprozeß", a.a.O. u. S. 5.

198 Vgl. G. Besier, G. Sauter a.a.O. S. 63ff.

199 Br. von E. Osterloh s.o. S. 180.

200 E. Konukiewitz a.a.O. S. 129f. Es sei hier noch einmal daran erinnert, daß Asmussen sein 1939 erschienenes Büchlein (s. Anhang S. 330–356) „Vergebung der Sünden" als eines seiner wichtigsten Werke verstanden hat.

201 H. Asmussen, Aufsätze ... S. 115f.

202 E. Konukiewitz a.a.O. S. 241.

203 A.a.O. S. 243.

204 A.a.O. S. 182.

205 Klaus Scholder, Art. Kirchenkampf. In: Evangelisches Staatslexikon. 2. Aufl. Stuttgart, Berlin Sp. 1187.

206 E. Konukiewitz a.a.O. S. 239.

207 A.a.O. S. 16.

208 A.a.O. S. 255f.

209 H. Asmussen, Her zu uns, wer dem Herrn angehört! Warum doch Barmen? Elberfeld 1937.

210 Zitiert nach E. Konukiewitz a.a.O. S. 180.

211 A.a.O. S. 187.

212 Br. im Privatbesitz Lehmann. Ich habe an der Kasseler Sitzung teilgenommen, die für Asmussens Anliegen denkbar offen war.

213 H. Asmussen, Stellungnahme über die Aufgabe der BK nach Bildung der EKD, im Privatbesitz Lehmann. Vgl. die entgegengesetzte Anschauung von Hans Prolingheuer (Jahrgang 1930), Kleine politische Kirchengeschichte – 50 Jahre evangelischer Kirchenkampf von 1919–1969. Frankfurt 1984. U. ders., Wir sind in die Irre gegangen. Die Schuld der Kirche unterm Hakenkreuz, nach dem Bekenntnis des „Darmstädter Wortes" von 1947. Frankfurt 1987. Vgl. ebd. den halbfett gesetzten Spitzensatz für unseren Zusammenhang: „Das ‚Darmstädter Wort' hebt die Bindung des Barmer Bekenntnisses an die Auslegung des Asmussen-Vortrages auf, die es auch Faschisten und Militaristen in ihrem Linkenhaß und Rüstungswahn ermöglicht, sich auf die Barmer Erklärung zu berufen." (S. 161)

214 Vgl. o. S. 39 u. 161.

215 Der Br. ist abgedruckt bei M. Greschat a.a.O. S. 282 und in Karl Barth, Gesamtausgabe Abt. V. D. Koch (Hg.), Offene Briefe 1945–1968, Zürich 1984, S. 77ff., Auszüge auch bei G. Besier, G. Sauter a.a.O. S. 46 Anm. 31. Die Anmerkungen Kochs zum Verhältnis Barth-Niemöller-Asmussen (s. a.a.O. d. Anm.) sind zumindest ergänzungsbedürftig.

216 Vgl. dazu G. Besier, G. Sauter a.a.O. S. 49 Anm. 56 die Kritik A. Kählers an Barths Geschichtsanalyse. Als jüngstes Produkt dieser falschen Geschichtsschau läßt sich verstehen: Versöhnung und Frieden mit den Völkern der Sowjetunion. Herausforderungen zur Umkehr. Eine Thesenreihe. Herausgegeben von den Arbeitsgemeinschaften Solidarische Kirche Westfalen und Lippe in Verbindung mit ... Gütersloh 1987. Das Bändchen (64 S.) soll wohl durch seine Aufmachung die Nähe zu einer Denkschrift der EKD suggerieren! – Erwin Wilkens, Stellungnahme zum Darmstädter Wort vom 8. Au-

gust 1947. In: Günther Metzger (Hg.), Zukunft aus dem Wort. Helmut Claß zum 65. Geburtstag. Stuttgart 1978.

217 Robert Tillmanns Geschichte der christlich-demokratischen und christlich-sozialen Bewegungen in Deutschland. Bd. I (Schriftenreihe d. Bundeszentrale für politische Bildg. Bd. 216), Bonn 1984, S. 247.

218 Vgl. unten S. 253ff.

219 G. Besier, G. Sauter a.a.O. S. 21.

220 A.a.O. S. 139ff.

221 Text: Versöhnung und Frieden mit den Völkern der Sowjetunion a.a.O. S. 62f.

222 F. W. Marquardt, Theologie und Sozialismus, Das Beispiel Karl Barths. 3. Aufl. München 1985.

223 A.a.O. S. 315.

224 A.a.O. S. 15.

225 C. Niolaisen a.a.O. S. 57.

226 E. Konukiewitz a.a.O. S. 25.

227 Zitat bei G. Besier, G. Sauter a.a.O. S. 51 Anm. 65.

228 S. Dignath, Dr. Karl Sack – ein Widerstandskämpfer aus Bosenheim, Kreuznach 1985, S. 70ff. Vgl. Hermann Bösch, Heeresrichter Dr. Karl Sack im Widerstand. München 1967.

229 Für viele Stellungnahmen im gleichen Sinne vgl. H. Asmussen, Kirchliche Ostkontakte. In: Rheinischer Merkur, 17. 5. 63, S. 4.

230 Br. im Privatbesitz W. Lehmann.

231 München 1932. 3. Aufl. 1937(!).

232 Zitiert nach E. Konukiewitz a.a.O. S. 46f.

233 A.a.O. S. 73f.

234 A.a.O. S. 244.

235 A.a.O. S. 171.

236 Vgl. o. S. 93.

237 Karl Barth, Barmen. In: Ders., Texte zur Barmer Theol. Erkl. a.a.O. S. 159–172.

238 A.a.O. S. 169.

239 Vgl. E. Konukiewitz a.a.O. S. 32–35.

240 Vgl. zu diesen Vorgängen E. Konukiewitz a.a.O. S. 255–259. Die zitierten Briefe befinden sich im Privatbesitz W. Lehmann.

241 Dokument im Privatbesitz W. Lehmann.

242 Albino Luciani, Ihr ergebener Albino Luciani. München 1978, S. 109 u. 111.

243 Georg Zenk, Evangelisch in Katholizität – Oekumenische Impulse aus Dienst und Werk Hans Asmussens. Bde I u. II. Frankfurt u. a. 1977.

244 Br. im Privatbesitz W. Lehmann.

245 E. Busch a.a.O. S. 420.

246 Vgl. im Anhang S. 365.

247 Vgl. das vertrauliche Gespräch zwischen Rev. Arthur Cotter und Visser't Hooft vom 20. 6. 1945, in dem Cotter Niemöller als untauglich für die Leitung der Gesamtkirche bezeichnete, er sei „not a statesman". G. Besier, „Selbstreinigung" unter britischer Besatzungsherrschaft. Die Evangelisch-lutherische Landeskirche Hannovers und ihr Landesbischof Marahrens 1945–1947. (Studien zur KG Niedersachsens Bd. 27). Göttingen 1986, S. 113.

248 Oscar Cullmann, Petrus – Jünger, Apostel, Märtyrer. Zürich 1952.
249 Rundschreiben, wie die folgenden im Privatbesitz W. Lehmann.
250 Vgl. D. Schmidt a.a.O. S. 163.
251 H. Asmussen u.a., Katholische Reformation. Stuttgart 1958 (drei Auflagen!). – The Unfinished Reformation. Indiana 1961. – E. Kinder, Die Erbsünde. Stuttgart 1959. – P. Meinhold, E. Iserloh, Abendmahl und Opfer. A.a.O. 1960. – H. Asmussen u.a., Die Kirche – Volk Gottes. A.a.O. 1961. – W. Stählin u.a., Das Amt der Einheit. A.a.0. 1964. – E. Kinder, Was ist eigentlich evangelisch? A.a.O. 1961. – H. Fries, Das Gespräch mit den evangelischen Christen. A.a.O. 1961. – M. Lackmann, Ein Hilferuf aus der Kirche für die Kirche. A.a.O. 1960. – Ders., Verehrung der Heiligen. A.a.O. 1958.
252 E. Kaufmann, Glaube, Irrtum, Recht. Zur Problematik des evangelischen Lehrzuchtverfahrens unter besonderer Berücksichtigung des Falles Baumann. Stuttgart 1961.
253 Frédéric Godet, Kommentar zu dem Evangelium des Johannes. 3. Aufl. Hannover 1890, S. 264.
254 K. Immer (Hg.) a.a.O. S. 15.
255 Über die Affinität dieser Grundsätze zum Raum des Politischen vgl. unten S. 314ff.
256 Kopie des BVG-Urteils über die Badische Kirchenbausteuer im Privatbesitz Lehmann.
257 Philipp Nicolai, Freudenspiegel ... (1597). Selbstverlag o.J. R. Mumm.

IV. Die Gedanken sind frei

1 Alle folgenden Briefe und Bilder im Privatbesitz W. Lehmann.

V Kirche und Politik

1 Die Lichterfelder Predigt H. Asmussens ist verschollen.
2 H. Asmussen, Zur jüngsten Kirchengeschichte, Anmerkungen und Folgerungen. Stuttgart 1961.
3 H. Asmussen, Politik und Christentum. Hamburg 1933. Hier zitiert nach E. Konukiewitz a.a.O. S. 158.
4 Die Unterlagen über Ehlers Aussagen wurden bei der erwähnten Gedenkfeier am 4. 10. 1984 in Bonn verteilt.
5 F. Söhlmann a.a.O. S. 33.
6 A.a.O. S. 148ff.
7 Thesenreihe im Privatbesitz W. Lehmann.
8 Was Asmussen hier 1935 aussprach, hat seine Aktualität bis heute behalten. Man denke z.B. daran, wie während des Düsseldorfer Kirchentages 1985 der „Gute Gott“ ohne die Durchgangsbedingung „durch Jesum Christum“ in den Gebeten als Hoffnung gegen Krieg und Verfall der Schöpfung angesprochen.
9 H. Asmussen, Der Römerbrief. Stuttgart 1952, S. 129.
10 H. Asmussen, Über die Macht. Stuttgart 1960. Ders., Krieg und Frieden. Osnabrück 1961.
11 H. Asmussen, Der Christ in politischer Verantwortung (Schriftenreihe Politik). Freiburg 1960.

12 Leipzig 1936.
13 E. Konukiewitz a.a.O. S. 267. Vgl. noch einmal die überzeugende Interpretation G. Sauters zum geistlichen Vollzug dieses Bekenntnisses in G. Besier, ders. a.a.O. S. 63ff.
14 Beide Entwürfe im Privatbesitz W. Lehmann.
15 So Walter Bodenstein, Ist nur der Besiegte schuldig? Asendorf 1985. Vgl. aber schon die Ansprache von O. Dibelius in Stuttgart bei G. Besier, G. Sauter a.a.O. S. 139–143.
16 Dokument im Privatbesitz W. Lehmann.
17 Text im Privatbesitz W. Lehmann.
18 E. Busch a.a.O. S. 315.
19 A.a.O. S. 319.
20 A.a.O. S. 317.
21 A.a.O. S. 319.
22 Vgl. o. S. 42.

VII. Anhang

H. Asmussen, Vergebung der Sünden, Göttingen 1939

Zum Lobe Gottes

Lasset uns Gott dem Vater Lob sagen. Er vergibt Sünden. Ein neues Leben schafft er uns in dieser und in jener Welt. Denn die Vergebung der Sünden ist die Erlösung der Welt, die er zu geben versprochen hat. Wird die Vergebung der Sünden dir zuteil, so hast du den größten Schatz erworben, den ein Mensch überhaupt erwerben kann. Du hast für Zeit und Ewigkeit genug.

Lasset uns Jesus Christus Lob sagen. Die Vergebung der Sünden ist sein Amt. Wie ein Arzt zu den Kranken gehört, so gehört Jesus Christus zu den Sündern. Wie ein Arzt keine größere Freude kennt, als Kranke gesund zu machen, so will Jesus Christus den Sündern die Sünden vergeben. Er ist gekommen, die Sünder zu suchen und selig zu machen. Die Sünder hat er angenommen und ist ihr Geselle geworden. Zwischen zwei Verbrechern hing er am Kreuze, ein bleibendes Zeichen, nicht für die Rechtfertigung des Verbrechens, sondern für die Errettung des Sünders. Von dem Amt, Sünden zu vergeben, hat Jesus sich auch nicht durch den Unwillen seiner Zeitgenossen abbringen lassen. Seine Sendung hing daran, daß er sich zu den Verlorenen hielt.

Lasset uns dem Heiligen Geiste Lob sagen. Er macht uns der Vergebung der Sünden gewiß. Er hat die Kirche ins Leben gerufen, die Gemeinschaft derer, denen Erbarmung widerfahren ist. Er waltet im Wort und Zeugnis, er spricht die Vergebung der Sünden zu. Er wirkt in der Taufe und im heiligen Nachtmahl, er macht die Vergebung der Sünden kräftig und versiegelt sie. Er führt den neuen Himmel und die neue Erde herauf; dort wird die Vergebung der Sünden ihre reifen Früchte tragen. Man wird sehen, daß die Vergebung der Sünden die tragende Kraft der Erneuerung für Menschen, Erde und Himmel ist.

Viele Gaben hat Gott zu vergeben. Aus verborgenen Quellen läßt er Gutes den Guten und Bösen zufließen. Großes bereitet er im Geheimen und schenkt es den Menschen – welchen er will. Seine Wunder tut er im Offenbaren, wo der Glaube herrscht. Die Gaben, die er verborgen wirkt, gibt er den Menschen in die Hand. Die Wunder, die er dem Glauben offenbart, läßt er von keinem berühren. Aber, was auch immer er tut – er tut es um der Vergebung der Sünden willen.

Verleiht Gott Gesundung des Leibes, wo die Kunst des Arztes und der Wille des Kranken am Ende sind, da will er hinweisen auf das noch größere Wunder der Vergebung. Es ist sein heiliger Wille, daß auf Erden geglaubt wird: Jesus Christus hat Macht, Sünden zu vergeben.

Lenkt Gott aus seinem verborgenen Rat die Geschicke der Menschen, steckt er den Völkern Grenzen, wie weit und wie lange sie wohnen sollen, so tut er es, damit sie ihn suchen und – in Vergebung der Sünden – finden sollen. In ihm leben, weben und sind wir und wissen doch nichts davon, er habe sich uns denn in Vergebung der Sünden durch den Heiligen Geist geoffenbart.

Darum bereitet euch, von Vergebung zu hören. Schickt euch an, Vergebung zu empfangen. Erhebet die Herzen, für Vergebung zu danken. Erneuert euch im Geiste, um der Vergebung willen den anzubeten, der da war und der da ist und der da kommt.

Um Vergebung bitten heißt: Gott suchen

Wer um Vergebung bittet, erfüllt das Gebot, das Gott selbst durch Jesus Christus gegeben hat. Darum kommt vor sein Angesicht! Betet vor ihm, daß er eure Sünden wegnehme und vergebe!

Es flehe aber jeder Gott an um seinen Geist, daß er recht um die Vergebung bete. Wer um Vergebung bittet, soll sich zuerst und zumeist Gott selbst öffnen. Wer sich nicht Gott öffnet, gefällt sich selbst, wo er um Vergebung bittet, oder er will gar anderen damit gefallen. Damit macht er die Sünde noch ärger als sie ist; mit schmutziger Hand reißt er nieder, was Gott baut. Wer um Vergebung bittet, der hüte sich, sich selbst zu zerbrechen. Er überlasse es Gott im Glauben, was er aus uns macht.

Wer um Vergebung bittet, der bedenke, daß Gott uns besser kennt, als wir ihn kennen. Verborgene Sünden, die wir nicht sehen, sieht er. Er wägt die einzelnen Sünden recht und wägt sie darum anders, als wir sie wägen. Das Gewicht der Sünde wird weder durch unser Gewissen noch durch das Herkommen noch durch Erkenntnisse bestimmt, die wir gewinnen, sondern Gott wägt und Gott schätzt ein. Du weißt wohl, daß du hier und da etwas tatest, was nicht recht war. Aber wieviel du tatest und wie schwer es wog, das weißt du nicht. Darum, wenn du Gott deine Sünden bekennst, so siehe zu, daß du wirklich vor ihm stehst und ihm das Zählen und Wägen wohl überläßt.

Wer recht um Vergebung bittet, dem geht es nur um eines: daß Gott ihm gut ist. Wer mehr will, der will nicht genug. Denn die Bitte um die Vergebung ist die Bitte um Gott selbst und um Gott ganz. Mag die Bitte um Vergebung noch so viel

Verzicht einschließen – den Verzicht darauf, Gott ganz zu haben, kann sie nicht enthalten. Wer Vergebung will und dabei nicht Gott will und Gott ganz will, der betet nicht recht. Es ist kein anderer Gott für uns da als der, der ganz und gar ein Gott der Vergebung ist. Und wer Vergebung kennt, der erst kennt Gott eigentlich.

Darum betet gläubig und kindlich zu Gott! Kommt, wie ihr seid! Meidet die Tiefen des Herzens, soweit Gott sie verbirgt! Verschließt den Blick vor den Tiefen des Herzens nicht, soweit Gott sie aufdeckt! Haltet vor Augen, daß es besser ist, Gott zu erkennen, als sich selbst zu erkennen. Suchet Gott in der Vergebung und suchet in Gott nur Vergebung. Aber hütet euch, daß ihr euch selbst sucht!

Um Vergebung bitten heißt:
Furcht und Zittern kennenlernen

Denn im Gebet um die Vergebung wird der große Ernst des heiligen Willens Gottes erkannt. Darum wird zu uns gesagt, daß wir mit Furcht und Zittern unsere Seligkeit suchen sollen.

Darum versucht nicht, diese Furcht zu meiden. Will ein Seemann den Sturm vermeiden, dann wird er nie neue Länder entdecken. Wer Vergebung will, ohne die Furcht kennenzulernen, kommt höchstens dazu, sich selbst zu vergeben. Die Heimlichkeit göttlicher Vergebung wird nur in der Unheimlichkeit des Zitterns in Furcht gefunden.

Wer diese Furcht meidet, der will nicht Vergebung der Sünden, sondern Beruhigung seines Gewissens; der beginnt gegeneinander aufzurechnen, was er Gutes und Böses getan hat. Er muß die böse Tat fortheucheln oder verkleinern und die gute Tat erdichten oder vergrößern, damit die Rechnung aufgeht.

Das ist ein verfluchtes Unterfangen; und wir alle beginnen damit, ehe wir es merken. Wer damit beginnt, der begibt sich in einen Sumpf. Je mehr er sich müht, wieder herauszukommen, desto tiefer und hoffnungsloser sinkt er hinein. Sich selbst bespiegeln nimmt gefangen.

Gottes Vergebung ist größer als unser Versuch, uns selbst zu vergeben. Gott rechnet nicht auf. Wem er vergibt, der ist mit einem Male ganz rein. Wie der Schnee die Felder verhüllt, so hüllt Gott jeden, dem er vergibt, ganz und gar in seine Güte. Alles nimmt er weg, was ihn von den Sündern trennt; oder er verurteilt ganz und gar. Wem er vergibt, den kann nichts mehr verdammen. Kein gutes oder wohlgemeintes Werk aber kann besser oder vollkommener machen, was sein gnädiger Spruch mit einem Male zuwege brachte.

Betet zu Gott um Augen, die das erkennen. Dann wird es euch gehen wie dem, der die Berge zum ersten Male in ihrer Pracht sieht. Viele Bilder von Bergen mag er gesehen haben, kein Bild kann eigentlich wiedergeben, was ein Bergriese ist. So vermögen Menschenworte nur anzudeuten, wie groß Vergebung ist.

Wer es aber erfährt, was Vergebung ist, der weiß auch, was Furcht und Zittern ist. Wer die Berge kennt, der kennt auch die grausigen Gründe. Wer die Vergebung kennt, vergißt darum die Leichtfertigkeit. Er meidet auch die einzelne Sünde, um nicht durch sie alles zu gefährden.

Die Vergebung ist so groß, daß nur ein leeres Herz sie fassen kann. Wird die Vergebung weggenommen, dann bleibt das Nichts. Wer leichtfertig ist, will die Halbheit. Wer Gott ganz will, der weiß, daß alle Halbheit und alle Heuchelei nur schlimmer macht, was sie zu bessern unternimmt. Wer die Leerheit des Herzens wagt, die Leere, in der das Nichts herrscht, wenn die Vergebung das Herz nicht füllt, der tröstet sich dessen, daß Gott größer ist als unser Herz.

Darum kommt vor Gottes Angesicht als solche, die seinen heiligen Ernst nicht meiden. Entsaget der Halbheit! Betet zu Gott, daß sich euer Blick nicht trübe und ihr die ganze vergebende Güte nicht mehr zu sehen vermögt. Wen Gott erleuchtet, der will frei davon werden, daß er sich selbst vergibt. So nehmt denn aus seiner Hand die Vergebung für alles, mit einem Male!

*Um Vergebung bitten heißt:
der unermeßlichen Gnade begegnen*

Wenn Gott vergibt, dann ist seine Gnade wie ein unermeßliches Meer und unsere Sünde wie ein Stein, den man an der tiefsten Stelle hineinwirft; der Stein sinkt in die Tiefe; niemand wird ihn mehr finden.

Es ist sehr schwer, die Erkenntnis zu ertragen, daß Gottes Gnade unermeßlich ist. Die Worte sind leicht gesprochen. Sie sagen aber nur dann, was jemand lebt, wenn er die Größe der Schuld zu glauben wagt. Die Größe der Schuld wird nicht dadurch ermessen, daß wir die einzelnen Taten zusammenzählen, die uns ein böses Gewissen machten; sie wird glaubend erkannt. Dann sieht man, daß sie Trennung von Gott ist. Das hat der dauernd vor Augen, der dem Wunder standzuhalten vermag, daß Gottes Gnade unermeßlich ist.

Warum wagen wir nicht zu sehen, daß Gottes Erbarmen unermeßlich ist? Weil Trotz und Zagen sich in unserem Herzen mischen. Wir sind zu stolz und zu feige, den grausigen Abgrund des Nichts zu erblicken, das unsere Herzen erfüllt, wenn Gott sie nicht füllt. Darum machen wir unsere Sünde zur Ware und Gottes Vergebung zum Gelde, mit dem die erwünschte Ware nach dem Maße bezahlt wird, wie man sie begehrte. Darum wollen sich unsere Augen verschließen und nicht sehen, daß es ums Ganze geht, wenn wir sündigen, und ums unermeßlich Ganze, wenn wir Vergebung empfangen.

Wie nötig ist uns darum die Erkenntnis, daß Gottes Gnade ein unermeßliches Meer ist, in dem unsere Sünde wirklich versinkt! Da weichen Trotz und Zagen. Da hört man auf, sich zu fürchten und die Furcht durch Trotz zu verbergen. Da hat man Mut, wirklich der Mensch zu sein, der man ist und als den Gott uns kennt. Da hört das Feilschen um die Sünde und um die Vergebung auf.

Hier wird Größe vor uns sichtbar, für die alle irdischen Maße nicht mehr hinreichen. Man kann Wasser nicht mit Ellen und Entfernungen nicht nach Litern messen. So kann man auch die Sünde nicht mit vergänglichen Maßstäben und die Gnade nicht nach dem Grade unseres Lustgefühles messen. Maße, die hier zureichend sind, hat nur Gott in der Hand.

Vergebung und Anbetung gehören darum zusammen. Je höher die Erkenntnis der Gnade, je tiefer die Erkenntnis der Sünde, desto unzureichender werden alle Worte. Denn die Vergebung ist wie das Meer im Sturm: Es reißt alle Dämme und alle Feldmarken ein. Es haßt das Land; es will nur Meer sein. Sowenig die Dämme das Meer im Sturm fassen, sowenig begreifen Worte die Gnade. Zuletzt betest du nur noch an.

Tretet denn vor Gottes Angesicht. Bereitet euch, daß eure Blicke sich weiten zu unermeßlichem Horizont. Öffnet die Ohren, daß ihr das große Wort vernehmen könnt, wenn Gott euch Vergebung zusagt. Die ihr betet um Vergebung – ihr sollt erfahren, daß Gott in seiner Gnade allmächtig ist. Erwartet viel! Ihr werdet aber mehr bekommen.

Um Vergebung bitten heißt: staunen können

Wer Gottes Gnade erkennt, lernt das Staunen. Von Anfang an hat Gott die Menschen sich verwundern lassen über alle dem Guten, das er ihnen tat. Wurde seine Gnade sichtbar, da war die freudige Überraschung immer mit Furcht verbunden; so groß war sie. Solange wir noch über Gottes Tun staunen können, haben wir den Glauben noch nicht verloren.

Es bete darum ein jeder zu Gott, daß die Gnade ihm nichts Alltägliches werde. Seid wach und glaubt nie, Vergebung sei das Gewöhnliche. Erschrecket, wenn ihr euch dabei ertappt, daß ihr meint, euch in Gottes Erbarmen auszukennen. Vergebung ist das größte der Wunder Gottes. Sie wird nie begriffen.

Wer meint, er habe die Gnade begriffen, macht Gott zum Gespötte der Leute. Ist es schon zwecklos, die Liebe erklären und begreifen zu wollen – viel zweckloser ist der Versuch, Gottes Erbarmen zu verstehen. Die Welt ohne Glauben wird mehr dadurch missioniert, daß sie den Christen das Staunen über die Vergebung anmerkt, als durch vernünftige Ausführungen über die Gnade. Die staunende Verwunderung über den ewig reichen Gott ist weithin sichtbares Zeichen, welches auf das Geheimnis des vergebenden Gottes hinweist.

Wer glaubt, verwundert sich der Güte Gottes. Jeder neue Tag ist für ihn ein neuer Anfang mit Gott. Es wird dir oft demütigend erscheinen, daß du immer von neuem anfangen mußt. Du wirst aber erfahren, daß die überschwengliche Freude das mit sich bringt. Wer täglich mit Gott von neuem anfängt, dem wird es eben täglich neu und erstaunlich wie am ersten Tage, daß Gott ihn liebt und ihm gut ist.

Flehet darum zu Gott, daß ihr nicht aus dem Staunen fallet. Wer in Staunen verharrt, der wird nicht träge sein auf Gottes Wegen. Durch Staunen und Verwundern wird ihn Gott bewegen. In immer neuer Überraschung wird er fleißig, Gottes Gebote zu tun.

Rufet zu Gott, die ihr Zeugen seiner Gnade sein sollt, daß er euch im Verwundern erhalte. Wer Gottes Güte bezeugt als einer, der im Staunen lebt, der ist ein scheinendes Licht in der Welt. Wenn das die Beschwerten sehen, werden sie nach Gottes Gnade suchen. Die Müden, die da wähnen, alles zu wissen, werden aufhorchen, wenn sie einem Sterblichen begegnen, der noch staunen kann. Beschwerte und Müde fürchten beide den neuen Tag mit seinem neuen Anspruch. Wen aber das freudige Staunen aus dem Schlafe gerissen, der steht mit neuer Kraft auf – zum Werke gerüstet, zur Arbeit bereit.

So nahet euch denn zu Gott! Ihr sollt keine alten Geschichten von ihm hören, die ihr zum Überdruß kennt. Alte Geschichten, die niemanden bewegen, hört ihr nur dort, wo man euch nicht von Gottes Vergeben sagt oder wo ihr selber müde wurdet und das Staunen verlerntet. Wer sich Gott recht naht, ist auf dem Wege großer Freude, auch wenn ihn bisher die Müdigkeit zu Boden drückte. Denn der Weg zu Gottes Herzen ist die täglich neue und täglich erstaunlichere Vergebung.

Um Vergebung bitten heißt: den Zweifel überwinden

Gott ist nicht ein Gott, dem der Zweifel gefällt. Wer sich in seiner Unruhe verzehrt, der bleibt nicht vor ihm. Zweifel an Menschen und Zweifel an der Welt kann zur Flucht zu Gott führen. Aber Zweifel an Gottes Wort und Zusage macht unstet und flüchtig für das ganze Leben. Wer an Gottes Wort zweifelt, will Gott entfliehen. Wer an Gottes Zusage zweifelt, will sich vor Gottes Angesicht verbergen.

Glaubt nur nicht, daß lautes Wesen den Zweifel an Gottes Vergebung ertötet. Das laute Wesen, das über den Zweifel hinwegtäuschen soll, ist vielmehr die Schutzwand, hinter welcher der Zweifel gedeihen kann.

Wir haben alle den Hang, Zweifel durch Getöse zu ersticken. Denn unser keinem ist die Gewißheit gegen Gottes Zusage angeboren; und unser keiner kann sich selbst die Gewißheit der Vergebung schenken. Die Flucht vor Gott ist uns allen bekannter, als wir uns eingestehen wollen. Unstet und flüchtig sein haben wir oft genug als unsere Heimat erwählt und so andere zu unserer Flucht mit fortgerissen.

Ihr habt das Wort gehört. Von Gottes vergebender Gnade habt ihr vernommen. Es hat euch gepackt. Es läßt euch nicht los. Es gellt in den Ohren, daß Gott gütig ist. Wenn ich euch sage, daß ihr nur leben werdet, wenn ihr des göttlichen Erbarmens gewiß seid, dann gebt ihr dem Worte trotz allen Protestes recht. Wer einmal von der Frucht gegessen, die am Baume der göttlichen Gnade wächst, der bestätigt, daß das Leben Tod ist ohne die Gewißheit vergebender Sünden.

Betet darum zu Gott, daß euer Zweifel an seiner Vergebung nicht den Sieg behalte! Er muß ja den Nebel zerteilen, in dem der Zweifel allein leben kann. Er muß ja die Sonne aufgehen lassen, in deren Strahlen allein ich die Gerechtigkeit finde, die mein Leben fernerhin begründen kann. Wir müssen so einfältig gewiß werden, daß Gott uns gut ist, wie Kinder gewiß sind, daß der Vater sie liebhat. In dieser Einfalt erstirbt der Zweifel. In ihr allein entsteht und gedeiht die Gewißheit.

Wer so einfältig gewiß wird, daß Gott ihm gut ist, der wird Gott in seinem Leben wohlgefallen. Er wird das selige Geheimnis des Dankens kennenlernen. Und im Danken entspringt der Gehorsam wie das Quellwasser aus dem Berge. Quellwasser fließt frei aus dem Schoße der Erde; man muß es weder locken noch zwingen. Wer in Gewißheit zum Danken kommt, dessen Mund öffnet sich zum Preise Gottes freiwillig; und ungezwungen gehorcht er Gottes Geboten.

Darum laßt uns mit Freudigkeit hinzutreten zu dem Gnadenthrone Gottes! Nehmet den Frieden aus Gottes Hand, der höher ist als alle Vernunft. Sehet! Der Zugang zur Gnade ist frei. Rühmet Gott! Preiset euch selig, daß das euch angeboten wird. Wer den Zugang zu Gottes Gnade ausnutzt, der tötet den Zweifel, und die Gewißheit trägt ihn.

Um Vergebung bitten heißt: Gott keine Ruhe lassen

Wer um Gewißheit betet, lernt, daß Gott nicht gibt, wie die Welt gibt. Denn Gott gibt dann am ehesten, wenn es scheint, als wolle er alles nehmen.

Um Gewißheit batet ihr; da lerntet ihr die Qual der Ungewißheit kennen. Dem Zweifel und dem unsteten Wesen wolltet ihr entfliehen; aber die stetige Gewißheit floh euch. Ihr begannt, auf Gottes Verheißung zu hören und wolltet die Flucht vor Gott beenden; aber im Hinhören auf Gottes Verheißung schien sie sich in Drohung zu verwandeln. Nun seht ihr die, welche nach Gottes Namen nicht fragen, sicher wandeln. Wo sie hingehen, da scheint ihnen ein Zuhause gegeben. Euch aber droht das Dunkel, vielleicht mehr als vordem.

Das ist Gottes Weg zum Licht. Denn Gott will, daß wir gewiß werden, darum muß er den Drang nach Sicherheit in uns ausbrennen. Gott will, daß wir in ihm zur Ruhe kommen, darum muß er die bequeme Halbheit uns verleiden. Gott will schenken, darum muß er uns hitzig machen, daß wir ihn bestürmen.

Darum sage ich euch: Sucht ihr Gewißheit und fandet ihr dabei scheinbar den quälenden Zweifel, so dringt ein auf Gott! Fragt ihn: Wo ist dein Ruhm, der du dich einen Gott des Trostes nennst?! Soll es umsonst sein, daß es von dir heißt, du nähmest dich der Bekümmerten an?! Warum soll sich der plagen, der dich sucht?! Warum läßt du den, der durch dich allein zu leben hofft?!

Nein, lasset Gott keine Ruhe! Ihr wollt doch, daß er euch segne?! So laßt brechen und fallen, was nicht stehenbleiben will, fragt nur noch nach dem *einen*, ob ihr Gott genehm seid und gefallt. Laßt Gott keine Ruhe! Liegt ihm in den Ohren, bis er euch hört. Denn Gott will solche, die ihn so bitten.

Seid ihr es satt, zu seufzen, so höret auf, in eurem Inneren zu wühlen. Die Augen dessen, der Gewißheit will, sollen nicht auf ihn selbst, sondern auf Gott gerichtet sein. In uns ist die Rettung nicht zu finden, die wir suchen. Ich kann euch nicht sagen, wie lange es dauert, bis Gott euch schenkt, was ihr sucht. Aber ich weiß, daß es Gottes Art ist, sich dort am meisten zu verbergen, wo er mit seinem ganzen Herzen dabei ist. Darum werdet nur nicht lässig! Findet ihr im Gebet die Worte nicht mehr, wird die Zunge zu müde, Gott vorzutragen, was euch kränkt, so laßt euren Wandel ohne Worte vor Gott stehen als Frage an ihn, als Bitte vor ihm, als Schrei zu ihm, wo denn sein Trost bleibe.

Es hüte sich ein jeder, seinen Kummer in sich zu verschließen. Er gehört ausgebreitet vor Gott! Auch wenn Gott nicht zu antworten scheint, so soll es doch vor seinen Augen ausgebreitet liegen, bis er sich offenbart und wir gewiß sind, was wir von ihm zu halten haben.

Gott hat zugesagt, daß der Tag anbricht, an dem man sieht, daß die Verlassenheit, die uns kümmert, Geborgenheit ist. Bei Jesus Christus war der Karfreitag und der Ostertag nahe beieinander; bei denen, die ihm nachfolgen, soll es auch so sein. Denn gerade das ist der Trost, daß ihr an denselben Platz gestellt werdet, an dem Jesus Christus auch stand. Gott hat seine Ehre dafür verpfändet, daß dieser Platz herrlich ist und daß ihr das auch merken und wissen sollt.

Vergebung haben heißt: Gott danken

Jedem, der nach Gott fragt, geht der Tag auf, an dem Gott antwortet. Du hast geschrien; du wirst Erhörung finden. Du warst verlassen; du wirst angenommen werden. Du schwanktest; deine Knie werden gestärkt werden. Du hast gezweifelt; Gott wird Gewißheit schenken. Du hast geklagt bis an die Grenze der Lästerung; Gott wird deinen Mund mit Lob füllen.

Wohl werden auch dann noch Tage kommen, an denen das Licht nicht gesehen wird, an denen die Freuden dich fliehen. Das gehört dazu, daß die Gnade ewig neu ist. Darum soll man diese Sorge dem dunklen Tage selbst überlassen. Wer die Antwort Gottes gehört hat, der soll heute fröhlich sein und heute Gott preisen. Denn das Heute ist die Stunde Gottes.

Sollen die Stimmungen uns beherrschen? Betet zu Gott, daß ihr Seelisches und Geistliches unterscheiden lernt! Wer auf sich zu schauen beginnt, verläßt das geistliche Feld. Gott wolle uns alle davor bewahren, zu glauben, wir seien dann angenehm, wenn wir gehobener Stimmung sind, oder seien dann verworfen, wenn wir uns bedrückt fühlen. Die Gewißheit ist eine Blume, die Tag und Nacht blüht.

Es sind die bösen Anläufe des Teufels, daß er uns auf uns selbst schauen läßt. Wer auf sich selbst schaut, sucht nach dem Sichtbaren; und das Sichtbare ist immer seelisch. Gottes Geist aber treibt uns, auf das Unsichtbare zu sehen, was verheißen ist. Wer darauf sehen lernt, entflieht dem Teufel.

Deshalb seid fleißig im Dank! Der Dank lenkt die Augen ab von uns selbst. Wer Gott Lob opfert, der begibt sich in eine unüberwindlich feste Burg. Wer Gott preist, der sieht von sich selbst ab. Wer Gott Dank abstattet, der baut auf das Unsichtbare, das ewig ist.

So läßt uns Gott unserm alten Wesen sterben, daß wir keine Zeit mehr haben, auf uns selbst zu sehen; ist doch Gott so herrlich und groß. Wer aber nicht mehr auf sich selbst sieht, der stirbt sich selbst. Unser alter Mensch will beachtet sein. Er lebt davon, daß man ihn streichelt in seinen Freuden und Leiden. Wer aber zum Preise Gottes durchdringt, der verlacht sich selbst. Und dieses Lachen über mich selbst im Preise Gottes ist das einzige Lachen über mich, das mir erlaubt ist.

Hat Gott euch Gewißheit geschenkt, daß er eure Sünden vergab, so werdet fleißig im Loben! Denn Gottes Ehre ist euer Heil! Wer in Gottes Lob eindringt, der befestigt seinen Gnadenstand. Im Lobe aber werdet ihr lernen, dem Heute zu leben, von euch selbst abzusehen und auf Gottes Tun heute zu schauen! Wer wieder beginnt, auf sich selbst zu schauen, verliert sich an das Eitle. Er verläßt sein Heil und unternimmt, was Gott zur Unehre gereicht. Wird aber der Dank in eurem Munde nicht verstummen, so werdet ihr leben und Gott ehren.

Vergebung haben heißt: sein Kreuz auf sich nehmen

Die Vergebung der Sünden, das Kreuz Christi und das Kreuz der Christen gehören zusammen. Gott hat seinen Sohn den Weg des Kreuzes gehen lassen; wen er in die Nachfolge Christi beruft, den stellt er auf denselben Weg. Und der Segen ist auf diesem Wege.

Es wird uns immer fremd bleiben, daß es zu unserem Segen sein sollte, wenn Gott uns das Kreuz schickt. Denn das Kreuz ist nichts anderes, als daß wir uns selbst ertragen müssen, so wie Christus alles, was unser ist, hat auf sich nehmen müssen. Es ist ein Wunder, daß uns Gott voller Vergebung alles abnimmt, was uns drückt und belastet, und es uns doch tragen läßt, obschon er es nicht zurechnet. Denn nicht alles Leid ist Kreuz, sondern nur das Leid, in dem wir uns selbst oder die Sünde anderer erleiden.

Wer das Kreuz auf sich nimmt, der bekennt sich zu der Sünde, die ihm vergeben ist; der weiß, daß Sünden aufgedeckt werden, wenn Gott Sünden erläßt; der spürt das Sterben auf dem Wege des Lebens; der geht in die Einsamkeit mitten in der

Gemeinschaft des Volkes Gottes. Das legt Gott seinen Christen zwar nicht immer auf, sondern nur hin und wieder, um sie zu reinigen, und nicht mehr, als sie ertragen können.

Das Kreuz ist immer gleich schwer, ob ich mich selbst oder die Sünden anderer leiden muß. Denn im Kreuz werden wir ganz in Gott hineingezogen und nehmen an der Last teil, die er für Menschen trägt. Wer im Kreuze sich selber leidet, oder wer die Sünden anderer leidet, der leidet nicht mehr als Ankläger oder als Verteidiger, der leidet vielmehr wie das Schlachtfeld, auf dem die Heere miteinander kämpfen.

Höret aber auch von dem Segen des Kreuzes! Wen Gott in das Dunkel des Kreuzes führt, den führt er damit in das Licht seiner Gnade. Denn im Kreuze liegen alle Wunder verborgen. Das merken wir im Anfang noch nicht. Aber Gott läßt es uns zu seiner Zeit erfahren. Wie das Kreuz Jesu ein Siegeszeichen geworden ist, so wird das Kreuz, welches Gott auferlegt, uns selber ein Zeichen der Kindschaft. Bist du mitten im Kreuze und siehst noch nicht, daß es ein solches Zeichen ist, dann sei stille und umfange das Kreuz, bis das Licht dir aufgeht.

In dieser Stille des Wartens wirst du ein Einsamer vor Gott. Christliche Brüder können dir wohl Trost zusprechen, und du wirst gut tun, ihre Gemeinschaft zu suchen, wenn Gott dir Kreuz schickt. Aber die Entscheidung fällt nicht im Gespräch mit den Brüdern, sondern im Gespräch mit Gott.

Darum setzt euch vor, daß ihr euren Mund im Zaume haltet und nicht murret, wenn euch des Kreuzes Last drückt. Flehet zu Gott, daß in den Tagen des Kreuzes sein Wort euch nicht verlasse. Betet, daß ihr es dann gegen alle Erfahrung hört: Wen Gott klein macht, den macht er groß. Dann kommt der Segen Gottes: wenn Gott groß wird und wir klein.

*Vergebung haben heißt:
Frucht bringen*

Wenn Gott Sünden vergibt, dann pflanzt er neue Bäume in seinen Garten, um Frucht von ihnen zu ernten. Wer aber nicht Frucht bringt, der wird abgehauen und muß verderben. Das aber ist die Frucht, zu der wir gesetzt sind, daß wir seine Gebote halten.

Betet darum zu Gott, daß es euch immer vor Augen stehe, daß er euch zu guten Werken berufen hat. Denn durch eure Werke im täglichen Leben werdet ihr die Vergebung bezeugen oder verleugnen. Wer die Gebote hält, der bezeugt, daß Gottes Vergebung kräftig ist. Wer Gottes heiligen Willen verachtet, der verleugnet die Kraft der Vergebung.

Wo du ohne Vergebung bist, da wirst du auch das irdische Leben verderben. Wo du Frucht der Vergebung bringst, da wirst du auch dies irdische Leben erbauen. Lebst du aus der Vergebung, so wirst du deinen Mitmenschen ein Segen sein, weil du vor ihnen aus dem Rechte lebst, das auch ihnen von Gott dargeboten ist: das Gnadenrecht der Vergebung. Du wirst sie sehr zurückhaltend beurteilen, weil du dich scheuen wirst, einen fremden Knecht zu richten. Wenn du weißt, daß dein Leben Geschenk ist, wirst du jedem dasselbe Gnadengeschenk von Herzen gönnen, wirst den andern lieben und ehren, ihm helfen und ihn fördern, ja du wirst in dem geringsten Bruder den Herrn Christus suchen und finden.

Es hüte sich darum jeder vor der Meinung, daß die Vergebung ihn von dem Mitmenschen befreie! Hat Gott dich so angenommen, wie du bist, wie könntest du es wagen, deinen Bruder anders haben zu wollen als er ist? Wohl wirst du herausgenommen aus der Welt, wenn Christus dich zu seinem Eigentum macht, aber du bleibst in der Welt als Mensch unter Menschen, bist gerufen, den anderen Menschen, so wie sie sind, zu begegnen als der, der du bist. Du kannst nicht stärker an den anderen gebunden werden, auch nicht für das tägliche Leben, als durch die Vergebung der Sünden.

Daran soll sich nichts ändern, wenn du mit anderen Enttäuschungen erlebst. Sicher wird dir die Bitterkeit solcher Enttäuschung nicht erspart. Dann aber gedenke daran, daß Gott dich nicht deswegen annahm, weil er mit dir keine Enttäuschungen erlebte; sondern er nahm dich an, obwohl er von dir nur Enttäuschungen erfuhr.

Darum höre diese Botschaft für dein tägliches Leben: Gottes Vergebung will dich tragen, wo du dem Nächsten begegnest. Wenn Bitterkeit dein Herz vergiften will, so wird sein Erbarmen die Bitterkeit entgiften. Will Hoffart und Eigenliebe oder Kränkung dich von dem anderen trennen, so wird die Vergebung dich mit ihm verbinden, da sie für ihn auch erworben ist.

So nahet euch denn zu den Nächsten, ihr, die ihr euch Gott genahet habt, um Vergebung zu erlangen. Wo ihr über den Nächsten erschrecken werdet, da wird es geschehen, weil ihr euer eigenes Spiegelbild seht. Wo ihr Freude erleben werdet, da wird es die Freude sein, daß ihr eurem Herrn selbst begegnet.

*Vergebung haben heißt:
den Menschen mit Gottes Augen sehen*

Die Botschaft von der Vergebung hört nur der recht, welcher vernimmt, daß sie für alle erworben ist. Als Heiland aller Menschen ist Jesus Christus geboren. Alle hat er aufgenommen, wenn sie zu ihm kamen. Niemanden hat er verachtet. Alle, die ihm begegneten, hat er darin geehrt, daß er ihnen Vergebung und die Kindschaft Gottes anbot. Und doch hat er sie alle gekannt; denn er wußte, was im Menschen war.

Nun betet darum, ihr, die ihr Vergebung begehrt, daß ihr vor Menschenverachtung bewahrt werdet. Habt die Menschen von Herzen lieb. Flehet zu Gott, daß ihr sie ebenso ehrt, wie euer Herr sie geehrt hat. Laßt es euch schenken, daß ihr den

Menschen überall als denen begegnet, denen Gott vergeben möchte. Werdet offen dafür, die Vergebung allezeit für jeden gelten zu lassen, für den Gott sie gelten lassen will.

Vergeßt die Gefahr nicht, die euch darum zuwächst, weil ihr die Menschen nie ganz auskennt, auch wenn ihr sie zu kennen meint. Bald werdet ihr wach sein müssen gegen die Schwärmerei, weil ihr jemandem begegnet, den ihr liebgewannet. Bald werdet ihr auf der Hut sein müssen vor der Menschenverachtung, weil ihr Menschen saht, die sich verächtlich benahmen. Zwischen beidem wird euer und mein unbeständiges Herz schwanken. Vor der Gefahr, vertrauensselig oder voll Verachtung zu werden, bewahrt euch nur die Vergebung.

Wer auf Vergebung sein Leben erbaut, wird nüchtern. Er gewinnt feste Maßstäbe. Gott reinigt ihn, so daß er sich nicht von unbestimmten Eindrücken gefangennehmen läßt. Als einer, dem Vergebung widerfährt, wirst du offen sein für Überraschungen und Enttäuschungen. Du wirst willig werden, dein Urteil zu verbessern. Aber nie kann sich dein Urteil darin ändern, daß der andere ein Mensch ist, für den Christus Vergebung erworben hat.

Tugenden und Laster reichen nicht aus, ein hinreichendes Urteil über den Menschen zu finden. Es ist sicher nicht einerlei, ob einer in Tugenden oder in Lastern lebt. Aber im letzten prägen den Menschen weder seine Tugenden noch seine Laster noch die Halbheit, daß er vielleicht weder Tugenden noch Laster hat. Im letzten wirst du allein davon geprägt, ob du die Vergebung annahmst, die Christus dir anbot.

So gehet denn hin unter die Menschen, ihr, die ihr nach Vergebung trachtet. Verschließt eure Augen weder vor den Tugenden, denen ihr begegnet, noch vor den Lastern, die ihr seht. Vergeßt nicht, daß ein großer Unterschied zwischen beiden herrscht, obschon sie sich häufig berühren. Euer entscheidendes Urteil über die Menschen aber werdet ihr dadurch gewinnen, daß ihr danach fragt, was ihnen Vergebung bedeutet oder bedeuten könnte.

Vergebung haben heißt: für andere Vergebung erbitten

Das Wort von der Vergebung ist nie so laut gesprochen wie am Kreuze: „Vater, vergib ihnen, denn sie wissen nicht, was sie tun." Seit diesem Augenblick gehört die Fürbitte zu den Kennzeichen der Christenheit. Wo Vergebung der Sünden empfangen wurde, wird Vergebung der Sünden für andere erbeten.

Hast du Vergebung empfangen, so wird in dir der Wille lebendig, daß auch andere ihrer teilhaftig werden. Man kann nicht Vergebung predigen oder bezeugen, ohne ernstlich zu wollen, daß die, die es hören, ihrer teilhaftig werden. Du kannst wohl niemandem die Vergebung aufdrängen, aber Gott hat dem Gebete eine solche Macht gegeben, daß du durch Gottes Kraft vielen die Vergebung zubeten sollst.

Betest du für andere um Vergebung der Sünden, so wirst du eine Not kennenlernen: Du wirst für andere Sünden bekennen müssen. Das ist die Not aller Fürbitte. Wer nicht die Sünden anderer bekennt, wird nie recht Fürbitte leisten können.

Da merkst du dann erst, ein wie großes Werk die Vergebung ist. Sie stellt mit in Christi Dienst hinein. Und Christi Dienst beginnt damit, daß man um fremde Sünde weiß, nicht als ihr Ankläger, sondern als der, der sie um Christi willen mit vor Gott trägt. Wer das nicht will, weiß nicht, was Fürbitte ist, und weiß nicht, was Vergebung ist.

Wer priesterlich für den anderen um Vergebung bittet, der stellt sich vor Gott auf die Seite des anderen. Und doch kann er nicht mit dem, für den er bittet, gemeinsame Sache machen. Der fürbittende Christus hat die Sünden nicht entschuldigt, er war selbst die Entschuldigung des Sünders. Betest du für die anderen um Vergebung zu Gott, dann kannst du ebensowenig seine Sünde entschuldigen; deine Aufgabe ist es, Christus für den anderen vor Gott zu stellen.

Darauf hat Gott eine große Verheißung gelegt. Hier wird ein Dienst geleistet, den niemand sieht und der doch viele trägt. Hier wird eine große Kraft Christi geglaubt. Hier wird Gott ein treues, väterliches Herz zugetraut. Hier wird fest gehofft, daß die Sünde den Krieg verlieren muß. Eine Gemeinschaft mit den Menschen entsteht, auch mit Widersachern, wie sie nicht stärker gedacht werden kann.

So erfüllt Christus in der Vergebung an uns, was Gott im Gebot von uns fordert. Gott will, daß wir ihm dienen, indem wir dem Nächsten dienen; und daß wir dem Nächsten dienen, indem wir ihm dienen. Christus gibt, was Gott fordert. Wer Vergebung empfängt, wird ganz allein vor Gott gestellt; aber er bringt den Nächsten mit vor Gottes Thron. Wer Vergebung empfängt, wird zu dem Nächsten gesandt; aber er findet den Weg zu dem Nächsten nur auf dem Wege, auf dem er aus Vergebung in Vergebung wandelt.

Vergebung haben heißt: vergeben, wie mir vergeben ist

Wem viel vergeben ist, der liebt auch viel. Darum kann die Unversöhnlichkeit nicht bestehen, wo die Vergebung herrscht. Wir sind ernstlich gewarnt, uns auf Vergebung zu verlassen, wenn wir nicht willig sind, zu vergeben.

Nun prüft euch, die ihr Vergebung verlangt, ob ihr Vergebung geübt habt und bereit seid, sie zu üben. Ihr wißt selbst von Fällen, in denen ihr unversöhnlich gehandelt, geredet oder gedacht habt.

Warum sind wir eigentlich unversöhnlich? Wir sind unversöhnlich, weil wir nicht getrost sind. Wir fühlen uns von anderen bedroht und halten das Wort von Gottes Schutz allzusehr für ein leeres Wort. Angst ist eine Wurzel der Unversöhnlichkeit, Angst, die aus dem Kleinglauben oder dem Unglauben kommt.

Die andere Wurzel ist der Glaube an ein eigenes Recht. Dies Recht will ich durchsetzen. Der andere soll nicht recht behalten so, daß ich als im Unrecht erscheine. Gottes Recht, das er verleiht und durchsetzt, glauben wir nicht. Darum können wir nicht größer sein als der, der uns Unrecht tut. Leben wir im gnädigen Rechte Gottes, dann wissen wir, daß er sein Recht zu dem unseren macht, und daß er unser Recht hervorbringt zu seiner Zeit wie den hellen Tag.

So wappnet euch denn mit dem Glauben an den Schutz, den Gott darbietet, und an das Recht, das er verleiht und sichert! Vergebet, wie euch vergeben ist. Betet zu Gott, daß ihr von Herzen vergeben lernt und vergessen könnt, als wäret ihr es, die des anderen Sünden in die Tiefe des Meeres werfen – dort, wo es am tiefsten ist.

Gott wird euer Gebet erhören. Er wird es so erhören, daß er euch selbst immer tiefer in die Vergebung führt. Ihr müßt immer mehr lernen, wieviel Gott euch zu vergeben hat; der Berg, den Gott aus dem Wege räumen muß, muß euch größer erscheinen als bisher. Das ist der Weg, auf dem Gott lehrt, anderen zu vergeben. Seid nur ohne Sorge! Ihr sollt nicht neue Sünden zu alten hinzutun, oder wenn ihr keine an euch finden könnt, sie hinzudichten – Gott wird es euch schon zeigen, bis ihr sehr beschämt seid. Die da überwältigt sind, weil Gott ihnen vergibt, die lernen, anderen zu vergeben.

Wem von Gott viel vergeben wird, der ist gezeichnet. Wie eine Mutter ihr Kind nicht vergessen kann, so kann die Vergebung nicht nachhaltig versagen, wer selbst Vergebung fand. Wenn Gott mit einem Menschen täglich von vorn anfängt, dann kann dieser Mensch auch mit anderen täglich von vorn anfangen.

Zuletzt vergeßt nicht, Gott zu bitten, daß er eure Mitmenschen willig macht, euch zu vergeben. Denn ihr versündigt euch ja nicht weniger an ihnen, als sie sich an euch versündigen. Darum muß Gott auch sie willig machen, jeden Tag mit euch von vorn anzufangen.

Vergebung haben heißt: Gehorsam lernen

Wer Vergebung empfängt, wird gehorsam. Denn er lernt das Hören auf das Wort Jesu Christi. So gewiß Jesus Christus der große Versöhner ist, so gewiß ist er der Herr, der zu befehlen gewohnt ist und damit auch nicht nachläßt, bis alles unter seine Füße gelegt ist. Ihm gehorchen die Engel. Seinem Worte folgen Wind und Meer. Wenn er befiehlt, dann stehen die Toten auf, und die Kranken werden gesund.

Jesus Christus, der vergebende Heiland, hat uns als unser Herr geboten, unseren Eltern und Herren gehorsam zu sein. So bereitet euch denn, die ihr Vergebung wollt, dem Herrn gehorsam zu werden, indem ihr den Menschen, die Gott über euch gesetzt hat, gehorcht.

Die Wahrheit ist, daß wir alle nicht gerne gehorchen. Wir sehnen uns erst dann nach Gehorsam, wenn wir uns scheuen, selbst Verantwortung auf uns zu nehmen.

Wo das Gehorchen gegen unseren Kopf geht, da suchen wir gerne Entschuldigungen für unseren Ungehorsam. So gerne wir bei uns selbst und bei unseren Freunden Fehler übersehen, so gerne finden wir Fehler bei denen, denen wir zu gehorchen haben. Wir lassen es uns etwas kosten, ungehorsam zu sein.

Es ist ja wahr: Alle, die zu befehlen haben, sind auch fehlerhafte und sündige Menschen. Das kann bei niemandem von uns auf die Dauer verborgen bleiben. Es vergesse nur niemand, daß dies allen Gehorchenden den Gehorsam schwer macht. Vor allem wollen wir daran denken, wenn Gott uns als Eltern oder in sonst einem Stande zum Befehlen gesetzt hat.

Die Schrift ist Zeuge, daß mit Fällen gerechnet werden muß, in denen man um Gottes willen nicht gehorchen kann. Aber ehe von solchen Fällen überhaupt geredet werden kann, muß vorher feststehen, daß ohne Gehorsam niemand das Reich Gottes sehen wird. Durch Gehorsam hat Jesus Christus die Vergebung der Sünden erworben; nur als die Gehorsamen können wir in der Vergebung der Sünden leben.

Aber betet zu Gott, daß er uns vor der Verfälschung des Gehorsams bewahre. Augendienerei sieht dem Gehorsam sehr ähnlich und ist doch schlimmer als offene Auflehnung. Zur Augendienerei aber führt jeder Weg, auf dem du glaubst, durch dein Gehorchen vor Gott gerecht werden zu können. Augendienerei ist Betrug an Gott und an Menschen. Wer in der Vergebung lebt, kann ehrlich gehorchen, denn er hat den höchsten und besten Herrn kennengelernt und ihm ins Herz geschaut.

Besonders aber flehet zu Gott, daß eure Eltern und Herren merken, daß ihr ihnen um Gottes willen gehorcht. Betet, daß ihr nicht in die Versuchung geführt werdet, etwas zu tun, was ihr um Gottes willen nicht tun könnt. Betet, daß ihr dort gehorchen dürft, wo die Herren selbst an Gott gebunden sind.

Vergebung haben heißt:
den Nächsten lieben

Jesus Christus hat gesagt, daß wir den Nächsten lieben sollen wie uns selbst. Er will, daß wir den Menschen alles tun sollen, was wir wollen, das sie uns tun. Er hat uns geboten, das Leben zu erhalten und dem Nächsten nichts Arges zu tun.

Dies sein Gebot ist vor allem euch gegeben, die ihr Vergebung der Sünden erlangtet. Ihr waret wie einer, der unter die Mörder gefallen war. Da kam Christus. Er nahm sich euer an, half euch zurecht und pflegte euch gesund. Und nun spricht er: Geht hin und tut desgleichen. Sucht die, denen das Leben übel mitspielte. Nehmt euch derer an, die von Menschen an den Rand des Verderbens gebracht wurden. Fragt nicht nach Lohn. Kümmert euch nicht darum, ob es auch anerkannt wird. Macht euch klar, daß da ein Leben ist, welches Gott geschaffen hat; und nun will er, daß es erhalten werde.

Vergeßt aber nicht, daß ihr zum Helfen gerufen seid als die Diener. Gott hat uns keine Reformaufträge gegeben, mit denen wir die Welt reformieren sollen. Gott spricht zu dem einzelnen unter uns: Du sollst nicht töten, du sollst aber Leben erhalten. Es bieten sich dir tausend Möglichkeiten, die man nicht erst aufzählen muß. Halte nur die Augen auf! Du wirst die schon sehen und finden, die deiner Hilfe bedürftig sind.

Wundert euch nicht, wenn Gott es dann so einrichtet, daß wir zur Hilfe gerufen werden, wo wir es am wenigsten erwarten. Gott rechnet nämlich damit, daß wir unseren Freunden selbstverständlich beistehen und sie nicht verlassen. Er führt uns aber dazu, daß wir helfen sollen, wo wir keine Zuneigung und Freundschaft für uns finden. Das tut er, weil er uns auf den Weg der Nachfolge seines Sohnes gestellt hat.

Jesus Christus hat uns versöhnt, als wir noch seine Feinde waren. Denn er vergibt allemal solchen, die ihm bis dahin widerstanden. Seine Vergebung ist die Schlacht, in der er uns überwindet. Mit Güte leitet er uns zur Buße. Das ist der Weg, auf den er uns stellt. Auf diesem Wege sollen wir helfen, wie er uns geholfen hat.

Sehet denn zu, daß ihr in der Gnade lebt: Die Begnadigten können das Leben nicht verachten, wo sie es finden. Laßt euch von Gott beschämen durch seine große Barmherzigkeit. Wer erfährt, daß Gott uns mit Gutem überschüttet, dessen Herz wird freundlich gegen den Nächsten. Wer sich dessen getröstet, daß Gott seine Feinde mit Liebe sucht, der hilft nicht nur dem Freunde.

Betet, daß sich euer Blick nicht trübe. Denn Gott wird euch rufen, Leben zu erhalten selbst da, wo ihr meint, dies Leben bedrohe eure Ruhe. Es ist Gottes Ehre, den groß zu machen, der sich hingibt. Und niemand hat größere Liebe, denn der sein Leben gibt für seine Brüder. Hier wird das Wunder erlebt, daß Gott das Leben dessen rettet, der sein Leben hingibt und in die Schanze schlägt, weil er Gottes Ruf vernommen hat.

Vergebung haben heißt: die Ehe heilig halten

Vergebung der Sünden und Ehebruch schließen sich aus. Was die Abgötterei in unserem Verhältnis mit Gott bedeutet, das bedeutet der Ehebruch unter Menschen. Den Abgöttischen und den Ehebrecher wird Gott aus seinem ewigen Reiche ausschließen.

Die Not ist, daß wir nicht Herren über unsere Herzen sind. Und wenn wir uns schon vor groben Sünden hüten, so möchten wir doch das Geheimnis des Lebens an uns reißen. Die Gabe, die Gott uns im geheimen darreicht, wollen wir beherrschen und nach unserer Willkür darüber verfügen. Wir sind nicht rein, wenn wir nicht dankbar sind wie die Kinder.

Daß du ein Mann oder ein Weib bist, das ist Reinheit; und rein ist es auch, daß du zu dem anderen gezogen wirst. Rein ist es, daß Gott deinen Eltern dich als Kind bescherte; rein ist es, wenn Gott dir Kinder beschert.

Aber wir verunreinigen, was Gott schafft. Unrein wird Gottes Gabe, wenn sie nicht mehr Gabe sein soll, sondern eine Macht, über die wir verfügen. Da herrscht die Begierde. Da wird die Ordnung zerbrochen, die Gott gegeben hat. Da nimmt man nicht mehr dankbar hin, sondern reißt an sich, was einem in Wollust gefällt.

Gott ist ja kein neidischer Gott. Er will uns Freuden, die er uns bestimmt, nicht vorenthalten. Er teilt mit vollen Händen aus und will, daß wir hinnehmen, was er schenkt; er will, daß wir dessen genießen. Aber er will, daß wir den Namen unserer Eltern, die uns geboren, die Ordnung, in der unsere Kinder aufwachsen, die Bahnen, in denen wir die Erfüllung unseres Leibes erleben, nicht vernichten.

Du wirst nicht mehr vernichten, wenn du dem Mißtrauen gegen Gott erstorben bist. Das Geheimnis einer guten Ehe sind vergebene Sünden und die Bereitschaft, Vergebung zu üben, die Vergebung, in der man täglich von neuem zu beginnen wagt. Da lebt man aus Gottes Gabe. Da kann man nicht der Räuber am Geheimnis des anderen sein. Da betet man Gott an, daß er den Menschen so große Dinge bereitet.

Betet zu Gott, daß er das Mißtrauen in euch zerbreche. Flehet ihn an, daß ihr willig werdet, allein von seinem Geschenke zu leben. Rufet ihn an, daß er euch den Heiligen Geist gebe, der wird euch lehren, daß Gottes Lust das Geben und die Überraschung ist.

Wen Gott als Kind annimmt, der lernt auf seine Gaben fröhlich zu warten; er ist darum zufrieden; weiß er doch, daß Gott ihm nichts vorenthält. Wen Gott aus seiner Fülle Gnade um Gnade nehmen läßt, der wird ihn in einem heiligen Leben preisen.

Aus Gottes Verheißung und aus Gottes Vergebung werdet ihr die Ehe heilig halten. Was die Furcht vor dem Gerede, vernünftige Überlegung und Zwang nicht zuwege bringen, das schafft Gott, wenn er als der gute Gott offenbart wird, von dem wir Gutes und nur Gutes zu erwarten haben.

Vergebung haben heißt: als Beschenkte leben

Gott will, daß der, dem vergeben ist, die Güter der Erde recht einschätze und achte. Wir sind mit großem Ernst gewarnt vor Dieberei, Geiz und Verschwendung.

Unsere Gefahr ist, daß wir vergeuden oder raffen oder begehrlich nach dem schauen, was dem anderen gehört. Unsere Gefährdung wurzelt immer darin, daß wir Gott nicht von Herzen trauen. Wer von ihm nur Gutes erwartet, der ist mit dem zufrieden, was Gott schenkt.

Der Geiz widerspricht dem Willen Gottes. Wer geizig ist, will kein Geschenk von Gott. Er will, was er hat, erraffen und errechten. Er will verfügen und nicht dienen. Er will sich selbst und will nicht Gott danken. Wer geizig ist, der ist ein Dieb von Art und Wesen.

Der Verschwender setzt sich gegen Gottes Willen. Er nimmt, was ihm gegeben wird, als sein gutes Recht. Er will keine Verantwortung. Er ist nicht vorsichtig, weil er das Geschenk geringachtet und meint, es gehöre sich so. Wer verschwendet, ist ein Dieb von Art und Wesen.

Wer begehrlich nach dem schaut, was des anderen ist, der sträubt sich gegen Gottes Ordnung. Er will Gottes Freiheit nicht, die austeilt aus Gottes Fülle nach seinem Wohlgefallen. Er will den anderen nicht, der dies oder das mehr hat. Er kann nicht aus Vergebung leben.

So betet denn zu Gott, daß ihr ihm auch da nur Gutes zutraut, wenn er die Güter dieses Lebens austeilt. Er gebe seinen Heiligen Geist, daß wir der ungeistlichen Sorge und der unchristlichen Gleichgültigkeit absterben. Er helfe uns, daß jeder allezeit vor Augen habe, daß gerade er von Gott geliebt wird, daß gerade ihm Gott herzlich gut ist.

Ich frage alle, die der Vergebung ihrer Sünde gewiß geworden sind, ob ihre eigene Erfahrung nicht Sorge, Geiz und Verschwendung Lügen straft. Könnt ihr anders antworten als die Jünger, wenn ihr gefragt werdet, ob ihr je Mangel hattet? Müßt ihr nicht sagen, daß Gott je und dann gehalten hat, was er versprach? Hat er sich nicht allemal herrlich erwiesen, wo die Sorge um das tägliche Brot euch packte? Zeigen nicht eure eigenen Erfahrungen, daß er derselbe Gott geblieben ist, der einst die Tausende speiste und sogar für die kleinen Sorgen einer Hochzeitsfeier ein offenes Herz zeigte? Warum ergebt ihr euch denn nicht ihm aufs neue?

Es wird ja auch in diesen Dingen nicht anders besser mit uns, als daß Gottes Gnade uns übermächtig wird. Wenn er bei mir und bei dir aus dem Mittel tun wird, was wir je und dann Unrecht taten, wenn er jeden Morgen mit uns einen neuen Anfang macht, als gäbe es unser ganzes bisheriges Leben nicht, dann wird er unser Mißtrauen beschämen. Dann werden wir mit unseren Taten und Gedanken je länger je weniger leugnen können, daß er uns gut ist und daß er nur Gutes mit uns im Sinne hat. Dann werden wir ihn in seiner Gabe achten und der Sorge und der Begehrlichkeit absterben. In einem zufriedenen und strebsamen Leben werden wir ihn dann preisen.

Vergebung haben heißt: wahrhaftig werden

Gott ist nicht gegen unsere Ehre. Mit dem gleichen Ernst hat er uns in Aussicht gestellt, daß er jeden ehren werde, der dem Herrn Jesus Christus dient, und – daß den Jünger mancherlei Verunglimpfung auf dieser Erde treffen werde. Und nun gebietet er uns, den Namen und die Ehre des anderen zu achten und ihn vor Unwahrheit und Lästerung zu schützen.

Warum geizen wir um die eigene Ehre, und warum ist uns oft der Name des anderen so wohlfeil? Weil wir nicht wissen wollen, daß Gott Ehre austeilt und Ehre erhält; darum sind wir nicht frei. Es ist uns nicht genug, daß unsere Namen im Himmel angeschrieben sind; es ist uns zuviel, wenn andere auf dieser Erde gut angeschrieben sind. Es ist uns nicht gewiß, daß Gott unser Recht an den Tag bringen und das Unrecht des anderen zur rechten Zeit strafen wird – wenn es denn wirklich besteht.

Betet zu Gott, daß er uns bessere. Er tue uns die Augen dafür auf, daß wir nach eitler Ehre nur dann geizen, wenn wir vergessen, daß Gott uns in seine Hände gezeichnet hat. Wer gewiß ist, daß Christus ihn kennt, der wird fröhlich der Ehre warten, mit der Gott der Vater ihn ehren wird, und das wird ihm genug sein.

Er ist ja die Wahrheit selber. Mit Jesus Christus hat er die Wahrheit in die Welt gesendet. Damit liegt es ihm ob, die Wahrheit auf Erden zu dem Siege zu führen, den er ihr bestimmt hat. Darüber muß die Wahrheit, die in Jesus Christus gekommen ist, bis zum Jüngsten Tage viel leiden; aber die Auferstehung Christi verbürgt ihren Sieg.

Wenn du darauf traust, was bist du dann besorgt, es könnte die Wahrheit über dich verborgen bleiben? Bist du in Christi Wahrheit gegründet, dann trägt dich diese Wahrheit auch und läßt die Lüge nicht über dich herrschen. Wird sie auch scheinbar siegen, wie die Lüge über Christus scheinbar gesiegt hat, er wird sie doch unter seine Füße zwingen.

Wenn ihr Vergebung erlangt habt, dann werdet ihr um dieser Wahrheit willen, die vom Himmel gekommen ist, achten, was wahr ist. Ihr werdet um ihretwillen selbst wahrhaftig werden und mit eurem Nächsten die Wahrheit reden. Ihr werdet nie mehr glauben, daß man lügen müsse oder lügen dürfe, um dem Guten damit zu dienen.

Die Vergebung stellt in die Wahrheit. Sie führt in den Kampf gegen die Lüge. Sie zerbricht den Zwiespalt, um dessentwillen wir heucheln. Sie macht einfältig, wie Kinder einfältig sind. Darum gibt sie auch den Mut zu Gott, bei allen anzuerkennen, was anerkennenswert ist, und für sich selbst zu glauben, daß Gott meine Ehre retten und bewahren und ans Licht bringen wird.

Vergebung haben heißt: den Schöpfer im Geschaffenen ehren

Die Vergebung der Sünde öffnet den Weg in Gottes Schöpfung. In diese Schöpfung hat Gott seinen Sohn gesendet. In dieser Schöpfung gibt er mir den Heiligen Geist. In dieser Schöpfung komme ich durch seine Kraft zum Glauben. In dieser Schöpfung soll ich mein Zutrauen zu ihm an den Werken der Schöpfung in gutem Gewissen bewähren und ihn damit preisen.

So seid denn fleißig, aus dem Heiligtum der Vergebung den Weg in Gottes Schöpfung anzutreten. Nehmt ihr euren Ausgang wirklich bei der Vergebung der

Sünden, dann werdet ihr wissen, daß ihr vor allem die Gefahr der Maßlosigkeit auf diesem Wege vermeiden müßt. Ihr werdet mit Schrecken entdecken, wie gerne ihr möchtet, daß euch alles zu Füßen liegt. Ihr werdet sehen, daß wir Menschen vor Gott nicht klein sein wollen. Es wird euch nicht verborgen bleiben, wie leicht wir uns ohne Maß an die Natur verlieren, wenn wir sie nicht meistern können. Werden wir nicht Herren der Schöpfung, so soll sie unsere Zuflucht werden, in der wir aufgehen möchten; und so verderben wir uns selbst und die Schöpfung.

Wem vergeben ist, der glaubt nicht an die Schöpfung, sondern an den Schöpfer. Er weiß, daß der vergebende Gott der schaffende Gott ist. So erwartet denn nicht, in den Werken der Schöpfung einen anderen Gott zu finden als den, der durch Christum vergibt. Laßt euch nie zu der Hoffnung hinreißen, ihr könntet den Werken der Schöpfung ihr Geheimnis entlocken; der Schöpfer allein hat dies Geheimnis in seiner Hand. Er weiß es wohl zu wahren.

Nahet euch den Geschöpfen Gottes denn als solche, die da wissen, daß ihr Schöpfer euer Vater ist, der Gott eurer Vergebung. Lernet ihn achten in seinen Geschöpfen, und ihr werdet seine Geschöpfe lieben um seinetwillen. Ihr werdet sie mit Freuden gebrauchen. Die heilige Scheu des Kindes werdet ihr in euch tragen, die das Werk des Vaters bestaunt und doch weiß, daß es nicht Meister dieses Werkes werden kann. Voll Staunen werdet ihr erfahren, daß der Vater euch das alles schenkt, wie er euch alles vergeben hat. Dankbar werdet ihr es alles aus seiner Hand nehmen. In ernsthaftem Spiel werdet ihr es genießen. Und Gott wird Wohlgefallen an euch haben.

So kommt denn mit Jauchzen vor Gottes Thron. Dankt ihm für seine Berge, die er gewaltig gegründet hat. Preist ihn für seinen Wald, den er rauschen läßt, für die Tiere, die den Wald bevölkern. Lobsinget ihm, wenn ihr das Meer brausen hört, wenn die Wellen sich erheben, wenn der Sturm entfesselt ist. Betet ihn an über der Pracht der Blume, über der Sonne Strahlen, die der Blumen Blüte prächtig küßt. Werdet stille in Gott, wenn ihr seine Sterne bestaunt, die er bewegt.

Und vergesset nie: Das alles ist für euch, denen Vergebung widerfuhr. Gott will, daß ihr eures Lebens fröhlich satt werdet als seine Erlösten, denen er alle Sünde vergibt und heilt ihnen alle Gebrechen.

Vergebung haben heißt: Gott mit seiner Arbeit preisen

Der Gott der Vergebung ist ein Gott des kräftigen Wirkens. Himmel und Erde sind dessen voll, was er tut. Und dem Menschen gab er Geist und Kraft, damit er herrsche und wirke.

Ist euch Vergebung widerfahren, so seid ihr damit nicht aus der Welt des Wirkens und Arbeitens genommen. Erst recht werdet ihr Gottes Ruf hören können, der euch zur Arbeit und zum Wirken ruft. Denn wem Gott vergibt, dem zerstört er das selbstherrliche Tun, mit dem wir sonst unser Wirken verderben.

Es sitzt uns im Blut, daß wir sein möchten wie Gott. Wir wollen mehr sein als Gottes Bild und sind darum nicht einmal sein Bild. Wir wollen nicht mehr davon wissen, daß Gottes Last von unseren ersten Eltern auf uns liegt. In dieser Selbstherrlichkeit erzürnen wir Gott. Uns selbst verderben wir. Und unser Tun wird verfälscht, weil es zu wichtig wird.

Wenn ihr aber dessen gewiß seid, daß Gott euch vergeben hat, und ahnt, wieviel er vergeben hat, dann werdet ihr es verlernen, euer Tun wichtig zu nehmen. Ihr werdet euch wieder dankbar damit begnügen, daß ihr Gottes Bild sein dürft. Ihr werdet glücklich, wenn ihr nicht mehr sein müßt als das. Darum taucht euch in diese Vergebung ein. Dann werdet ihr Gott danken mit dem Munde, und eure Werke werden Gott preisen.

Danket Gott, daß ihr arbeiten dürft. Den größten Segen von eurer Arbeit habt ihr selbst. Gottes Welt geht nicht unter, wenn sie auf eure Arbeit und ihren Ertrag verzichten muß. Aber ihr geht unter, wenn ihr auf Gottes Segen in der Arbeit verzichtet.

Preiset darum Gott, daß er uns hindert, unsere Werke wichtiger zu nehmen, als sie es verdienen. Entscheidend ist, daß das, was wir tun, in Gott getan wird. Mag es dann weggeschwemmt werden im Strome der Zeit, mag unser Name in Vergessenheit geraten unter Menschen; wenn wir mit unserem Werke nur aufgehoben sind bei Gott! Und das hat er verheißen!

Was Gott wirkt, muß bleiben. Was wir wirken, ist ein Bild in Gottes Hand. Er bewahrt es – ob er es ausstellt vor die Augen der Menschen, oder ob er es verbirgt, daran liegt nicht viel. Unser Gott ist sehr gnädig.

So laßt uns denn vor sein Angesicht treten mit unseren Werken und unserem Schaffen! Wenn er uns die Freude an ihm selbst bewahrt, dann bewahrt er uns auch die Freude an unserer Arbeit. Ihr werdet doch nicht glauben, daß es in unser Belieben gestellt ist, ob wir arbeiten wollen?! Gott hat es geboten! Deswegen arbeiten wir, deswegen planen wir – und stellen ihm anheim, was dabei herauskommt. Wir werden ihm auch noch danken, daß er uns ohne seine Last nicht wirken läßt. Wir werden noch sehen, daß sie eine gnädige Bewahrung vor unserer Wichtigtuerei ist und ein bleibendes und freundliches Erinnern an die Vergebung. Ohne Vergebung werden wir im Segen nicht arbeiten können.

*Vergebung haben heißt:
dem verborgenen Gott vertrauen*

Wenn Gott Sünden vergibt, tritt er aus seiner Verborgenheit heraus. Erst dann sieht man, wie verborgen er sonst ist. Denn er wohnt in dem gleißenden Lichte, das jedem Zutritt und Zublick verwehrt.

In diesem gleißenden Lichte leitet er Geschicke der Menschen und Völker, wie es ihm gefällt. Verborgen ist Gott, wenn er den Strom der Geschichte durch die

Zeiten leitet. Verborgen ist er, wenn er den Völkern Lenker bestellt. Aus seiner Verborgenheit steckt er die Grenzen ab; er gebietet Bewegung und Halt. Und niemand kann ihm nachrechnen, was er tut.

Uns aber hat er mitten in den Strom geworfen. Zeugen seines Wirkens sind wir und können es doch nicht begreifen. Immer geht es anders, als wir es errechnen. Glaubt nur ja nicht, ihr sähet tiefer in Gottes Geheimnis als solche Menschen, die keine Vergebung kennen.

Wir sind nicht nur Zeugen. Gott tut ein übriges. Wir müssen mitweben an dem Gewande, das er kommenden Geschlechtern bereitet, und wissen nicht einmal, wer dies Gewand tragen wird. Wir sind ein Tropfen im Meer, ein Sandkorn am Strande, ein Blatt im Walde. Aber wir müssen mitwirken, ob wir wollen oder nicht.

Wie wollen wir das tragen? Wie können unsere Augen es noch aushalten, das alles zu sehen? Wie erträgt es unsere Seele, das alles zu erleben? Denn uns blendet ja das gleißende Licht der Verborgenheit Gottes so stark, daß wir meinen, es sei eitel Dunkelheit.

Betet zu Gott, daß er uns halte! Vergeßt ihr auch nur einen Augenblick, daß Gott euch in die Hände gezeichnet hat, werdet ihr nur im Vorübergehen taub für das Wort, mit dem er euch als seine Kinder anredet, werdet ihr auch nur im Momente des Schreckens vergessen, daß er euch mit der Vergebung sein Herz zu eigen schenkte, dann werdet ihr haltlos treiben.

Trägt euch aber die Vergebung, dann seid ihr getragen. Wie ihr bisher Schreie des Schmerzes und Schreie der Freude gehört habt, wie ihr bisher mitgeschrien habt, so wird es auch ferner gehen. Aber er wird euch allezeit so laut und so eindrücklich bei Namen rufen, daß alles Geschrei – es sei Leid oder Freude – davon übertönt wird.

Flehet zu Gott, daß sein Wort euch so laut begegnet. Dies Gebet erhört Gott gerne. Und ihr werdet nicht müde werden, in dem Lichte der Verborgenheit Gottes mit allen Menschen zu wandeln, obschon ihr das Licht nicht durchschaut. Wenn ihr hört, daß er vergebend zu euch spricht: Fürchte dich nicht, so werdet ihr anbetend seinen verborgenen Weg bestaunen. Es wird euch tröstlich sein, daß nur er selbst weiß, wie dieser Weg verläuft und wo er endet. Ihr werdet der Vermessenheit absterben, selbst errechnen zu wollen, wohin er seinen Fuß lenken wird. Anbetend werdet ihr darauf verzichten, zu murren oder zu sorgen. Fröhlich und voll Vergebung werdet ihr in eurem Geschlecht mitwirken an Gottes geheimem Werk, in voller Verantwortung vor ihm, aber getragen von der Vergebung.

Daß Gott uns nur in seiner Hand hält und nicht nachläßt, uns bei unserem Namen zu rufen!

Vergebung haben heißt:
als Gottes Kind leiden

Im Leiden ist die Vergebung erworben. Im Leiden muß sich der Glaube an die Vergebung bewähren. Denn der Gerechte muß viel leiden. Durch viel Trübsal müssen wir in das Reich Gottes eingehen. Aber der Herr hilft uns aus dem allen; und wir überwinden weit um Jesu Christi willen.

Es ist nicht an dem, daß die ganze Welt aus Kummer und das ganze Leben aus Trübsal besteht. Es wächst aber in der Welt viel von diesem Kraut, und wir müssen es essen. Es hilft uns wenig, wenn wir es nicht wahr haben wollen. Gott sättigt die Seinen mit Freuden; das ist wahr. Aber wenn sie in seine Herrlichkeit eingehen, dann sind sie auch satt von Leiden geworden.

Was hilft uns da die Vergebung? Sie macht uns nicht nur getrost – das tut sie auch –, sie macht uns zu Gottes Kindern und gibt uns in diesem Vater einen trefflichen Bundesgenossen. Gott, der seinen Sohn auferweckte, wird seine angenommenen Kinder nicht der Trübsal überlassen. Das kann jeder von euch bestätigen, wie es alle Geschlechter seiner angenommenen Kinder seit jeher bezeugen.

Dazu tut Gott noch ein übriges: Er hilft uns, wo kein Mensch mehr helfen kann. Er tut Wunder, wohl nicht, wenn wir wollen, sondern wenn er will. Daß er zugreift, wenn Menschenhilfe nichts mehr tun kann, hat noch kein Ende. Warum wundert euch das? Es ist wahrlich ein geringeres Werk, wenn er Kranke gesund macht, als wenn er Sünden vergibt. Es ist ein geringeres Werk, wenn er aus Sorgen errettet, als wenn er uns mit seiner väterlichen Liebe beschenkt.

Und wenn ihr als Christen nach seinem Ratschluß um seines Namens willen leiden müßt – das ist das Vorrecht der Christen –, so wird euch allein die Gnade der Vergebung tragen. Denn die Vergebung weist auf das Ende hin, dem allemal die Leiden um Jesu willen zustreben. Die Vergebung macht seiner Nähe gewiß. Niemand kann ohne sie für das Evangelium leiden.

Es ist dir gut, wenn du dich auf Christi Leiden bereitest. Gott spart damit nicht an dem, den er liebhat. Denke dann nicht, es widerführe dir etwas Besonderes. Es muß so gehen, und es ist zu allen Zeiten im Geheimen und im Offenbaren so gegangen, wo wirklich Vergebung geglaubt wurde.

Es wird dir im Leiden am gefährlichsten sein, daß du beginnst, zu richten und dir selbst zu gefallen. Leiden um Christi willen ist nie eine Angelegenheit der Propaganda für dich und gegen andere. Um Christi willen wird nur gelitten, wo man selbst aus Vergebung im Leiden steht und denen zu vergeben bereit ist, die das Leiden zufügen.

Aber Leiden in der Vergebung hat eine große Verheißung. Da wird euer Glaube wachsen und fest werden. Da wird euer Zeugnis glaubwürdig. Da werdet ihr Gott auf wunderliche Weise ehren. Da werdet ihr auf eine neue Art in die Christenheit aller Geschlechter eingereiht. Und er wird euch gewaltigerweise vor dem Tode – oder im Tode – erretten.

Vergebung haben heißt:
das vergängliche Leben bestehen

Vergebung ist ein Feind aller Vergänglichkeit. Und doch macht sie die Vergänglichkeit erst recht offenbar. Sie lehrt den Vater kennen, der allem, was lebt, seinen Odem gibt; aber zieht er seine Hand ab, so wird alles Lebendige zu Staub. Er schafft alles, was Leben hat; aber er läßt es auch alles vergehen. Auch uns hat er das Leben gegeben, und wir hängen am Leben. Aber wie könnten wir die Augen davor verschließen, daß alles Leben zum Tode gelebt wird?

Ich suchte den Menschen, Gottes Geschöpf, und fand ihn in der Familie, die Gott gab, in der Freundschaft, die er aufblühen ließ. Aber ich sah den Menschen auch sterben, nachdem ich ihn gefunden. Ich suchte Arbeit in einem bleibenden Auftrag; ich fand sie auch und arbeitete mich satt. Aber ich sah auch, daß alles Gebaute wankte und stürzte. Ich suchte den Einsatz für eine große Sache, Gott gab mir, was ich suchte. Aber er gab mir auch die Enttäuschung; ich sah, daß alles, was lebt, eitel ist.

Was sollen wir dazu sagen? Der Gott aller Vergebung hat uns reich beschenkt mit allerlei Gnade durch Christus; aber sein Geschenk war zugleich die Offenbarung meiner Sünde. Um seiner Vergebung willen sendet er mich von neuem in das Leben; ich soll das Leben umfangen; aber sein Auftrag macht, daß ich das Vergehen des Lebens nicht mehr leugnen kann. Es ist nur die Frage: was siegt?

Die Sünde wird offenbar als eine mächtige Gewalt; aber die Gnade ist vielmal viel mächtiger. Das Vergehen umfängt mich; aber Gottes Auftrag an mich, in diesem Leben ihm zu leben, umfängt mich vielmal mächtiger. Ich leugne die Sünde nicht, weil ich die Gnade bekenne. Ich leugne das Vergehen alles Lebendigen nicht, weil ich Gottes Auftrag an mich bekenne.

Betet darum, daß ihr aus Vergebung in Gottes Sendung steht. Hängt nicht an dem, was ihr baut; dann werdet ihr wirken können. Scheut um Gottes willen den Einsatz nicht, ein jeder in seinem Beruf; dann werdet ihr mit Enttäuschungen rechnen. Liebt Gott um des Lebens willen, das er gibt; dann werdet ihr das Vergehen ertragen.

Gott ist über die Maßen gut. Er hat sein Werk lieb, so daß er die Einzelheit des Tages hoch ehrt. In den Augenblick legt er die ganze Ewigkeit. Das ist sein Jawort an dies zeitliche und vergängliche Leben. Heute und im Augenblick soll ich seinen Ruf hören. Das ist der Adel des heutigen Tages. Da reinigt er das Heute durch sein Wort und weitet den Augenblick in Ewigkeiten.

Nun läßt er uns trinken aus seinem Quell; in Ewigkeit dürstet uns nicht mehr. Wir gewinnen Mut zum Augenblick; wir lernen den heutigen Tag mit seiner Plage und mit seinen Freuden lieben. Entweicht er auch bald, es ist ja doch Gottes Augenblick und Gottes Tag. Denn heute nehme ich an, was er anbietet: Vergebung der Sünden und die feurige Glut göttlichen Herzens und ewiger Liebe. Ich nehme es heute für immer und nehme damit dankbar mein ganzes Leben von ihm. Mag es vergehen! Ich bin gewiß nicht unschuldig, daß es so ist. Das ist mir auch leid um Gottes willen. Aber wenn ich darum dies arme Leben nicht mehr lieben und jeden Tag aus Gottes Hand mit herzlicher Dankbarkeit nehmen wollte, so müßte ich die Vergebung leugnen. Da sei aber Gott vor!

Gott schenke uns, daß wir in der Vergebung unsträflich bleiben. Dann werden wir ihm wohlgefallen; und er wird uns mit Leben sättigen.

Vergebung haben heißt:
ewiges Leben gewinnen

Vergebung der Sünden ist die Kraft unseres Sterbens. Wenn wir einst – bald oder später – die Augen schließen, dann wird es uns aus dieser in jene Welt hindurchtragen, daß Gott uns um Christi willen vergab und uns als seine lieben Kinder annahm.

Es steht ja unsere Zeit in seinen Händen. Er ruft die Ungeborenen, daß sie leben; und die Lebenden ruft er vor sein Angesicht und läßt sie sterben. Wie das Gras, das abgehauen wird und verdorrt, gehen wir dahin; man legt uns in den Schoß der Erde; wir sind nicht mehr.

Aber derselbe Gott hat uns das ewige Leben gegeben, indem er uns vergab. Durch die Auferstehung Jesu Christi von den Toten hat er uns zu ewigem Leben gesetzt. Nun wird er uns im ewigen Leben erhalten, auch durch den Tod hindurch, weil er den Tod zerstört und unvergängliches Wesen ans Licht gebracht hat.

Er hat es um uns nicht verdient, daß wir das Sterben fürchten. Was ist des Todes Not, wenn er uns umschlingt? Wunderbar wird er uns hindurchleiten! In jener Stunde werden wir sehen, was wir jetzt glauben: Gott ist nicht der Toten, sondern der Lebendigen Gott; in ihm leben alle Geschlechter, die je gewesen sind.

So betet denn, daß er uns bis zuletzt den Trost seines Wortes nicht versagt. Wenn wir ihn nur haben, werden wir nicht ohne Kraft sein. Wenn er mit seinem Worte bei uns ist, werden wir den Anläufen des Teufels siegreich widerstehen; seine Anklagen werden daran zerbrechen, daß Jesus bei uns ist und uns gerecht spricht.

Wohl werden wir die ganze Bitterkeit des Todes kennenlernen. Wir werden unserer Lieben, unserer Arbeit und des ganzen schönen Lebens gedenken. Die Last des Scheidens wird auf uns fallen. Es wird uns eine Versuchung sein, daß wir dem ganz Ungewissen entgegengehen. Wenn aber das Wort uns umgibt, durch welches wir die Vergebung der Sünden erlangt haben, dann wird dieses Wort auch in jener Stunde sich sieghafter erweisen als der Tod.

So wollen wir uns denn bereiten, daß wir nicht unvorbereitet vor sein Angesicht treten müssen, es sei heute oder morgen. Übergebet euch ganz in Gottes Hände, der allein die Stunde bereitet, in der ihr abscheiden müßt. Trachtet zuerst danach, daß ihr alle Tage in der vergebenden Gnade Gottes ruht. Flehet, daß Gott die Gabe des ewigen Lebens nicht von euch nehme.

Dann werdet ihr genug daran haben, euch des heutigen Tages zu freuen, und aus eures Vaters Hand Kleines und Großes dankbar nehmen. Ihr werdet bekennen, daß ihr schon jetzt durch seine Güte im ewigen Leben steht. Dann werdet ihr auch getrost die Stunde des Todes aus seiner Hand nehmen. Wenn sie schlägt, werdet ihr alles seinem treuen Herzen anbefehlen. Die Lieben, von denen ihr scheiden müßt, werdet ihr bei ihm wohl geborgen wissen. Gelobt sei Gott!

Gebet

Du Gott alles Heiles, mein Vater und mein Herr! Du hast geruht, als du die Schöpfung der Welt beendet hattest. Zu deiner Ruhe hast du die Deinen berufen. Du wirst sie zu deiner Ruhe führen, wenn du alles neu machen wirst.

Herr Jesus Christ, mein treuer Heiland! Du hast selbst gesagt, daß du wiederkommen wirst, wie deine Jünger dich gen Himmel haben fahren sehen. Du hast geboten, deiner zu warten. Wir sollen wachen, da du in jeder Stunde kommen kannst.

Du werter Heiliger Geist! Du hast angehoben, diese Erde zu richten. Du hast die Gemeinde gegründet, daß sie ihrem Herren entgegengehe. In alle Lande sendest du das Wort vom Heile und bereitest so die vorbestimmte Zeit.

O du großer, wunderbarer Gott! Du hast mich gerufen, an deinen ewigen Werken und an deinem ewigen Ruhen teilzuhaben. Ich bin dein; denn du hast mir vergeben. Du hältst mich an deiner Hand; darum bleibe ich an dir. Ewiger, unsterblicher Gott! Ich warte darauf, in deine Ruhe einzugehen. Ich hoffe darauf, daß du mich von den Toten auferwecken wirst. Ich sehne mich danach, in dein ewiges Reich einzugehen.

Mein Vater! Du hast dir selbst vorbehalten, zu welcher Stunde dein ewiges Reich einbrechen wird. Höre doch das Rufen und Beten deiner Kinder und verkürze die Zeit.

Herr Jesus Christus! Du hast mich gelehrt zu beten, daß du bald kommst. Verziehe nicht länger, mein Heiland! Ich wollte dich gerne schauen, wie du bist; denn wenn ich dich sehen werde, dann werde ich dir gleich sein. Amen, Herr Jesus, komme bald!

Du werter Tröster! Du bist das Angeld meines Erbes. Als die Erstlingsfrucht der ewigen Ernte bist du mir gegeben. Wer bin ich, daß ich um so große Dinge bitte? Vertritt mich, Heiliger Geist, mit Seufzen und Beten, daß meine Stimme vor Gottes Thron gelte. Beschleunige den Lauf des heilenden Wortes. Führe den Tag herauf, an dem ich ohne Sünde vor dem ewigen Throne stehen werde.

O dreieiniger Gott, wenn du mich und alle Gefangenen der Sünde und des Todes erlösen wirst, dann werden wir sein wie die Träumenden. Unser Mund wird voll Lachens und unsere Zunge voll Rühmens sein. Dann wird man sagen, daß du Großes an deinen Kindern getan hast. Denn du hast Großes an uns getan. Des sind wir fröhlich. Wir säen mit Tränen, wir werden aber mit Freuden ernten. Wir gehen hin mit Weinen und tragen edlen Samen und kommen mit Freuden und bringen unsere Garben.

O dreieiniger Gott! Ich bin dein. Ich will auch dein bleiben. Du hast mich erlöst. Ich befehle mich in deine Hände. Amen.

Statt eines Vorwortes

Lieber Heinz!

Auf vorstehenden Blättern findest Du den Versuch, einmal zu sagen, warum wir Christen geworden sind, warum wir uns nach dem Amt sehnten, das die Versöhnung predigt, warum wir in diesem Amte so viel erlebten, und warum uns gar nichts drängt, dies Amt zu verlassen. Nicht wahr, wir sind satt geworden in diesem Amt, ohne übersättigt zu sein! Das hat Gott getan. Darüber sind wir froh. Wir haben von allem, was Du auf diesen Blättern liest, vielleicht nicht viel gesprochen. Aber sage selbst: Kannst Du Dich an ernste und fröhliche Gespräche erinnern, hinter denen dies alles nicht stand? Ich weiß, Du dankst Gott mit mir, daß auch in Deiner Erinnerung alle die ernsten und fröhlichen Stunden haften geblieben sind, die mit dem Inhalt dieser Blätter trächtig waren. Das ist eine große Gabe!

Wir beide freuen uns darauf, daß wir einmal alles das besser und eigentlicher werden sagen können. Aber gerade darum wirst Du verstehen, daß ich schon jetzt diesen Versuch unternahm. Lies es einmal – vielleicht laut – und frage Dich, ob wir nicht darin ganz stark und eng verbunden sind, daß wir den Kurs weiter schiffern wollen, der hier angesteuert ist. Und wenn einer von uns einmal nicht mehr das Ruder halten kann, weil er abgerufen wird, nun, dann muß der andere für zwei festhalten, – und es sind ja überdies noch andere da, die denselben Kurs halten wollen!

Was ich hier schrieb, kann vielleicht in einer Hinsicht nicht überflügelt werden: Es ist nur ein Gerippe. Das kann man zu Papier bringen. Das Fleisch, das an diesen Knochen hängt, ist das Leben, das Du und ich und andere leben. Das kann man nicht schildern; Gott allein kann es offenbar machen!

– – – wenn er es doch bald täte!

Dein getreuer
Hans Asmussen

Brief H. Asmussen an W. Visser't Hooft vom 13. 12. 1949

Asmussen veröffentlicht den nachstehenden Brief in seinem Buch „Aufsätze. Briefe. Reden 127–1945" – Itzehoe 1963, S. 139ff. – und bemerkt dazu:

Das Schreiben an Visser't Hooft wurde veranlaßt durch den Goerdelerkreis, um bei den ausländischen Kirchen den Beweis zu liefern, daß die Christen Deutschlands keineswegs alle auf dem Kurse Hitlers lägen. Darauf schrieb ich beiliegenden Brief an Kirchenpräsident Köchlin und an Visser't Hooft. Beide Briefe wurden durch einen SS Kurier an Gisevius, damals Vicekonsul in Zürich, überbracht. Naturgemäß bestand kein Durchschlag in Deutschland.
Gelegentlich eines Missionsfestes der Baseler Mission wurde der Brief dann vor mehreren hundert Menschen verlesen. So erzählte mir kurz darauf der verstorbene Prälat Hartenstein. Merkwürdigerweise ist mir auf Grund dieses Briefes nichts geschehen. Es ist sogar unsicher, ob die Gestapo ihn überhaupt zur Kenntnis genommen hat.
Vor wenigen Wochen fand eine deutsche Stelle den Brief im Archiv des Ökumenischen Rates. Der betreffende Herr machte aus irgendeinem Anlaß dort Erhebungen. Das Original liegt in der Kassette 284 (43) Germany – General Reports – 1935 – 1945. Die Briefunterschrift war weggeschnitten.

Berlin, den 13. 12.1942

Lieber Bruder Visser't Hooft!

Es ist mir eine große und herzliche Freude, daß ich Ihnen auf dem Ihnen sicher bekannten Wege einen Brief senden kann. Denn ich sehne mich nach den Brüdern, welche durch die Ereignisse von uns getrennt sind. Wie oft habe ich Ihren und anderer Brüder Namen vor Gott genannt! Das tat ich auch in den erzwungenen Einsamkeiten des letzten Jahres. Denn wenn wir auch voneinander getrennt sind, so lastet doch auf uns eine große Verantwortung für das Ganze der Christenheit.

Unsere Generation empfindet ja sehr stark die Gemeinsamkeit mit allen Christen und sieht darin ein großes Geschenk. Wie merkwürdig ist Gott, daß wir unter seiner Führung von diesem Geschenk so wenig Gebrauch machen können! Schon hier in der Heimat haben Einberufungen und Arbeitsüberlastung und Reiseschwierigkeit es mit sich gebracht, daß wir einander nicht so nahe sein können, wie wir es wohl möchten. Wie viel mehr aber sind wir von den Brüdern getrennt, die nicht durch die gleiche Nationalität mit uns vereinigt sind!

Ob Sie sich in den letzten Jahren unserer Trennung wohl auch so viel danach gefragt haben, was wir wohl zu diesem oder jenem Ereignis sagen? Unsere Gedanken waren sehr viel bei den Brüdern der Oekumene; wir haben uns oft ausgemalt, was wohl Sie und andere von uns denken möchten. Denn wir können es uns nicht anders vorstellen, als daß Sie uns mit unserem Volke zusammen sehen und daß das Urteil, welches Sie von unserem Volke haben, auch immer zugleich uns trifft. Wir wollen es auch gar nicht anders haben, obschon uns nicht unbewußt ist, daß das *eine Belastung unserer Bruderschaft* bedeutet. Wir sind aber gewiß, daß die Bruderschaft diese Belastung nicht nur tragen kann, sondern *sie auch in einen Segen verwandelt.*

Wie gut ist es doch, daß ich Ihnen gegenüber so etwas aussprechen darf! Ich muß ja nicht fürchten, daß Sie Schuldbekenntnisse des Bruders so mißverstehen, wie man sie im politischen Raume mißversteht. Wir stehen ja nicht so zueinander, daß der eine vor dem anderen *Recht haben will.* Uns verbindet Gottes Barmherzigkeit. Die macht, daß wir des anderen Schuld nicht als unser Recht sondern als *Mitbelastung* empfinden.

Ich möchte so gerne, daß wir Christen an dem gegenwärtigen Krisenpunkt der Menschheitsgeschichte uns als Diener Jesu Christi beweisen. Wie wir innerhalb unseres Vaterlandes der Politisierung der Kirche widerstanden haben, so möchten wir auch gerne, daß die Christenheit überhaupt sich nicht vor einen politischen Wagen spannen läßt. Sonst könnte die einzigartige Gelegenheit, die ich auf die Christenheit zukommen sehe, nicht nur ungenutzt vorüber gehen, sondern sich viel mehr in eine Katastrophe wandeln.

Wir empfinden alle das riesenhafte Schuldkonto, das auf der ganzen Menschheit lastet. Wer redlich ist vor Gott, wird das vor allem bei sich selber und bei den Seinen suchen und finden. Ich sehe aber auch eine Christenheit, die wissen könnte, daß wir vor Gott in einer gemeinsamen Schuldverhaftung stehen. Wir werden uns rüsten müssen für den Augenblick, an dem geredet werden kann und muß. Die Welt darf dann nicht mit ihrer Schuld alleine sein. Das wird sie nicht aushalten. Sie wird eher sich ins Chaos stürzen, als alleine mit der Wucht der Schuld fertig werden.

Man darf guter Zuversicht sein, daß die Welt für ein kirchliches Zeugnis in dieser Richtung bereiter sein wird als nach dem letzten Weltkriege. Jedenfalls gilt das für mein Volk. Hier finde ich – nicht nur unter den Theologen – eine Bereitschaft, von Schuld zu hören. Man darf sich nicht durch den Augenschein täuschen lassen. Gott arbeitet unter der Oberfläche. Hier zerbricht er die Selbstsicherheit des bürgerlichen Menschen, d.h. jene Welt, aus der wir alle kommen. An die Stelle des bürgerlichen Menschen tritt ein Unsicherer voll Lebensangst. Die kommende Aufgabe unserer Predigt wird weniger die Erschütterung der Sicherheit als viel mehr die Aufrichtung eines Zerschlagenen sein. Werden wir aber diese Aufgabe nicht leisten können, dann wird dieser unsicher gewordene Mensch seine Lebensangst in Taten abreagieren, daß uns noch viel mehr grausen wird als bisher.

Darum komme ich auch heute nicht zu Ihnen, indem ich mich von meinem Volke absetze. Denn Gott hat mich gesetzt, des Evangeliums priesterlich zu warten. Und wenn Gott es schenken sollte, daß wir noch einmal im Frieden miteinander Gemeinschaft pflegen dürfen, so würde ich auch dann mein Volk mit mir nehmen. Denn es gehört nun einmal zu dem Amte, welches Gott mir übertrug.

Vielleicht verwundern Sie sich darüber! Sie denken daran, daß mir nun doch in den letzten zehn Jahren deutlich genug gezeigt worden ist, daß man auf meine Mitarbeit keinen Wert legt. Wenn Sie mir das sagen würden, könnte ich Sie gut verstehen. Was aber psychologisch und logisch richtig ist, ist hier theologisch nicht richtig. Denn gerade die Abweisung, die ich erfahren habe, bindet mich an die, welche mich abwiesen. Das habe ich früher nicht gewußt. Aber Gottes Führungen in den letzten Jahren haben mich das gelehrt. Ich beginne zu verstehen, warum der Weg Jesu Christi durch seine Zeit ihn nur immer fester an sie band.

Sie werden mich nicht mißverstehen! Ich fühle keinen Auftrag in mir zu entschuldigen. Aber wenn die Priester Gottes aus allen Ländern eines Tages wieder zusammen werden beten und reden können, dann werden und sollen sich in ihnen die Schulden derer begegnen, denen sie als Priester gesetzt sind. Sie werden tun, was ihres Amtes ist und werden damit der Welt Heil bringen, wenn sie mit allen Schulden gemeinsam vor Gott treten. Denn das erscheint mir ein unbedingtes Erfordernis der Zukunft zu sein, daß die Christen *die Frage nach der Schuld so viel wie möglich der Welt entziehen*, um sie mit Gott und vor Gott zu regeln.

Es gehört zu den eindrücklichsten Erfahrungen der letzten Jahre, daß ein großes Unheil geschieht, wenn die Frage nach der Schuld der Propaganda überlassen bleibt. Denn die Propaganda ist darauf angewiesen, den Alleinschuldigen zu finden. Damit aber häuft sie das Unrecht und sät eine furchtbare Drachensaat, die eines Tages aufgeht. Man braucht ja nur an die Zusammenhänge von Versailles und dem heutigen Geschehen zu denken, um die hier lauernden Gefahren vor Augen zu haben.

Man wird ja damit rechnen müssen, daß die Anknüpfung viel schwieriger werden wird als nach dem letzten Kriege. Auch in der Kirche werden wir nicht wieder zueinanderfinden durch kluge Diplomatie. Das Wunder der göttlichen Vergebung, die uns alle betrifft und umfaßt, wird unter uns stehen müssen, damit sich auch unter Menschen Vergebung wird ereignen können.

Wenn Gott es uns noch einmal schenken wird, daß wir zusammen beten und arbeiten dürfen, dann wird ja nicht nur die Bereinigung des Vergangenen sondern auch die Aufgaben der Zukunft als ein Werk vor uns stehen, das wir anpacken müssen. Und das ist gut so. Denn der Blick auf das Zukünftige wird unsere Hoffnung stärken, ohne die wir auf Erden ja nicht leben können.

Ich sehe eine solche Fülle gemeinsamer, auch gerade kirchlicher Aufgaben vor uns, daß ich durchaus nicht hoffnungslos bin. So schwer es sein mag, daß unsere Generation zwei Weltkriege durchstehen muß, so liegt doch darin auch so etwas wie eine Chance. So weit ich sehe, ist wenigen Generationen je die Möglichkeit gegeben worden, zweimal vor einer so ähnlichen Situation zu stehen – mag nun die konkrete Lage am Ende dieses Ringes aussehen, wie es Gott geben wird. Der Neuanfang, der dann vor uns stehen wird, wird den Beweis liefern, ob wir aus den Fehlern des ersten Friedens, auch des Friedens der Kirchen, gelernt haben werden.

Es möchte verfrüht erscheinen, daß man sich überhaupt schon Gedanken in dieser Richtung macht. In der Tat ist der Gedanke daran, daß uns noch einmal Friedensarbeit beschert werden möchte, so schön, daß man ihn nicht zu denken wagt. Und doch dürfen wir – so glaube ich – den Mut aufbringen, daran zu denken. Ja, es erscheint mir sogar etwas von dem Dienst zu sein, den wir schuldig sind, daß wir das Denken an den Frieden und die Arbeit, die unser dann wartet, nicht aufgeben.

Sehr viel würde dann gewonnen sein, wenn wir als Christen der Welt bezeugen könnten, daß es Unheil bringt, wenn man die Erde nach Weltanschauungen regieren will, anstatt das Leben zu achten, welches Gott schafft. Wie sind die Sinne der Menschen zwischen 1919 und diesem Kriege doch verwirrt worden dadurch, daß man sie vor Programme stellte, denen man ein Gewicht gab, als wären es Sätze aus dem Glaubensbekenntnis.

Die letzten Jahre haben uns doch gelehrt, daß die Gestaltung der Erde nach nationalem und nach internationalem Prinzip gar keine sich ausschließenden Gegensätze darstellt. Es kann doch kein Zufall sein, daß die Kriegsführenden auf beiden Seiten nicht nur an einzelne Nationen, sondern an Völkergemeinschaften denken, wenn sie von der Zeit nach dem Kriege sprechen. Dann muß es doch möglich sein, ein Verständnis dafür zu wecken, daß es nicht auf die Durchsetzung dieser oder jener Theorie ankommt, sondern ganz schlicht darauf, daß jedes Volk erst in der Gemeinschaft der Völker sein besonderes Geschick ganz erfüllen kann.

Die Geschichte, die wir selbst miterlebt haben, scheint mir auch den Beweis zu erbringen, daß im innerstaatlichen Leben das Glück nicht daran liegt, ob diese oder jene Staatstheorie sich durchsetzt. Die entscheidende Frage scheint mir die zu sein: Wird es gelingen, Regierenden und Regierten die Erkenntnis lebendig zu machen, daß wir vor uns selbst nur dann sicher sind, wenn wir einen Herren über uns wissen, dessen Gebote uns binden.

Die Welt dürfte eigentlich für den Gedanken reif geworden sein, daß es die Hemmungslosigkeit des Menschen ist, welche das Unglück über die Menschen bringt. In meinem Bekanntenkreise ist es jedenfalls so, daß unsere politischen

Weisheiten immer mehr auf diesen einfachen Satz zusammenschrumpfen. Und wir fühlen uns dabei gar nicht verarmt sondern meinen, daß wir etwas sehr Wichtiges erkannt haben. Wenn die Welt der Kirche vorwirft, sie mache sich selbst unglaubwürdig durch ihren konfessionellen Hader, so können wir doch nunmehr den Vorwurf glaubwürdiger zurückgeben, als er uns gemacht wird: Der entfesselte Kampf der politischen Überzeugungen macht es nicht wahrscheinlich, daß diese den Einsatz des Lebensglückes wirklich wert sind.

Das Leben selbst ist mehr als das, was Menschen darüber denken. Diese Erkenntnis den Menschen zu vermitteln, scheint mir der ganzen Anstrengung der Kirche wert zu sein. Das wird nicht ganz leicht sein. Denn wir Menschen sind nun einmal verliebt in unsere Gedanken. Wir bringen ihnen auch gerne schwere und blutige Opfer. Aber wenn es auch nicht leicht sein wird, so ist der Gegenstand doch unseres ganzen Einsatzes wert. Gebe Gott, daß wir es noch erleben, wenn die Christenheit diesen Einsatz für das Geheimnis des Lebens wagt und tut!

Wehe uns, wenn eine neue Epoche wieder anfangen würde mit jenem gutgläubigen Irrtum, der nun seit mehr als zwei Jahrzehnten die Welt in Atem hält, als sei das Leben errechenbar. Wer noch meint, die lebendige Welt in Listen, Zahlen und Statistiken einfangen zu können, der weiß gar nicht, wie nahe er dem Dämonischen ist. Denn so beginnt der Einzug des Dämonischen in unser Leben, daß wir unserem Verstande und unseren Entschlüssen zu viel zutrauen. Ich habe es nun selbst erlebt, wie klein der Raum ist, der den Rationalismus von der Hingabe an das Dämonische trennt.

Darin nämlich liegt ja das Dämonische, daß es alles Leben in nüchterne Zahlen und Formeln aufzulösen scheint und so im Gewande einsichtiger Klarheit einhergeht, aber gerade darin das Hemmungslose, das ihm eignet, verbirgt. Es ist noch nicht so weit, daß man das alles im Einzelnen auseinandersetzen kann. Aber so viel läßt sich schon heute sagen: Das Dämonische kann man nicht mit rationalen Plänen bannen. Ethik und Moral langen nicht aus, einen starken Damm gegen die Hemmungslosigkeit zu bauen. Wer die Welt im Grunde für gut hält, der liefert sie der Dämonie aus.

Ich muß Ihnen nicht erst sagen, wie machtlos wir Christen hier uns vorkommen. Und doch wächst uns der Mut. Das geschieht nicht, weil wir einen klaren Ausweg aus den ungeheuern Schwierigkeiten wüßten. Wir gewinnen Mut, weil wir in unserer Machtlosigkeit die Macht der Gebete erfahren. Und das wird unser Beitrag für die Zukunft sein bis zu dem Augenblick, wo Gott uns die Wege wieder öffnet, die uns jetzt verschlossen sind: Wir werden Gott in den Ohren liegen, daß er in seiner Geduld noch einmal eine Gelegenheit gibt, daß wir besser machen, was wir bisher im Zusammenleben mit den Christen der Welt falsch gemacht haben.

Bis dahin befehle ich Sie der Güte Gottes. Es liegt allein bei ihm, ob wir uns noch einmal sehen werden und unter welchen Umständen das geschieht. Desto froher bin ich, daß ich Ihnen heute habe sagen können, wie es mir ums Herz ist. Denn so sollen Sie diese Zeilen nehmen: Ich möchte dem Bruder gerne zeigen, daß ich noch und mehr denn je um die Bruderschaft weiß, die uns verbindet.

Ihr getreuer
Hans Asmussen

Brief von H. Asmussen an W. Lehmann nach dem 20. Juli 1944 – vom 1. 8. 1944

Nach dem fehlgeschlagenen Attentat auf Hitler am 20. 7. 44 habe ich nach Rücksprache mit Herbert Mochalski und Wolf Dieter Zimmermann an Asmussen unsere Gedanken über den Zusammenhang der Hingabe des Lebens mit dem Opfer Christi geschrieben. Schon am 1. 8. 44 erhielt ich seine nachstehende Antwort, auf die ich oben S. 182 hinwies.

1. 8. 44.

Lieber Wolfgang!

Du sandtest mir eine Ausarbeitung über das Opfer und batest mich um meine Meinung. Ich will sie Dir kurz schreiben:

Ich bin mit Euch der Überzeugung, dass wir den Tod unserer Brüder im Felde und unserer Brüder und Schwestern in der Heimat im Zusammenhang mit dem Opfer Christi verstehen müssen. Nur so werden wir verstehen können, inwiefern wir diese Hingabe des Lebens als Opfer verstehen können. Und das scheint mir ausser Zweifel zu sein, dass wir über alle diesem Sterben nur zum Frieden kommen werden, wenn wir es als Opfer sehen dürfen.

Ich habe aber gegen Eure Ausführungen auch Bedenken. Vielleicht kann ich diese Bedenken noch nicht ganz klar zum Ausdruck bringen. Aber dennoch will ich versuchen, sie auszusprechen. Ich bitte Euch, dass Ihr prüft, was ich zu sagen habe.

Zunächst, scheint mir, darf man das Opfer nicht hauptsächlich als etwas ansehen, was zwischen Mensch und Mensch sich abspielt. Christus hat sich nicht uns geopfert, sondern Gott. Es ist eine Sprachverderbnis, eine solche Tat als Opfer zu bezeichnen, die ich mit vielleicht grossem Einsatz für einen anderen tue. Diese Sprachverderbnis entspricht einer Verderbnis der Erkenntnis. Sie kommt aus der allgemeinen Säkulasierung, indem man Vorgänge, die an sich nur im Verhältnis

Mensch–Gott möglich sind, in die Ebene Mensch–Mensch hinabzieht. Ein besonders deutliches Beispiel ist das Wort „Glaube".

Über die Tatsache, dass eines Menschen Einsatz anderen sehr nützlich ist, kann nach meiner Erkenntnis erst sehr viel später geredet werden. Christus hat sich ja uns zu gute hingegeben. Aber das was er tat, ist in seiner Frucht nicht sichtbar zu machen, wenn man einen direkten Bezug von ihm zu uns festzustellen sucht. Daran, dass es nicht möglich ist, diesen direkten Bezug festzustellen, scheitern viele Menschen im Glauben. Denn sie fragen sich – auf dieser Ebene mit logischem Recht –: Was habe ich denn davon, dass Christus für mich starb?

Christi Opfer hat erst so seinen Wert, dass es ein Gotte dargebrachtes Opfer ist, und nun seinen Wert und seine Frucht vor uns verbirgt. Erst dem sich hingebenden Glauben tut sich die Frucht des Opfers Christi auf. Der sich hingebende Glaube aber ist dadurch ausgezeichnet, dass er in seinem Ansatz auf alles Verzicht leistet, was ihm noch nützen könnte.

Glaube, der sich hingibt, tritt nämlich selbst in das Opfer ein. Das besagt das Wort „Sich Hingeben". Indem ich mich Gotte „hin gebe" (zwei Wörter!), erfahre ich, dass diese Hingabe nicht gelingt. Ich bin zum Opfer nicht fähig. Christus musste das Hingeben für mich besorgen. Erst in der Hingabe Christi gelingt und gelang meine Hingabe.

Die Frage ist also die, inwiefern unsere Toten Gotte hingegeben sind, resp. sich Gotte hingegeben haben.

Um diese Frage beantworten zu können, müssen wir uns darüber klar sein, ob es innerhalb des Opfers Christi für uns Pflicht und Möglichkeit gibt, Einzelopfer darzubringen, nachdem wir uns selbst Gotte in Christo hingegeben haben. Diese Frage scheint mir auf Grund der Hlg. Schrift mit einem klaren Ja beantwortet werden zu müssen. Die Art dieser Opfer ist mannichfaltig: Bekenntnis, Lobopfer in Worten, Geldopfer, Leiden um Christi willen, ja auch der Glaube selbst wird ein solches Opfer genannt.

Ich lasse die Frage unerörtert, wie wir denn die Eingliederung in das Opfer Christi vollziehen können (ich weiss keinen besseren Ausdruck im Augenblick). Ich meine die Frage, wie wir es erreichen können, dass unser Opfer und Christi eines sind. Ich komme in anderem Zusammenhang noch einmal darauf zurück.

Nun gehört es zweifellos zum Wesen des Opfers, dass es freiwillig dargebracht wird. Das könnte zu der Meinung verleiten, als ob Leiden, die wir nicht suchen, sondern die uns auferlegt werden, als Opfer nicht gelten können. Das ist aber angesichts des NT doch nicht der Fall. Denn die Apostel haben ihre Leiden um Christi willen auch nicht gesucht, trotzdem haben sie sie als Opfer bezeichnet. Wird also jemand von der Obrigkeit gerufen Soldat zu sein, und fällt er in diesem Beruf, dann spricht es nicht gegen den Opfercharakter seines Todes, dass er den Tod erleidet als ein unter fremdem Willen Stehender.

Aber die Frage ist, ob er seinen Tod Gott darbringt. Auf diese Frage kann man eine allgemeine Antwort nicht geben. Das entscheidet sich daran, ob er den

Glauben hat, es zu tun. Als ein von Gott durch Menschen Geführter stellt er den Ausgang dieser Führung in Gottes Hände. Er stellt auch sein leibliches Leben Gotte zur Verfügung. Wo das geschieht, kann von einem Opfer geredet werden, wobei wieder die Frage aller christlichen Opfer auftaucht, ob Gott dies Opfer um Christi willen annimmt. Man wird sagen müssen, dass wir auf diese Möglichkeit unsere Brüder nicht vorbereitet haben, wenn sie ins Feld ziehen oder wenn das Verderben der Luftangriffe über ihnen schwebt.

Nun gehört ja zu jedem Opfer ein Priester. Aber ursprünglich ist der Priester selbst das Opfer. So ist es bei Christus. Und wer sich in Lebensgefahr Gotte opfert, der ist in diesem Falle auch in der Nachfolge Christi Priester und Opfer zugleich. Von dieser Seite aus haben wir das Priestertum aller Gläubigen selten angesehen.

Mir ist aber seit langem klar, dass auch andere die Darbringung des Opfers vollziehen können. Man vergleiche nur die Formel unserer Bekenntnisschriften, dass die Kinder in der Taufe Gotte „dargebracht werden", nicht von sich selbst, sondern von anderen. Hier liegt der eigentliche Sinn unserer Gedenkfeier, wie wir so wenig schön und so säkular uns zu sagen gewöhnt haben. Es hat ja nie aufgehört, dass man in der christlichen Gemeinde die Toten in Gottes Hände „befohlen" hat. Aber man verstand darunter vor allem dies, dass man es in Gottes Hände gab, was er mit ihnen machen wollte. Was wir bisher so getan haben, ist zu unklar und unbestimmt, um im eigentlichen Sinne wahr zu sein. Hier liegt unsere Aufgabe! Wir müssen die Toten in der Gemeinde Gotte darbringen! D.h. nicht zuletzt, dass wir sie aus unseren Händen in Gottes Hände fortgeben. Das tut Hiob, als er seine Kinder verloren hatte. Dieses Fortgeben ist eine Handlung, *ein* wesentlicher Zug unserer Leichenbegängnisse! Denn diese sind nicht nur Betrachtungen, sondern Handlungen, Opfer und Segnung.

Gewiss, man kann sagen, dass damit der Begriff des Opfers weit ausgedehnt würde. Ein solcher Einwand müsste sehr sorgfältig geprüft werden. Bedenkt man aber, wie weit Paulus offenbar Röm. 12.1 ff den Begriff fasst, so dürfte diese Einrede kraftlos werden. Praktisch würde das bedeuten, dass wir beim Gedächtnis der Gefallenen in diesem Sinne zu Gott sprächen: Wir legen den Gefallenen aus unseren in Deine Hände, o Gott. Nimm es gnädig auf, dass wir so vor dir handeln.

Aber nun wäre von dem eigentlichen Christlichen dieser Handlung zu reden: Inwiefern ist denn ein solches Tun ein Tun in Christo! Davon kann die Rede sein, wenn man den Toten (Gefallenen) als in Christi Tod bereits hingegeben sieht, der Verfügung über sein Leben beraubt. Das Gedächtnis der Gemeinde an den Toten ist also und muss sein zugleich ein Gedächtnis des Todes Jesu Christi. Darin wird der Tote geheiligt und seine Segnung begründet.

Und nun könnte davon geredet werden, ob das Opfer des Gefallenen auch anderen nützlich ist. Dabei ist zunächst davon abzusehen, was an Nutzen dieses Sterbens oder Fallens auf der politischen Ebene zu buchen ist. Das ist unseres Amtes nicht. Wir müssen in Beantwortung dieser Frage überhaupt davon absehen, was an einem bestimmten Tode an Frucht einsichtig ist, wie ja auch etwa das Opfer, welches der Apostel durch seine Gefangenschaft bringt, keineswegs dadurch Frucht trägt, dass es etwa propagandistisch ausgenutzt werden kann. Die propagandistische Ausnutzbarkeit ist das Einsichtige und kommt darum als Opferfrucht nicht in Betracht.

Es ist festzustellen, dass sich am Werte eines christlich dargebrachten Opfers nichts ändert, wenn mir die Frucht nicht einsichtig ist. Und die christliche Gemeinde sollte sehr zurückhaltend sein mit der Anpreisung einer Opferfrucht.

Dennoch sind durchaus Fälle denkbar und vorhanden, in denen die Opferfrucht glaubend erkennbar, – also nicht einsichtig – ist. Wenn unser Bruder Klapproth Gotte seine Lieder gesungen hat, so gewinnen diese Lieder zweifellos besonders durch die Hingabe seines Lebens ihren besonderen Wert für die Gemeinde. Wenn uns einer unserer Brüder sterbend ein Testament des Wortes hinterlässt, das ein Preis Gottes und ein Sich Hingeben an Gott ist, so macht er damit den Glauben der Seinen und auch der Gemeinde, der er diente, brennend. Es sollte merkwürdig zugehen, wenn nicht das Opfer so vieler junger Pfarrer noch mehr Menschen zum Amte der Kirche erwecken würde, als der Krieg uns genommen hat an jungen Pfarrern.

Wir sind noch lange nicht mit der so auf uns zukommenden Frage fertig. Überlegt bitte diesen meinen Gesprächsbeitrag, wie mir der Eure nachgehen wird. Es wird Euch recht sein, wenn ich auch andere Brüder ins Gespräch ziehe.

Herzlichst
Dein Hans Asmussen

Brief von W. Lehmann an Karl Barth ans der SBZ vom 30. 7. 1946

Pastor Wolfgang Lehmann
Schulpforta über Bad Kösen

den 30. 7. 46

Sehr verehrter Bruder Barth,

in der vergangenen Woche hatte ich anläßlich eines Besuches in Berlin Gelegenheit, von verschiedenen Brüdern mir von Ihrem Besuch erzählen zu lassen, konnte auch Ihr Schreiben an Martin Niemöller vom 29. 6. mitnehmen, nachdem ich kurz zuvor Ihren Wipkinger Vortrag von Okt. 45 erhalten hatte.

Obschon daraus ersichtlich ist, daß berufenere Männer als ich mit Ihnen das Gespräch führen, muß ich mir doch erlauben, Sie als junger „illegaler" Theologe anzusprechen, da ich als Vikar und Hilfsprediger und – ich darf es demütig hinzufügen – als Freund Hans Asmussens bei ihm in den sehr schweren Jahren 38–41 gearbeitet habe und ihm auch in der folgenden Zeit während meiner Dienstverpflichtung durch die Gestapo nahe sein durfte. Gerade weil mich Hans Asmussen so an seinem Leben teilhaben ließ, muß ich – gewiß nicht, um ihn zu verteidigen, sondern um mich nicht im Dank Gott gegenüber zu vergehen, Ihre Vorwürfe ungerechtfertigt und nicht recht verantwortlich nennen. Ich bitte den Bruder Barth, es mir vor Gott ernst abzunehmen.

Ihre Frage an uns nimmt schon die Form eines recht wenig eingeschränkten Vorwurfs an. Ich kenne zwar aus den Synoden und Verhandlungen, aus dem internen Kampf der BK manche Grobheit, die man sich in der Kampfsituation lachend gefallen ließ, weil man das Herz des Bruders hörte, der mit einem doch zunächst einmal vor dem gleichen Herren in die Kniee geht, – oder die gesagt wurde, weil man in der ungeheuren Gespanntheit einfach physisch keine Kraft mehr besaß, in anderer Weise das Ärgernis zu bezeichnen. In Ihrer Diktion höre ich das erste nur noch sehr schwer, – und zum zweiten haben Sie keine Veranlassung. Es ist vor Gott gefährlich, so über einen Bruder zu sprechen, von dessen betendem Erleiden des Aeon in allen seinen groben oder feinsten Erscheinungen ich Zeugnis geben kann. Ich glaube, daß mit dieser Diktion schon Mächtigkeiten angerührt werden im Bruderkreis, über die auch Sie nicht Herr sind.

Ihr Vorwurf geht dahin, daß wir uns in der Grundausrichtung unserer Arbeit von Barmen zurückgezogen hätten. Sie nennen in diesem Zusammenhang mit Martin Niemöller unsere Bemühungen, das kirchliche Schwergewicht auf den Ort der Begegnung mit Christus und die rechte Ausrichtung dieser Begegnung zu legen, liturgisch romantische Bemühungen ecclesiatischer Hänse und sehen bei Hans Asmussen etwa die Gefahr dort, wo er den allerhand Wundern einsamer Kontemplation und Anbetung Gehör schenkt, die ihm und anderen in der Gefangenschaft geschenkt sind. Sie müssen damit die ganze Verkündigung der Kraft einsamen Gebets als gefährlich für die Exerzierung Barmens hinstellen, die im Sinn von Reinhold Schneiders Gedicht „Nur den Betern kann es noch gelingen ..." uns alle, Albertz wie Asmussens, ausgerichtet hat.

Die Ausdrücke regen mich nicht auf. Aber es hat einen Mißklang, daß gerade Sie es aussprechen, der Sie eben nur am Rande unseres Geschehens gestanden haben. Von Martin Niemöller kann ich in anderer Weise die Töne der Depression abnehmen. Hat er doch schließlich Ende 40 in großer Not gerungen um das Verständnis der ApU, um die römische Messe, um die Frage ums Amt.

Mich hat bewegt, daß Friedrich Smend, der leider in Berlin nicht an Sie herankam und nur Prof. Thurneÿsen sprechen konnte, diesem in aller Kürze von unserer eigentlichen inneren Situation den Gewalten gegenüber in den Jahren und heute berichtete und von diesem hören mußte, daß er sehr betroffen sei, dies eben – und doch wohl in Gemeinschaft mit Ihnen – noch nicht so gesehen zu haben. Das macht es so schwer, das, was Sie im vordergründigen direkten Raum zu sagen haben, Ihnen abzunehmen.

Wenn ich Ihnen sagen muß, daß sich hier die Dinge anders geben als aus dem Abstand, dann liegt der Abstand nicht darin, daß Sie in der Schweiz waren und wir in Deutschland, sondern ich glaube, daß Ihr Abstand von dort herrührt, daß Sie zunächst Ihren Ruf nach der „Theologischen Existenz heute" im Sinn von Barmen mit uns lebten, dann sich aber von der Gestapo nach der Schweiz ausweisen ließen und – der Bruder erlaube es mir als Frage – doch wohl gehorchten, weil es Ihnen ein gutes Gewissen gab, daß Sie nur zur Wahl in Deutschland waren und nun in Ihre leibliche Heimat zurückkehrten? Nicht, daß ich mich darüber erheben will! Unsere Angst war schon so groß, wie Sie es sagen. Aber ich glaube eben doch fragen zu dürfen, ob nicht dort, wo Ihr kirchlicher Auftrag bestand – nicht formelhaft juristisch, sondern in der lebendigen Gemeinschaft gleichen Kreuzes – auch für Sie die nur noch einzig legitime Heimat war, weil hier, in diesem „Ding", nicht mehr gilt Jude, Grieche, Schweizer oder Deutscher: Sie waren uns Christen in Deutschland Christ in Deutschland geworden.

Ich glaube, daß in dem Augenblick der „Kontakt" mit unserer Situation Ihnen verloren ging, so sehr Sie noch weiter mit uns bis in den Krieg hinein „Verbindung" halten konnten. In einem Bild ausgedrückt: Sie konnten von einer Felseninsel aus uns im Sturm beobachten und sehen, daß wir manchmal das Segel verkehrt setzten. Und jetzt ist die Lage, zumindest für uns hier, wieder ähnlich. Wir hören Ihren Zuruf wirklich, müssen aber unseren Kurs durch die Untiefen so steuern, wie Sie ihn von der Felseninsel aus nicht sehen können. Das gilt keineswegs nur für die kleinen Entscheidungen des Augenblicks, sondern für die Gesamtausrichtung des Weges. Darum können Sie Hans Asmussen nicht verstehen.

Hans Asmussen und wir haben ja nichts anderes praktiziert, als was Sie in der „Theol. Existenz heute" uns mahnend von der Unbeweglichkeit der Mönche von Maria Laach in ihrem Horengebet zuriefen: Um die Unbeweglichkeit ging es uns, nicht um die Imitation der Horengebete. Aber es ergab sich für uns, die wir betend und anbetend unter Ihrer Weisung versuchten, unseren Stand gegen den Satan zu behaupten, die merkwürdige Tatsache, daß wir uns von den Psalmen, der Offenbarung, der alten Kirche, den griechischen und römischen Gottesdienstordnungen (ebenso den englischen) beten lehren lassen mußten, weil das freie Gebet des Protestantismus immer mehr versagte. Uns ging im Gefordertsein, im Akt der theologischen Existenz auf, warum Kierkegaard in „Die Lilien ..." davon spricht, daß die Gebetsrede im Schweigen verstummt, daß wir aufhören zu sprechen und nur noch Gott – nun eben für uns in seinem Wort beten lassen. Hier setzt unsere Leidenschaft zum liturgischen Gebet ein, zu dem Gebet, das reich ist an tröstlichem Wort Gottes, weil wir sonst ganz schweigen müßten, und nun eben schließlich nicht mehr im rechten Sinne.

Ich erinnere mich, daß zu Beginn des Krieges Hans Asmussen uns gerade dies Wort aus der „Theologischen Existenz heute" zurief. Und wenn es bei Ihnen nicht

Romantik war – und die war es nicht, denn Sie saßen mit uns im Schiff –, dann muß es doch in einer Kontinuität mit der Anbetung etwa von Offb. 4 + 5 gestanden haben und damit in einer Kontinuität mit den Präfationen der alten Kirche. Und dies gerade – das erkannten wir mit Ihnen – mußte gegen alle vordergründige Aufgeregtheit weiter kirchlicher Kreise bis weit in die Führung der BK hinein gelebt werden, in der eigentlichen kraftgeladenen Ruhe im Herrn, in dem die Welt des Satans mitsamt diesem Kriege schon ad absurdum geführt ist! Die uns leiblich noch äusserst fatal wahrnehmbare Wirklichkeit ist praktisch real in dem entkräftet, dem alle Gewalt im Himmel und auf Erden gehört, weil er gehorsam bis zum Kreuz war. Wo wirkliche Verbundenheit mit diesem Herrn besteht, wird die echte Ruhe der betenden irdischen wie himmlischen Kirche der Offenbarung gefunden werden. Von hier aus unsere Leidenschaft zur Arbeit in der Predigt: daß sie nicht ein Reden über Christus und die Welt bleibe, sondern als Gottes Wort die Werke des Satans im Einzelnen und im Konkreten zerstöre. Darum Wegführung von so mancher vordergründigen „Erklärung zur Lage" bei uns in den letzten Jahren zur wirklichen Wegräumung der Sünde durch das Geheimnis der Vergebung. Von hier unsere Leidenschaft zum Sakrament: daß wir nicht das Schwergewicht des kirchlichen Lebens dort ließen, wo wir Menschen irgendwie – und sei es in einer äusserst ehrenhaften Zusammenraffung von Civilcourage, die doch nicht selig macht, – meinten, selbst die innere oder äussere Lage zu korrigieren, sondern zunächst einmal alle Fragen und Nöte gelöst sahen, wo die Begegnung mit Christus sich ereignete. Die BK stand in der Todesgefahr, die Dinge der Welt und der umheimlichen Umgebung mit den Augen Petrus auf dem See zu sehen, als er nicht den Herren allein ansah, sondern sich von den Gewalten bannen ließ. Von diesem Gebanntsein weiter Kreise der BK waren wir Zeuge. Von diesem Gebanntsein wurden wir frei im täglichen gottesdienstlichen Verbundensein mit Christus. Daß diese Ruhe nicht bedeutet, daß man sich bequem oder ängstlich mit dem Status der Sünde, äußerlich bis hin zu den Concreta des öffentlichen Lebens, zufrieden gibt, liegt auf der Hand. Ich meine, daß wir dort die Herrschaft des Herren über das All nach Barmen erst zu praktizieren anfingen, wo wir in diese Ruhe wieder fanden.

Es ist interessant, wie sich seit Ihrer Ausweisung aus Deutschland in Ihrer Exegese von Röm. 13 jene Vordergründigkeit zeigt, von der uns gerade Ihre „Theol. Ex. heute" zusammen mit der sieghaften Ruhe von Barmen befreite. In diese Ruhe zu finden heißt doch nicht, im Gewissen abstumpfen. Und ich bin überzeugt, daß auch Sie, verehrter Bruder Barth, wohl zu unterscheiden wissen zwischen den Bemühungen etwa Hans Asmussens und Unternehmungen, die wirklich von romantisch-liturgischer Sehnsucht getragen sind. Aber selbst, wo dies, allerdings erst nach letztlich ernster Prüfung zu sagen ist, muß doch gesehen werden, daß auch durch diese Bemühungen etwas von der Weisheit der alten Kirche wieder ans Licht dringt, selbst, wenn ein Pharisäer predigt, den man doch mit seiner Predigt hören soll, oder wenn Kaiphas weissagen muß, weil er des Jahres

Hohepriester ist, und damit doch Gottes Wort aussprechen muß. Hier liegt wohl der Grund, daß wir uns in der Sache oft nicht so, wie Sie es vielleicht fordern, abgrenzen können, so sehr gerade wir nach den persönlichen Erfahrungen der letzten Jahre, etwa mit Marahrens, an die Personen und ihren Kurs Fragezeichen von letztem, allerdings nicht vorletztem Gewicht setzen. Wie ich das meine, möchte ich Ihnen verdeutlichen an den Vorgängen auf der Epiphaniensynode wohl 1939 (ich kann mich im Termin irren), als es darum ging, Dahlem auf den Kirchenführer Werner entsprechend unserem Vorgehen dem Reibi gegenüber anzuwenden: Der größte Teil derer, die Hans Asmussen schon damals Ihren Vorwurf entgegenhielten und gern von der Notwendigkeit mutiger Entscheidungen sprachen, fürchteten sich, Werner nach Matth. 18.17+18 aus der Gemeinde Jesu Christi auszuschließen, was Asmussens Antrag in letztem Glaubenswagnis forderte. Dies Wagnis vor Gott, das ja größer ist als das vor Menschen, kann unmöglich mit liturgisch romantischer Sehnsucht abgetan werden. Hier versagte aber der Mut der anderen. Und das könnte Ihnen an anderen Ereignissen der letzten Jahre vielfach demonstriert werden. Die exegetische Frage Asmussens in „Wiederum stehet geschrieben" an Sie besteht mit verstärktem Gewicht. Wir müssen Sie in existentieller Not fragen, warum Sie so leicht vom „Hypo-tassein" zum „eis-tassein" übergehen, wir müssen Sie fragen, ob das Ereignis der Berührung mit den „exousieen" von Ihnen nicht zu vordergründig direkt gelöst wird, wo im letzten nur unser Unvermögen und unsere Unterlegenheit unter die Mächtigkeiten zu verzeichnen ist und wir einfach nicht in der Lage sind, auch nur zu beurteilen, ob demo- oder aristokratisch, tyrannisch oder plebejisch gerechtfertigter ist, da das im letzten nur Bezeichnungen der letztlich nicht aufzeichenbaren „exousieen" sind, die von Jesus, nicht von uns zu bannen und uns zur, ich möchte fast im Sinne von 1. Kor. 3,31–32 sagen, Verwendung zuzuführen sind. Wir nehmen es Ihnen wahrhaftig ab, daß Sie uns der sozialistischen Fragestellung zuordnen. Aber im Ganzen sind doch von Ihrer Exegese her gesehen Ihre konkreten Wegweisungen an unserer Situation irgendwie vorbeigesehen, besonders wenn ich an Hornig und die dortigen denke.

Hans Asmussen blieb im Schiff. Er ist Mensch und hat sich gewiß in manchem geirrt, was aber irgendwie jetzt nicht ins Gewicht fällt. In dem, was Sie ihm vorwerfen, hat er sich nicht geirrt! Fragen Sie ihn doch, bevor ein solch schwerwiegendes Wort wie das von den ecclesiastischen Hänsen fällt, warum er nicht in der Una sancta, warum er nicht Berneuchnener oder Alpirsbacher oder Landeskirchler war, warum er vielleicht gerade bei den lutherischen Theologen einer der Illegalsten war. Sprechen Sie mit ihm, hörend, nicht irgendwie schon unter einer fertigen Vorstellung. Und werfen Sie, der uns so hat dienen dürfen, uns nicht vorschnell mit allen, um die wir in gleicher, oft vielleicht durch unsere Existenz hier noch notvollerer Weise wie Sie vor Gott Klage führen, in einen Topf! Ja, es geht um den Leib Christi, aber in dem feinfühligen einfältig kindlichen Fragen und Hören nach dem Geheimnis Jesu Christi, wie es mir oft etwa an Asmussens Redewendung deutlich wurde, die mehr ist als dies,: „Sehe ich recht, dann . . .". Ich meine, um dies Verständnis muß ein Bruder zu bitten sein.

Wir lassen uns nun freilich nicht beirren im Suchen der Brüder, die irgendwie als aus dem Reich der Finsternis in das Reich des Sohnes Gottes versetzt anzusprechen sind, – bei aller Klarheit der Situation gegenüber. Wir lassen uns auch nicht beirren, deutlich werden zu lassen, daß unsere konkrete Schuld im Kreuz Jesu wirklich vergeben ist, und haben kein Zeugnis der Schrift, daß außer der Sünde wider den Heiligen Geist, dann über das gerade von dieser Sünde oder Sündhaftigkeit hinaus notwendig zu Bekennende nur von dieser Schuld geredet werden müßte und nicht läuternd und verklärend von Jesu Vergebung und Sieg (wie etwa an der irdischen Gemeinde der Offenbarung sichtlich) lobend und anbetend verkündigt werden müßte.

Von den Christen anderer Völker lassen wir uns nach Sprüche 9.8 gern strafen. Und wenn sie uns strafen, danken wir ihnen, weil sie uns vor Gott und der Welt weise machen. Wir lassen uns auch lieben und nehmen diese Liebe als von Herzen kommend und dem Herrn gegeben demütig an im Wissen, daß unser Annehmen wieder geben wird. Wir sehen aber keine Veranlassung, von den Christen anderer Länder „Teilnahme" entgegenzunehmen. Denn das säkulare und hier geradezu das taktvolle Bruderschaftsverhältnis grob beleidigende Verhältnis der „Teilnahme" gibt es in der Gemeinde Jesu Christi nicht. Wir meinen, daß draußen die Christen anbetend und zitternd in die Kniee gehen müßten über den Wundern, die Christus an uns armen, zitternden, sündigen und versagenden Christen in Deutschland getan hat und noch tut, besonders an Hornig und seinen Gemeinden. Das Lob, das von dort herübertönt von den Einfältigen, Mühseligen und Beladenen, das sich an Kreuz und nicht an Glorie entzündet, ist letzte Weisheit. Hieran müßte sich unsere theologische „Weisheit" ausrichten.

Sollte ich in einigem zu frei gewesen sein, verehrter Bruder Barth, wollen Sie es um Christi willen nicht ansehen. Entscheidend ist mir, den Versuch gemacht zu haben, irgendwie unser Anliegen Ihnen gegenüber hörbar zu machen, nachdem es sich die Jahre hindurch bewährte und gerade jetzt wieder bewährt.

Mit großer Hochachtung begrüße ich Sie
als Ihr sehr ergebener

gez. Wolfgang Lehmann

Brief von W. Lehmann an Asmussen, Böhm und Kloppenburg aus Schulpforta (SBZ) vom 15. 11. 1945

Wolfgang Lehmann, P. Schulpforta, den 15. November 1945

Liebe verehrte Freunde und Brüder!

Nach Eröffnung des Postverkehrs möchte ich Euch trotz Eurer und meiner zeitlichen Belastung einen Bericht über unser Ergehen und das kirchliche Geschehen hier übermitteln, da mir viel an Eurer Fürbitte und eventuell auch Eurer Hilfestellung zu unseren Problemen und Nöten liegt.

Ich darf Euch zum Teil an meinem persönlichen Weg unsere Fragestellungen aufzeigen. Als ich durch den Einmarsch der Amerikaner mit meiner Frau nicht mehr zu Hans Asmussen durchkam, sondern in Kösen hängen blieb, beauftragte mich Lorenz Bertheau im Auftrage der Bekennenden Kirche mit der Wahrnehmung der Pfarrgeschäfte in Schulpforta. Dem sehr gefährlichen Mitte-Sup. Moering machten wir hiervon bewußt keine Mitteilung, da wir hofften, daß entsprechend Barmen und Dahlem die B.K. die Leitung übernahm. Die Gemeinde lag trotz der aufzehrenden Arbeit Bruder Bertheaus bei der Übernahme noch schwer unter dem Bann der Napola. Die ehrwürdige Kathedrale war zum Abstellraum von Gepäck und Segelflugzeugen benutzt und seit Jahren dem kirchlichen Gebrauch entzogen. Wir konnten jedoch schnell nach Brechung des Bannes in der Gemeinde Boden gewinnen, erhoffen jedoch noch immer das eigentliche Wachwerden der Gemeinde. Immerhin freuen wir uns an einem Gottesdienstdurchschnitt von zirka 10% der Ortsgemeinde. Mein Gedanke war von April bis Mai noch, den ganzen Klosterkomplex durch die BK übernehmen und zu einer Exerzitienstätte bzw. kirchlichen Hochschule ausbauen zu lassen. Nachträglich gesehen, im besonderen von unserer kirchlichen Lage her, ist es vielleicht nicht ungünstig, daß es bisher noch nicht geschah. Zum Teil liegt es aber auch an der Grundauffassung, daß man – besonders Gabriel-Halle – sich die Neuausrichtung der Pfarrerschaft im wesentlichen propagandistisch journalistisch denkt, jedoch kein Organ dafür hat, daß über der verkehrt predigenden und verkehrt lebenden Pfarrerschaft ein Bann liegt, der nur gebrochen werden kann, wenn sie wieder in vollmächtiges Gebets- und Sakramentsleben sowie in die schützende Fülle der Heiligen Schrift eingetaucht werden. Es ist schmerzlich, daß dies außer unserem Präses Müller noch sehr wenige sehen. Aber vielleicht haben wir alle noch zu wenig um solche Erweckung gebetet und zu wenig solches Leben stellvertretend gelebt. Ich danke Dir, Hans Asmussen, ganz besonders, daß Du uns solches Beten aufgetan hast, und ich bin Dir sehr nahe, wenn ich täglich morgens in meiner schönen Kirche nach Deinem „täglichen Wort" und nach der Ordnung, in der wir in Berlin und Gmünd miteinander beteten, Dir verbunden sein darf. Ab August begann der Staat sich für Pforta zu interessieren. Der frühere Schriftleiter des Pförtner Bundes, Bankdirektor Dr. Waldow, wurde zum Prokurator bestellt und gab in Aufrufen bis hinauf nach Pommern bekannt, daß die Schule wieder im alten Sinn ab Oktober laufen solle. Das erweckte große Hoffnung – und Herrn Kegel Berlin konnte ich auch noch sehr positive Angaben über die christliche Ausrichtung machen –, die jedoch durch die Ausrichtung der Schulreform bisher so ziemlich zerschlagen wurden. So war es unmöglich, das alte geistliche Inspektorat wieder einzurichten, und ich wurde lediglich, nachdem Müller die Leitung des Konsistoriums übernommen hatte, als Hilfsprediger mit der kommissarischen Verwaltung der Ortsgemeinde beauftragt (auf dem Papier mit Pfarrer-Anfangsgehalt, da ich als Illegaler bisher noch keine Pfarrstelle haben konnte, tatsächlich bis heute seitens der Behörde ohne einen Pfennig Gehalt. Der Sup. „bevollmächtigte" mich lediglich, von mir aus mit der Ortsverwaltung über Bezahlung durch diese zu verhandeln. Für uns trat geldlich Bruder Bertheau aus den Mitteln der BK sehr fein ein). Nachdem die Schule nunmehr angelaufen ist, versuche ich, wenn auch unter erheblichen Schwierigkeiten, die Jungen für die Kirche zu interessieren und zur freiwilligen Mitarbeit zu gewinnen. Infolge der besonderen Stellung der Schule in der Provinz sind auch die Verhandlungen um den Religionsunterricht recht schwer und noch nicht abgeschlossen. Neben dieser lohnenden Aufgabe und der Gemeindearbeit, insbesondere der gottesdienstlichen Arbeit bei sehr feiner Hilfe meiner Frau arbeite ich an der BK-Arbeit unseres Bezirkes sowie ab und an in Halle bei Provinzfragen mit. Dazu muß ich Euch aber nun etwas von unserer kirchlichen Entwicklung selbst erzählen.

Da die BK in unserer Provinz nur etwa 20% umfaßt, konnten wir nicht mit Elan von heute auf morgen alles übernehmen und die Kirche säubern. Zumindest taten wir es nicht, obschon wir uns in unserem Bezirk etwa darüber einig waren, daß es entsprechend Barmen und Dahlem gar keine Frage im Blick auf die kirchenrechtliche Seite gab. Durch Bertheau, Sauberzweig und Hofmann wurde unsere Forderung nach einer rein glaubensmäßigen Kirche, notfalls unter völliger Loslösung vom Konsistorium und dem Wagnis eines neuen Kirchenkampfes im PBrR vorgebracht, ohne jedoch durchgeführt zu werden. Denn inzwischen hatte Halle durch Gabriels Betriebsamkeit einen recht faulen Kompromiß mit der Verwaltung (DC Sup. Manthey) und der Mitte (Schumann) geschlossen, der durch die Aktivität der beiden uns leider – wie Gabriel jetzt auch einsieht – den Weg schon sehr stark vorgeschrieben hatte (inzwischen gescheitert). Auf der anderen Seite beugen gerade wir uns sehr gern unter Müllers geistliche Weisheit, dem eine glatte Kirchenscheidung in BK und Anderes vom Gewicht der Ordination her sehr gefährlich ist, der wohl in den Verhandlungen mit dem Konsistorium absolut entschlossen war, bei Mangel von Bereitwilligkeit auch gegen die gesamte Verwaltung unseren eigenen Weg zu gehen, der jedoch dann lieber im Wissen um unsere eigene Kraft das Angebot der Zusammenarbeit unter seiner Leitung annahm. Bei einem Besuch Müllers in Pforta und Kösen ging Bertheau wie mir alle Sorge um eventuell zu große Weichheit Müllers davon und uns wurden die wahrhaft bischöflichen Qualitäten Müllers im Zuwartenkönnen bei ganz fester eigener Zielsetzung so bewußt, daß wir Gott täglich über diesem Mann danken. In Sorge sind wir freilich nun, daß uns Berlin zu stark in unsere sehr stetige, wenn auch langsamere Entwicklung eingreift. Nicht wahr, lieber verehrter Bruder Böhm, Sie verstehen, daß wir etwas Sorge haben, O Mega – Tarnname für Otto Dibelius – sei mit Ihrer dortigen Entwicklung etwas zu rasch vorgegangen und habe manches persönlich ausgerichtet und entschieden, was geistlich in der Bruderschaft hätte ausreifen und wachsen müssen. Im Besonderen wollen wir die so gewichtige geistliche Entscheidung zum Bischofsamt nicht ohne weitestgehende theologische Fundierung, Bevollmächtigung und Begrenzung fällen. Wenn auch die Berliner Brüder und Synodalen ihm in seiner etwas autokratischen Amtsführung ein gesundes Gegengewicht geben, so hielten wir es doch für besser ihm durch einen gründlich bedachten gottesdienstlichen Zuspruch Weite und Grenze seines Amtes aufzulegen. So leben wir zur Zeit etwas in Opposition gegen Berlin, das uns etwa in der Bischofsfrage ein Ultimatum bis zum 1. Dezember stellen will, aus einer Anzahl vorgeschlagener Brüder, unter denen Müller nicht ist, uns einen Bischofskandidaten auszusuchen, der dann von Berlin bestätigt würde. Bei allem demütigen Willen, uns vollmächtiger geistlicher Weisung unterzuordnen, möchten wir die gesunde und darum etwas langsamere eigene Entwicklung in unserem Hause wahren. Es sind auch Stimmen in unserer BK zu hören, die etwa Staemmler als Bischof zurückholen wollen. Aber gerade Ihr drei wißt am besten, warum wir – gerade auch Bertheau als sein Schwager – uns davor fürchten. Ich denke besonders an das, was wir in Deinem Hause, Hans Asmussen, bei aller Wertschätzung seiner Person von ihm meinten. Aber ganz abgesehen davon ist praktisch Müller nicht nur durch seine Ämter, sondern besonders durch seine Art, wie er uns allen geistlicher Vater ist, praktisch vor dem Herrn Christus unser Bischof. In seiner einfältigen kostbaren Bescheidenheit leitete er in der letzten Sitzung des PBrR die Diskussion über die Bischofsfrage, ohne nur mit einem Wort von sich und seiner Arbeit zu sprechen. Hofmann meinte sogar, nachdem Müller zur Sitzung der geistlichen Leitung uns verlassen mußte, daß er den Wunsch habe, vom Bischofsamt freizubleiben. Aber Ihr versteht Bertheau's und meine Bitte, doch Euer Gewicht dafür einzusetzen, daß Müller von der EKiD gebeten wird, das Amt unseres Bischofs zu übernehmen. Ich glaube, daß man umso fröhlicher dazu ja sagen kann, als Anz-Lebusa ab 1. Dezember als hauptamtlicher Konsistorialrat ihm zur Seite stehen wird. Leider ist durch die Unfähigkeit Halles Martin Fischer nicht in unserer seiner Heimatprovinz festgehalten worden, sondern nach Berlin gegangen. Er wäre sonst der Dritte im Bunde, daß wir ein ähnliches, vielleicht in manchem sogar besseres Gremium an der Spitze hätten, wie es das Rheinland als großes Geschenk haben darf.

Mit Anz hatte ich neulich die entscheidenden Vorlagen zu einer eventuellen Bekenntnissynode (die jedoch durch regelmäßige monatliche Sitzungen des PBrR zunächst ersetzt werden soll) vorzubereiten. Ihr könnt meine Freude und Dankbarkeit verstehen, als im Gegensatz zu Gabriel, der der Dritte im Bunde war, Anz die Neuordnung der Ämter im engsten Zusammenhang mit der Neuordnung des Abendmahlsgottesdienstes und Gebetslebens im streng kirchlichen Sinn aufzeigte.

19. November 1945

Der Brief mußte unterbrochen werden. Inzwischen ist hier – wie ich hoffe, nur vorübergehend – eine Krise in der Frage des Religionsunterrichtes eingetreten. Während es fast überall gelang, ein gutes Einvernehmen in der Neuregelung des Unterrichtes zu erzielen, stellt sich hier die Schulleitung aus Angst vor etwaiger Mißbilligung von oben zunächst jeder kirchlichen Betreuung der Jungen entgegen, obschon von diesen her sowie von ihren Eltern ein ausgesprochen starkes Verlangen nach unserem Dienst vorliegt. Ich will hoffen, daß dies nur ein vorübergehender Zustand ist. Aber als ernüchterndes Zeichen ist es jedoch von Bedeutung.

Ein klares Vorgehen der Kirche ist bei uns, wie wohl fast überall im Reich, durch die Bockigkeit der Mitte stark gehemmt. Allerdings scheinen wir mit besonderen Blüten dieser Gattung gesegnet. Einmal hat sich der Euch allen sicher übel bekannte Professor Barnikol, wie einst bei den DC, so auch jetzt bei der SPD angeschmust, hat durch Denunziation einige Kollegen zu Fall gebracht, hat gewagt, die BK als die größte augenblickliche Gefahr vor einer Lehrerversammlung zu diffamieren und macht zur Zeit den etwas komischen Versuch, eine liberale Volkskirche zu sammeln. Inzwischen hat er jedoch glücklicherweise Lehr- und Redeverbot bekommen. Größere Not macht uns der aus dem Wittenberger Bund genügend bekannte Pastor Wagner aus Naumburg, der sich, da wir nicht daran dachten, ihn in die Kirchenleitung zu nehmen, aus eigener Initiative in der Regierung als Präsidialrat und Sachverständiger für kirchliche Fragen hat anstellen lassen. Er gibt offen zu, daß er aus Ärger über die Zurücksetzung durch die Kirche als alter erfahrener Kirchenpolitiker nun eben auf diesem Wege seine Ziele durchsetzen müsse. In Zeitungsartikeln der KPD kennzeichnet er diese als Forderung nach einem sozialistischen, aus Vertretern der vier Antifa-Parteien bestehenden Kirchenregiment, wirft Müller und unserer doch so zahmen Lösung diktatorische Bestrebungen vor, verlangt Durchsetzung der Kirche mit liberalem Geist, warnt offen in den Zeitungsartikeln den Staat vor unseren leitenden Männern der BK als solchen, die dem Nazismus in den Sattel geholfen hätten und verlangt energische Durchführung der Säuberung nach rein weltlichen Gründen. Er schämt sich alles dessen nicht, obwohl er der Verfasser des „Dritten Weges“ und ähnlicher nazistischer Ergüsse von 1938 folgende ist. Selbstverständlich versuchen die Aktivisten der Mitte, eben dieselben, die uns in den vergangenen Jahren den Nazis fast auslieferten, sich unter dem Schatten seiner Flügel neu zu organisieren. Diesmal nennen sie sich August-Hermann-Franke-Bund. Wir hatten ja zu Beginn der Mitte loyale Mitarbeit erlaubt. Auf dieses Vorgehen jedoch gedenken wir andere Saiten aufzuziehen und zunächst einmal den Schwätzer Wagner mundtot zu machen.

In diesen ganzen Geschehnissen ist Müllers Vorgehen nur mit bischöflich reif zu bezeichnen. Er wahrt Regierung und Parteien gegenüber mit einer fast kindlich einfältigen Ruhe, Selbstverständlichkeit und Zähigkeit das Wort der Kirche, besonders etwa in der Frage der Säuberungsaktion u. ä. Das Konsistorium bildet er ohne vorschnellen Eifer nach einem festen Plan um. Die Säuberung der Pfarrerschaft vollzieht er durch visitatorische Beurteilung und erklärte uns in diesem Zusammenhang, daß unter den abzusetzenden Pfarrern durchaus auch faule und ungeeignete Pfarrer der Mitte stünden. Er hütet sich nur, die Neuordnung zu einer Sache menschlichen Eifers werden zu lassen. Seine große Gabe ist die Fähigkeit zuhören und zuwarten zu können. Bertheau's und meine Bitte ist, daß auch Ihr Euren Einfluß geltend macht, Müller zu bewegen, nicht nur wie bisher in der Arbeit, sondern auch in der offiziellen Vollmacht das Bischofsamt zu übernehmen. Vielleicht tust Du, Hans Asmussen, uns den Dienst, theologisch das Bischofsamt zu umreißen und uns Sätze darüber zuzuschicken. Denn die einfache Namensänderung vom Generalsuperintendenten zum Bischof genügt uns nicht. Anz und ich arbeiten wohl schon an der Frage, wären jedoch sehr dankbar, von Dir die Richtung gewiesen zu bekommen. Im selben Zusammenhang stehen unsere Bemühungen um die Neuordnung des Ältesten-Amtes. Hierzu, lieber Bruder Böhm, noch eine Bitte: Sie sollen ja Bruder Hildebrand als zweiten Pfarrer an die Petri-Gemeinde bekommen. Sie täten uns einen nicht zu überschätzenden Dienst, wenn Sie ihn uns freigäben und Müller dahingehend bewegten, ihn zum Propst von Naumburg zu machen, wo er ja bereits mit seiner Familie Wohnung genommen hat. Nach den Gesprächen mit Bruder Hildebrand könnte ich mir vorstellen, daß er zu diesem Dienst bereit wäre. Bertheau und ich kommen jetzt endlich theologisch in der Naumburger Pfarrerschaft voran. Nachdem wir uns zunächst darauf beschränkten, da ja der Superintendent blieb, lediglich an einem Collegium biblicum der Mehrzahl der Naumburger Pastoren (14tägig) mitzuarbeiten und hier die Richtung zu bestimmen, wollen wir nun noch vor Weihnachten damit beginnen, einen Gebetsgottesdienst in regelmäßigen Abständen für uns nach der Ordnung zu halten, die Du, Hans Asmussen, uns in Berlin gabst. Da zu diesem Collegium nur zum Teil BK-Pastoren gehören, könnt Ihr Euch vorstellen, wie befreiend dieser Neuanfang ist. Wir sind der Überzeugung, daß wir Zutrauen zu den Gebetsverheißungen des Herren gerade für diese Arbeit haben dürfen.

Damit für heute genug. Laßt uns teilhaben an Euren Arbeiten und an Eurem Ergehen. Wir wollen einander in Fürbitte tragen. Dann ist die Trennung nicht mehr so schmerzlich. Unser Verlangen, Euch bald einmal wiederzusehen und zu sprechen, ist groß. Grüßt auch Eure Angehörigen!

Euer gez. Wolfgang Lehmann

Wolfgang Lehmann, Getröstete Angst

Erinnerungen an die Berliner Zeit

In: „Ich glaube eine heilige Kirche"
– Festschrift zum 65. Geburtstag von Hans Asmussen –
Ev. Verlagshaus Stuttgart und lutherisches Verlagshaus Berlin.

Deine „Berliner Zeit", lieber väterlicher Freund Hans, habe ich als Student der „Ki-Ho" von 1935 bis 1937 und als Dein Vikar und Hilfsprediger von 1938 bis 1941 und von da an in meiner Tarnstellung gegenüber der Gestapo als „Munitions-Sachverständiger im OKH" bis zu Deinem Wegzug nach Schwaben miterlebt. Was diese Jahre mir persönlich bedeuten, gehört in das Gespräch zwischen den Freunden. Was diese Jahre Dir persönlich bedeuten, steht in Büchern, die erst am letzten Tage aufgeschlagen werden. Ich meine, wir dürfen uns auf jenen Augenblick freuen. Was Deine Berliner Jahre für die Geschichte der Kirche und der Welt bedeuten, ist heute schon zum Teil überschaubar und darstellbar. Die Geschichte ist kein abstraktes Geschehen. Geschichte gestaltet sich, indem Persönlichkeiten sich den Anforderungen und Gefahren einer Zeit stellen und sich in ihnen bewähren oder ihnen gegenüber versagen. Das Urteil darüber, ob Versagen oder Bewährung im einzelnen Fall vorliegt, ist gänzlich abhängig vom Standort des Prüfenden. Die Angst Christi in Gethsemane, die Angst des Apostels Paulus, von der er den Korinthern berichtet, sind für den, der nach dem Heil fragt, entscheidende Stationen der Geschichte nicht nur der Kirche, sondern auch der Welt. Wer jedoch dem Wohl den Vorzug vor dem Heil gibt, wird die Geschichte durch eindrucksvolle Erscheinungen von Heroen in charakterlicher, geistiger und leistungsmäßiger Hinsicht bewegt und gestaltet sehen und ihnen den Preis der Bewährung zuerkennen.

Im Anfang des Kirchenkampfes gehörtest Du für mich und für viele der Jüngeren zu den „Großen" des Widerstands und des Beginns eines längst ersehnten Neuen in der Kirche. Im Laufe der Jahre änderte sich das Bild. Ich meine, bezeugen zu müssen, daß Du Dich nicht geändert hast – abgesehen von situationsbedingten Korrekturen auf dem Gebiet pragmatischer Entscheidungen. Aber es wurde im Laufe der Jahre deutlich, daß Du die „theologia crucis" anders verstandest – oder besser: erlebtest, als sie weithin im Leben der Kirche, auch und gerade in der BK, verstanden und angewandt wurde. Daher mußte sich an Deiner Person, Zustimmung und Ablehnung stärker als an manchem anderen entzünden. Du wurdest zunehmend mehr zum eigenen Exempel des von Dir längst Erkannten: daß nämlich die Angst in der Anfechtung Raum für die Gnade schafft und den Angefochtenen in das Kraftfeld des Opfers führt. Es war eben nicht nur Deine – wie Du oft im Scherz sagtest – Herkunft von freiheitstrunkenen normannischen Seeräubern, die Dich allen Demonstrationen preußischen Schneids im Kirchenkampf gegenüber skeptisch sein ließ, sondern eben jene Erkenntnis, daß es erschreckend ist, von Gott geliebt zu werden. Denn der Geliebte muß nicht nur die Auswirkungen des Bösen erleben, sondern es auch ertragen, dem Bösen ausgeliefert zu werden und ihn somit fast im absoluten Sinn erkennen zu müssen. Das ließ Dich – oft zur Verärgerung der „Tapferen" – stärker fragen, ob man auch die Mittel habe, den jeweiligen Turm zu bauen, den das Ideal tapferer Gläubigkeit im Augenblick scheinbar zu bauen verlangte. Du mußtest es damals oft ertragen, nicht verstanden zu werden, wenn Du darauf aufmerksam zu machen versuchtest, daß in einem viel beklemmenderen Sinn Tapferkeit und Glauben vor der Front einer metaphysisch anders dimensionierten Macht von uns abverlangt wurde. Oft erwuchs die Angst gar nicht aus der bedrohlichen Gegenwart, sondern aus der Erkenntnis, daß „nicht getroffene Entscheidungen später siebenfach verstärkt auf uns zukommen" (so Martin Niemöller in einem damals oft von Dir gebrauchten Wort).

Es wäre manches Leid nicht notwendig gewesen, wenn man Deine Mahnungen stärker beachtet hätte –, und es wäre manches in unserer Kirche heute nicht so problematisch, wenn man nach Deinem Rat schon damals in ganz anderer Weise um die Fundamente der zukünftigen Gestalt der Kirche besorgt gewesen wäre. 1942 sprachst Du mir gegenüber Deine Befürchtung aus, der Zusammenbruch Deutschlands käme, bevor wir uns in der Kirche über die wichtigsten Grundordnungen einig geworden wären. Du hast leider recht behalten.

Aber wenn Dir auch viele damals nachsagten, Du habest den klaren „Dahlemer Kurs" verlassen, so kann ich bezeugen, daß das Gegenteil der Fall war –, ja, daß Du solidarisch auch harte Folgen von Äußerungen und Handlungen trugest, an denen Du unbeteiligt warst oder denen Du Deine Zustimmung versagtest. Es bleibt mir unvergessen, daß Du von 1936 bis 1938 ein Reichsredeverbot ertrugest für eine Äußerung, die ein anderer Bruder der BK getan hatte. Du hast seinen Namen nicht genannt, bist aber körperlich durch das seelische Leiden so heruntergekommen, daß ich statt Deiner von Kommissar Kümmel von der Kirchen-Gestapo die Mitteilung der Aufhebung des Redeverbotes entgegennehmen mußte. Und symptomatisch für die damals verworrene Mischung von Gut und Böse in der

Diktatur: Kümmel war enttäuscht, Dir nicht persönlich die Freude bereiten zu können! Es würde viele Seiten füllen, wenn ich von Deinem Einsatz in jener Zeit berichten wollte, als Du Dich über alle körperliche Schwäche hinwegsetztest und den Kurs bis zur, für Dich besonders qualvollen Gefängnisstrafe beim Ki-Ho-Prozeß 1941 mitmachtest. Du machtest den Kurs mit, obgleich Du bereits bei jener Synode in Steglitz, die zu Jägers Gewaltregiment Stellung nehmen sollte, mit Kummer erkanntest, daß der geistliche Kurs der BK nicht mehr ihren Anfängen entsprach –, daß man wohl 1934 in Dahlem nach den geistlich entscheidenden Schritt einer Exkommunikation des Reichsbischofs gewagt hatte –, jetzt aber Angst vor der geistlichen Courage von damals bekam und damit die Kraft der BK in einer entscheidenden Dimension lähmte. Deine Treue nährte sich aus der geistlichen Tiefe des Gelübdes. Das erkannte ich in der Zeit der härtesten Anfechtungen, wenn Du mich an Deinem mitternächtlichen Gebet beteiligtest. Und Deine Treue bewährte sich in besonderer Weise in Deiner Fürsorge für Martin Niemöller und seine Familie. So ist mir die Vorbereitung zu jener Sprecherlaubnis Frau Niemöllers im KZ Sachsenhausen im Pfarrhaus Dahlem in lebendiger Erinnerung, als Du, Dr. Gisevius (von uns mit dem Tarnnamen „Lotte" bezeichnet), Dein Neffe, der Dahlemer Pastor Wolfgang Saß, und ich mit Frau Niemöller besprachen, was sie am nächsten Tag ihrem Mann zu seiner Resignation gegenüber der Evangelischen Kirche und zu seinen Konversionsabsichten sagen sollte. Diese Treue fand ihre Krönung und den Beginn ihrer Tragik, als Du 1945 Martin Niemöller nach seiner Befreiung zu seiner Familie in Seeheim am Starnberger See geleitetest. Und schließlich soll aus der Fülle des Erinnerungsgutes noch an's Licht gehoben werden, in welch' einsamer tapferer Entscheidung jene Gespräche mit Gördeler im „Horcher" und mit Trott zu Solz in Deiner Wohnung geführt werden mußten, die den 20. Juli vorbereiteten und die die Verantwortung der Evangelischen für die Gestaltung kommender politischer Ordnung bereits konkretisierten.

In diesem allem und in zahllosen anderen Erprobungen hast Du mit Deiner Familie die Tiefe jener Angst ausloten müssen, die Christus in seinem Wort meint: In der Welt habt ihr Angst. Aber Du hast gerade in jener Tiefe die Würde der „Freunde Christi" entdeckt, von der jedes Deiner Bücher Zeugnis gibt. Und daher können diese Deine Bücher auch heute noch trösten, weil aus ihnen ein Getrösteter spricht.

Davon soll abschließend gesprochen werden. So wenig Du im täglichen Einsatz des Kirchenkampfes von Heldentum gesprochen wissen wolltest, so wenig gabst Du Anlaß zu einer Heroisierung in geistiger Hinsicht. Zwar warst und bist Du ein Mensch, an dessen Bildung man sich des Mangels an eigener Bildung bewußt wird. Und frechen Intellektualismus schlägt der Schalk in Dir zuweilen mit seinen eigenen Waffen. Aber eine Redewendung von Dir scheint mir symptomatisch zu sein: Du leitest auch heute noch Deine Aussagen gern mit den Worten ein: „Sehe ich recht, dann . . .". Der so von Dir Angesprochene muß sich zwar mit der von Dir vorgetragenen Sache auseinandersetzen. Du bietest dem Partner aber gleichzeitig die Chance, sich Dir gegenüber zu behaupten, so daß Dein geistiges Produkt nicht zu einer totalitären Sentenz entartet. Gewiß: Wenn der Partner geschwätzig wird, kann es sein, daß Du Dich weiterer Diskussionen entziehst. Dies Dein Verhalten, besonders auf Synoden, ist oft mißverstanden worden, und Dein Vikar hat manches zu hören bekommen. Aber Deine Freunde wußten und wissen, daß es dieselbe Gesinnung in Dir ist, die Dich jederzeit offen sein läßt für lohnende Belehrung. Was hast Du Dir in Deiner Berliner Zeit von Friedrich Smend über Bachs Werk berichten lassen, seitdem Du ihn 1935 in „Fränzchen“ Hildebrandts Wohnung bei einem offenen Abend vor uns Studenten fragtest, ob er aus Bachs Musik nachweisen könne, daß dieser ein lutherischer Dogmatiker sei – und Smend mit einem uneingeschränkten Ja antwortete. Oder ich denke an ein Gespräch in Deiner Wohnung mit Reinhold Schneider über die Iro-Schotten – und mit Eberhard Tacke, dem Maler, über die Möglichkeit, die Bibel mit Gestalten aus unserer Zeit zu illustrieren, – ähnlich wie Luther Lucas Cranach seiner Zeit den Auftrag erteilte. Vor allem hieltest Du Dich offen für die Besonderheit einer jeglichen Persönlichkeit, die Dir begegnete, und Du versuchtest, sie zum Bewußtsein gerade dieser Besonderheit anzuregen. Es hat mich damals in Berlin tief beeindruckt, welche Bedeutung für Dein Leben und Arbeiten die Menschen Deiner früheren Schleswig-Holsteiner Gemeinden – und vor allem Deine Eltern – hatten. Sie waren es letztlich immer wieder, die Du in Deinen Büchern ansprachst. So ist Deine Sprache einfach geblieben. Aber der einfache Satz läßt den Hintergrund ahnen, der durcharbeitet werden mußte, ehe er sich dem Gutwilligen zur eigenen Eroberung anbietet. 1947 sagte mir Otto Fricke einmal von Deinen Büchern: Es sei merkwürdig, daß so viele Laien sie verstünden – und so viele Theologen nicht.

Damit stehen wir vor der Dir eigenen Art, der Glorifikation des Leistungsheroismus nicht nur abhold zu sein, sondern ihn auch immer wieder als ein gefährliches Produkt des deutschen Idealismus gebrandmarkt zu haben. Und das als einer, dessen Arbeitsleistung gerade in der Berliner Zeit bewunderungswürdig war (als ein Beispiel für viele: Es soll nicht vergessen werden, daß Dein „Galater-Brief“ zum großen Teil im Schlafwagen bei nächtlichen Fahrten durch Deutschland entstanden ist). Das Maß der Leistung bestimmte damals die jeweilige Situation, die besondere Stellung und die Art der Begabung. Die die Leistung aber entgiftende Grundhaltung war jene Freude an der Familie, an Freundschaft und Geselligkeit und am Spiel jeglicher Art – jene Freude, die Ausdruck getrösteter Angst und königlicher Freiheit ist. Die Abende in Euerem Haus in der Erfurter Straße 9 in Berlin-Schöneberg führten zusammen, was immer damals einen Namen in der Kirche hatte. Und das gemeinsame Spiel und das gemeinsame Lachen ließ die Hoffnung berechtigt erscheinen, daß einmal die vielfältigen Verschiedenheiten der einzelnen im Blick auf ihre Gaben, ihre Charaktere und ihre theologischen und konfessionellen Besonderheiten auch in der Stunde der Entscheidung, als die Verantwortung auf ihre Schultern gelegt wurde, zu einem großen gutwilligen Zusammenspiel der Verschiedenheiten führen würde.

Das hat sich nicht verwirklichen lassen. Mit vielen der Brüder, die damals abends in Euerem Hause Gast waren, haben wir nicht mehr spielen und lachen können.

Dennoch ist die Berliner Zeit – Deine Berliner Zeit – in die Geschichte der gesamten Kirche und der Welt *integriert*, wie das Salz die Speise würzt. Du hast Dich weiter – auch im Blick auf Deine Berliner Zeit – Gott für sein Werk an seinem Volke aufopfern müssen. Es bleibt Dir zu danken, daß Du Dich bis heute nicht hast zur Resignation verführen lassen, sondern daß Du Dich weiterhin Gott als Gefäß getrösteter Angst zur Verfügung stellst.

VIII. Namenregister

Die Namen von *Hans Asmussen* (20. 8. 1898–30. 12. 1968), *Karl Barth* (10. 5. 1886–8. 12. 1968) und *Martin Niemöller* (14. 1. 1892–6. 3. 1984) sind im Register nicht aufgeführt.